水下考古

Underwater Archaeology

第一辑

国家文物局水下文化遗产保护中心 主办

上海古籍出版社

图书在版编目(CIP)数据

水下考古. 第一辑 / 国家文物局水下文化遗产保护中心主办. —上海：上海古籍出版社，2017.12
ISBN 978-7-5325-8777-3

Ⅰ. ①水… Ⅱ. ①国… Ⅲ. ①考古技术—水下技术 Ⅳ. ①K854.1

中国版本图书馆 CIP 数据核字(2018)第 050891 号

水下考古

(第一辑)

国家文物局水下文化遗产保护中心　主办

上海古籍出版社出版发行

(上海瑞金二路 272 号　邮政编码 200020)

(1) 网址：www.guji.com.cn

(2) E-mail：guji1@guji.com.cn

(3) 易文网网址：www.ewen.co

上海界龙艺术印刷有限公司印刷

开本 890×1240　1/16　印张 17.25　插页 3　字数 380,000

2017 年 12 月第 1 版　2017 年 12 月第 1 次印刷

ISBN 978-7-5325-8777-3

K·2457　定价：228.00 元

如有质量问题，请与承印公司联系

《水下考古》编辑委员会

主 任 委 员：宋建忠

副主任委员：王大民

顾　　问（以字母为序）：

Jeremy Green（澳大利亚）　John N. Miksic（新加坡）　林梅村　刘迎胜　刘庆柱　栗建安　孙光圻　席龙飞　张　威　臧振华（中国台湾）

委　　员（以字母为序）：

陈星灿　柴晓明　蔡　薇　丁　抗　傅崐成　杭　侃　黄纯艳　姜　波　刘建国　李国强　李庆新　李锦绣　梅建军　Michel L'Hour（法国）　秦大树　孙　键　Tim d. Williams（英国）　王光尧　余兴光　詹长法

主　　编：宋建忠

执行主编：姜　波

副 主 编：丁见祥　张治国

编　　辑：聂　政　王　晶　王　昊　辛光灿　杨　睿　赵哲昊

目　录

CONTENTS

Conservation and Technology

Laws and Regulations

发　刊　词

——新时代、新航程、新目标

宋建忠

金秋十月是收获的季节、最美的季节，今年的十月更是如此。10月24日，中国共产党第十九次全国代表大会胜利闭幕，向全世界宣告了中国将全面进入中国特色社会主义新时代，中国将全面踏上实现中华民族伟大复兴新征程。就在同一天，我们举办的首届“一带一路沿线国家水下考古培训班”顺利结业，来自伊朗、沙特、泰国、柬埔寨4个国家的6名学员与国内的15名学员一起接受了专业培训，一批新生力量将充实到我们水下考古的事业中来。

中国水下考古起步于1987年，历经30年的风吹雨打，已由一棵幼小树苗成长为参天大树。在这个伟大的新时代起点，中国水下考古也将进入一个全面发展的新时代，《水下考古》辑刊的应运而生就是重要标志，它必将记录中国水下考古新时代的每一步进程，也必将见证中国水下考古人每一个梦想的实现。

——《水下考古》由国家文物局水下文化遗产保护中心创刊、编辑并出版，目标为国家级正式期刊，国际一流刊物。为此，本辑刊成立由国内外一流专家学者组成的编辑委员会与顾问组，编辑委员会下设编辑部，文稿实行双向匿名审稿，宁缺毋滥，确保质量。

——《水下考古》将刊发国内外水下考古调查、发掘、研究等报告、论文，特别是沉船、窑址、港口、码头等遗址的最新报告，及时展现国内外水下考古的新成果。

——《水下考古》将刊发国内外水下沉船、遗址、出水文物的科技保护及分析研究，及时展现国内外水下文物保护研究的新进展。

——《水下考古》将刊发国内外水下考古技术、方法、理论等探索研究性文章，及时展现国内外研究的新动态。

——《水下考古》将刊发有关古代航线、贸易、造船、更路簿等研究文章，及时展现海上丝绸之路研究的新认识。

风物长宜放眼量，我们期待这个小小的方寸之地能成为国内外水下考古新成果的展示平台、新思想的交流园地、新人才的成长摇篮。我们竭诚欢迎怀有水下考古梦想的青年学者惠赐文稿,让《水下考古》记录你成长的足迹,相互见证彼此的成长。

《史记·天官书》载:“夫天运,三十岁一小变,百年中变,五百载大变,三大变一纪,三纪而大备,此其大数也。”目前,中国正处在三十岁小变、百年中变、五百载大变的交汇期,中华民族正行进在伟大复兴的征程上。《水下考古》的诞生恰逢其时,它必将伴随中国的另一个三十岁小变、百年中变,迎来中国水下考古的三十岁小变、百年中变。

2017年10月30日

历史、考古与水下考古

——由致远舰发现谈起

宋建忠*

摘　要： 30 年前，因潜水技术在世界水下考古领域的逐步应用、中国考古学的自身发展及水下文物商业盗捞对中国的刺激，促成了中国水下考古的诞生与发展。30 年来，中国水下考古经历了起步、发展、壮大的过程，沉船考古积累了丰富的案例与经验，成为水下考古的一个主要方面。本文简要叙述了历史、考古、水下考古的概念及三者之间的关系，从致远舰的水下考古调查与发现延伸到对甲午海战、北洋舰队以及对这场战争背景的认识分析，进而提出对于沉船的考古发现与研究不能仅停留在遗存表面的认识上，应该透过其背后的历史背景揭示其蕴含的社会复杂现象，将认识上升到更加宏大高远的目标中。

关键词： 历史　水下考古　沉船　甲午战争　致远舰

在正式提笔此文之前，有必要先坦白一下此文的缘起与构思：第一，2013 年底水下中心启动丹东一号沉船水下考古调查项目，历经 2014~2016 三个年度的物理探测、人工探摸及局部发掘，完成了由“大海捞针”到“致远舰”的发现、确认及研究过程，成为近几年尤其是水下中心独立建制以来，中国水下考古工作引人瞩目的一个亮点。我虽没有亲历这一工作，却有幸见证了这个过程，同时也引起了我对水下考古到考古乃至历史的一些思考。第二，我从田野考古转入水下考古领域已经 4 年，但因繁琐的事务性工作以及研究转型过程的缓慢，至今尚未写出一篇与水下考古有关的专业文章，深感汗颜。第三，在 2017 年 1 月 20 日的水下中心 2016 年年终总结会上，为与大家共勉多写文章，我说多数人都存在惰性，适当情况下外界给点压力，给自己设置个小目标还是有必要的。因此，我在会上当众声明，新的一年，我先带头完成一篇文章，希望起到抛砖引玉的作用。

一、历史、考古、水下考古

说到什么是历史，这应该是最没有争议的一个概念。广义上指以往发生过的一切，上至宇宙

* 　宋建忠，国家文物局水下文化遗产保护中心。

大爆炸，下至单细胞演变，无所不包无所不含，也因此才有了从宇宙到细胞的各类事物发生演变的专门史，如宇宙史、地球史、地质史、生物史、人类史等等。狭义上指人类社会以往发生的一切，细分则有世界史、国别史、文明史、民族史、战争史等等。历史含义上的一广一狭，可谓其大无边，其小无内。其实，再往大里说，一切都是历史，只不过是已经发生的已成为历史，正在发生的正成为历史，即将发生的将成为历史，由此开启了智慧人类对历史不懈的探索与研究。

从哲学上讲，任何一类发生演变的事物主体都被称为历史本体，而人类对不同事物演变过程进行有意识记录、诠释及研究的行为则属历史学。相对而言，面对138亿年的宇宙史、46亿年的地球史，大自然的历史可谓是极其漫长的；而人类演变的历史不过250万年，与前者相比是十分短暂的；如再微缩到人类文明的历史则仅有五六千年，可谓昙花一现，历史学不过是这一期间的后期才发生并逐步发展至今的一门人文学科。

严格意义上最早的史学，中国可考始自东周时期孔子作《春秋》，西方则始于基本同时期的古希腊希罗多德著《历史》。两位引领后人不断前行探索历史的学者，虽然距今仅有二千多年，但作为今天个体的人已然感到十分遥远了。为此，与茫茫宇宙、古老地球乃至远古人类相比，我们时常感慨个人之渺小与微不足道正在于此。千年前的唐代诗人王勃在《滕王阁序》中就有“天高地迥，觉宇宙之无穷；兴尽悲来，识盈虚之有数”之感慨。而百年前的美国作家马克·吐温在题为《世界是为人类而造的吗?》的文章中则道：“如果埃菲尔铁塔代表宇宙的历史，那么它顶端的球形构造上，那层薄薄的油漆就代表着我们人类的历史，没有人会认为那层薄薄的油漆是建造埃菲尔铁塔的目的。”[1]这个比喻更形象地说出了人类在宇宙中的渺小。

与历史学相比，考古这种人类有意识的活动出现很晚，如果上升到考古学则更晚。通常认为，考古学是历史学的重要组成部分，但因研究对象、方法与理论的特殊性，其独立性则越来越强。一般来说，以田野调查发掘为基础的近代考古学，也称“锄头考古学”，产生于17、18世纪欧洲对古代美术品的搜集研究，进而演变为对古物古迹的考古学研究。中国虽有近千年的金石学传统，早在北宋元祐七年(1092年)成书的吕大临《考古图》就较为系统地著录了当时宫廷与私家收藏的古代铜器与玉器，并且每件器物都附有图形、款识、尺寸、容量、重量等，但这一传统并未直接演变为科学的考古学，而是遗憾地止步在古物学阶段。直到20世纪20年代，才随着留美博士李济1926年对山西西阴村遗址的发掘、1928年对安阳殷墟遗址的发掘，正式迈开了中国考古学的步伐，此后一批接受西方考古学训练的归国学者相继加入到中国早期的考古研究队伍中，推动了西方考古学在中国的落地生根。回望近百年的中国考古学，从蹒跚学步到稳步迈进再到大步快进，无论从发现发掘的遗址数量，还是学科体系的建设发展，乃至研究解决的重大问题均可谓硕果累累，耀眼全球。

水下考古作为考古学的分支，与田野考古相比，两者没有任何本质不同，区别主要体现在遗迹遗物埋藏环境的不同与获取的技术手段及方法的不同。应该说，埋藏在海洋、湖泊、江河等水

---

[1] 转引自[美]大卫·克里斯蒂安著，王睿译，孙岳审校：《极简人类史：从宇宙大爆炸到21世纪》，中信出版社，2016年，第29页。

域下的古代人类活动的全部遗存及近现代部分沉船舰均属水下考古对象。因科学获取水下遗存的技术难度较大,水下考古出现较晚。直到 1943 年,法国人雅克-伊夫·库斯托(Jacques-Yves Cousteau)与埃米尔·加尼昂(Emile Gagnan)发明了水中呼吸器,人们才得以可控地潜入水中世界,使得法国和意大利附近地中海沿岸海域中大量的沉船被发现。意大利人尼诺-拉博格利亚 1950 年对阿尔本加(Albenga)沉船的打捞和 1952~1957 年在马赛(Marseille)海湾对大康格路易(Grand-Congloue)沉船的打捞被认为是世界上最早的水下考古发掘[1]。中国水下考古的起步则以 1987 年国家水下考古工作协调小组成立、南海Ⅰ号沉船发现、中国历史博物馆水下考古研究室成立三件事为标志[2]。历经 30 年发展壮大,中国的水下考古无论从机构建设、人才培养,还是学科发展、装备配置均已今非昔比,可与法国、韩国水下考古机构并称为世界三大国家水下考古中心。

二、甲午战争、黄海海战、北洋海军

甲午战争作为人类历史上的一个重大事件,其重要程度不言而喻。这场战争不仅导致了近代中国的巨变,而且彻底改变了东亚历史进程,同时也深刻影响了世界历史进程。正是由于这场战争对后世的重大影响,尤其被视为近代以来中日矛盾冲突之始,时至今日仍在发酵,中日钓鱼岛之争就源于此役。

一个重大历史事件的发生必然有其深刻的社会背景、导火索、事件本体及旁观者等。具体到甲午战争,19 世纪 70、80 年代,日本在明治维新后迅速崛起,对朝鲜半岛与中国大陆摩拳擦掌,“征韩论”甚嚣尘上,明治天皇的“大陆政策”也日渐清晰,为与清政府争夺对朝鲜国的控制权而剑拔弩张,直接导火索为 1894 年 2 月发生在朝鲜的东学党暴动。当年 6 月,清政府受邀派兵前往镇压叛乱,日本则借保护侨民与公馆为名出兵朝鲜,实质是欲与清军决一雌雄,实现其迫不及待的野心。7 月 25 日,日本不宣而战,在丰岛海域击沉了增援朝鲜的清政府租用的英国高升号运兵船,拉开了战争序幕,8 月 1 日两国政府正式宣战,英、美、德、法等国宣布中立。随后的战场跨越朝鲜半岛、中国本土及黄海海域,历时 9 个月,以 1895 年 4 月 17 日签署《马关条约》为结束标志。如果再加上后期台湾军民的抗争,战争则持续了 19 个月。因本体不同、视角不同,中国依传统的干支纪年名为“甲午战争”或“中日甲午战争”;日本名为“明治二十七八年战役”或“日清战争”;欧美各国则名为“第一次中日战争”;最新全面研究这场战争的宗泽亚则依照国际上对战争命名的惯例称之为“清日战争”[3]。

历经两个甲午 120 年的轮回,虽然亲历这场战争的勇士、平民、决策者乃至清政府早已化

---

[1] [法]米歇尔·卢尔:《法国水下考古成就与未来概述》,《2010 年水下文化遗产保护展示与利用国际学术研讨会论文集》,文物出版社,2011 年。

[2] 张威主编:《绥中三道岗元代沉船》序一,科学出版社,2001 年;张威、吴春明:《海洋考古学》第三章三节《水下考古技术在中国的发展》,科学出版社,2007 年。

[3] 宗泽亚:《清日战争》,北京联合出版公司,2014 年。

作了历史的尘埃,但对于惨败的中国与这片国土上的民众留下的伤疤是永远抹不去的。如果战争本体的两国政府与民众能够历史地、客观地、智慧地对待这段历史,尚能保持正常国家间的友好往来,但若遇到非理性政府的煽风点火与民族主义者的添油加醋,隐埋于历史尘埃下的军国主义就会死灰复燃,而给中华民族留下的历史伤疤也会随即发作,近年日本安倍政府引起的中日钓鱼岛之争就是如此。因此,客观记录、理性诠释、科学研究历史是历史学也是历史学者的基础与前提,如此才能以史为鉴,鉴往知来,使人类社会更加和平、包容、理性、科学的发展。

提起甲午战争,国人通常首先想到是黄海海战,因具体位于黄海大东沟海域,也称大东沟海战。20世纪50、60年代出生的人,大多数是通过1963年开始上映的《甲午风云》了解到甲午战争这段历史的。我个人大概是在70年代小学期间看的这部电影,从电影中第一次知道了甲午战争、致远舰、邓世昌及其扮演者李默然。难以相信的是李默然扮演的邓世昌站立在致远舰舰艏冲向日舰的悲壮场景,永远无法从我脑海中抹去。更难以相信的是个人后期的工作竟然与这段历史有了交集,与这艘英雄悲壮之舰有了零距离接触,不知这是不是冥冥中的一种因缘。

1894年7月25日,在朝鲜牙山湾附近的丰岛海域,日本联合舰队第一游击队吉野、浪速、秋津洲三舰遭遇北洋水师济远、广乙二舰,首先开炮不宣而战。因吨位、火力、航速及备战程度均不及日舰,北洋水师首战告败,广乙舰败逃中触礁搁浅被迫引爆自沉,济远舰侥幸逃脱。在此期间,清政府运兵船英籍商船高升号及北洋水师操江号驶入战斗海域,但遗憾的是操江舰不战自降,此后还被编入日本联合舰队,参加了后来的威海卫作战。反而是被护航的高升号上的清军拒不投降导致其被日舰击沉,一千多名将士与民间水手出师未捷身先死。日舰在丰岛海战中轻松获胜无疑大涨了日军志气,对北洋舰队却造成了一定打击,影响了后来战局的发展。8月1日,中日双方正式宣战[1]。

为了解救随后的平壤战局,清政府紧急通过海路向朝鲜派遣援军,在丰岛海战之后不足两月时间的9月16日凌晨,由招商局5艘轮船担任清军刘盛休部6 000人及辎重武器的运输,北洋海军则由提督丁汝昌带队负责护航。16日午后舰队到达中朝边界的大东沟(原鸭绿江口),受水浅与泥滩地形的限制,大型舰只于大东沟口外抛锚执行警戒,小艇往返摆渡陆军上岸,过程耗时迟缓。17日上午10时半左右,整个船队仍忙于运送人员及物资。此时,寻求决战的日本海军从海洋岛往北一路搜寻到大鹿岛海南,北洋主力战舰发现之后立即加添燃煤开始作迎战准备,腾起的煤烟也很快被日本水兵发现,“10:23,吉野观测到东北偏东之水平线上似有一缕云烟,将之报告本队”[2]。12时50分,双方迎面接近,各自列出战阵进入战斗状态。北洋舰队先后有定远、镇远等12艘战舰与4艘鱼雷艇参战[3]。当两舰队相距5 700米时,北洋舰队旗舰定远舰先行开炮,但收效甚微。当两队距离进入3 000多米时,日舰集中火力猛烈还击,黄海海战全面爆发,战斗异常激烈残酷,18时左

[1] 宗泽亚:《清日战争》,北京联合出版公司,2014年。

[2] 林伟功主编:《日藏甲午战争秘录》,中华出版社,2008年。

[3] 关于鱼雷艇的数量有不同说法。

右，日舰率先退出战场，持续5个多小时的海战落下帷幕。此战北洋海军损失惨重，舰只失去了扬威、超勇、致远、经远、广甲五艘军舰，官兵战死无数，“是役华军将士在舰阵殁者九十余人，与船俱沉者共六百余人”[1]。

总体看，黄海海战以日本联合舰队胜利、北洋舰队失败而告终，北洋受损的舰只也得不到及时维修基本丧失战斗能力。综合双方参加作战的军力，北洋海军投入战舰12艘、排水量34 420吨、平均巡航速度15节、火炮和速射炮79门、机关炮129门、鱼雷发射管31门、鱼雷艇2艘。日本联合舰队除西京丸外，战舰11艘、排水量36 771吨、平均巡航速度18节、火炮和速射炮246门、机关炮29门、鱼雷发射管37门。日本舰队在吨数、航速、火力上明显占优，再加上阵形、指挥、备战等方面的优势，取得直接击沉北洋水师经远、致远、超勇3舰的战绩（扬威、广甲为受创退逃时搁浅，再被日军一一击沉）。日本舰队虽无被击沉记录，但也付出了松岛、比叡、赤城、西京丸4舰被重创的结果。黄海海战之后，日本坦诚战斗胜负不能简单评价。从命中弹数和伤亡人数比较，日本舰队中弹134发、战死150人、死伤合计298人，平均每弹伤亡人数2.08人。北洋舰队中弹754发、战死715人、死伤合计837人，平均每弹伤亡数1.11人[2]。

黄海海战的失败，导致黄海制海权落入日本舰队之手，日军打开了通往中国的海上通道，从此对清军的进攻势不可挡，最终导致了威海卫北洋海军的全军覆没以及整个清日战争的结局。从世界海战史看，黄海海战是海军发展到铁甲舰时代后的一次大规模海上舰队决战，对世界近现代海军装备发展、海战理论、战术实践等均产生了很大影响。同时，海战中北洋舰队大多数将士临危不惧、血战到底、与舰同沉的英雄气概，尤其是邓世昌指挥致远舰前出护卫定远旗舰以及最后冲向吉野舰的种种英勇表现永载史册，为中华民族百折不挠的精神书写了一座丰碑。为此，光绪皇帝失声恸哭，亲书挽联“此日漫挥天下泪，有公足壮海军威”。

走笔至此，不得不提北洋水师，或者说北洋海军的创建历程。1872年，日本明治政府公然宣布琉球属于日本。1874年，日本借口替琉球船民报仇悍然出兵台湾，清政府被迫签订《中日台事专条》，向日本赔偿50万两白银，换取日本从台撤兵。清政府受此刺激，当年11月5日召开了第一次海防大筹议，这场前所未有的大讨论持续7个多月，最终作出“海塞防并重”的决策，决定以每年400万两银子，由北洋大臣李鸿章和南洋大臣沈葆桢分别督办海防，以期在南洋和北洋各建设一支现代化舰队。1875年，清政府向英国订造4艘炮艇，俗称“蚊子船”。1879年向英国订造扬威、超勇2艘巡洋舰。1880年向德国订造定远、镇远2艘铁甲舰。

1884年8月23日，法国军舰突然偷袭马尾港内的福州船政水师，不到一个小时造成中方11艘舰船9沉2伤，官兵牺牲700余人，全军覆没的惨剧，史称马尾海战，震惊朝野。一年后，清政府就此展开第二次海防大筹议，以1885年10月12日慈禧太后的一道“懿旨”形成三大决策：第一是设立总理海军事务衙门，第二是责成李鸿章从北洋精炼一支水师，第三是将台湾升格为行省，加强其海防地位。同年又分别向英国、德国订造致远、靖远2艘穹甲巡洋舰与经远、来远2艘装甲巡洋舰。随着

[1] （清）池仲祐：《甲午战事纪》，《清末海军史料》，海军出版社，1982年。
[2] 宗泽亚：《清日战争》，北京联合出版公司，2014年。

外购舰艇的加入,北洋海军正式成立,并于1888年12月17日颁布《北洋海军章程》[1],以25艘在编军舰组成,总排水量4万吨,在编军官315名,是当时东亚第一、世界第九的海军舰队。但从1891年起,清政府就停止订购外国军舰,直到甲午战争爆发前未再购进一舰。与此同时,日本海军奋力追赶,进入19世纪90年代,中日两国海军实力对比已经开始发生变化,中国在19世纪80年代购置的北洋海军主力舰的部分性能已经落后了[2],从吨位、火炮数量、航速等关键数据对比来看,到战争爆发前日本海军的实力已超过北洋舰队[3]。

三、从丹东一号到致远舰

2013年,丹东港集团有限公司启动海洋红港区建设,所属海域位于大东沟甲午海战区域,为配合其基本建设,当年11月,国家文物局水下文化遗产保护中心与辽宁省文物考古研究所联合组成水下考古调查队,启动了该项目的水下考古调查工作。2014年4月,完成基本建设海域内物探调查工作,并锁定一艘疑似北洋沉舰的准确位置,命名为丹东一号沉船。2014年8~10月,展开针对丹东一号沉船的水下重点调查工作,清理出沉舰的上部轮廓,确认舰体尺寸,残长61米,最宽达11.5米,船艏、艉均有损毁,基本确认为北洋沉舰。2015年8~10月,进一步展开水下重点调查,确定舰体穹甲、锅炉、水密隔舱等舰体部位,通过发现的加特林机枪、方形舷窗、主炮炮管、鱼雷引信、带"致远"篆书款识的定制餐盘等众多指明致远舰身份的遗物,确定丹东一号沉船就是甲午海战中被击沉的致远舰。2016年8~10月,继续水下重点调查工作,对舰体进行局部发掘,探至舰底舭龙骨,确定沉舰残存高度2.5米左右,整体而言舰体保存状况较差,此次调查还发现致远舰大副陈金揆所用单筒望远镜[4]。

致远舰为穹甲巡洋舰,全长250英尺(约76米),宽38英尺(约11.6米),吃水15英尺(约4.6米),排水量2 300吨、航速18.5节、续航力6 000海里/10节,动力5 500马力(6 850)、2座蒸汽机、4座燃煤锅炉,配置210毫米克虏伯主炮3门、6英寸(约152毫米)阿姆斯特朗副炮2门、57毫米哈乞开斯速射炮8门、47毫米哈乞开斯速射炮2门、37毫米哈乞开斯速射炮6门、11毫米10管加特林机枪4挺、18英寸鱼雷发射管4门、定员204~280名。1885年向英国阿姆斯特朗船厂订造,花费84.5万两白银,10月20日开工,1886年9月29日下水,1887年7月23日竣工,1887年11月交付北洋水师。1894年9月17日黄海海战中,管带邓世昌指挥致远舰撞向敌舰吉野时,被敌舰击中沉没,全舰官兵246人为国殉难,即使按美国洋员马吉芬的述说,遇救者也仅7名[5]。

---

[1] 北洋海军约于清光绪十年(1884年)成军,光绪十四年颁布《北洋海军章程》。参见赵生瑞主编:《中国清代营房史料选辑》,军事科学出版社,2006年,第143~145页。

[2] 《北洋海军兴亡史》编委会:《北洋海军兴亡史——甲午海战120年祭》,海潮出版社,2015年。

[3] 戚其章:《甲午战争史》,上海人民出版社,2005年,第130页。

[4] 2015年的考古资料已发表,2016年资料尚在整理中。2015年资料见国家文物局水下文化遗产保护中心、辽宁省文物考古研究所:《辽宁"丹东一号"清代沉船》,《考古》2016年第7期。

[5] 见马吉芬为《世纪》杂志撰写的《大东沟海战》一文,收录于[美]李·马吉芬著,张黎源译,陈悦主编:《他选择了中国——大东沟海战亲历者、北洋海军洋员马吉芬传》,山东画报出版社,2013年。

目前,关于致远舰沉没的原因主要有两种观点,第一种观点认为致远舰被一枚大口径炮弹击中舷侧鱼雷舱,引爆存放在里面的“黑头”鱼雷(德国磷铜鱼雷),从而导致沉没[1]。第二种观点认为致远舰是被日方炮弹集火击沉[2],细推被火炮击中很快沉没,或因炮弹击穿了锅炉导致进水爆炸,或因水密门橡皮年久破烂进水过多所致。

海战之后,致远舰的命运依然多厄,加特林机枪作为战利品很快被日军从桅盘上拆走,沉于海底的舰体也遭到日方长时间的打捞和破拆,时间一直持续到 1939 年。因拆解时使用了炸药,导致沉舰再度受损,东西所剩无几,加之淤泥长年累月的掩埋,残存的舰体最终没于泥沙之下,给近年来的水下考古搜寻与确认带来诸多困难。

新中国成立后,为教育后人,慰藉英灵,国家有关部门曾先后三次试图打捞致远舰。正是在致远舰峥峥铁骨精神的感染下,引得无数人为打捞致远舰奔走、呼吁并付之行动,但由于各种条件的限制都没能实现。比较大的活动包括 1960 年、1964 年海军声称通过物探初步测得致远舰位置。1988 年辽宁省文化厅组织潜水探摸,后因潜水员遇难而作罢。当然,最大规模的打捞活动发生在 1997 年夏季,依托中国艺术研究院企业文化研究所的身份,在热血青年段煦虎、企业文化研究所副所长柴勇军等人的筹备下,广泛联系了多个打捞公司、中国历史博物馆、海军等部门,并最终获得国家文物局的审批同意,由海军原副司令员、军事科学院政委张序三中将为总指挥,开始了致远舰的打捞工作,在历经 122 天的海上搜寻,穷尽诸多手段仍无实质结果后,最终被国家文物局叫停[3]。

20 世纪 90 年代,中国水下考古尚处于起步阶段,力量不足,很难在上述打捞活动中发挥应有的作用。而时至 21 世纪,水下考古行业已实现跨越式发展,当 2013 年调查机会来临时,水下考古调查队对以往资料进行了抽丝剥茧的分析、比对,圈定出十一个搜寻区域,再以多波束声呐、旁侧声呐、浅地层声呐、磁力仪等多种物探技术进行勘探与综合分析,最终发现沉舰遗址。2014 年确认沉舰水下位置及战舰身份,2015 年通过更多的沉舰遗物确定为致远舰,2016 年进一步摸清了舰体的埋深与保存状况。正是通过每年一个个小目标的实现,将沉舰的面貌逐步揭露出来,这也是水下考古作为一门学科与打捞活动之间的区别。

四、沉船、致远舰考古、中日关系

正如田野考古源于 17、18 世纪西方对古代艺术品的搜集研究一样,我们不得不承认,水下考古则源于对水下沉船宝物的打捞,这种行为至少激发了考古学家由田野考古向水下考古的延伸,中国水下考古的诞生无疑也受到这种商业行为的刺激。20 世纪 80 年代,英国人迈克·哈彻在南中国海发现“哥德瓦尔森”号商船,打捞出大批乾隆年间的青花瓷器,并在荷兰首都阿姆斯特丹大

[1] 戚其章:《甲午战争史》,上海人民出版社,2005 年,第 130 页。

[2] 姜鸣:《龙旗飘扬的舰队——中国近代海军兴衰史》,生活·读书·新知三联书店,2002 年。

[3] 新中国成立后的打捞活动可参见齐岳峰:《打捞致远舰:家国记忆下的博弈》,《瞭望东方周刊》2014 年 8 月第 33 期。

肆拍卖,此举引起了中国政府及文物部门的特别关注,导致了1987年11月中国历史博物馆水下考古学研究室的成立。囿于当时人力、财力及技术的限制,成立之后的相当长时期主要围绕沉船的调查及对船货的发掘,难免被一些考古学家所诟病,认为水下考古不如田野考古更具有学术性和科学性。其实不论如何,沉船都是水下考古调查、发掘及研究的主要对象,关键看是否以考古学理论、方法及科学手段对沉船及其船货进行调查、发掘与研究。

事实上,犹如田野考古学家将墓葬看作一个最小时间单位一样,水下考古学家称一艘沉船就是一颗“时间胶囊”,两者并无实质区别,其所提供的信息是否丰富与重要,主要还看墓葬与随葬品、船与船货的具体情况。比如,在印度尼西亚勿里洞海域1998年和1999年两次打捞的“黑石号”沉船,发现约57 500件唐代长沙窑瓷器,涵盖了长沙窑址出土的70种器类的95%,还发现了3件巩县窑唐青花瓷器,以及不用铁钉的阿拉伯缝合船等,除商业价值外,其学术价值一样无与伦比[1]。

不容否认,即便从更广阔的视野来看待水下考古,船舶永远都是人类接触海洋不可或缺的工具。从人类利用开发海洋的历史看,至少在4万年前澳洲土著人的祖先就通过海上漂流到达了澳洲,尽管我们无从得知其登陆澳洲的确切时间、具体人数及漂流方式,但一定离不开最早的海上交通工具,或许是用藤萝之类植物捆绑的木筏或许是独木舟等。迄今为止,国内外考古发现的最早船舶应该是2002年浙江跨湖桥遗址发现的距今约8 000年的独木舟,在其两侧同时发现的还有木浆、圆木和剖木的“木桩”“木料”,发掘者将其看成是太平洋上的“边架艇”[2]。另外,其东北侧还发现多块竹篾编制的席状物,有学者认为它有可能是一面原始船帆的遗存[3]。水下考古发现最古老的航海船舶则是1984年由乔治·巴斯(George bass)主持发现的土耳其南岸乌卢·布隆(Ulu Burun)的一艘沉船,该沉船位于水下近50米处,发现有巨大的石锚和大量的铜、锡、玻璃铸块及安佛拉瓶等陶器,推测年代为公元前1350年,是一艘航行于地中海东部的大型货船[4]。

由于人类的逐利行为,只要有足够的利益就会驱动人们甘冒各种风险从事海洋贸易,因此,在古代风帆贸易的航路上沉没的大量沉船就成为人类风险投资的一种沉重代价。如在1602~1799年荷兰东印度公司存在的近200年间内,公司在荷兰各商会造船厂自行建造派往亚洲的船只总数计有1 581艘。自1595~1660年间,亚洲水域的文献档案累计超过有30 000笔派船记录以及700个派航目的地点,船难事件约有650笔[5]。而为控制海上贸易发生的古代海战导致的木质沉船以及近代海权意识兴起后的铁甲舰沉舰,无疑成为沉船考古的另一主要类型。由此,古代战船、贸易帆船、近代军舰构成的沉船成为水下考古的主要对象,这个数量不可估量。2010年10月,法国水下考古研究中心米歇尔·卢尔讲到,1966年法国文化部水下考古研究中心刚成立时,

[1] 林荣伊:《典藏·古美术》2016年8月号。

[2] 浙江省文物考古研究所、萧山博物馆:《跨湖桥》,文物出版社,2004年。

[3] 吴春明:《涨海行舟——海洋遗产的考古与历史探索》,海洋出版社,2016年,第17页。

[4] [英]理查德·A·古尔德主编,张威、王芳、王东英译:《考古学与船舶社会史》,山东画报出版社,2011年,第101页。

[5] 王瑜:《17世纪台湾海峡荷兰东印度公司沉船形态与分布》,《水下考古学研究》(第一卷),科学出版社,2012年,第166页。

政府仅有49艘法国领海沉船记录在案，如今该数字已经增长到5 000艘，该数字估计还将增长，据估计在法国领海海底有15 000到20 000艘沉船[1]。这可作为我们认识沉船数量的一个参考。

应该说，从丹东一号沉船发现到确认为致远舰，这一考古工作完美展现了沉船水下考古的考古学流程，充分体现了水下考古技术方法、类型学分析、文献档案研究在沉船考古中的运用，得到了考古、历史、军事等研究者以及社会各界的高度评价，因此，毫无悬念地被评为"2015年度全国十大考古新发现"[2]。

但是，致远舰考古仅仅是为确认其为致远舰吗？或者说，沉船考古仅仅是为确认一条知名或不知名沉船的状态吗？显然不是。正如我们以前经常反思考古学见物不见人的道理一样，沉船考古与其他考古一样，最终目标仍是背后的历史及其创造历史的人的思想。通过致远舰考古，我们可以看到致远舰本身的前世今生，也管窥到其背后的甲午战争以及战争前后的历史与中日关系的演变。历史是错综复杂的，我们想要了解今天中日关系的形成，无法脱离开甲午战争这个历史事件，而要深刻认识分析这场战争则又离不开之前两国发生的洋务运动与明治维新，而引发两国发生这一历史变革的原因又是西方工业化革命带来的坚船利炮对东方古国闭关锁国的冲击。然而，对于当时的中日，相同的冲击、相同的历史机遇，却产生了完全不同的结果，其根本原因还是主导这段历史背后的人的思想的不同。正如科林伍德所讲"一切历史都是思想史"，我们如果不理解当时人们的思想观念，就不能理解这段历史。

今天的中日关系裹挟着国际政治的背后利益，无疑深深的烙有历史的印痕，想要梳理清楚，彻底理解，并能智慧地处理，甲午战争无疑是一道无法迈过的门槛。而在这场战争中的黄海海战、北洋舰队、致远舰及其发现的加特林机枪、致远餐盘、陈金揆单筒望远镜等等，不过是见证这场战争以及这段历史的一些史料与物证，透过这些史料与物证去揭示这段历史才是我们的最终目标，作为真正的水下考古学家应该具备这样的目标与追求。

本文写作过程中，周春水领队提供了部分资料与帮助，特此致谢！

[1] [法]米歇尔·卢尔：《法国水下考古成就与未来概述》，《2010年水下文化遗产保护展示与利用国际学术研讨会论文集》，文物出版社，2011年，第38页。

[2] 《2015年度全国十大考古新发现揭晓》，《中国文物报》2016年5月17日第1版。

History, Archaeology and Underwater Archaeology

—A Discussion on the Discovery of Chih Yue Cruiser Wreck

by

Song Jianzhong

Abstract: 30 years ago, diving technology was gradually applied in the field of underwater archaeology worldwide with Chinese archaeology developed, underwater cultural relics were looted for commercial profits in China. All these lead to the birth and development of China's underwater archaeology. In the past 30 years, China's underwater archaeology has experienced the process of initiating, developing and expanding. The shipwreck archaeology has accumulated abundant cases and experiences, which has become a main characteristic of China's underwater archaeology. This paper briefly touches on the concepts of history, archaeology and underwater archaeology, as well as the relations between the three. By going through Chih Yue Cruiser Wreck's underwater archaeological investigation and discoveries, the paper extends to the understanding of the First Sino-Japanese War, the Beiyang Fleet and the background of this war. Furthermore, the paper proposes opinions that, research of the shipwreck should not merely be focused on superficial cognition on the background of the war, but profoundly reveal the sophisticated social environment beneath the historical background. Then higher achievements could be reached.

Keywords: History, Underwater Archaeology, Shipwreck, First Sino-Japanese War, Chih Yue Cruiser Wreck

珊瑚岛一号沉船遗址 2015 年度水下考古发掘简报

西沙群岛 2015 年水下考古队

摘　要： 2015 年国家文物局水下文化遗产保护中心、海南省文物局联合组队对西沙群岛珊瑚岛一号沉船遗址进行了水下考古发掘。珊瑚岛一号沉船遗址没有发现船体。该遗址以石质类文物为主要堆积，还发现有少量青花和白釉瓷器碎片散落在遗址表面。根据出水的瓷片和石质类文物特征分析，初步判断珊瑚岛一号沉船遗址的时代为清代中晚期。

关键词： 珊瑚岛一号沉船遗址　水下考古发掘　时代

西沙群岛是我国南海四大群岛之一，位于海南省本岛东南方向，由宣德、永乐二个岛群组成，陆地总面积约 10 平方公里。珊瑚岛位于永乐群岛永乐环礁的西北部，"其珊瑚比前更多，因名之曰珊瑚岛，亦勒石悬旗为纪念"[1]，距离海南省本岛约 300 公里，距三沙市驻地永兴岛约 90 公里，东北为全富岛，西南为甘泉岛（图一、二）。

20 世纪 70 年代，海南潭门的渔民在从事海上作业和渔业生产时在珊瑚岛海域发现有石质类文物和瓷片等。

1974 年广东省博物馆和海南行政区文化局对永乐群岛的珊瑚岛、甘泉岛等岛屿进行了广泛的考古调查，获得了一批重要的文物和资料[2]。

1975 年广东省博物馆和海南行政区文化局再次对永乐群岛的珊瑚岛、甘泉岛、全富岛、南沙洲等岛屿进行了考古调查，发现了瓷片、石狮、石柱等文物[3]。

1986 年海南琼海县谭门镇政府组织渔民从珊瑚岛海域打捞出石质类文物 40 余件[4]。

1996 年 4~5 月由海南省文物保护管理办公室、中国历史博物馆水下考古学研究室、广东省文物考古研究所等单位联合组成的西沙群岛文物普查队开展了西沙群岛文物普查工作，作为"中

[1] 李准：《李准巡海记》，《国闻周报》1933 年第 10 卷第 33 期。

[2] 广东省博物馆：《广东省西沙群岛文物调查简报》，《文物》1974 年第 10 期；广东省博物馆：《西沙文物——中国南海诸岛之一西沙群岛文物调查》，文物出版社，1975 年。

[3] 广东省博物馆、广东省海南行政区文化局：《广东省西沙群岛第二次文物调查简报》，《文物》1976 年第 9 期。

[4] 郝思德、王大新：《西沙群岛珊瑚岛清代石雕文物》，《中国考古学年鉴（2002）》，文物出版社，2003 年，第 309~310 页。

国南海诸岛考古项目"的一部分,西沙群岛文物普查队对西沙群岛所属岛屿、沙洲和礁盘进行了系统的陆上和水下文物普查,在珊瑚岛海域发现并确认一处水下遗址[1]。由于遗址靠近珊瑚岛,遂命名为珊瑚岛一号沉船遗址。

2008年海南省博物馆将潭门镇渔民1986年打捞的数十件石质类文物征集到该馆收藏[2]。

2010、2012、2014年由中国国家博物馆和海南省文物局组成的水下考古工作队对珊瑚岛一号沉船遗址进行了系统的水下考古调查,基本掌握了遗址的分布范围、堆积状况、文化内涵和性质。

2015年4~5月,由国家文物局水下文化遗产保护中心与海南省文物局联合组成的西沙群岛2015年水下考古队对珊瑚岛一号沉船遗址进行了正式的水下考古发掘。

珊瑚岛一号沉船遗址位于海南省三沙市永乐群岛珊瑚岛东北方向约1 000米的海域内,处于珊瑚岛东北角礁盘的边缘地带,遗址所在之处向东100多米为珊瑚岛和全富岛之间的一处隘口,名为全富门,全富门水流较急,水深达上百米,是古往今来船舶进出永乐群岛的重要水上通道(图三)。

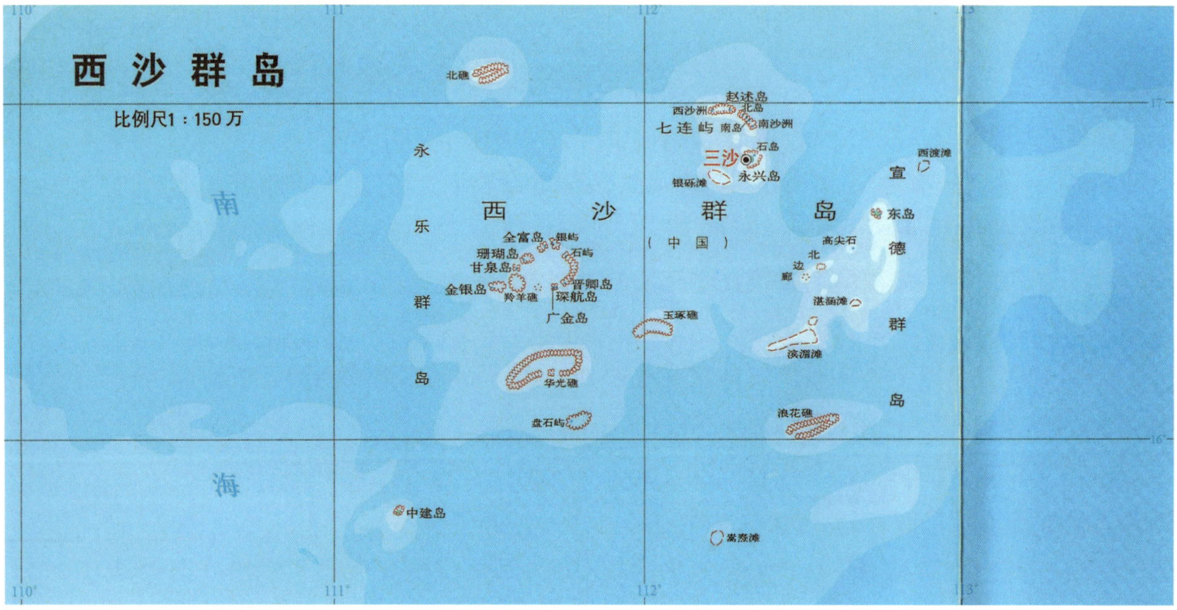

图一　西沙群岛岛礁分布图

(引自《中华人民共和国海南省三沙市地图》,星球地图出版社,2012年)

[1] 郝思德、王大新:《'96西沙群岛文物普查》,《中国考古学年鉴(1997)》,文物出版社,1999年,第216~217页。

[2] 高文杰:《西沙珊瑚岛出水清代石雕像及建筑构件》,《大海的方向——华光礁Ⅰ号沉船特展》,凤凰出版社,2011年,第48~54页。

图二　永乐环礁岛礁分布图

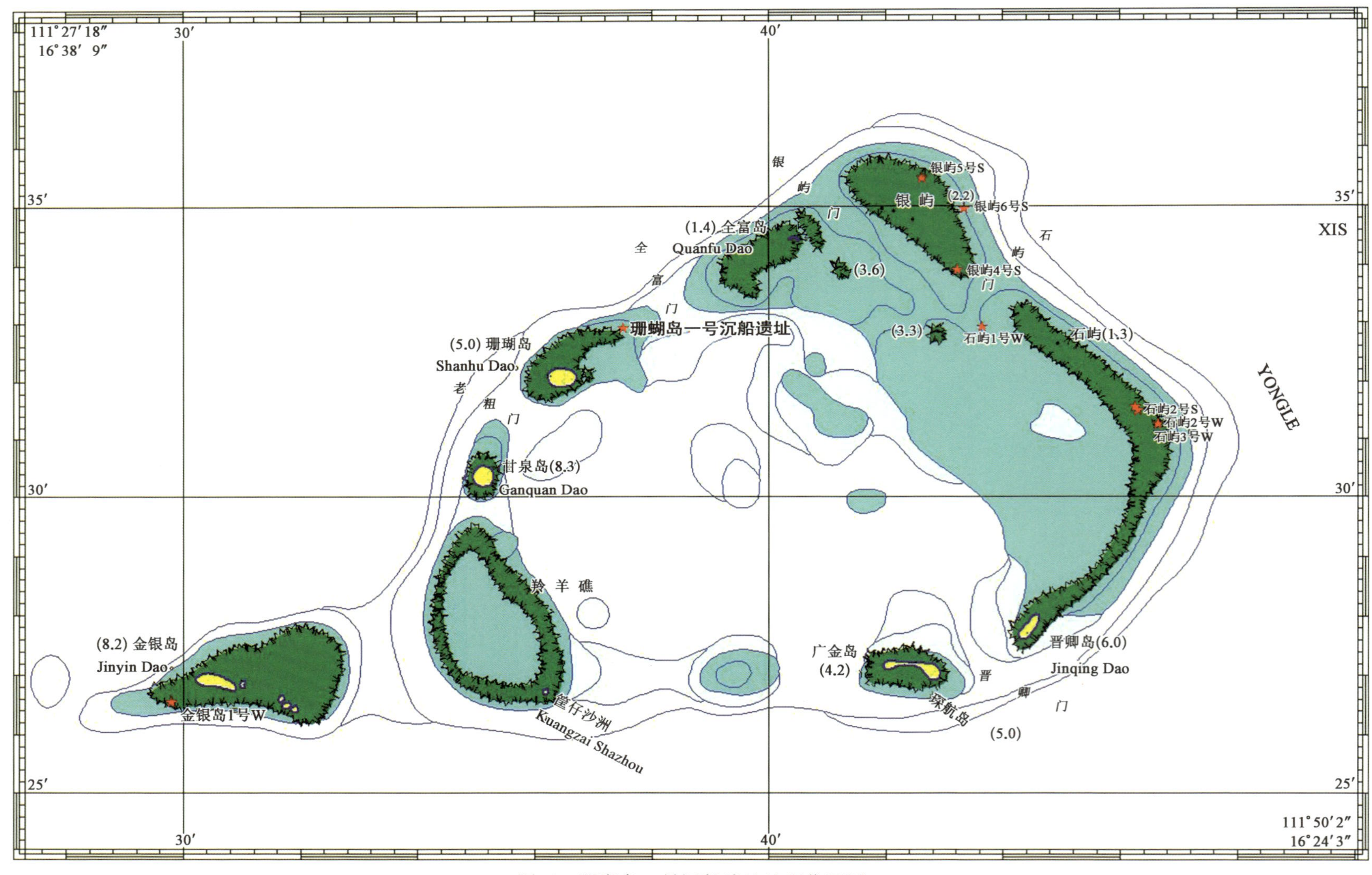

图三　珊瑚岛一号沉船遗址地理位置图

一、遗 址 概 况

珊瑚岛一号沉船遗址位于珊瑚岛东北侧 1 000 米的海域内，未受岛礁的遮挡，水深较浅，海面涌浪较大，对水下工作较为不利，北风天气条件下更甚。遗址海底为板结较硬的珊瑚和珊瑚沙，有少量礁石，高低起伏不平，水深不一，南部靠近珊瑚岛礁盘处较浅，水深约 1～2 米，北部略深，水深为 3.5 米左右，多条东北—西南向的冲沟穿过遗址，冲沟最深处约 4 米，与海床之间高差约 0.5 米，沟底较平坦，覆盖有少量的珊瑚沙（图四、图五）。

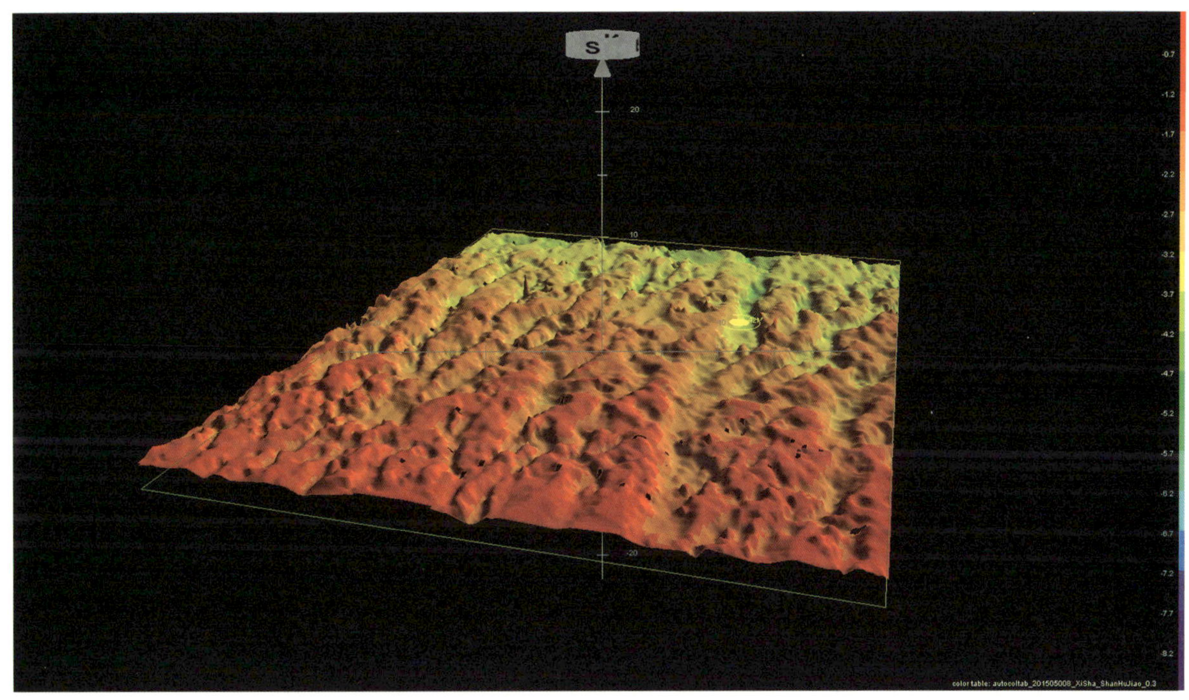

图四　珊瑚岛一号沉船遗址多波束扫测图（三维）

珊瑚岛一号沉船遗址没有发现船体，以石质类文物为主要堆积，还发现有少量的青花和白釉瓷器碎片，遗物散落面积较广，在东西宽 50、南北长 142 米的范围内皆有发现。大部分遗物分布在珊瑚岛东北部礁盘的北部，东北部礁盘的南部仅发现 11 件石质类文物及少量散落瓷片。

珊瑚岛东北部礁盘南部的 11 件石质类文物呈南北向线性分布，延伸分布长度达 12 米，主要有石板和石条二类。东北部礁盘北部的石质类文物散落面积较大，主要集中分布于二条东北—西南向的冲沟内和冲沟之间的海床表面，其中一条冲沟经过本年度水下考古发掘设置的基点，另外一条冲沟在其西部 23 米处，在南北长约 60、东西宽约 50 米的范围内皆有遗物发现。冲沟内多为石板、石条、石像，而冲沟之间的海床表面多为石板、石条、石像、石柱等。瓷片堆积主要分布于礁盘内侧，石质类文物之间也有零星散落，部分嵌于珊瑚里或被石质文物叠压，以青花瓷和白瓷为主。

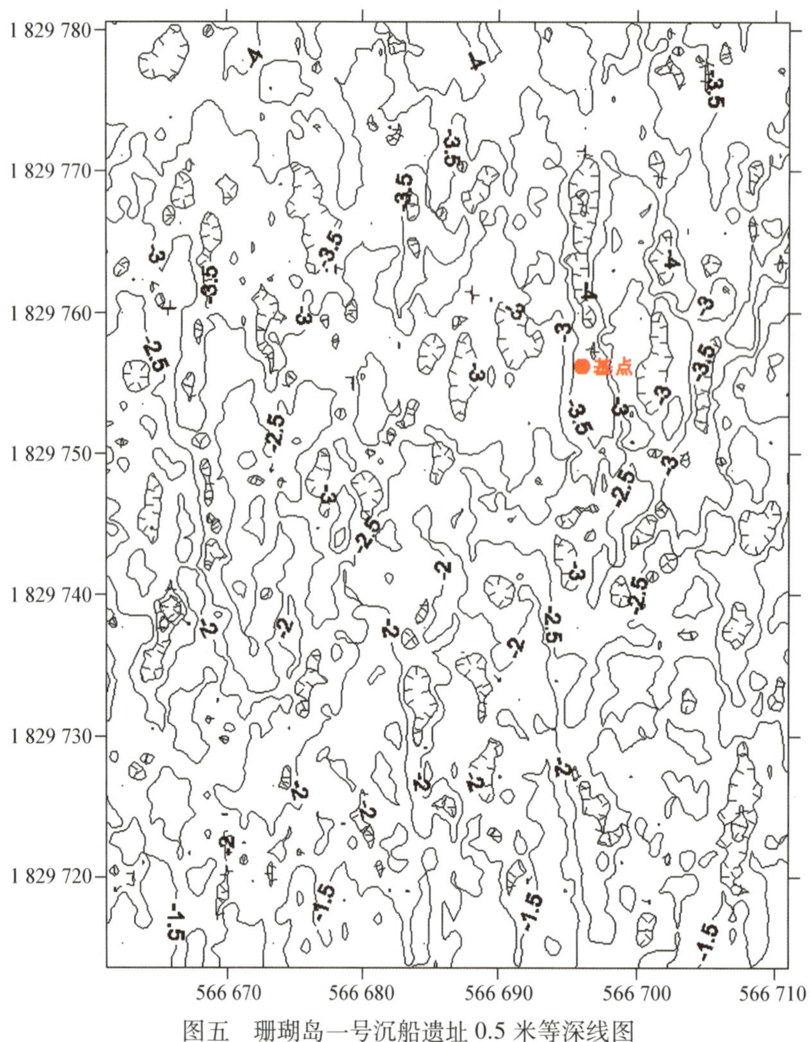

图五　珊瑚岛一号沉船遗址 0.5 米等深线图

二、发 掘 经 过

珊瑚岛一号沉船遗址 2015 年度水下考古发掘经过和具体流程如下：遗址保存现状影像记录—遗址水下考古探测—设定基点—布设南北、东西向基线—布设硬探方、软探方—遗址发掘—水下摄影、摄像—遗物编号—水下测绘—将文物从水下提取到水面工作平台—将出水文物转运至工作船—出水文物现场保护—资料整理(拍照、测绘、文字描述等)—文物装箱入舱—文物转运港口—文物移交给海南省博物馆—出水文物陆地保护及后续资料整理等。

在正式的水下考古发掘工作开始前对遗址的保存现状进行了影像记录，主要是使用水下录像机对遗址进行全范围拍摄，通过影像采集和水下观察发现，珊瑚岛一号沉船遗址基本保持了 2014 年调查后的情况，没有遭到明显的破坏和扰动，保存现状较好。

遗址保存现状记录完成后，对珊瑚岛一号沉船遗址进行了水下考古探测，由于遗址所在海域水深较浅，大的工作船无法抵近，在探测中使用了一艘长 6、宽 2 米的小型玻璃钢柴油艇作为载体，并对探测船进行了部分改装以便于安装和固定探测设备。使用的设备有 L－3 Klein System 3900 型旁扫声呐、SeaBat7125 型多波束测深声呐以及 DGPS 定位系统等，多波束测深声呐采取舷侧固定式安装，旁扫声呐采用船尾拖曳式。珊瑚岛一号沉船遗址多波束测深声呐扫测面积为 200×350 平方米、旁扫声呐扫测面积为 100×200 平方米，通过探测获取了珊瑚岛一号沉船遗址所在海域海床的地形及地貌图像（图六）。

由于珊瑚岛一号沉船遗址所在海域水深很浅，大的工作船无法在遗址上方锚定，为了工作便利，制作了二个水面平台并锚定在遗址上方作为工作平台（图七）。其中一个平台用蓝色工业桶、木条、木板制作而成，长宽皆为 6 米，用以放置空压机、抽水机等大的机器设备和潜水平台（图八），另外一个小的平台使用长方形浮筒、木条、木板制作，长 5、宽 4 米，平台中部预留一个长 2、宽 1 米的长方形孔洞，孔洞上方立有一个四脚金属支架，支架上安装 1 个手动滑轮和 1 个电动滑轮，小平台主要用于提取和转运石质类文物（图九）。

图六　水下考古探测

图七　珊瑚岛一号沉船遗址远眺（工作平台下为遗址，远处为珊瑚岛）

图八　大平台

图九　小平台

鉴于遗址分布范围较广，在一条遗物分布比较密集的冲沟内选择了一处控制点作为珊瑚岛一号沉船遗址 2015 年度水下考古发掘工作的基点，以此基点为交叉点布设南北向、东西向基线各一条，从而将遗址分为四个区，采取象限法布设探方，在基点西北部布设 2×2 米的硬探方 19 个，分别编号为 2015XSSHW01T_{N01W02}—T_{N05W02}、T_{N01W03}—T_{N04W03}、T_{N01W04}—T_{N04W04}、T_{N01W05}—T_{N06W05}，其他区域则布设 2×2 米的软探方（图一〇至图一三）。

图一〇　水下基线

图一一　水下硬探方（部分）

珊瑚岛一号沉船遗址石质类文物体量较大且受自然环境、人为因素影响较小，基本保留了原有堆积状态，大多数石质类文物直接暴露在海床表面和冲沟底部，直接暴露的石质类文物有的器表已经开始再次生长新的珊瑚，部分石质类文物存在上下叠压堆积的情况；少量石质类文物为造礁珊瑚覆盖或部分覆盖，覆盖厚度大多较薄，极个别的珊瑚堆积覆盖较厚，最厚处达 1 米（图一四至图一六）。

由于部分遗物与珊瑚粘接在一起或全部为珊瑚覆盖，在水下考古发掘过程中主要采用了人力、小型工具和气锤、风镐等机械的方式对遗址进行清理（图一七、一八）。

对遗址范围内海底地形、地貌的测绘主要采用两种方式：一种方式为传统的手工线图测绘，选取遗址区域内南北向 2 个截面、东西向 2 个截面进行地形测绘；另一种方式为采用多波束等探测设备对整个遗址进行扫测，从而直接获取遗址海底地形的等深线图。

珊瑚岛一号沉船遗址 2015 年度水下考古发掘遵循“原址保护、适当提取”的方针，在完成遗址现场水下清理、摄影、摄像、测绘、编号、文字记录等工作的前提下对石质类文物进行初步分类整理和研究，重点提取了散落在遗址表面的典型标本和外观精美、体量相对较小且容易被盗捞的石质类文物，每一类石质文物至少提取一件。通过小平台上的滑轮将石质类文物经由平台中部的长方形孔洞从海床垂直提取到平台上，不同位置石质类文物的提取则采取收放锚绳移动平台的方法完成，始终保持平台与被提取的石质类文物之间处于垂直的位置关系，从而避免文物提取过程中由于文物在海底拖动而造成损害的情况。文物提取上水面平台后，通过小艇将装载石质类文物的平台拖回至停泊在较深水域的工作母船，并利用机械吊臂将平台上的石质类文物吊运到工作母船上，进

图一三　珊瑚岛一号沉船遗址水下概貌(局部)

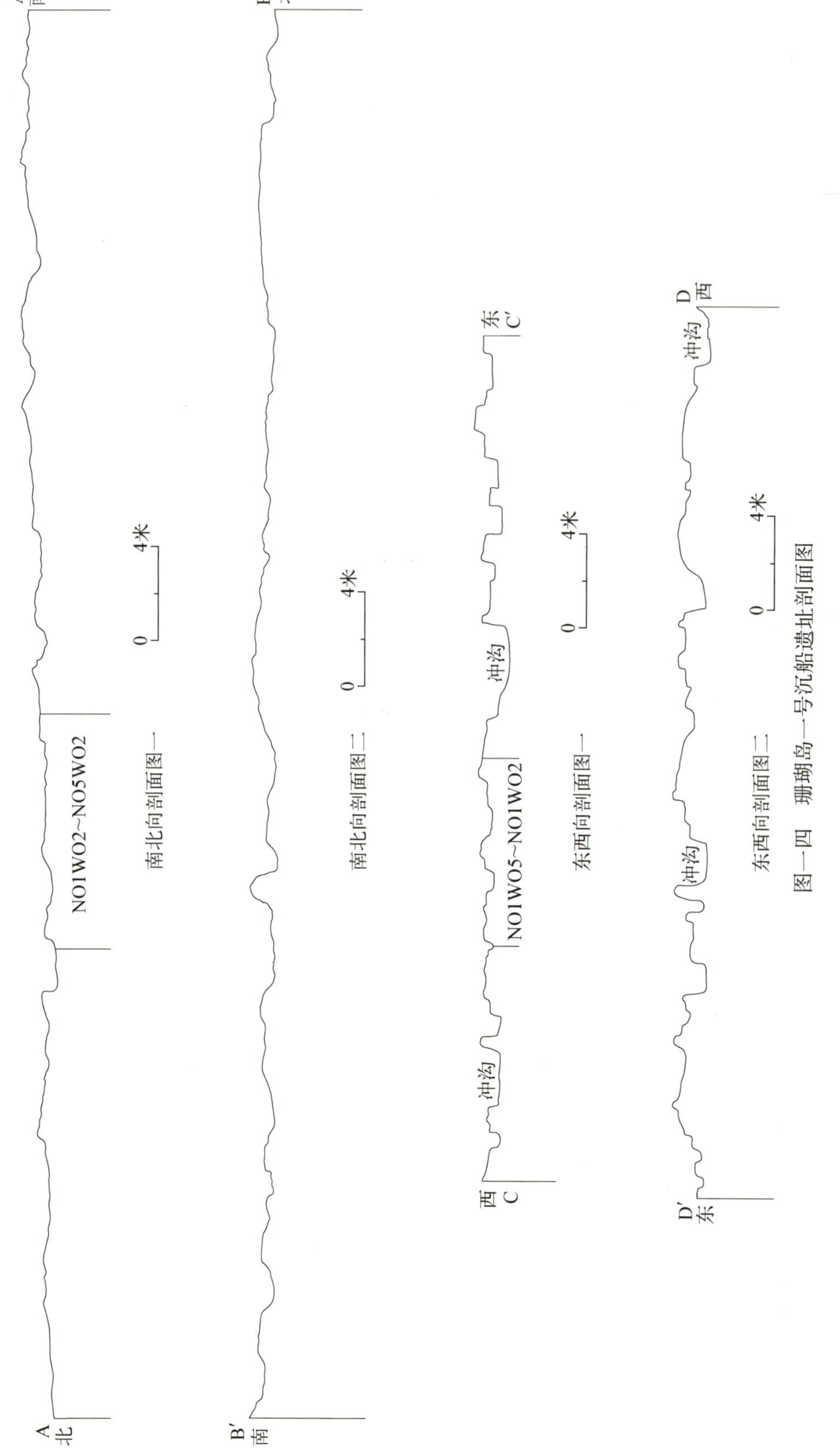

图一四　珊瑚岛一号沉船遗址剖面图

图一五　遗物水下堆积情况

图一六　遗物上部覆盖的珊瑚

图一七　水下清理

图一八　水下清理

而继续开展出水文物现场保护、测绘、拍照、描述等工作,待完成出水文物的初步保护处理和相关资料采集、记录工作后,将出水石质类文物包装入箱运回陆地并移交给博物馆(图一九至图二八)。

图一九　水下摄影

图二○　水下录像

图二一　水下测绘

图二二　编号

图二三　文物提取

图二四　出水文物转运

图二五　出水石质类文物（部分）

图二六　出水文物现场保护

图二七　出水文物资料整理

图二八　出水文物装箱入舱

三、遗 迹 与 遗 物

（一）遗迹

珊瑚岛一号沉船遗址 2015 年度水下考古发掘没有发现沉船船体，遗址以石质类文物和瓷片为主要堆积。

（二）遗物

珊瑚岛一号沉船遗址水下遗物以石质类文物和瓷片为主，没有发现其他质地的遗物。遗址分布范围内共计发现石质类文物 274 件，其中建筑构件 255 件、生活用具 9 件、石像 10 件，遗址表面和石质类文物之间散落有少量的瓷片。

珊瑚岛一号沉船遗址 2015 年度水下考古发掘共计提取出水石质类文物 37 件、瓷器碎片 13 片，提取的石质类文物中建筑构件 23 件、生活用具 6 件、石像 8 件（含残件），瓷器碎片多为青花和青白釉，没有发现完整瓷器。

1. 石质类文物

珊瑚岛一号沉船遗址现存石质类文物 274 件，根据用途可以划分为建筑构件、生活用具和石像三类。

（1）建筑构件

石质建筑构件共计发现 255 件，根据形状和尺寸的不同可分为石板、石条、石柱和柱础等。

① 石板　共发现 109 件，呈方形或长方形，可分为素面、雕花、凹槽和夹柱石板四类。

素面石板　长方形或方形，共 57 件。

标本 2015XSSHW01：63，灰白色石材制成，平面呈长方形，素面无纹。石板正面覆盖有一层较薄的黑色海洋生物和珊瑚沙，背面粘接有较厚的珊瑚沙。正面距边缘 3 厘米处有一道凹槽，凹槽处的长侧面竖直、规整，另外一端长侧面修整成圆弧形，二短侧面一处修整成圆弧形，另外一处凹凸不平，背面高低不平，仅作简单修整。长 166、宽 58、厚 9 厘米（图二九，1、2、3）。

1. 埋藏情况

2. 出水状态

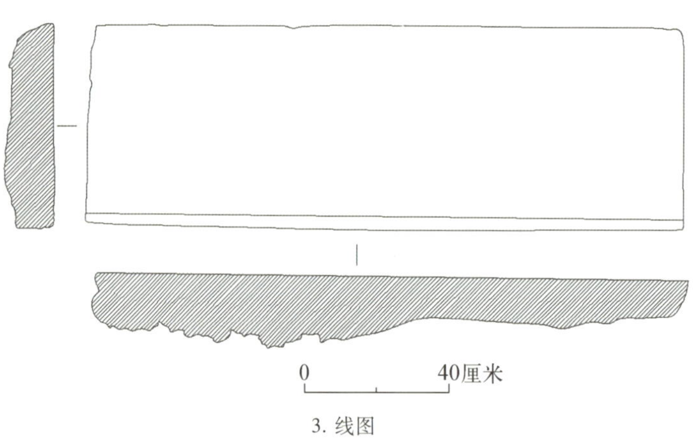

3. 线图

图二九　素面石板（2015XSSHW01：63）

标本 2015XSSHW01：65，灰白色石材制成，平面呈长方形，素面无纹。器表覆盖有一层较薄的海洋生物和珊瑚沙，颜色斑驳不纯。器形较为规整，石板正面靠近边缘 2.5 厘米处有一道凹槽，四侧面竖直规整，背面做工比较粗糙，高低不平。长 64、宽 49、厚 10 厘米（图三〇，1、2、3）。

雕花石板　石板正面有浮雕纹样，共 12 件。

标本 2015XSSHW01：14，灰白色石材制成，平面为长方形，一端残损。器表覆盖有一层较薄的海洋生物和珊瑚沙，颜色斑驳不纯。石板正面浮雕有"暗八仙"中的宝扇纹样，纹饰高低起伏、错落有致，形成较强的立体感，背面做工粗糙，高低不平，表面形成多个小坑，残损端的侧面参差不齐，其余三个侧面做工规整、竖直。残长 64、宽 31、厚 6.5 厘米（图三一，1、2、3）。

标本 2015XSSHW01：34，灰白色石材制成，平面为长方形。器表局部覆盖有少量的海洋生物和珊瑚沙。石板正面浮雕绶带纹，四个侧面均为素面，做工精细、工整，背面制作粗糙，高低不平，形成多个小凹坑。长 87、宽 33、厚 9 厘米（图三二，1、2、3）。

1. 埋藏情况

2. 出水状态

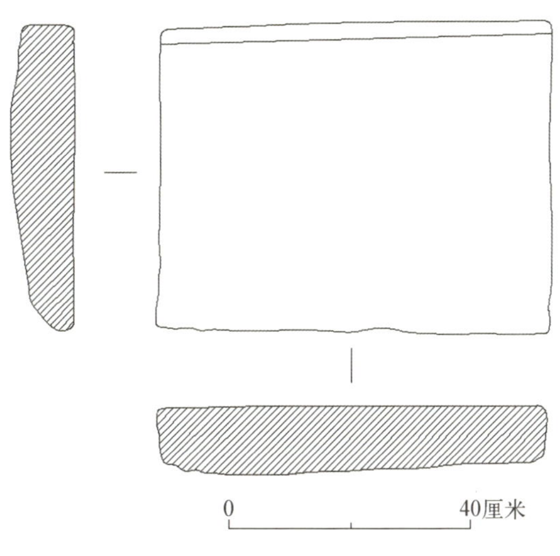

3. 线图

图三〇　素面石板（2015XSSHW01：65）

1. 埋藏情况

2. 出水状态

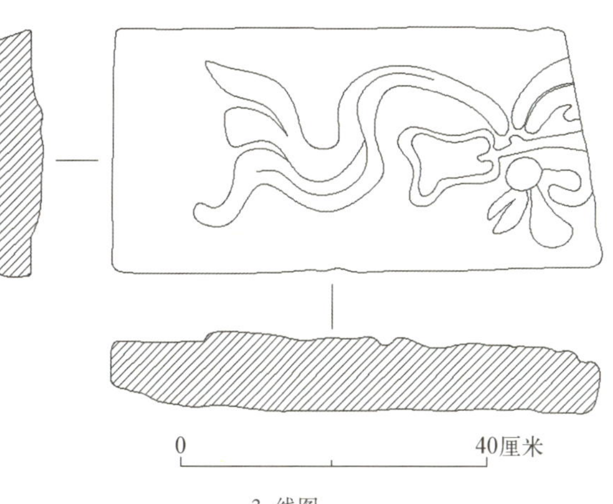

3. 线图

图三一　雕花石板（2015XSSHW01：14）

1. 埋藏情况

2. 出水状态

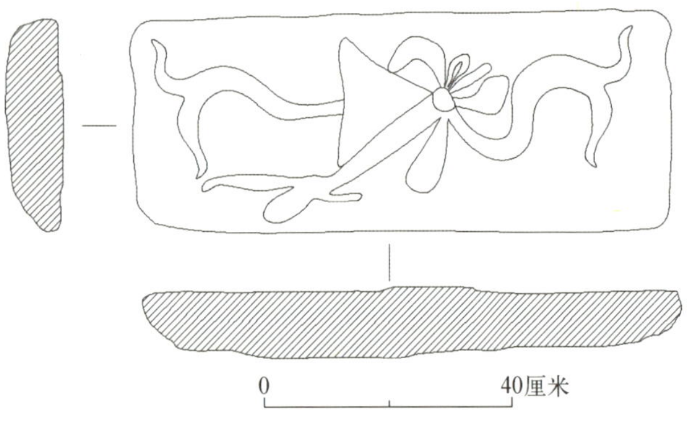

3. 线图

图三二　雕花石板(2015XSSHW01：34)

1. 埋藏情况

2. 出水状态

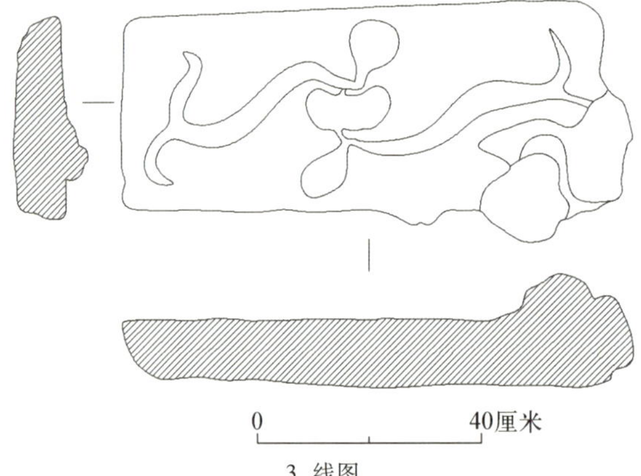

3. 线图

图三三　雕花石板(2015XSSHW01：131)

标本 2015XSSHW01：131，灰白色石材制成，平面为长方形。器表覆盖有一层较薄的海洋生物和珊瑚沙，呈现灰褐色，一角覆盖有一块较大的珊瑚。石板正面规整，浮雕有绶带纹，一侧面呈弧状内收，其余各侧面竖直但做工简单，背面制作粗糙，局部高低不平。长 90、宽 35、厚 10 厘米（图三三，1、2、3）。

凹槽石板　石板中部有一不规则四边形凹槽，1 件。

标本 2015XSSHW01：50，灰白色石材制成，平面为长方形。器表覆盖有一层较薄的海洋生物和珊瑚沙，颜色斑驳不纯。石板正面中部有一不规则四边形凹槽，凹槽边长分别为 35、51、42.5、59、深 1 厘米，各侧面平整，背面高低不平。长 118、宽 71 厘米，厚度不匀，中部偏厚，达 19 厘米，两边较薄，厚 16 厘米（图三四，1、2、3）。

夹柱板　有正方形和长方形两种，在拐角处或石板侧边有缺口，共 39 件，可分为二类。

A 类　平面近正方形，一角有缺口，共 8 件。

标本 2015XSSHW01：43，灰白色石材制成，平面为方形，一角内凹，内凹形状为八角形的四分之一，长度分别为 6.5、11、8 厘米。器表覆盖有一层较薄的海洋生物和珊瑚沙，颜色斑驳不纯。石板正面平整，通体素面，两个侧面上部竖直，高 7 厘米，下部向内倾斜，另外两面竖直，背面做工较粗糙，高低不平。边长 57、厚 11～15 厘米（图三五，1、2、3）。

B 类　长方形，长宽比约为 2：1，石板长侧边中部有缺口，共 31 件。

标本 2015XSSHW01：53，灰白色石材制成，平面为长方形。器表覆盖有一层较薄的海洋生物和珊瑚沙，颜色斑驳不纯。石板正面规整，通体素面，一条长侧边中部有缺口，缺口形

1. 埋藏情况

2. 出水状态

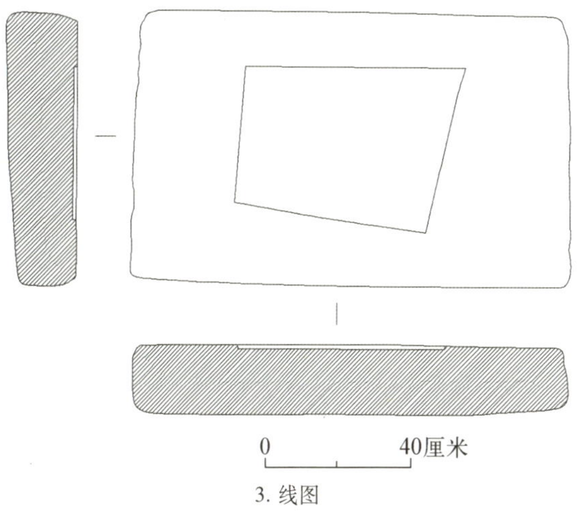

3. 线图

图三四　凹槽石板（2015XSSHW01：50）

1. 埋藏情况

1. 埋藏情况

2. 出水状态

2. 出水状态

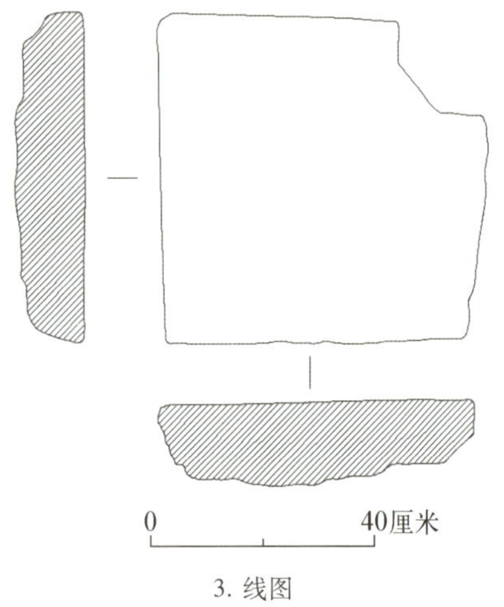

3. 线图

图三五　A 类夹柱石板（2015XSSHW01：43）

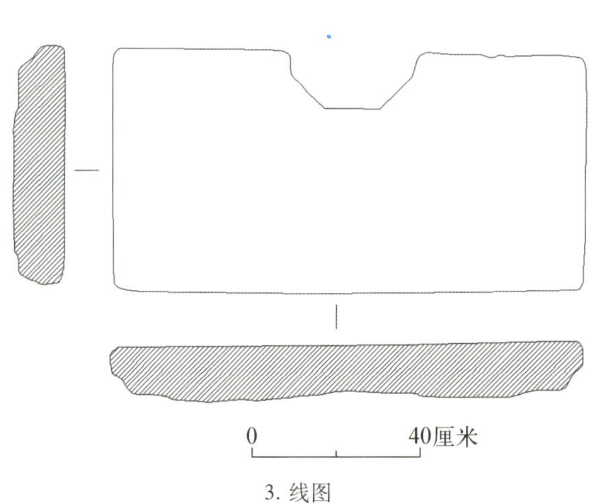

3. 线图

图三六　B 类夹柱石板（2015XSSHW01：53）

状为八角形的二分之一,长度分别为 5、11、13、11、5 厘米。侧面上部竖直,高 7 厘米,下部圆弧形内收于背面,背面做工比较粗糙,高低不平。长 112、宽 55、厚 13 厘米(图三六,1、2、3)。

② 石条　共发现 88 件,可分为 3 类。

A 类　弧形隆起石条,石条上半部圆弧形隆起,下半部为长方体,共 9 件。

标本 2015XSSHW01：40,长条状,一端稍残,灰白色石材制成。器表覆盖有一层较薄的海洋生物和珊瑚沙,颜色斑驳不纯。石条各面较为平整,通体素面,截面上部为半圆形,高 9 厘米,底部为长方形,高 4 厘米。残长 107、宽 16.5、厚 13 厘米(图三七,1、2、3)。

标本 2015XSSHW01：45,长条状,一端残,灰白色石材制成。器表覆盖有一层较薄的海洋生物和珊瑚沙,颜色斑驳不纯。石条各面较为平整,通体素面,截面上部为半圆形,高 9 厘米,底部为长方形,高 4 厘米。残长 81、宽 17、厚 13 厘米(图三八,1、2、3)。

标本 2015XSSHW01：118,长条状,灰白色石材制成。通体覆盖有一层较薄的海洋生物和珊瑚沙,颜色斑驳不纯,中部粘接有一块较大的珊瑚。石条截面上部为半圆形,高 8.5 厘米,底部为长方形,高 4.5 厘米。长 135、宽 17、厚 13 厘米(图三九,1、2、3)。

B 类　带凹槽石条,石条正面中部有一道凹槽,共 49 件。

标本 2015XSSHW01：41,平面为长方形,一端残,灰白色石材制成。通体覆盖有一层较薄的海洋生物和珊瑚沙,颜色斑驳不纯。石条正面中部有一贯通石条的凹槽,凹槽宽 13、深 2 厘米,一长侧面竖直、粗糙,另一长侧面肩部内凹,下部竖直且规整,二短侧面为圆弧状,背面较粗糙,高低不平。残长 83、宽 26、厚 16 厘米(图四〇,1、2、3)。

1. 埋藏情况

2. 出水状态

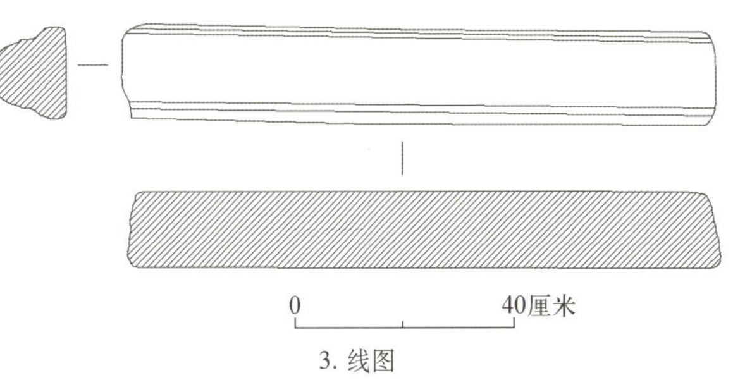

3. 线图

图三七　A 类石条(2015XSSHW01：40)

1. 埋藏情况

2. 出水状态

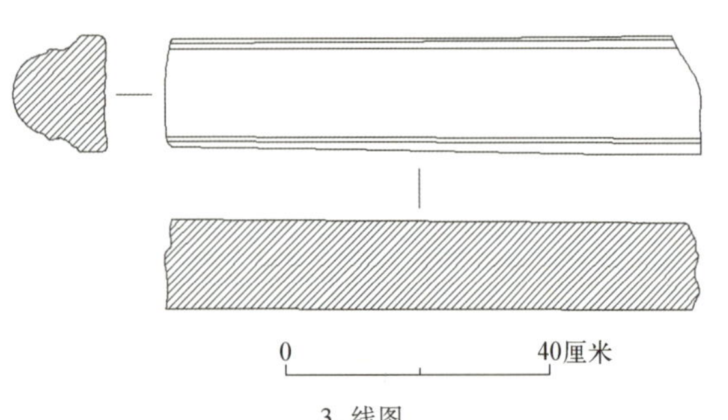

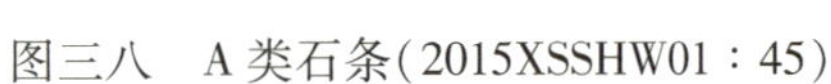

3. 线图

图三八　A 类石条(2015XSSHW01：45)

1. 埋藏情况

2. 出水状态

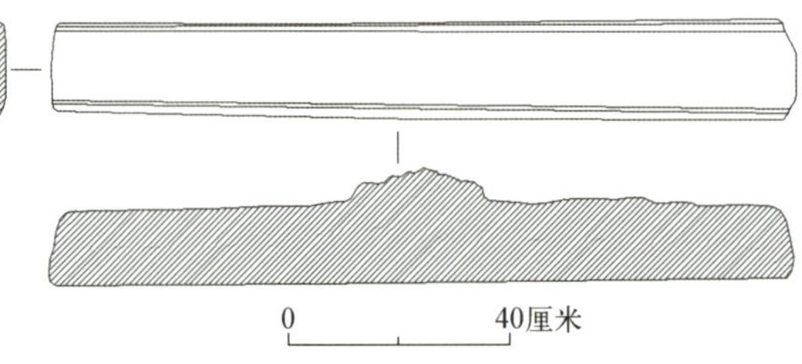

3. 线图

图三九　A 类石条(2015XSSHW01：118)

2015XSSHW01：144，平面为长方形，灰白色石材制成。石条表面局部被少量海洋生物和珊瑚沙包裹。石条表面规整，中部有一封闭凹槽，凹槽宽 11.5、深 2 厘米，凹槽两端拐角处修整成卷云纹状，长侧面肩部内凹，下半部竖直、平整，高 11 厘米，两端侧面上部竖直，下部内收，背面平整，较粗糙。长 111、宽 25、厚 15 厘米（图四一，1、2、3）。

2015XSSHW01：193，平面为长方形，灰白色石材制成。通体覆盖有一层较薄的海洋生物和珊瑚沙，颜色斑驳不纯。石条正面中部凿有一个封闭凹槽，槽内最大宽度 12.3 厘米，深 1.5 厘米，槽边宽 5~5.7 厘米，一个长侧面竖直平整，另外一个长侧面上部为圆弧形，下部竖直、平整，两端侧面上部竖直，下部内收，背面做工粗糙，高低不平。长 112.5、宽 26、厚 12 厘米（图四二，1、2、3）。

C 类　素面石条，平面为长方形，素面，共 30 件。

标本 2015XSSHW01：70，未提取，水下平置，平面为长方形，素面，表面平整，一端为珊瑚覆盖，暴露在海床表面的部分长 129、宽 18、厚 15 厘米（图四三）。

③ 石柱　共发现 55 件，根据石柱截面的形状可分为圆形石柱、方形石柱和八角石柱三类。

A 类　圆形石柱，截面为圆形，器表多有浮雕纹样，共 3 件。

标本 2015XSSHW01：216，器身呈圆柱状，一端残损，残损处断裂痕迹明显，灰白色石材制成，泛青色，柱体另一端稍内收，直径 13 厘米，通体覆盖有一层较薄的海洋生物和珊瑚沙，颜色斑驳不纯。石柱表面浮雕有缠枝花卉纹样，花卉栩栩如生，纹饰雕刻较浅，刀功娴熟，做工精细。残长 113、最大直径 15 厘米（图四四，1、2、3）。

1. 埋藏情况

2. 出水状态

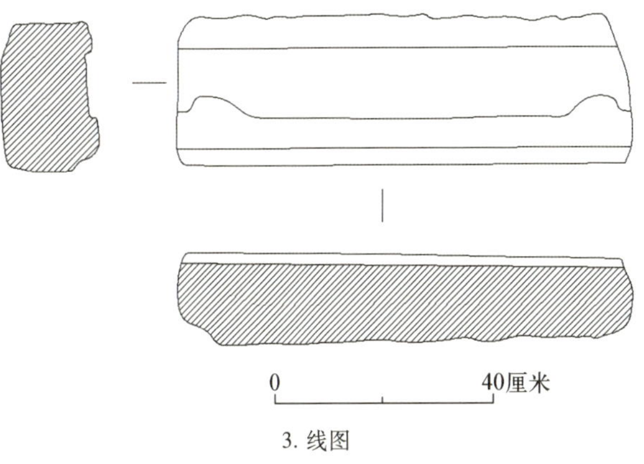

3. 线图

图四〇　B 类石条（2015XSSHW01：41）

1. 埋藏情况

2. 出水状态

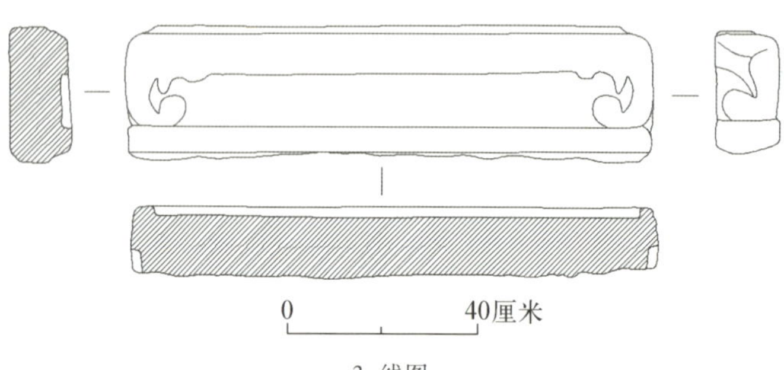

3. 线图

图四一　B类石条（2015XSSHW01：144）

1. 埋藏情况

2. 出水状态

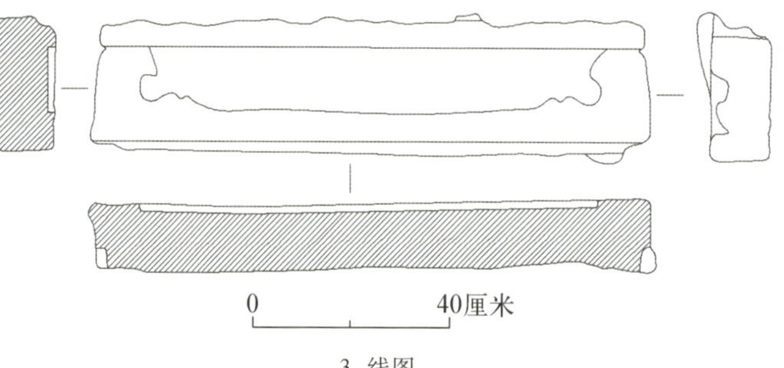

3. 线图

图四二　B类石条（2015XSSHW01：193）

图四三　C 类石条(2015XSSHW01：70)

1. 埋藏情况

2. 出水状态

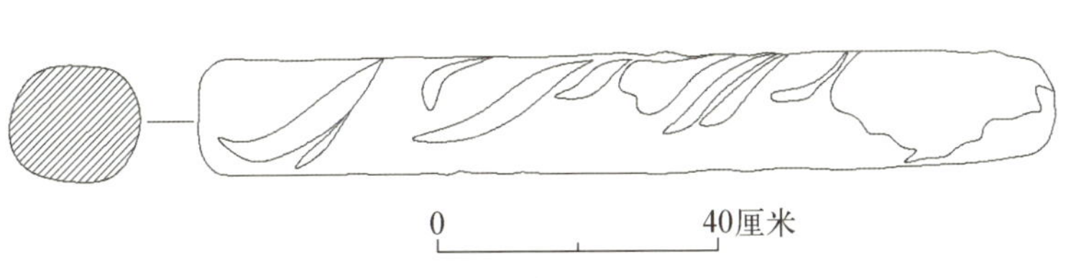

3. 线图

图四四　A 类石柱(2015XSSHW01：216)

标本 2015XSSHW01：231,由圆柱形柱体和"笔锋"状尖顶组成,柱体下部残损,残损处断裂痕迹明显,灰白色石材制成,泛青色,器表覆盖有一层较薄的珊瑚沙,柱体长 205 厘米,尖顶长 15 厘米,柱体与尖顶交接处有一道凹槽。柱体表面通体装饰有浮雕缠枝花卉纹样,刀功娴熟,图案精美,充满生气,尖顶素面,制作规整。残长 220、最大直径 16 厘米(图四五,1、2、3)。

B 类　方形石柱,截面为长方形,器表多有浮雕纹样,共 8 件。

1. 埋藏情况

2. 出水状态

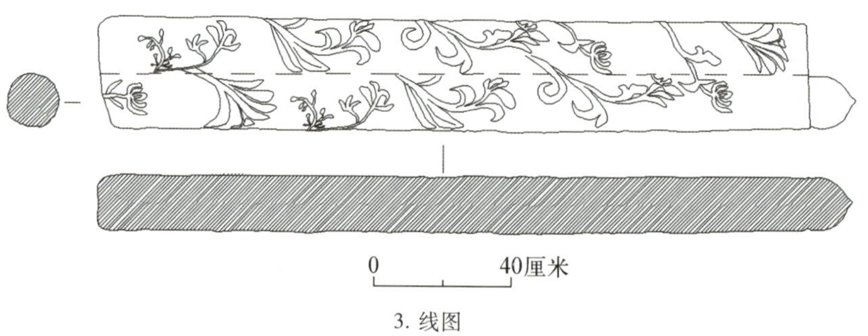

3. 线图

图四五　A 类石柱(2015XSSHW01：231)

标本 2015XSSHW01：200,青灰色石材制成,器表通体被海洋生物和珊瑚沙覆盖,表面呈现褐、白、黑色。残存部分平面为长方形,一端完好,制作规整;另一端残损,靠近残损端的柱体四面均有浮雕纹样,由于残损严重,纹样较模糊,依稀可辨为植物纹样。残长 55、宽 25、厚 21 厘米。

标本 2015XSSHW01：202,青灰色石材制成,器表覆盖有一层较薄的海洋生物和珊瑚沙,颜色斑驳不纯。柱体平面呈长方形,两端皆残,四面均有浮雕植物纹样,纹样雕刻较深,立体感强。残长 20、宽 25、厚 21 厘米。

标本 2015XSSHW01：208,青灰色石材制成,器表覆盖有一层较薄的海洋生物和珊瑚沙,颜色斑驳不纯。平面为长方形,两端均残。一端雕有镂空图案,仅存局部,图案难以辨识,柱体四面均有浮雕植物纹样,靠近镂空图案一端的三个面纵向均有相互连接的一道凹槽,槽宽 3、深 0.5 厘米。残长 34、宽 24、厚 21 厘米(图四六,1、2、3)。

1. 埋藏情况

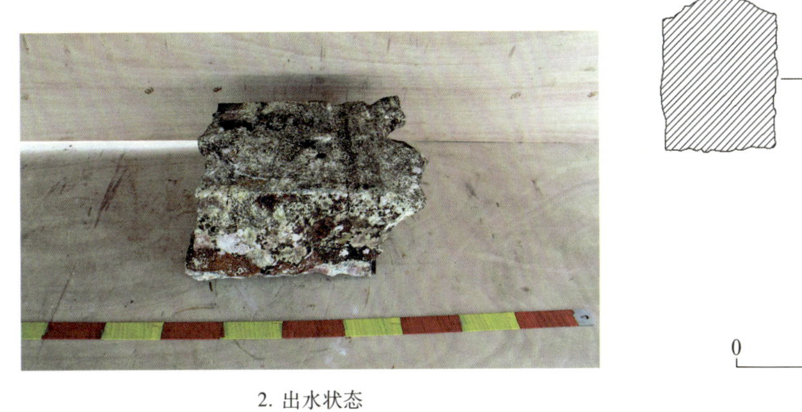

2. 出水状态　　3. 线图

图四六　B类石柱(2015XSSHW01：208)

标本2015XSSHW01：206,青灰色石材制成,器表覆盖有一层较薄的海洋生物和珊瑚沙,颜色斑驳不纯。平面为长方形,两端皆残,柱体三个侧面均有浮雕植物纹样,另外一面也有浮雕,但图案难以辨识,该面明显与其他各面不同,中间向上形成一个隆起,其余各面较平整。残长45、宽25、厚21厘米(图四七,1、2)。

1. 出水状态　　2. 线图

图四七　B类石柱(2015XSSHW01：206)

标本2015XSSHW01：209,青灰色石材制成,器表覆盖有一层较薄的海洋生物和珊瑚沙,颜色斑驳不纯。残损严重,仅存一段,长条形,断面为长方形,四侧面均有浮雕纹样,纹样不详。残长29、宽25、厚21厘米。

C类　八角石柱,柱身横截面为八角形,共44件。

标本2015XSSHW01：194,灰白色石材制成,器表覆盖有一层较薄的海洋生物和珊瑚沙,颜色斑驳不纯。通体素面,柱身前端残损,残长209厘米,制作规整,截面为八角形,八角形边长11厘米,柱身下部长90厘米,做工粗糙,器表高低起伏不平,截面近似八角形,不甚规整,明显要粗于上部柱身。残长299、上部柱身宽27、下部柱身宽30厘米(图四八,1、2、3)。

1. 埋藏情况

2. 出水状态

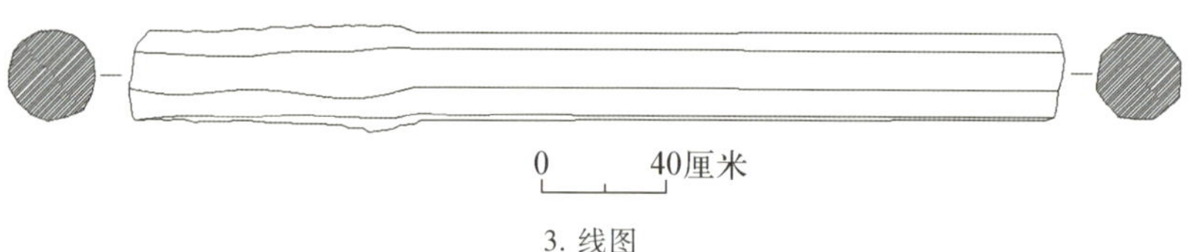

3. 线图

图四八　C 类石柱（2015XSSHW01：194）

④ 柱础　共发现 3 件。

标本 2015XSSHW01：60，灰白色石材制成，器表覆盖有一层海洋生物和珊瑚沙，颜色斑驳不纯，器物一角还附着有一块珊瑚。柱础横断面近圆形，上部表面平整、宽大，下部较小、不规则，除顶部外其余部分凹凸不平。直径 54、厚 38 厘米（图四九，1、2、3）。

（2）生活用具

石质生活用具共发现 9 件，可分为石臼、擂钵和石杵三类。

① 石臼　1 件。

标本 2015XSSHW01：214，未提取，灰白色石材制成，器表覆盖有一层海洋生物和珊瑚沙，颜色斑驳不纯。口部呈圆形，略残，平沿、弧腹、内圜底、外平底，器物通体素面，制作规整。宽 43、内底直径 30、外底直径 27、残高 20 厘米（图五〇）。

② 擂钵　5 件，形制基本相同，皆为直口、鼓肩、弧腹、平底，素面。

标本 2015XSSHW01：11，灰白色石材制成，泛青色，器表覆盖有一层海洋生物和珊瑚沙，颜色斑驳不纯，通体素面，制作规整。斜沿，口沿内高外低，略向外倾斜，宽 4 厘米，鼓肩、弧腹、平底略内凹，肩部最大宽度 28 厘米，器内深腹、圜底，内高 6.5 厘米，器底较厚，厚度达 8.5 厘米。口径 22、底径 11、通高 15 厘米（图五一，1、2、3）。

标本 2015XSSHW01：280，灰白色石材制成，泛青色，器表覆盖有一层海洋生物和珊瑚沙，颜色斑驳不纯，器内填满珊瑚，通体素面，制作规整。斜沿，口沿内高外低，略向外倾斜，宽 4 厘米，

1. 埋藏情况

2. 出水状态

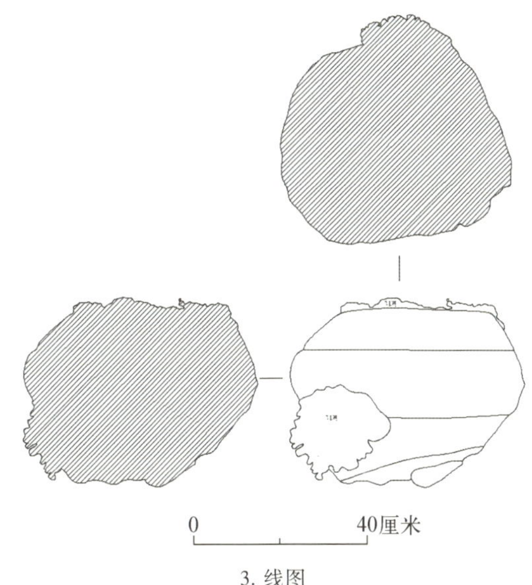

3. 线图

图四九　石柱础（2015XSSHW01：60）

斜肩、鼓腹、平底，肩部最大宽度28厘米，器内深腹、圜底，内高9.6厘米，器底较厚，厚度达8.2厘米。口径26、底径21、通高17.8厘米（图五二，1、2）。

图五〇　石臼（2015XSSHW01：214）

标本2015XSSHW01：281，灰白色石材制成，泛青色，器表覆盖有一层海洋生物和珊瑚沙，颜色斑驳不纯，通体素面，制作规整。斜沿，口沿内高外低，略向外倾斜，宽4厘米，鼓肩、弧腹、平底，肩部最大宽度28.5厘米，器内深腹、圜底，内高8.5厘米，器底较厚，厚度约7厘米。口径27、底径19、通高15.5厘米（图五三，1、2）。

1. 埋藏情况

2. 出水状态

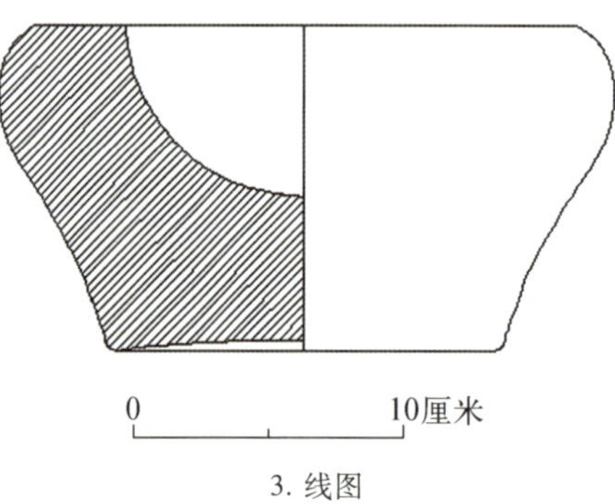

3. 线图

图五一　石擂钵(2015XSSHW01∶11)

1. 出水状态

0　20厘米

2. 线图

图五二　石擂钵(2015XSSHW01∶280)

1. 出水状态

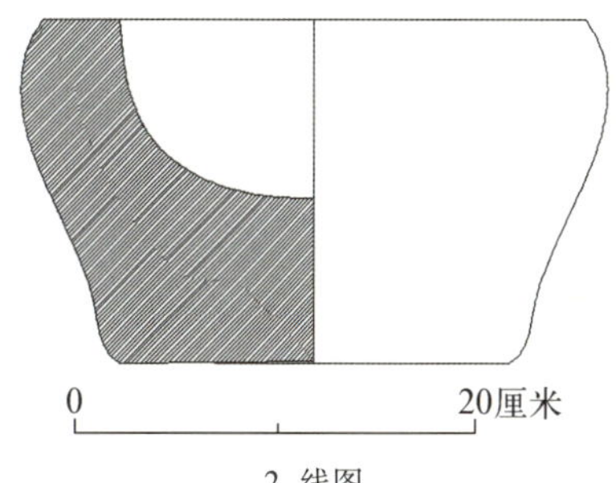

2. 线图

图五三　石擂钵(2015XSSHW01：281)

③ 石杵　共 3 件,可分为圆锥形、子弹形和圆柱形三类。

A 类　圆锥形,1 件。

标本 2015XSSHW01：279,灰白色石材制成,泛青色,器表覆盖有一层海洋生物和珊瑚沙,颜色斑驳不纯,通体素面,制作规整。一端粗大,直径 6.5 厘米,另一端细小,直径 2 厘米。较粗的一端顶部有磨损使用痕迹,该器物可与擂钵合用,应为成套工具。长 23、最大直径 6.5 厘米(图五四,1、2)。

1. 出水状态

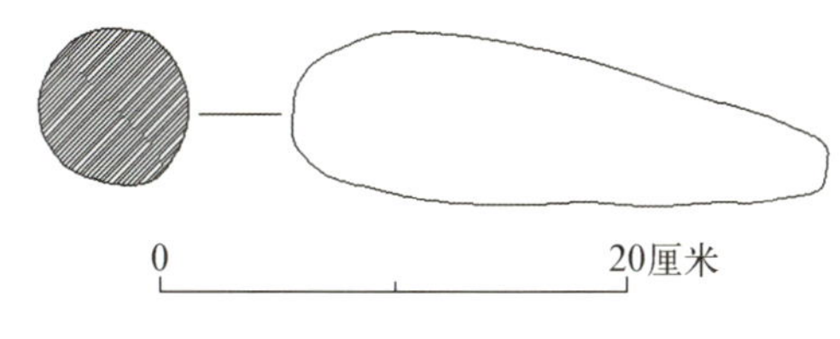

2. 线图

图五四　A 类石杵(2015XSSHW01：279)

B 类　子弹形,1 件。

标本 2015XSSHW01：277,青灰色石材制成,通体素面,制作规整。较细小的一端顶部细尖,较粗的一端顶部向外隆起,呈圆弧状。器物外表制作规整,器身局部高低起伏。该器物可与擂钵合用,应为成套工具。长 12.5、最大直径 3.5 厘米(图五五,1、2)。

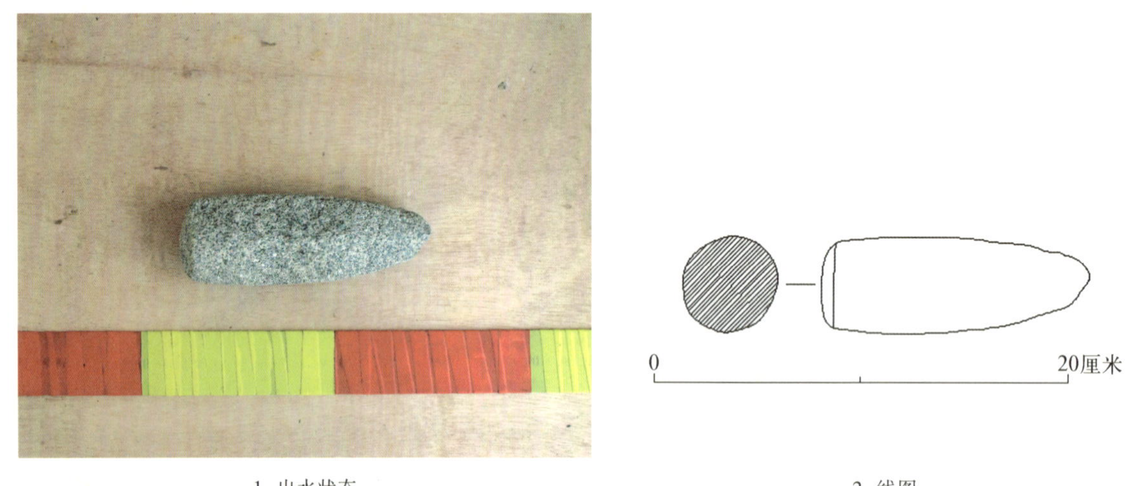

1. 出水状态　　2. 线图

图五五　B 类石杵(2015XSSHW01：277)

C 类　圆柱形,1 件。

标本 2015XSSHW01：278,青灰色石材制成,通体素面,制作规整。两端粗细不一,截面直径 2~3.5 厘米,其中较细的一端顶部较平,较粗的一端顶部略向外隆起,器身局部高低起伏不平,形成多个小凹坑。该器物可与擂钵合用,应为成套工具。长 9、最大直径 3 厘米(图五六,1、2)。

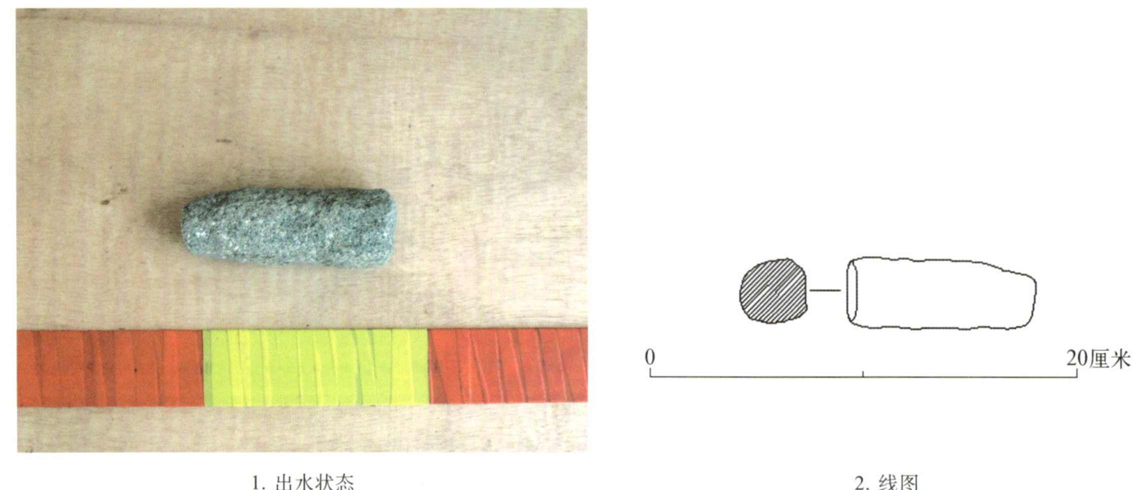

1. 出水状态　　2. 线图

图五六　C 类石杵(2015XSSHW01：278)

(3) 石像

珊瑚岛一号沉船遗址共发现石像 10 件,其中 6 尊为男像、3 尊为女像,另有 1 件手部残件,仅有一尊男像完整,其余石像头部皆缺失,部分石像手中持物也遭破坏缺失,一尊石像甚至只保存了腰腹部。石像多发现于遗址二条主要冲沟之间的区域和基点所在的冲沟内,分布相对比较集中,大多直接暴露在海床表面,仅有少量被珊瑚和其他石质类文物覆盖、叠压。

标本 2015XSSHW01：03,灰白色石材制成,器表覆盖有一层海洋生物和珊瑚沙,颜色斑驳不纯。男性,肩部以上缺失,双手置于腰部,右手做托举状,但手中无物,左手握腰带,身着团领衫右衽袍,宽袖长襟,长袍低垂至脚面,前胸阴刻有仙鹤图案,仙鹤单腿支撑立于中间,另一只腿收起藏于腹下,仅露出爪,双翅展开,头朝向左侧,伸颈张口,作鸣叫状,仙鹤的左、右上角饰以祥云图案,左、右下角饰以海水纹,外侧为一带状方框,上、下边框宽2.5厘米,左、右侧边框宽3.5厘米,腹部隆起,腰间束带,脚穿皂靴,立于一平台之上,平台平面近扇形,最长处41、最宽处37厘米,左右侧边长均为17.5厘米,平台正面为长方形,长28、宽18.5厘米。石像残高133、宽55、厚43厘米(图五七,1、2、3)。

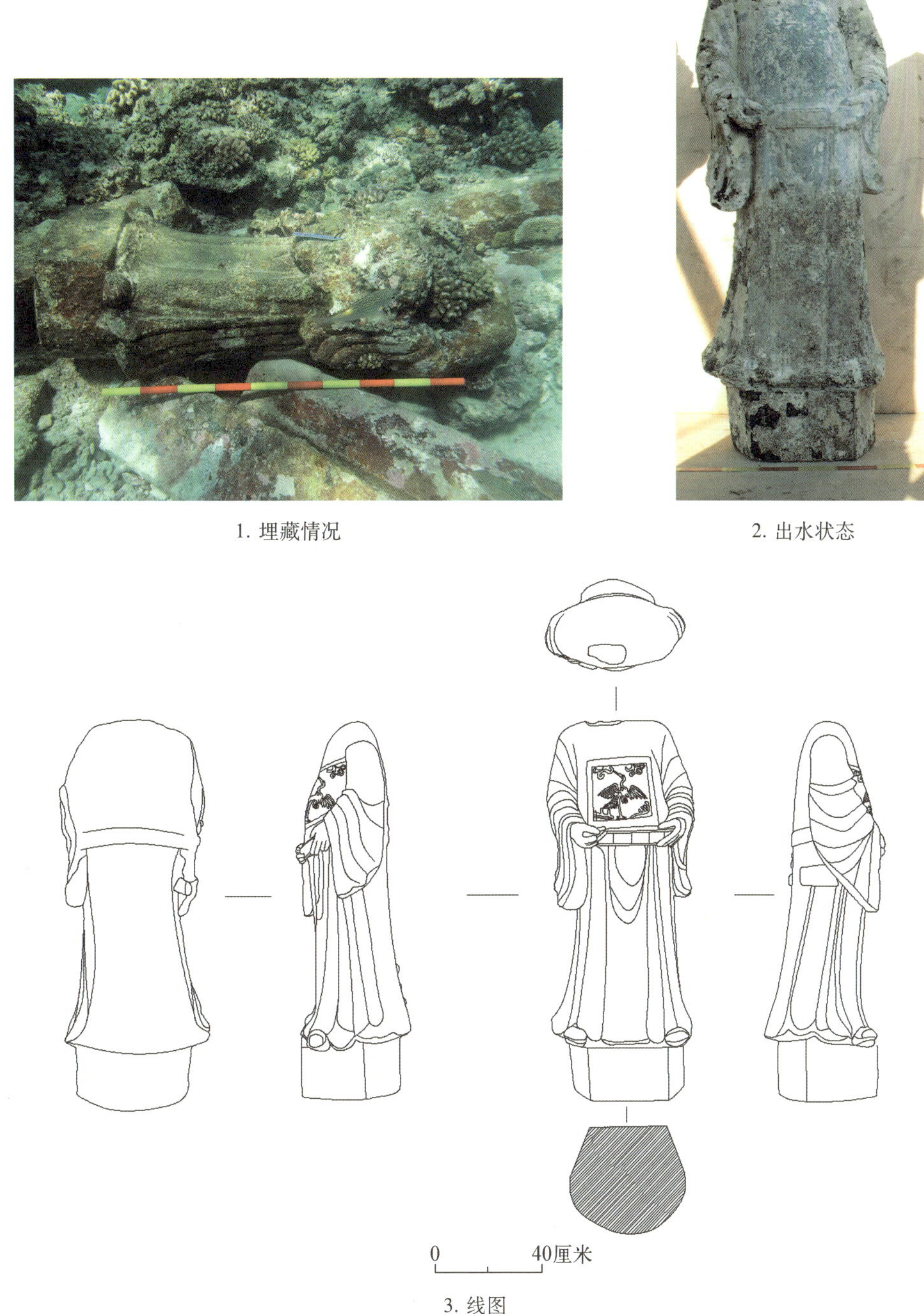

1. 埋藏情况

2. 出水状态

3. 线图

图五七　石像(2015XSSHW01：03)

标本 2015XSSHW01 : 10,灰白色石材制成,器表覆盖有一层海洋生物和珊瑚沙,颜色斑驳不纯。男性,肩部以上缺失,颈部宽 15 厘米,双手置于右胸持有一笏板,右手托笏板底部,左手握笏板下部,笏板顶部斜倚右肩,身着团领衫右衽袍,宽袖长襟,长袍低垂至脚面,前胸阴刻有仙鹤图案,图案大部分被伸出的手所遮挡,左手上部仅露鹤的颈部和头部,鹤头朝右,伸颈、张口,作鸣叫状,鹤形图案的左、右上角各有一团祥云,外侧为一带状方框的上半部,宽 3 厘米,腹部隆起,腰间束带,脚穿皂靴,右脚残损,立于一平台之上,平台平面近扇形,最长处 44、最宽处 36 厘米,左右侧边分别长 19、16 厘米,平台正面为长方形,长 32.5、宽 26 厘米。石像残高 133、宽 47、厚 46 厘米(图五八,1、2、3)。

2015XSSHW01 : 21,灰白色石材制成,器表覆盖有一层海洋生物和珊瑚沙,颜色斑驳不纯。男性,头部高昂略偏向右侧,目光深邃平视远方,方脸、大眼、肥大耳垂、高鼻、厚唇、圆下巴,右眼至颧骨处略残损,面色威严庄重。头戴官帽,帽顶宽 18.5、高 13.5 厘米,左右两侧各有一长方形孔洞,孔长 2.8、宽 3、深 2.6 厘米,脸部高 17.5 厘米,双手置腰部,右手作托物状,所托物件已经缺失,左手护住,右手拇指缺失,身着团领衫右衽袍,宽袖长襟,长袍低垂至脚面,前胸阴刻有仙鹤图案,仙鹤单腿支撑立于中间,另一只腿收起藏于腹下,仅露出爪,双翅展开,头朝向左侧,伸颈张口,作鸣叫状,鹤形图案的四角饰以祥云图案,外侧为一带状方框,宽 3 厘米,腹部隆起,腰间束带,脚穿皂靴,立于一平台之上,平台平面近似扇形。最长处 43、最宽处 32 厘米,左右侧边长均为 10 厘米,平台正面为长方形,长 37、宽 16 厘米。石像通高 163、宽 51、厚 39 厘米(图五九,1、2、3)。

标本 2015XSSHW01 : 210,灰白色石材制成,器表覆盖有一层海洋生物和珊瑚沙,颜色斑驳不纯,以黑色为主。男性,肩部以上缺失,右手放于腰下,手掌内握一笏板并直放于右肩,左手略抬起至胸前,左手拇指与无名指卷起,食指与中指残损,身着团领衫右衽袍,宽袖长襟,长袍低垂至脚面,前胸阴刻有仙鹤图案,仙鹤单腿支撑立于中间,另一只腿收起藏于腹下,仅露出爪,双翅展开,头朝向左侧,伸颈张口,作鸣叫状,鹤形图案的左上角、右上角饰祥云图案,左下角饰花卉图案,右下角无图案,外侧为一带状方框,宽 3 厘米,腹部隆起,腰间束带,脚穿皂靴,立于一平台之上,平台平面近扇形,最长处 40、最宽处 32.5 厘米,左右两侧边长分别为 22、19 厘米,平台正面为长方形,长 35、宽 16 厘米。石像残高 139、宽 54、厚 35 厘米(图六〇,1、2、3)。

标本 2015XSSHW01 : 46,灰白色石材制成,器表覆盖有一层海洋生物和珊瑚沙,颜色斑驳不纯,以黑色为主。女性,体型苗条、纤细,肩部以上残缺,两绺长发分垂于双肩,双手捧一方形锦盒垂于腹部,锦盒上部有三处略微凸起,上衣、下裙、肩背围有四合云"云肩"比甲,上衣长过膝盖,衣袖飘动,臂缠丝带,胸部系有二道束腰腰带,其中一道下垂至腿部,长裙低垂至脚背,下露尖尖小脚,立于一平台之上,平台平面近扇形,最长处 37、最宽处 35 厘米,两侧边长 25.5 厘米,平台正面为长方形,长 22、宽 17 厘米。石像残高 129、宽 47、厚 31.5 厘米(图六一,1、2、3)。

标本 2015XSSHW01 : 62,灰白色石材制成,器表覆盖有一层海洋生物和珊瑚沙,颜色斑驳不纯,以灰白色、黑色为主。女性,体型苗条、纤细,双胸微隆,肩部以上残缺,两绺长发分垂于双肩,

1. 埋藏情况

2. 出水状态

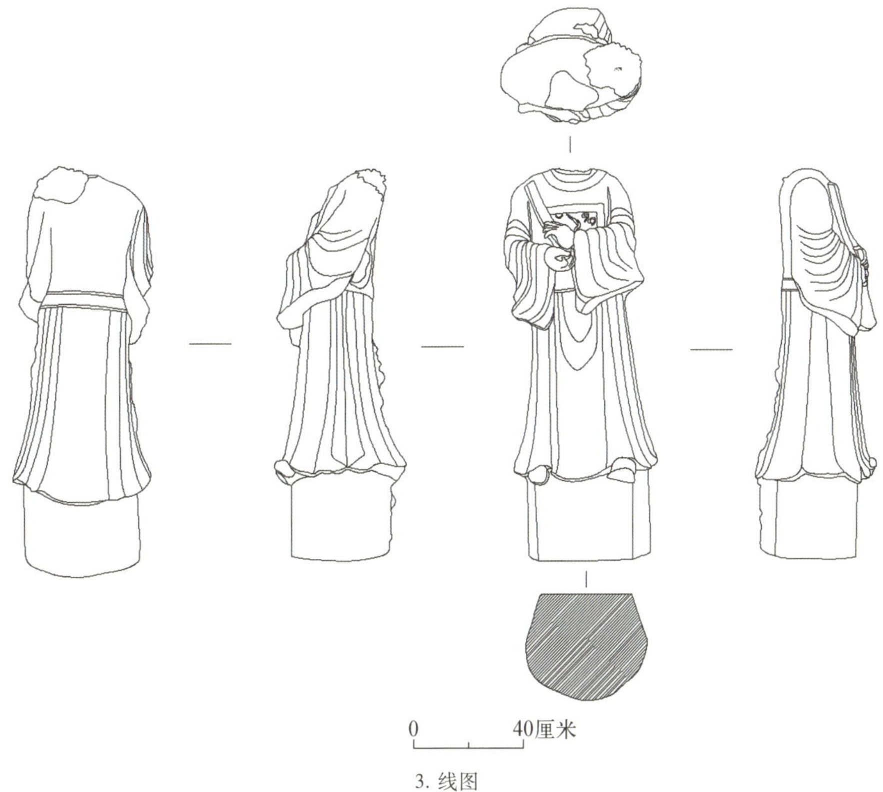

3. 线图

图五八　石像(2015XSSHW01：10)

1. 埋藏情况

2. 出水状态

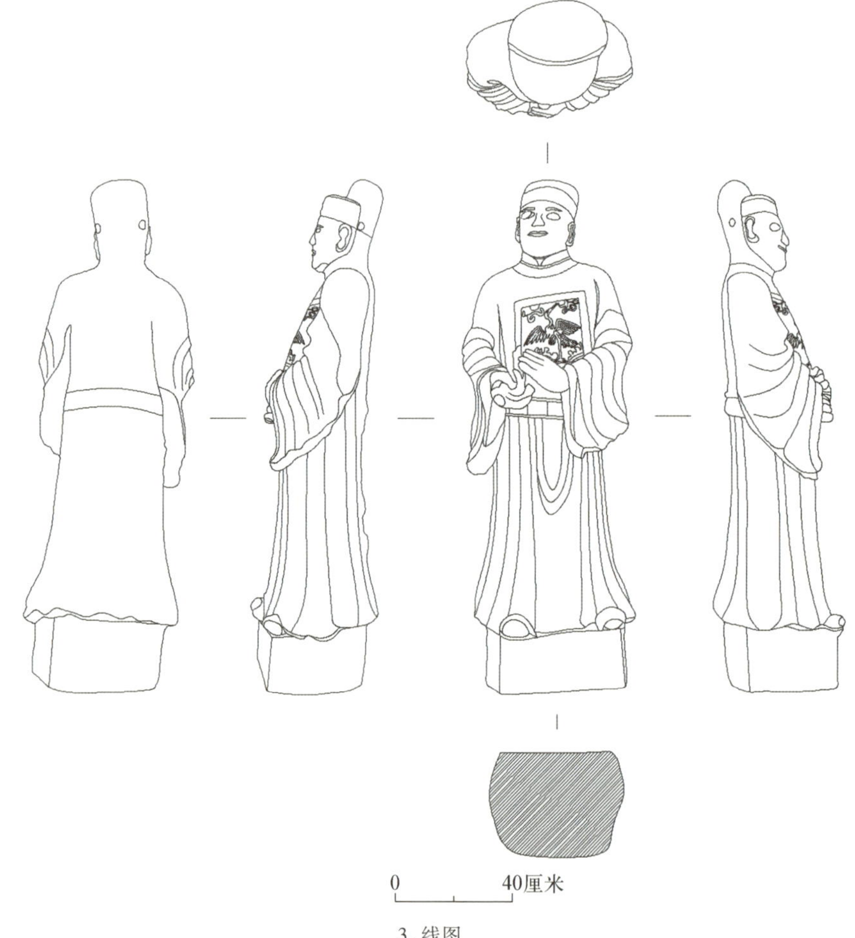

3. 线图

图五九　石像(2015XSSHW01：21)

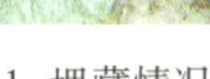

1. 埋藏情况

2. 出水状态

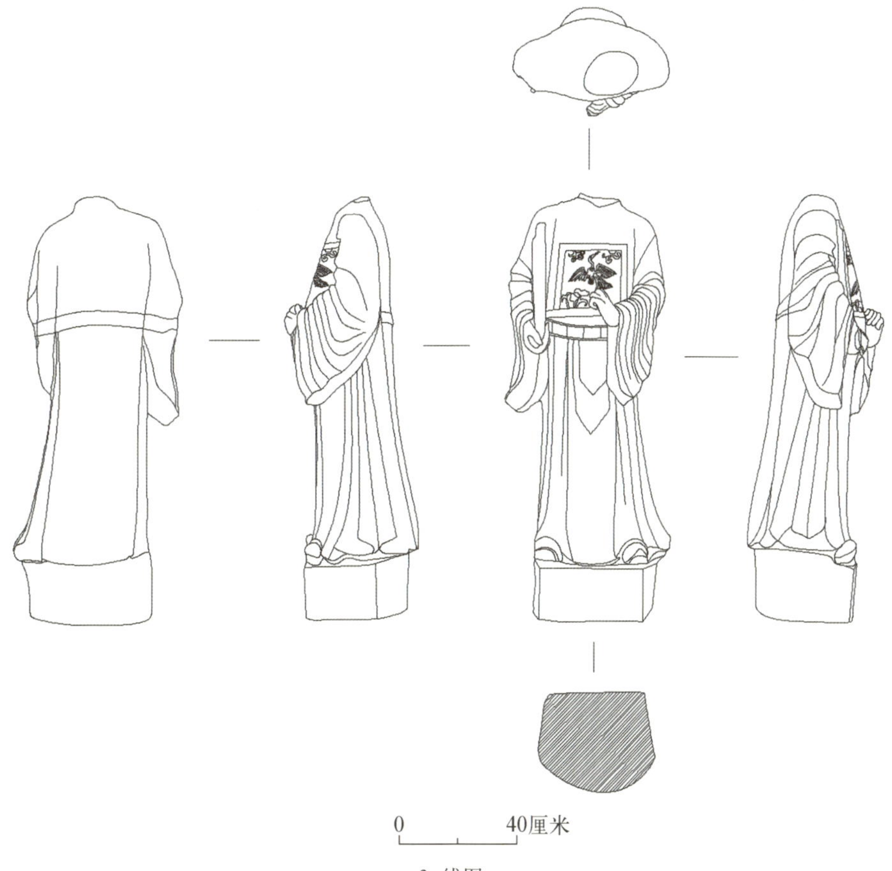

3. 线图

图六〇　石像(2015XSSHW01：210)

1. 埋藏情况

2. 出水状态

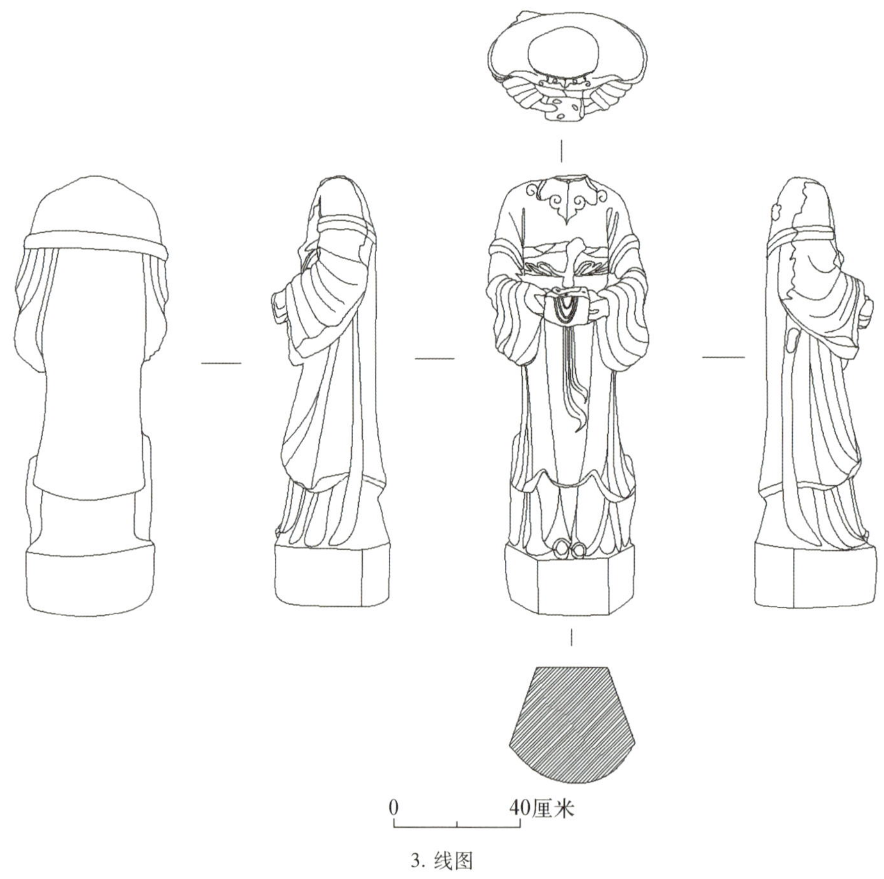

3. 线图

图六一　石像（2015XSSHW01：46）

双手置于腰部握一长条形物件，右手平伸托住物件底部，左手拇指、中指、无名指握住物件下部，食指、小指长伸，物件顶部残损，无法辨识，外穿直领、阔袖褙子，长过膝盖，褙子对襟交汇于腹部，在胸部打有一蝴蝶结，衣袖宽大，左手衣袖处残损，内着长裙，长裙低垂至脚背，下露尖尖小脚，立于一平台之上，平台平面近扇形，最长处43.5、最宽处36厘米，两侧边长14厘米，平台正面为长方形，长27.5、宽15厘米。石像残高133、宽46、厚36厘米（图六二，1、2、3）。

标本2015XSSHW01：199，灰白色石材制成，器表覆盖有一层海洋生物和珊瑚沙，颜色斑驳不纯，以灰白色、黑色为主。女性，体型苗条、纤细，肩部以上残缺，两绺发髻分垂于双肩，左手置于腰部托一玉壶春瓶，右手手指伸开扶瓶口，瓶中插两枝盛开的花朵，上衣、下裙，肩背围有四合云"云肩"比甲，上衣长过膝盖，衣袖宽大，臂缠丝带，胸部系有一道束腰腰带，身着长裙，长裙低垂至脚背，下露尖尖小脚，右脚略残，立于一平台之上，平台平面近扇形，最长处43.5、最宽处36厘米，两侧边长14厘米，平台正面为长方形，长27.5、宽15厘米。石像残高139、宽54、厚35厘米（图六三，1、2、3）。

标本2015XSSHW01：286，灰白色石材制成，泛青色，器表覆盖少量珊瑚沙，表面光滑，雕刻精细，工艺水平较高。从腕部断裂，仅存手掌部分，食指和中指缺失，现存手掌及三个手指，从残存现状判断其手势为：拇指、无名指、小指弯曲，且拇指压无名指、小指，残缺的食指和中指应向前伸出，该残件为石像的手部。残长14、宽8、厚8厘米（图六四，1、2）。

2. 瓷器

通过历年的田野考古和水下考古调查，在珊瑚岛东北部的礁盘和珊瑚岛一号沉船遗址范围内发现有一定数量的瓷器碎片，没有发现完整器，以青花和白瓷为主，器形有碗、盘、杯、盏等。2015年度珊瑚岛一号沉船遗址水下考古发掘共计提取出水瓷器13件，全部为碎片，其中仅1件可复原，可辨器形有碗、盘、盏3类，皆为青花，主要分布于石质文物密集区，大部分散落于石质文物之间的遗址表面，少量为石质文物叠压。

（1）碗

皆为青花，多装饰有成组的变体寿字纹，共6件。

标本2015XSSHW01：91，出水时器表覆盖有少量海洋生物，局部有灰绿色斑点。仅存腹部残片，依稀可辨器形为碗，弧腹。灰胎，胎土纯净，质地细密、坚硬，青白釉，施釉较薄，器物内侧釉色光亮、莹润，外侧釉色暗淡比较灰涩。内壁上部装饰有成组的青花变体寿字纹，外部可见多道弦纹，青花钴料为墨绿色。残长4.2、宽4、厚0.8厘米（图六五，1、2）。

标本2015XSSHW01：92，出水时器表覆盖有少量海洋生物，局部有红褐、白色斑点。仅存口沿至腹部残片，敞口、卷沿、圆唇、弧腹。灰胎，胎土较纯，质地细密、坚硬，青白釉，施釉较薄，釉色光亮、莹润。外壁素面，内壁装饰有成组的青花变体寿字纹，青花变体寿字纹以上饰连续的卷云纹，青花钴料为草绿色。残长4.5、宽5.6、厚0.7厘米（图六六，1、2）。

标本2015XSSHW01：93，出水时器表覆盖有少量海洋生物，局部有红褐色斑点。仅存口沿至腹部残片，侈口、卷沿、圆唇、斜弧腹。白胎，胎土纯净，质地细密、坚硬，青白釉，表面有较多细小颗粒状杂质，比较粗糙。腹部外壁装饰有成组的青花变体寿字纹，青花钴料为蓝色。内壁素面。残长6、宽5.5、厚0.5厘米（图六七，1、2）。

1. 埋藏情况

2. 出水状态

3. 线图

图六二　石像(2015XSSHW01：62)

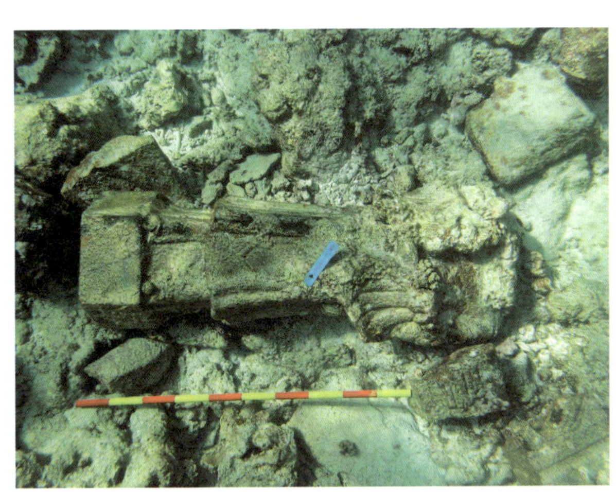
1. 埋藏情况

2. 出水状态

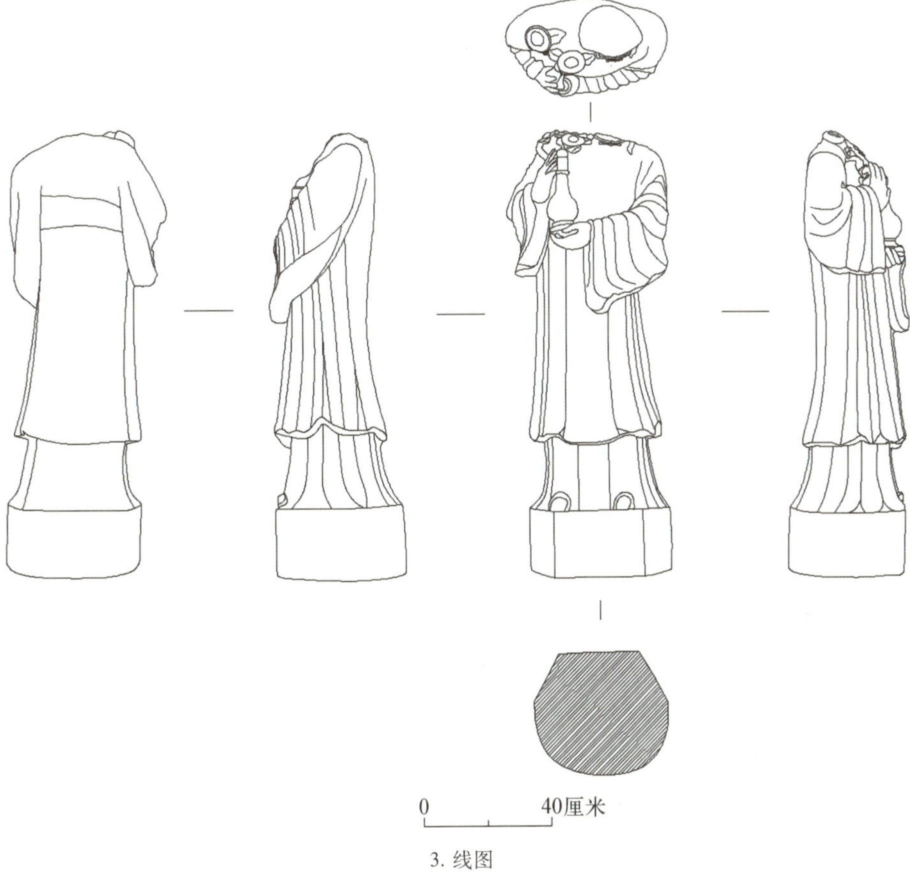

3. 线图

图六三　石像(2015XSSHW01：199)

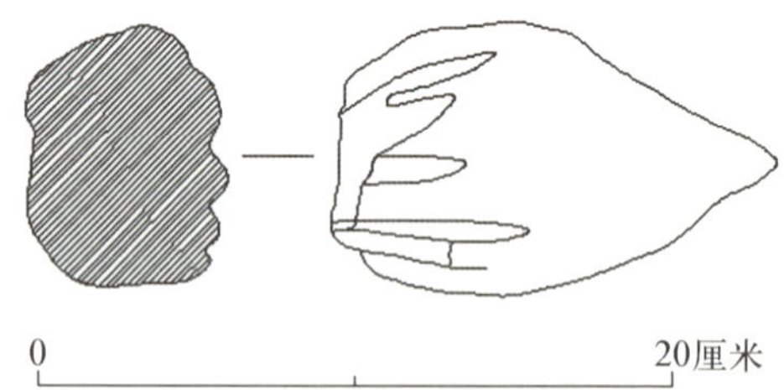

1. 出水状态　　2. 线图

图六四　石像手（2015XSSHW01：286）

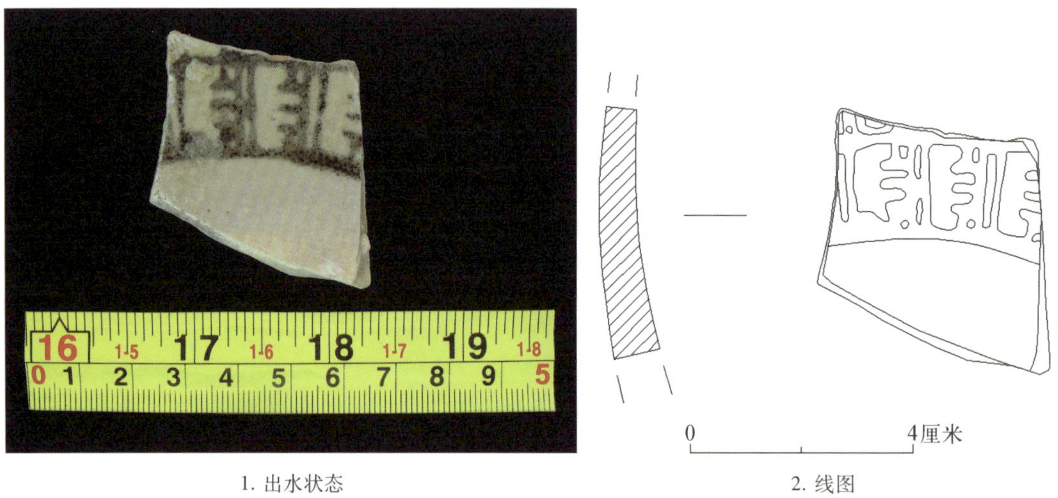

1. 出水状态　　2. 线图

图六五　碗（2015XSSHW01：91）

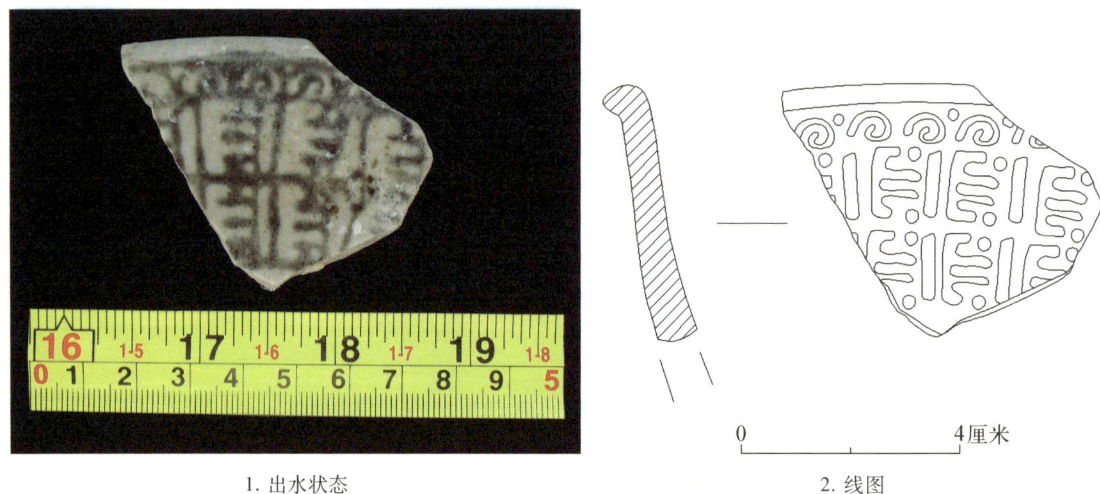

1. 出水状态　　2. 线图

图六六　碗（2015XSSHW01：92）

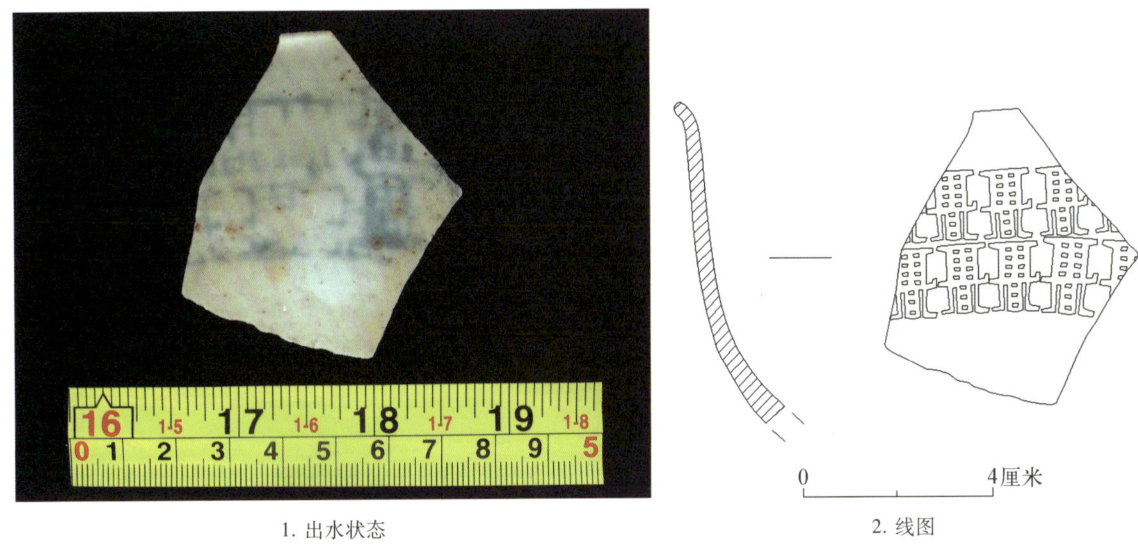

1. 出水状态　　2. 线图

图六七　碗（2015XSSHW01：93）

标本 2015XSSHW01：96，出水时器表覆盖有少量海洋生物，局部有红褐、绿色斑点。仅存腹部残片，依稀可辨器形为碗，弧腹。黄胎，胎体较厚，质地细密、疏松，白釉，施釉较薄，釉层表面有较多细小颗粒状杂质，比较粗糙。腹部内壁装饰有成组的青花变体寿字纹，外壁素面，青花钴料为墨绿色。残长 3.6、宽 7.5、厚 0.8 厘米（图六八，1、2）。

1. 出水状态　　2. 线图

图六八　碗（2015XSSHW01：96）

标本 2015XSSHW01：97，出水时器表覆盖有少量海洋生物，局部有红褐、绿色斑点。仅存口沿至腹部残片，敞口、卷沿、圆唇、斜弧腹。黄胎，质地较细、疏松，白釉，施釉较薄，局部釉已经脱落。内外壁均装饰有纹饰，外壁为青花花卉纹，内壁为成组的青花变体寿字纹，青花变体寿字纹以上饰连续的卷云纹，器物内侧口沿处有一道压印弦纹，青花钴料为墨绿色。残长 4、宽 7.5、厚 0.4 厘米（图六九，1、2）。

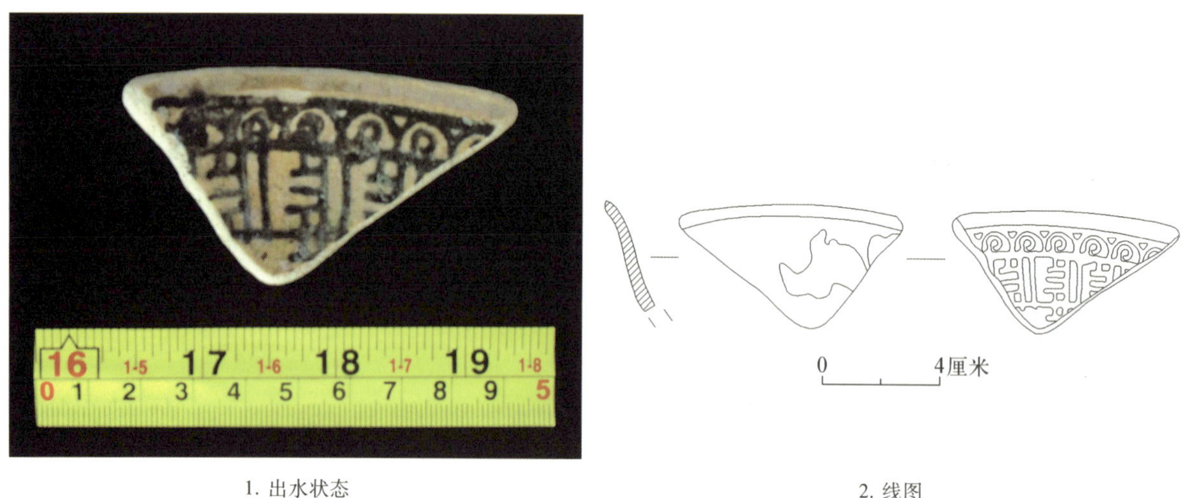

1. 出水状态　　2. 线图

图六九　碗（2015XSSHW01：97）

标本2015XSSHW01：99，出水时器表覆盖有少量海洋生物。仅存口沿至腹底残片，侈口、卷沿、圆唇、斜弧腹。灰白胎，质地较纯，细密且坚硬，青白釉，釉色光亮、莹润，釉面有细小的冰裂纹。腹部外侧印有青花变体寿字纹图案，寿字纹上下各有一道青花弦纹，器物内壁口沿处有一道青花弦线，腹底处有两道青花弦线，其余素面，青花钴料为蓝色。残长4.7、宽6、厚0.4厘米（图七〇，1、2）。

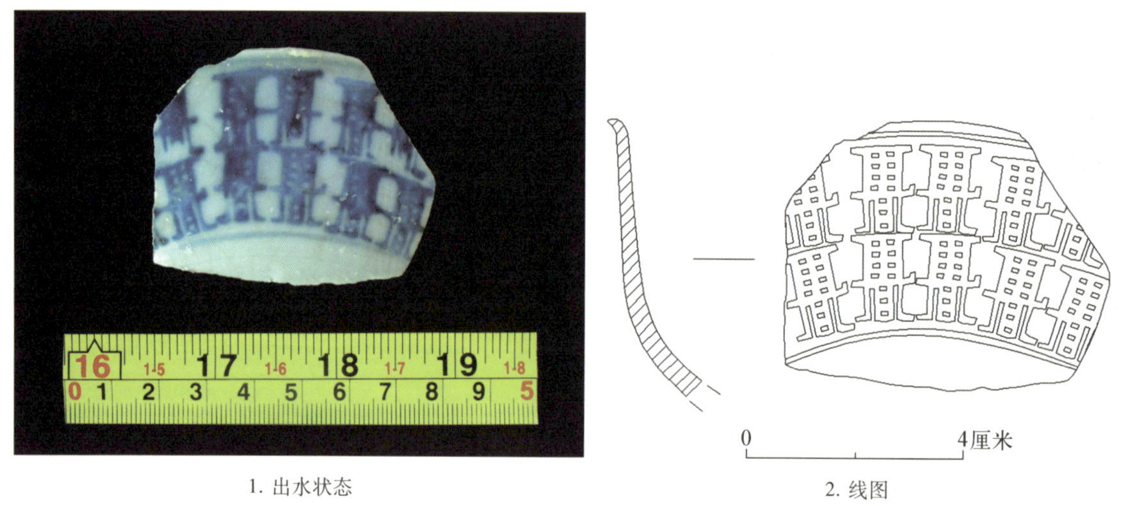

1. 出水状态　　2. 线图

图七〇　碗（2015XSSHW01：99）

（2）盘

皆为青花，共6件。

标本2015XSSHW01：89，出水时器表覆盖有少量海洋生物，表面可见少量的红褐、绿色、白色斑点。仅存底部残片。黄胎，胎体较厚，质地细密、坚硬，白釉，施釉较薄，釉面较光滑。从现存残片看，器物残片内侧印有方形青花押款，款识内容模糊不辨，外部素面，无釉，有红色火石红痕迹，青花钴料为墨绿色。残长 5、宽 3.6、厚 0.9 厘米(图七一,1、2)。

1. 出水状态　　2. 线图

图七一　盘(2015XSSHW01：89)

标本 2015XSSHW01：94,出水时器表覆盖有少量海洋生物,表面可见少量的红褐、绿色斑点。敞口、卷沿、圆唇、浅弧腹、平底、矮圈足,口沿外侧饰有一道阴刻弦线,圈足外侧倾斜、内侧竖直。灰胎,质地细密、坚硬,胎体中有多个小洞,青白釉,釉层较薄且表面分布较多细小颗粒状杂质,比较粗糙,器物外侧施釉到腹底,器底未施釉,器内侧底部未施釉,器物外壁通体素面,内壁口沿处饰有一道蓝色弦纹,弦纹以下为连续的卷云纹,腹部装饰成组的变体寿字纹图案,青花钴料为墨绿色。残长 8、宽 6.3、厚 0.7 厘米(图七二,1、2)。

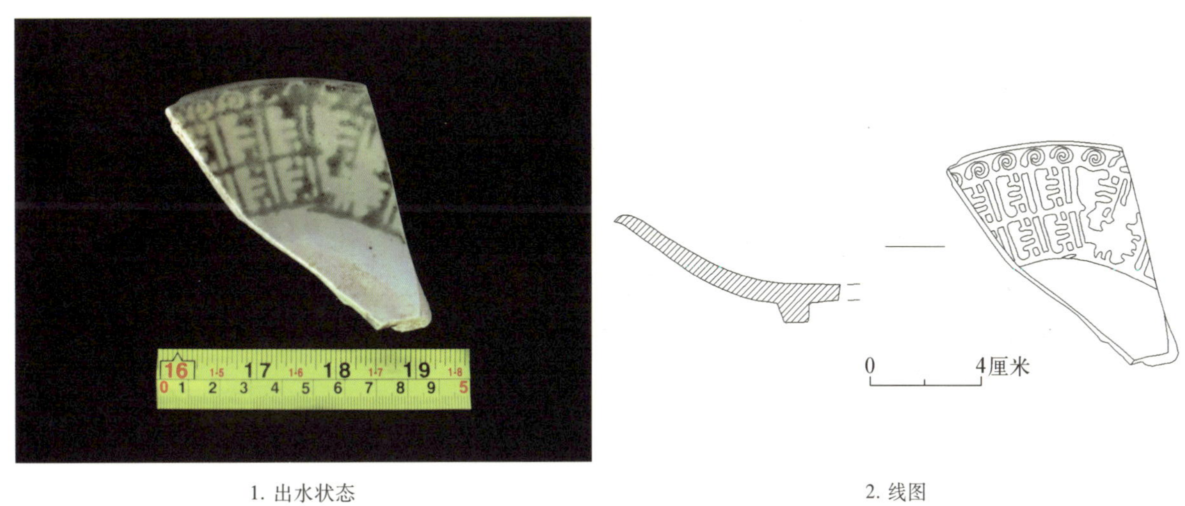

1. 出水状态　　2. 线图

图七二　盘(2015XSSHW01：94)

标本 2015XSSHW01：95,出水时器表覆盖有少量海洋生物,表面可见少量的红褐、绿色、白色斑点。仅存口、腹部残片,敞口、卷沿、圆唇、斜弧腹。黄胎,胎体较厚,质地较细、坚硬,白釉,施釉较薄,釉色光亮,未通体施釉,仅施釉到腹底,器物内外壁均有青花纹饰,内壁口沿处饰有一道蓝色弦纹，弦纹以下为连续的卷云纹，腹部饰成组的变体寿字纹图案，外壁上部装饰有青花花卉图案，青花钴料为墨绿色。残长 7.9、宽 7、厚 0.7 厘米（图七三，1、2）。

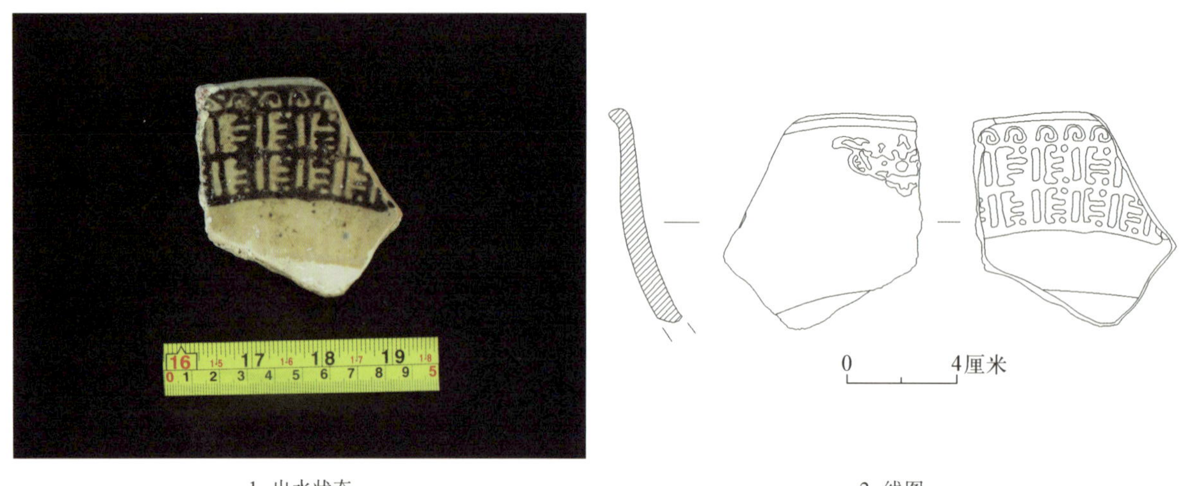

1. 出水状态　　2. 线图

图七三　盘（2015XSSHW01：95）

标本 2015XSSHW01：98，出水时器表覆盖有少量海洋生物，表面可见少量的红褐、绿色、白色斑点。仅存腹及底部残片，弧腹、平底、矮圈足，圈足外侧倾斜、内侧竖直，下腹部及圈足底边缘有多道刻划弦线。黄胎，胎体较厚，质地较细密、坚硬，白釉，施釉较薄，器身部分釉面已经脱落，釉层表面分布有较多的细小颗粒状杂质。残长 4.5、宽 13、厚 1 厘米（图七四，1、2）。

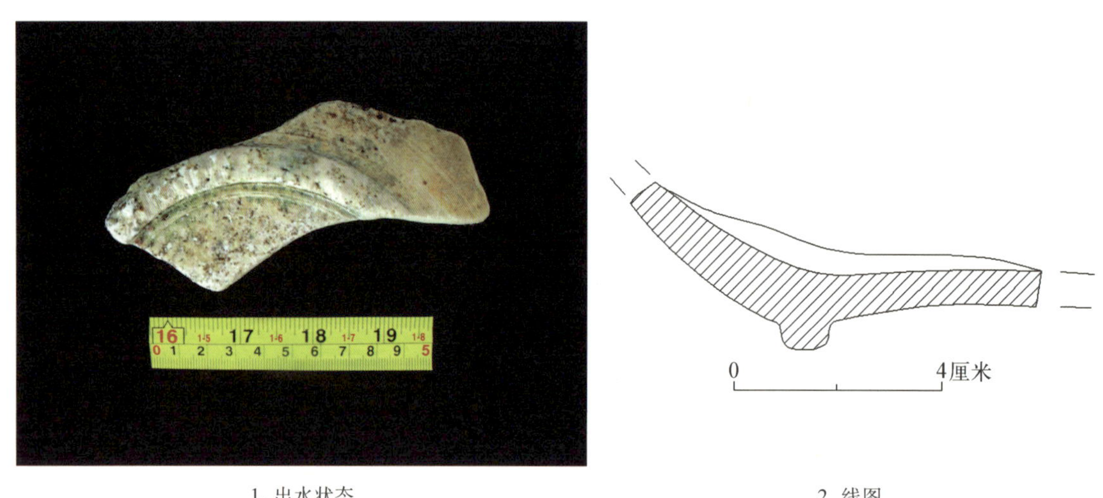

1. 出水状态　　2. 线图

图七四　盘（2015XSSHW01：98）

标本 2015XSSHW01：256，出水时器表覆盖有少量海洋生物，颜色斑驳不纯，以褐色、白色为主。仅存腹及底部残片，弧腹、平底、矮圈足，削足，圈足内外均倾斜。灰胎，质地细密、坚硬，白釉，大部分釉面已经脱落，部分釉面有细小的冰裂纹。残存部位素面无纹。残长 9.3、宽 5.5、厚 0.7 厘米（图七五，1、2）。

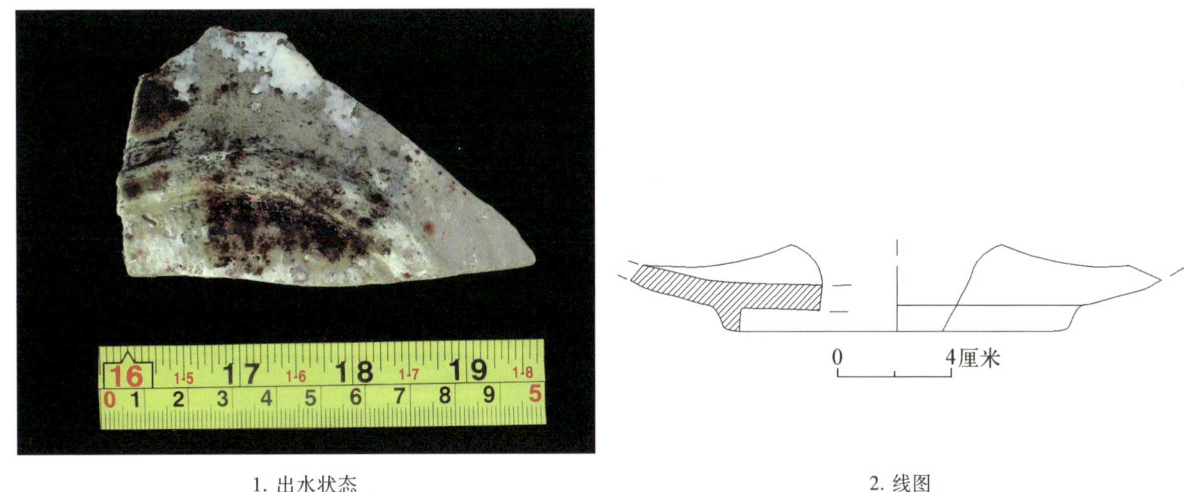

1. 出水状态　　2. 线图

图七五　盘（2015XSSHW01：256）

标本 2015XSSHW01：282，出水时器表覆盖有少量海洋生物，表面可见少量的红褐、绿色、白色斑点。仅存腹及底部残片，弧腹、平底、矮圈足，削足。圈足内外侧均竖直。黄胎，胎体较厚，质地较细密、疏松，白釉，施釉较薄，器身部分釉面已经脱落，釉层表面分布有较多的细小颗粒状杂质，内底有方形青花押款，款识内容依稀可辨为“金兴祠堂”，器底留有火石红痕迹，外部素面且釉面已经全部脱落，青花钴料为墨绿色，残长 15.4、宽 9.3、厚 0.9、足径 13.3 厘米（图七六，1、2）。

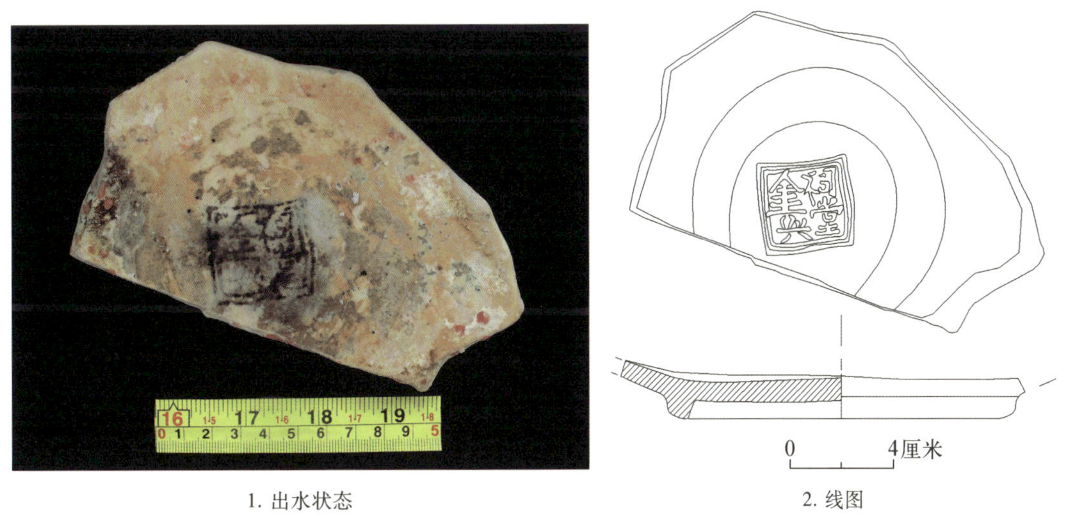

1. 出水状态　　2. 线图

图七六　盘（2015XSSHW01：282）

（3）盏

皆为青花，共 1 件。

标本 2015XSSHW01：90，出水时器表局部被白色珊瑚覆盖。仅存口沿至底部残片，敞口、卷沿、圆唇、斜弧腹、平底、矮圈足，削足，圈足内外侧均竖直。灰胎，胎体较薄，胎土纯净，质地细密、坚硬，青白釉，施釉较薄，釉色光亮、莹润，器物内壁素面，外壁口沿至上腹部绘青花圆圈纹，圆圈纹上下各有一道青花弦纹,青花钴料为草绿色。残长3、宽4、厚0.3厘米(图七七,1、2)。

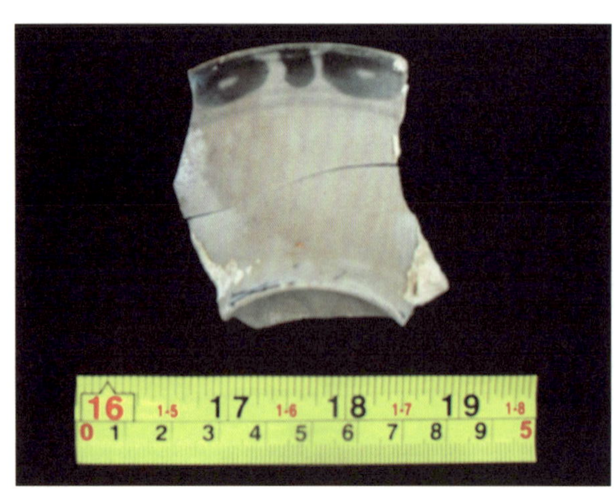

1. 出水状态

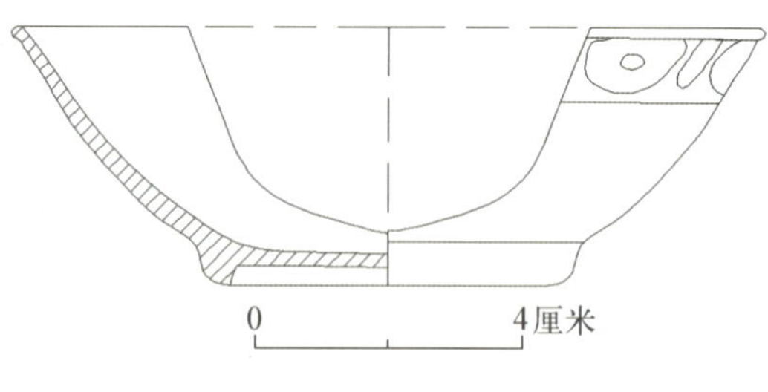

2. 线图

图七七　盏(2015XSSHW01∶90)

四、结　　语

珊瑚岛一号沉船遗址没有发现船体,遗址以石质类文物和瓷器碎片为主要堆积。石质类文物中2015XSSHW01∶14号石板正面浮雕"暗八仙"中的宝扇纹样。"暗八仙"是中国传统建筑及装饰中常用的纹样,明末清初八仙手持的器物逐渐从八仙身上分离出来,并独立形成"暗八仙纹"体系,在福建地区闽南民居建筑中比较常见[1]。

2015XSSHW01∶231号笔锋状尖顶石柱与福建地区部分清代家族宗庙和祠堂等建筑物前竖立的石旗杆上段石柱在造型和尺寸上基本一致[2]。

珊瑚岛一号沉船遗址发现的瓷器多为青花碗、盘碎片,制作比较粗糙,釉面较薄,青花釉料颜色较深多呈墨绿色,腹部装饰有成组的变体寿字纹,有的青花瓷器如2015XSSHW01∶282瓷盘内底盘心印有"金兴祠堂"等铭文款识。器形相同以及装饰相近成组变体寿字纹和吉祥文字、纪年、商号或祠堂名等铭文款识的青花瓷器在我国沿海以及西沙群岛等远海海域清代的水下文化遗存中多有发现,如福建莆田大竹岛清代中晚期沉船遗址、福建龙海白屿清代中晚期水下文物点、福建龙海九节礁清代中晚期水下文物点、西沙群岛北礁一号沉船遗址清代遗存等[3]。

---

[1] 楼庆西:《中国古代建筑装饰五书:砖雕石刻》,清华大学出版社,2011年,第10~11页;梁晓丽:《"暗八仙"图案及其装饰功能探微》,《新闻世界》2010年第8期。

[2] 林蔚文:《福建石雕艺术》,荣宝斋出版社,2006年,第90页。

[3] 福建沿海水下考古调查队:《2008年莆田沿海水下考古调查简报》,《福建文博》2009年第2期;栗建安:《闽海钩沉——福建水下考古发现与研究二十年》,《水下考古学研究》(第一卷),科学出版社,2012年,第082~086页;中国国家博物馆水下考古研究中心、海南省文物保护管理办公室:《西沙水下考古1998~1999》,科学出版社,2006年,第139~150页。

福建漳州华安县上樟弯桥窑址采集有多件清代青花变体寿字纹盘,内底盘心印有“金兴”、“和兴”等文字款[1],华安县东溪窑址采集有多件清代带文字款识和变体寿字纹装饰的青花瓷碗残片[2],福建漳州南靖县南靖窑址采集有清代青花变体寿字纹碗和盘[3],福建泉州安溪县安溪窑、龙涓福昌窑、龙涓窑、长坑窑、银坑内窑等窑址采集有大量清代带文字款识和变体寿字纹装饰的青花碗、盘等[4]。

通过上述对比分析,珊瑚岛一号沉船遗址的时代应为清代中晚期,大部分石质类文物的产地为福建地区,而青花碗、盘的窑口则为福建闽南地区的德化、华安、安溪、南靖等地窑址。

附记:西沙群岛 2015 年度水下考古项目由海南省文物局和国家文物局水下文化遗产保护中心联合组织实施,三沙市政府办协助。项目领队为邓启江,参加珊瑚岛一号沉船遗址 2015 年度发掘工作的水下考古人员有赵嘉斌、朱滨、邓启江、符洪洪、韦军、羊泽林、张红兴、曾瑾、姜涛、梁国庆、金涛、韩飞、王亦晨、贾宾、朱砚山、陈建国、何声乐、何书平等。

摄影:曾瑾、姜涛、朱砚山;

绘图:张红兴、羊泽林、陈建国;

执笔人:邓启江、符洪洪、韦军、张红兴、梁国庆。

---

[1] 吴其生、李和安:《中国福建古陶瓷标本大系——华安窑》,福建美术出版社,2005 年,第 137~139 页。

[2] 曾凡:《福建陶瓷考古概论》,福建省地图出版社,2001 年,第 68 页。

[3] 吴其生:《中国福建古陶瓷标本大系——南靖窑》,福建美术出版社,2005 年,第 111、116 页。

[4] 曾凡:《福建陶瓷考古概论》,福建省地图出版社,2001 年,第 69~80 页;张红兴:《近年来从中国海域出水的 17~19 世纪德化陶瓷》,《海交史研究》2012 年第 2 期;吴艺娟:《安溪窑与海上丝绸之路古陶瓷初探》,《中国古陶瓷研究》(第十四辑),紫禁城出版社,2008 年,第 248~257 页。

Brief Report on the 2015 Underwater Archaeological Excavation of Shanhu Island I Shipwreck Site

by

2015 Underwater Archaeology Team of the Paracel Islands

Abstract: In 2015, National Center of Underwater Cultural Heritage and Hainan Provincial Administration of Cultural Heritage formed a union team to conduct underwater archaeological excavation on the Shanhu Island I shipwreck site in the water of Paracel Islands. No ship hull has been found during the excavation. However, stone artifacts constituted the major category of the relics. A small amount of blue and white and white glazed ceramic sherds scattered on the surface of the site. According to the analysis of the characteristics of the ceramics and stone artifacts, the Shanhu Island Ⅰ shipwreck site could date back to the mid and late Qing Dynasty.

Keywords: Shanhu Island I Shipwreck Site, Underwater Archaeological Excavation, Date

海坛海峡九梁Ⅰ号沉船调查新收获

国家文物局水下文化遗产保护中心　福建博物院

摘　要：九梁Ⅰ号是位于福建平潭海坛海峡北口、屿头岛、小练岛、大练岛间海域的一条明代沉船。在已往工作的基础上，2013年7月水下考古工作者对该遗址进行了为期四天的复查与评估工作。本文在刊布此次调查发现的同时，主要就遗址保存现状、沉船年代与沉船航向、沉船环境与沉船原因等问题进行了分析。

关键词：九梁Ⅰ号　保存现状　沉船环境

九梁Ⅰ号沉船位于福建平潭海坛海峡北口，屿头岛、小练岛、大练岛间的海域。最初发现时，因其西北距离碗礁Ⅰ号沉船不足2 000米，曾名碗礁Ⅱ号[1]，后因其更靠近九梁礁而更名为九梁Ⅰ号[2]。历史上，水下考古工作者分别于2006年、2008～2009年做过两次调查工作，资料已经刊布[3]。2013年7月，国家文物局水下文化遗产保护中心、福建博物院、国家海洋局第三海洋研究所在执行国家海洋局海洋公益项目“水下文物探测、保护技术体系研究与示范”的过程中，对九梁Ⅰ号沉船遗址进行了为期四天的复查与评估，并提取部分标本。本文即拟结合已刊资料、相关研究成果，对此次工作所见遗址现状及采集器物标本予以简报。

一、遗址区域概况与保存现状

九梁Ⅰ号沉船所在海坛海峡位于福建沿岸中部福清半岛与平潭岛之间，北有大、小练岛及屿头岛，南有草屿为其屏障，其东南口及东北口与台湾海峡相连，南口与兴化水道相连，西北口接福清湾，总体上呈南北两头宽、中间窄的喇叭口形状，峡道内浅滩、暗礁多布，在潮流

[1] 栗建安：《中国水下考古六大发现——海上丝绸之路上的中国古代外销瓷》，《国际博物馆（中文版）》2008年第4期。

[2] 福建沿海水下考古调查队：《福建平潭九梁Ⅰ号沉船遗址水下考古调查简报》，《福建文博》2010年第1期。

[3] 福建沿海水下考古调查队：《福建平潭九梁Ⅰ号沉船遗址水下考古调查简报》，《福建文博》2010年第1期；福建沿海水下考古调查队：《福建沿海水下考古调查》，《文物》2014年第2期；国家文物局水下文化遗产保护中心等编著：《福建沿海水下考古调查报告（1989～2010）》，文物出版社，2017年。

和波浪的共同作用下发育有较为复杂的地形地貌，该区域直到现在也是航海活动的风险多发区[1]（图一）。

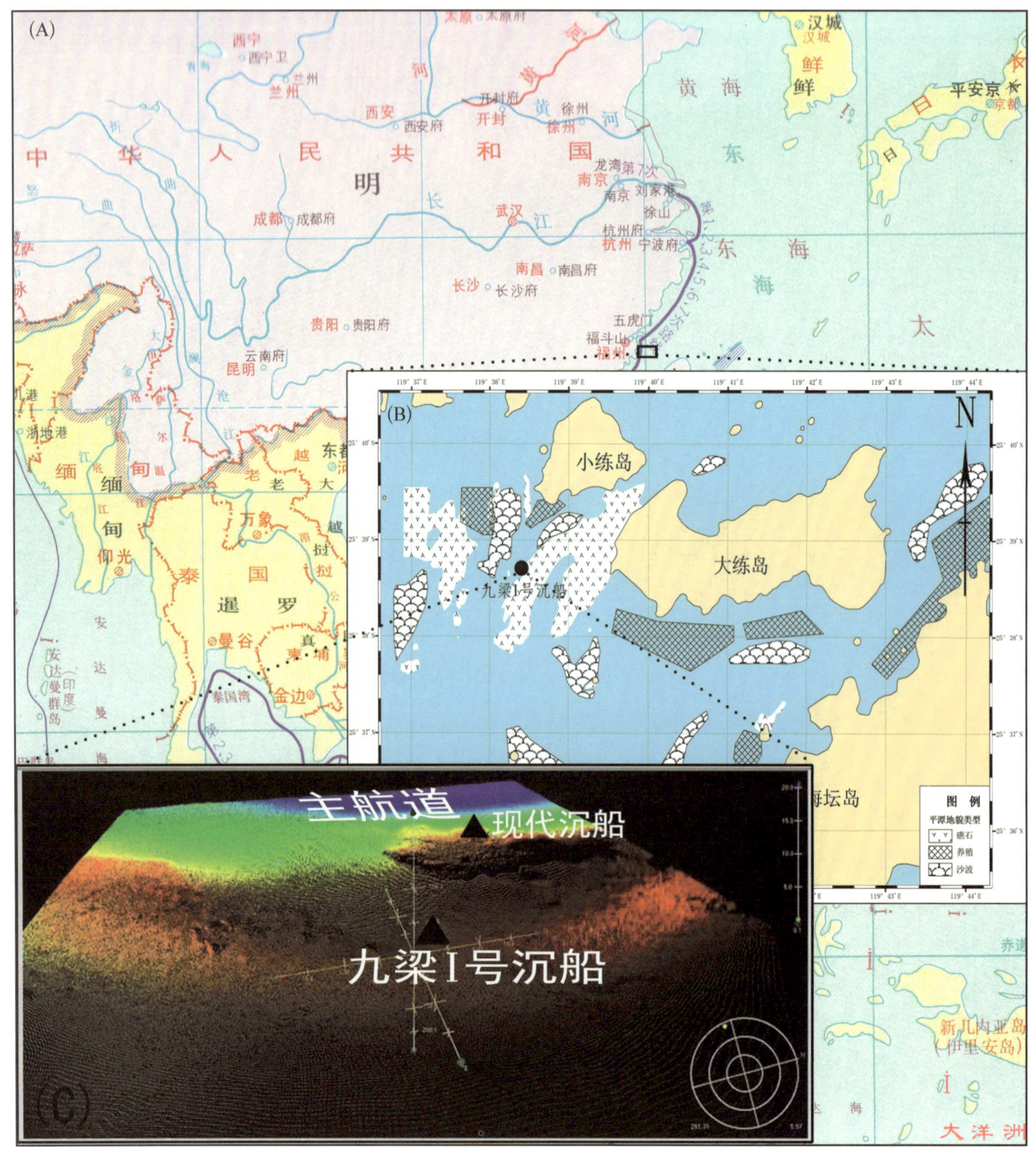

图一　九梁Ⅰ号沉船位置图

说明：（A）海坛海峡位置概览，底图据郭沫若主编《中国史稿地图集》（下册）第78页"郑和七下西洋"；（B）九梁Ⅰ号沉船所在海域底质分类图，课题组制作；（C）多波束声呐所见九梁Ⅰ号沉船水下微地貌图，课题组制作。

[1]　陈宏：《海坛海峡航行综合安全评估》，《中国航海》2007年第1期。

福建平潭海域一直是水下文物盗捞者觊觎的海域之一,九梁Ⅰ号沉船自发现以来又频遭破坏[1]。2006年,“遗址上散落大量被破坏的器物残片……船体的部分隔舱板虽已暴露在海床表面,但仍然保留在船体的原位置……船底板、舷板并未出露;船体保存状况较好”;2008年,“遗址表面散落的器物碎片更多,部分隔舱板已经脱离原有位置,在遗址东端船体上部全部破坏,遗物掏尽,船底板已经暴露在海床表面”[2]。简报作者通过对船底板断痕及地形地势的分析,推测九梁Ⅰ号沉船曾发生过断裂,在沉船范围内形成三处遗物堆积相对集中的地点(图二)。2013年的调查显示,九梁Ⅰ号大部分船木已经漂离移位,遗址表面青花瓷等较为精致细腻的遗物已十分稀少,余量最多的是一种俗称“安平壶”的白釉罐(图三);除后期盗捞者的人为扰动外,受地形及海流的影响遗存堆积随坡就势分布明显,遗物的散落面积更大,并向西侧近航道处的深水区滑落、扩散。

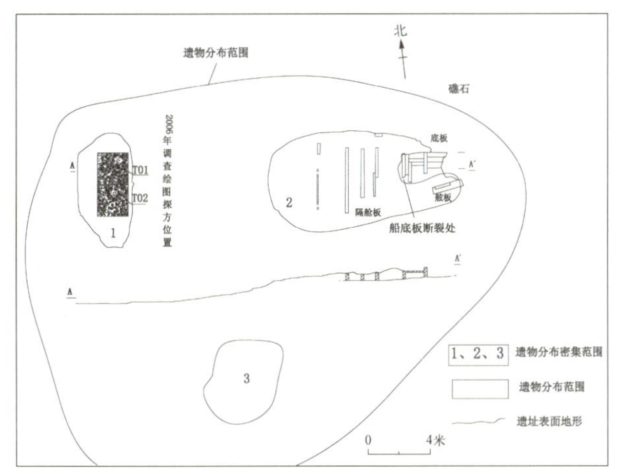

图二　九梁Ⅰ号沉船平、剖面图

(据《福建平潭九梁Ⅰ号沉船遗址水下考古调查简报》图二)

图三　安平壶水下堆积状态(2013年)

二、出水文物介绍

此次调查,共采集出水器物标本38件,均为瓷器。器类包括青花瓷、青花釉里红、蓝釉瓷、五彩瓷、白釉瓷等;器形以碗、盘、罐等日常生活用具为主;完整器少,多为残片,部分可复原。所见器物类型与以往发现者基本一致。此38件文物现存福建博物院。现介绍如下:

(一)青花瓷

数量最多,共30件,按器形可分为碗、盘、罐、杯、军持、盆、瓶等,多为残片。胎色白,少数泛灰白;碗、杯等胎体轻薄,罐、盆类胎体较厚;内外均施釉,釉层较薄,受海水侵蚀痕迹明显,多有贝类

[1] 据《福建沿海水下考古调查报告(1989~2010)》(文物出版社,2017年,第92页)介绍,2008年6月,龙海市公安边防大队在龙海市隆教乡缴获的4 009件文物中,部分即属于九梁Ⅰ号沉船遗址。此批缴获文物现藏龙海市博物馆。

[2] 福建沿海水下考古调查队:《福建平潭九梁Ⅰ号沉船遗址水下考古调查简报》,《福建文博》2010年第1期。

等海洋生物附着;青花呈色不一,纹饰多样。

1. 碗(10 件)

2013 JL 采:02,青花龙纹碗。残存一半。微敞口,弧腹,内、外底微下塌,圈足,足端斜。灰白胎,胎体较薄。釉面受海水腐蚀,大部分呈黑褐色。口沿内侧绘一圈青花缠枝花果纹,内底绘折枝花卉;口沿外侧及足外壁分绘青花双圈弦纹,外壁绘龙纹。口径 17.1、足径 8、高 7.1 厘米(图四,1、2)。

2013 JL 采:03[1],青花缠枝花卉纹碗。残存大半。直口微敞,弧腹,圈足较高,足端较窄。白胎,胎体较薄。内外均施釉,足端刮釉。外壁满绘缠枝花卉,下部绘蕉叶纹;足外壁绘青花双圈弦纹,外底青花单圈弦纹内有双行楷书“成化年制”。口径 11、足径 4.5、高 5.9 厘米(图四,3、4)。

图四　九梁Ⅰ号出水青花瓷碗

1、2. 青花龙纹碗(2013 JL 采:02)　3、4. 青花缠枝花卉纹碗(2013 JL 采:03)

---

[1] 说明:“2013 JL 采:03”标本曾收入《福建沿海水下考古调查报告(1989~2010)》(文物出版社,2017 年)一书,编号为“九梁:64”,第 104 页。此外,本文 2013 JL 采:01、2013 JL 采:06、2013 JL 采:08、2013 JL 采:12、2013 JL 采:18 也属此类情况,《福建沿海水下考古调查报告(1989~2010)》中的对应编号分别为九梁:65、九梁:63、九梁:66、九梁:60、九梁:62,见第 110、118、109、114、112 页。

2013 JL 采：04，青花湖石水禽纹碗。残存大半。直口微敞，弧腹，圈足，足墙内外壁直。白胎，胎体较薄。内外均施釉，足端刮釉。腹内壁上、下部各绘青花双圈弦纹，内底绘湖石水禽；外壁上部绘一圈缠枝花卉，下部绘湖石水禽；足外壁上部绘青花双圈弦纹，外底青花单圈弦纹内有双行楷书“大明成化年制”。口径 14、足径 7.2、高 5 厘米（图五，1、2、3）。

图五　九梁Ⅰ号出水青花瓷碗

1、2、3. 青花湖石水禽纹碗（2013 JL 采：04）　4、5、6. 青花湖石水禽纹碗（2013 JL 采：05）

2013JL 采：05,青花湖石水禽纹碗。残存少半。直口微敞,弧腹,圈足,足墙内外壁直,挖足过肩。白胎,胎体较薄。内外均施釉,足端刮釉,釉面受海水腐蚀成灰褐色。腹内壁上、下部各绘青花双圈弦纹,内底绘湖石水禽;外壁上部绘一圈缠枝花卉,下部绘湖石水禽;足外壁及足内绘青花双圈弦纹。青花呈色灰暗。口径 13.7、足径 6.9、高 4.8 厘米(图五,4、5、6)。

2013JL 采：14,青花湖石水禽纹碗。仅存底部。圈足较矮,足墙内外壁直。白胎,胎体较薄。内外均施釉,足端刮釉。内壁下部绘青花双圈弦纹,内底绘湖石水禽;外壁下部绘湖石水禽纹;足外壁绘青花双圈弦纹,外底青花单圈弦纹内有双行楷书“大明成化年制”。足径 7.1、残高 3.0 厘米(图六,1、2、3)。

2013 JL 采：23,青花湖石水禽纹碗。残存大半。口微敞,斜弧腹,内、外底较平,圈足,足端较圆。白胎,胎体较薄。内外均施釉,足端刮釉。腹内壁上、下部各绘青花双圈弦纹,内底绘湖石水禽;外壁上部绘一圈缠枝花卉,下部绘湖石水禽;足外壁绘青花双圈弦纹,外底单圈弦纹内有双行楷书“大明成化年制”。青花呈色灰暗。口径 14.2、足径 6.9、高 5.1 厘米(图六,4、5、6)。

1

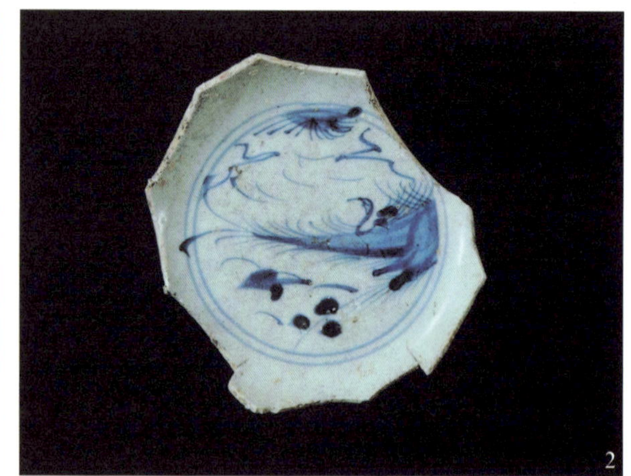
2

3

4

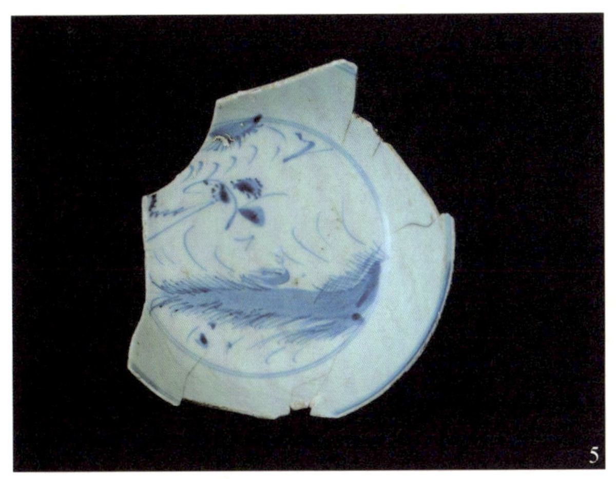

图六　九梁Ⅰ号出水青花瓷碗

1、2、3. 青花湖石水禽纹碗（2013JL 采：14）　4、5、6. 青花湖石水禽纹碗（2013JL 采：23）

2013JL 采：26，青花湖石水禽纹碗。存一半。口微敞，斜弧腹，内、外底较平，圈足，足端窄斜。白胎，胎体较薄。内外均施釉，足端刮釉，釉面受海水腐蚀成灰褐色。腹内壁上、下部各绘青花双圈弦纹，内底绘湖石水禽；外壁上部绘一圈缠枝花卉，下部绘湖石水禽；足外壁及足内分别绘青花双、单圈弦纹。青花呈色灰暗。口径 13.8、足径 6.4、高 4.8 厘米（图七，1、2、3）。

2013 JL 采：27，青花龙凤纹碗。存小半，可复原。口微敞，斜弧腹，内、外底微下塌。足内粘有部分窑砂。白胎，内外均施釉，足端刮釉。口沿内侧绘一圈缠枝花叶，内底青花双圈弦纹内绘海上日出图案；外壁上部绘青花双圈弦纹，下绘龙凤纹，足内绘青花单圈弦纹。口径 10.4、足径 6.4、高 6.5 厘米（图七，4、5、6）。

2013 JL 采：32，青花花卉纹碗。仅存小半部。直口微敞，弧腹，圈足，足墙直。白胎，内外均施釉，足端刮釉。口沿外侧绘青花双圈弦纹，外壁绘折枝花卉。足外墙与足内分别绘青花双圈、单圈弦纹。口径 11.7、足径 4.7、高 5.9 厘米（图八，1、2、3）。

2013JL 采：33，青花湖石水禽碗。存大半。口微敞，斜弧腹，内底阔平、外底微下塌，圈足。白胎，胎体较薄。内外均施釉，足端刮釉。腹内壁上、下部各绘青花双圈弦纹，内底绘湖石水禽；外壁上部绘一圈缠枝花卉，下部绘湖石水禽；足外壁绘青花双圈弦纹，外底双圈弦纹内有双行楷书“大明成化年制”。青花呈蓝灰色。口径 14.2、足径 6.9、高 4.5 厘米（图八，4、5、6）。

2. 盘（3 件）

2013 JL 采：01，青花云龙纹盘。圆唇，斜弧腹，圈足，足墙内外均斜。白胎，内外均施釉，足端刮釉。口沿内侧绘青花单圈弦纹，内壁残存二组青花花叶，内底绘青花云龙纹，青花呈蓝灰色。口径 19.5、足径 11.3、高 3.4 厘米（图九，1、2）。

2013 JL 采：08，青花花卉开光大盘。菱花口，斜折腹，内、外底微下塌，大圈足，足墙外斜内直，外底可见挖足形成的同心圆纹。白胎，内外均施釉，足端刮釉。内壁八花瓣形开光，开光内绘青花花果图案，内底绘杂宝图案；外壁八开光内绘简体花叶纹。口径 47.2、足径 26.4、高 8.8 厘米（图九，3、4、5）。

图七　九梁Ⅰ号出水青花瓷碗

1、2、3. 青花湖石水禽纹碗（2013JL 采：26）　4、5、6. 青花龙凤纹碗（2013JL 采：27）

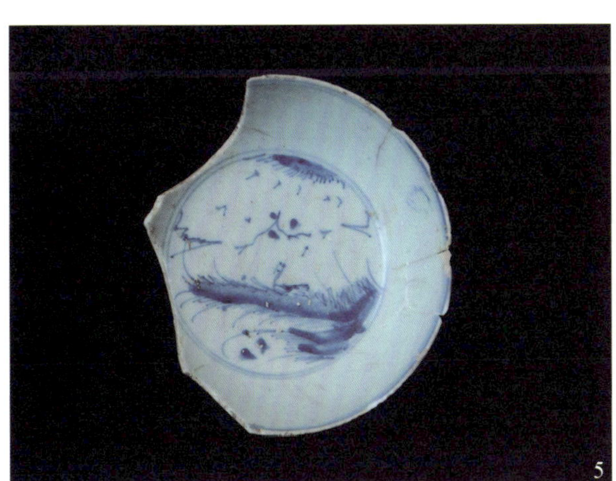

图八 九梁Ⅰ号出水青花瓷碗

1、2、3. 青花花卉纹碗（2013JL 采：32） 4、5、6. 青花湖石水禽纹碗（2013JL 采：33）

1

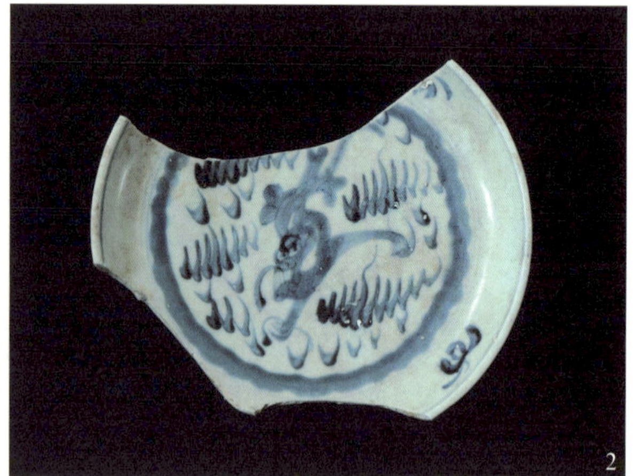
2

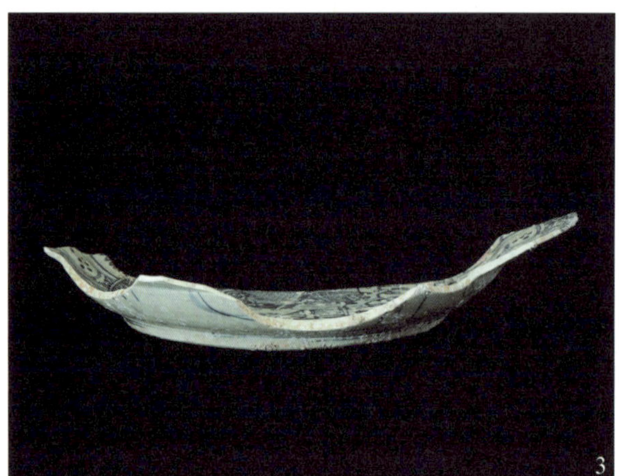
3

4

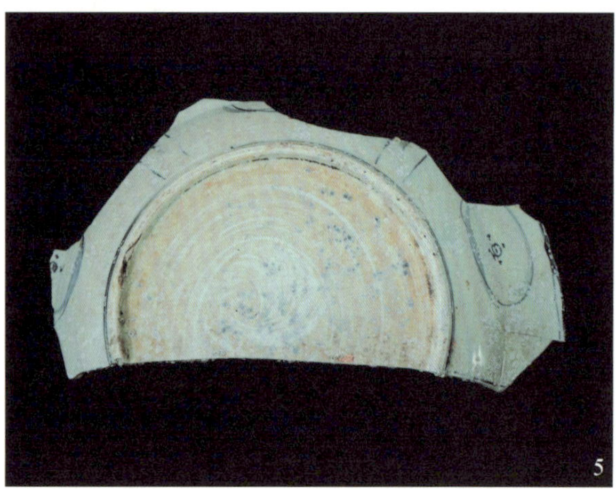
5

6

图九　九梁Ⅰ号出水青花瓷盘

1、2. 青花云龙纹盘(2013JL 采：01)　3、4、5. 青花花卉开光大盘(2013JL 采：08)　6、7. 青花花卉开光大盘(2013JL 采：35)

2013 JL 采：35，青花花卉开光大盘。仅存盘底残片。内、外底微下塌，大圈足，足墙外斜内直。白胎，内外均施釉，釉面受海水腐蚀成灰褐色，足端刮釉。内底绘折枝牡丹花卉。足径 18.5、残高 2.6 厘米(图九，6、7)。

3. 罐(6 件)

2013JL 采：13，青花大罐。仅存肩、腹部。肩部椭圆形开光内绘折枝桃，腹部绘竹枝及云纹。青花呈蓝灰色。残长 25.7、残高 14.0 厘米(图一〇，1)。

2013 JL 采：20，青花大罐。腹部残片。白胎，外壁上部开光内绘牡丹花卉，开光之间绘璎珞纹，下部绘奔马。青花呈蓝灰色。残高 24.7 厘米(图一〇，2)。

图一〇　九梁Ⅰ号出水青花瓷罐

1. 青花大罐(2013JL 采：13)　2. 青花大罐(2013JL 采：20)　3. 青花大罐(2013JL 采：21)

2013 JL 采：21，青花大罐。口沿、腹部残片。口微敛，微束颈，圆肩。白胎，残片内外均施釉。颈部绘杂宝；肩部开光内绘折枝桃纹，开光之间绘万字纹；腹部绘凤穿花及竹、云纹。口径 18.5、残高 18 厘米(图一〇，3)。

2013 JL 采：22，青花罐。腹、足残片。深弧腹，内、外底微下塌，圈足。白胎，内外均施釉，足端刮釉，釉面受海水腐蚀呈灰褐色。外壁绘竹纹，下部绘卷草，足肩处绘青花双圈弦纹。足径15.2、残高 16.2 厘米(图一一，1、2)。

2013JL 采：25，青花大罐。口沿、肩部残片。口微敛，微束颈，圆肩。白胎，残片内外均施釉。颈部绘杂宝;肩部开光内绘折枝桃纹,开光之间绘万字纹。口径 18.0、残高 11.0 厘米(图一一,3)。

2013JL 采:37,青花大罐。仅存底部。内、外底平,浅圈足。白胎,胎体厚重,内满釉,外施至足外壁下部。足外壁上部绘青花双圈弦纹。足径 20.9、残高 2.7 厘米(图一一,4、5、6)。

图一一　九梁 I 号出水青花瓷罐

1、2. 青花罐(2013JL 采:22)　3. 青花大罐(2013JL 采:25)　4、5、6. 青花大罐(2013JL 采:37)

4. 杯(2件)

2013 JL采：28,青花龙纹小杯。口沿大部分残缺,可复原。撇口,斜弧腹,内、外底较平,圈足,足端较圆。白胎,胎体轻薄。内外均施釉,足端刮釉。腹外壁绘龙纹,外底绘单圈弦纹。青花呈深蓝色。口径5.2、足径2.2、高4.2厘米(图一二,1、2、3)。

2013 JL采：29,青花花卉纹杯。存小半。口微撇,斜弧腹,内底较平,外底微下塌,圈足,足端较圆。白胎,胎体较薄。内外均施釉,足端刮釉。腹外壁绘二组折枝花卉与蝴蝶;外底单圈弦纹内有双行楷书“大明成化年制”。青花呈蓝灰色。口径8.9、足径3.9、高4.6厘米(图一二,4、5)。

图一二　九梁Ⅰ号出水青花瓷杯

1、2、3. 青花龙纹小杯(2013JL采：28)　4、5. 青花花卉纹杯(2013JL采：29)

5. 军持(5件)

2013 JL采：10,青花军持。仅存肩腹、圈足。圆肩,肩部葫芦形,流残,鼓腹,圈足较宽厚,足墙外直内斜,足端中间高,两侧斜。白胎,内外均施釉,足端刮釉。腹中部可见胎接痕。腹部开光内绘奔马、杂宝及折枝花卉,足肩绘青花单圈弦纹。足径10.2、残高8.6厘米(图一三,1、2、3)。

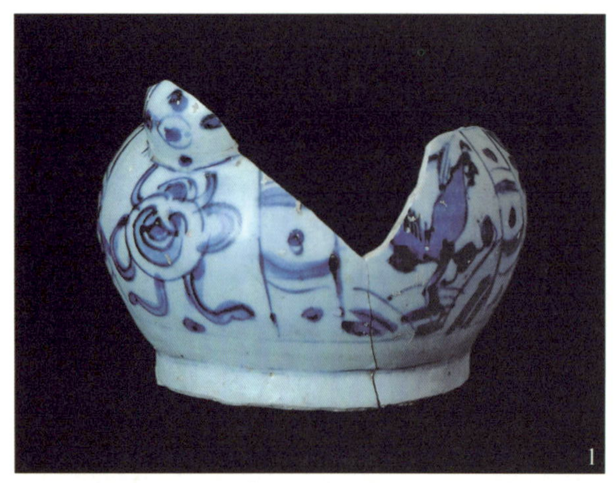

图一三　九梁Ⅰ号出水青花军持

1、2、3. 青花军持(2013JL采:10)　4、5. 青花军持(2013JL采:11)

2013 JL采:11,青花军持。口、颈及底部残缺。圆肩,鼓腹,肩部有一葫芦形短流。白胎,残片内外均施釉。腹中部可见胎接痕。颈下部绘青花单圈弦纹。肩部开光内绘折枝花果,开光之间绘青花万字纹;腹部开光内绘天马及折枝花果;葫芦形流口沿绘青花,外壁开光内绘花果与杂宝纹。残高10.5厘米(图一三,4、5)。

2013 JL采:17,青花军持。腹、足残片。弧腹微鼓,内、外底微下塌,圈足,足端粘有少量窑砂。白胎,内外均施釉,足端刮釉。外壁开光内绘奔马纹,开光之间绘璎珞纹,足肩处绘青花

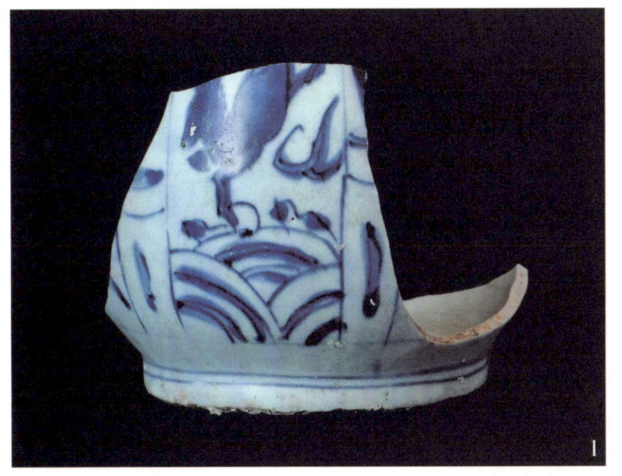

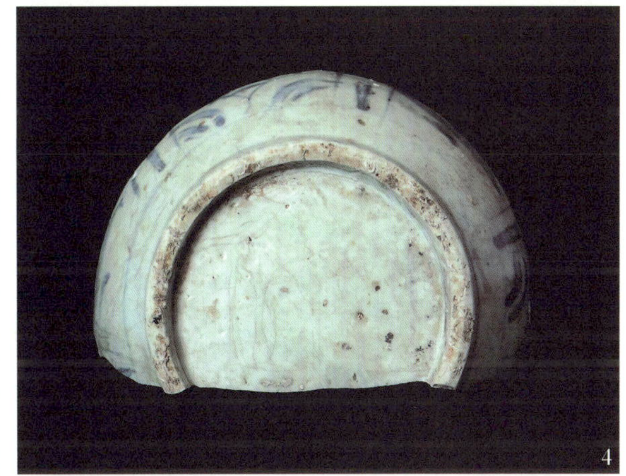

双圈弦纹。足径 10.8、残高 10.5 厘米(图一四,1、2)。

2013 JL 采：18,青花军持。腹、足残片。弧腹微鼓,内、外底微下塌,圈足,足端粘有少量窑砂。白胎,内外均施釉,足端刮釉。外壁开光绘折枝花卉,开光之间绘璎珞纹,足肩处绘青花双圈弦纹。足径 10.9、残高 10.5 厘米(图一四,3、4)。

2013 JL 采：31,青花军持。仅存口、颈部。口呈蒜头形,长颈。白胎,残片内外均施釉。口沿外侧绘一圈花瓣,颈部绘蕉叶纹。口径 3.7、残高 6.9 厘米(图一四,5)。

图一四　九梁Ⅰ号出水青花军持

1、2. 青花军持(2013JL 采：17)　3、4. 青花军持(2013JL 采：18)　5.青花军持(2013JL 采：31)

6. 盆(1 件)

2013 JL 采：19,青花大盆。口沿、腹部残,可复原。菱花口,斜弧腹,内、外底微下塌,圈足宽厚,足端尖圆。白胎,胎体较厚,内外均施釉,足端刮釉。内壁八开光内绘青花折枝花果,开光之间绘杂宝,内底青花双圈弦纹内绘喜鹊牡丹花卉;外壁开光内绘折枝花卉,开光之间绘杂宝。口径 35.8、足径 15.4、高 15.2 厘米(图一五)。

图一五　九梁Ⅰ号出水青花大盆

1、2、3、4. 青花大盆(2013JL 采:19)

7. 瓶(3 件)

2013 JL 采:12,青花玉壶春瓶。仅存颈、腹部。细长颈,溜肩,垂腹。白胎,内外均施釉。肩、腹部均可见胎接痕。颈部开光内绘瓔珞纹,腹部开光绘折枝花果及飞马。青花呈蓝灰色。残高 23.5 厘米(图一六,1、2)。

2013 JL 采:24,青花瓶。颈、腹残片。瘦长颈,垂腹,颈下部可见胎接痕。颈部开光内绘万字纹,腹部开光绘折枝桃及杂宝。残高 13.5 厘米(图一六,3)。

2013 JL 采:38,青花八方花卉纹瓶。仅存腹、底部。腹下部内束,平底。白胎,内满釉,外施釉至腹底部。外壁绘青花牡丹花纹,下部绘青花地花叶纹。青花呈深蓝色。底径 5.7、残高 8.2 厘米(图一六,4、5、6)。

图一六　九梁Ⅰ号出水青花瓶

1、2. 青花玉壶春瓶（2013JL 采：12）　3. 青花瓶（2013JL 采：24）　4、5、6. 青花八方花卉纹瓶（2013JL 采：38）

（二）青花釉里红

仅 1 件，胎色白，胎体较薄。内外均施釉，足端刮釉。色泽明艳，清新淡雅。

2013 JL 采：06，青花釉里红碗。存一半。直口，弧腹，圈足制作规整。口沿内、外侧绘青花双圈弦纹，内底绘青花折枝花卉；外壁残存一组折枝花卉，其中枝叶为青花，花为釉下红彩绘成；足肩、足内与外壁分绘青花单、双圈弦纹。口径 8.7、足径 3.5、高 4.5 厘米（图一七，1、2、3）。

（三）蓝釉瓷

仅 1 件，残缺。

2013 JL 采：30，蓝釉高足杯。口沿缺，弧腹，足较高，底内凹。白胎，内壁施青白釉，外施蓝釉，足底露胎。足径 3.7、残高 5.9 厘米（图一七，4、5）。

（四）五彩瓷

仅 1 件，五彩脱落殆尽，仅留痕迹。

2013 JL 采：09，五彩八方杯。口沿残缺较多。敞口微撇，斜直腹微弧，内底阔平，外底微下塌，圈足足墙较薄，足端较尖。白胎，胎体轻薄。白釉，内外均施釉，足端刮釉。口径 9.1、足径4.1、高 5.3 厘米（图一七，6、7、8）。

1

2

3

4

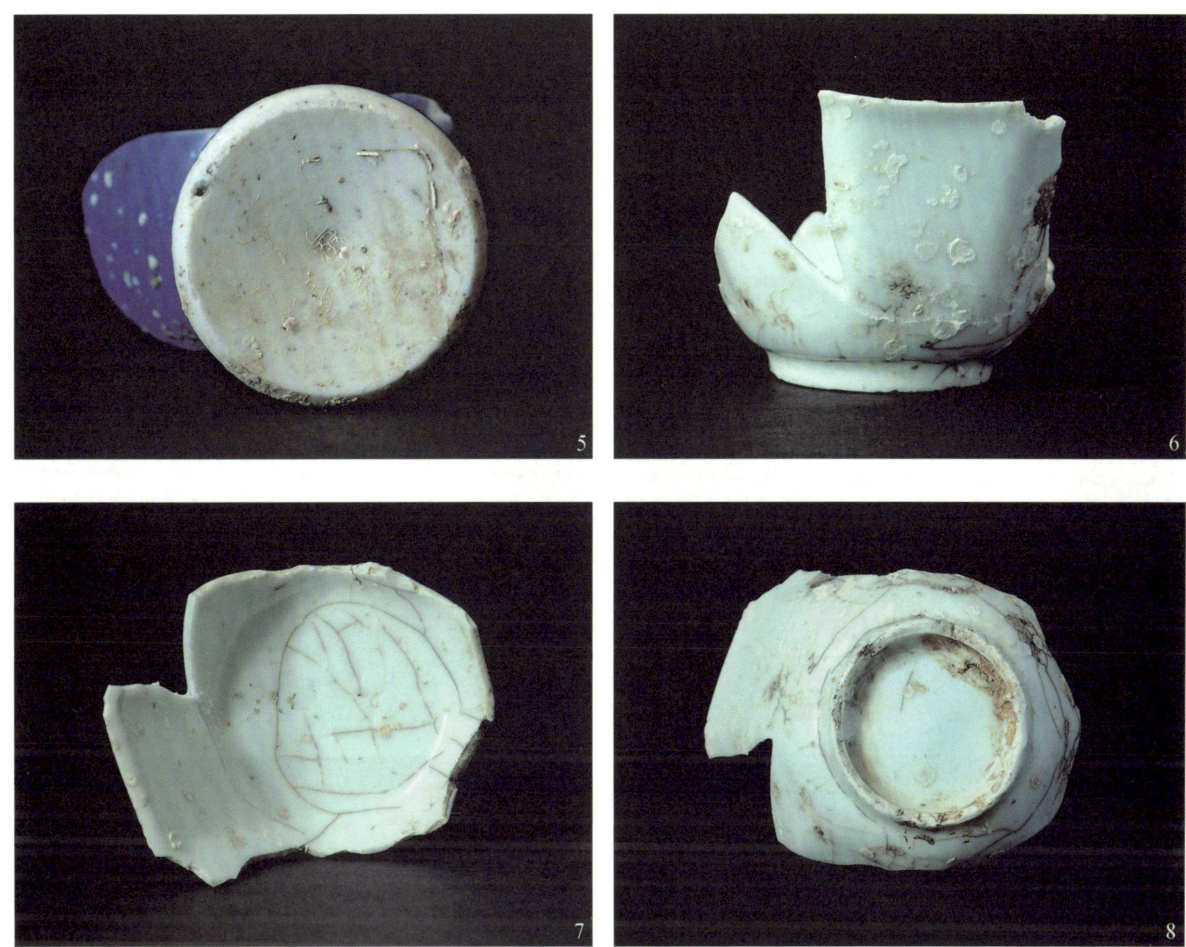

图一七　九梁Ⅰ号出水瓷器

1、2、3. 青花釉里红碗（2013JL 采：06）　4、5. 蓝釉高脚杯（2013JL 采：30）　6、7、8. 五彩八方杯（2013JL 采：09）

（五）白釉瓷

共 5 件，皆为白釉罐，即“安平壶”，表面布满海蛎壳等附着物。九梁Ⅰ号沉船遗址此类器物甚多。

2013 JL 采：07，白釉罐。腹、足残，可复原。方唇，口沿外折，短束颈，折肩，直腹微弧，饼足。灰胎，内满釉，外施釉至腹底部。腹部旋坯痕明显，腹上部可见胎接痕。口径 6.5、足径 7.9、高 13.6 厘米。

2013 JL 采：15，白釉罐。仅存腹、底部。饼足，足面微内凹。灰胎，内满釉，外施釉至腹下部。腹部及内底旋坯痕明显。足径 6.3、残高 8.2 厘米（图一八，1）。

2013 JL 采：16，白釉罐。腹部以下残。方唇，口沿外折，短束颈，折肩。灰胎，残片内外均施釉。肩、腹部旋坯痕明显，腹上部可见胎接痕。口径 6.6、残高 11.1 厘米（图一八，2）。

2013 JL 采：34，白釉罐。腹部有残破。方唇，短束颈，折肩，斜直腹微弧，底部内收成饼足，足面微内凹。灰胎，胎体较薄。灰白釉，内满釉，外施釉至腹底部。肩、腹部旋坯痕明显，腹上部可见胎接痕，腹部粘有一残片。口径 6.8、足径 6.6、高 15.2 厘米（图一八，3）。

2013JL 采：36，白釉罐。腹下部以下残。方唇，口沿外折，短束颈，折肩，斜直腹微弧。灰胎，胎体较薄。灰白釉，残存部分内外均施釉。肩、腹部旋坯痕明显，腹上部可见胎接痕。口径6.4、残高 15.5 厘米（图一八，4）。

图一八　九梁Ⅰ号出水白釉罐

1. 2013JL 采：15　2. 2013JL 采：16　3. 2013JL 采：34　4. 2013JL 采：36

三、问题与讨论

（一）沉船年代与沉船航向

综合已有发现和研究成果，九梁Ⅰ号沉船的主要瓷器品类一组为青花瓷、青花釉里红、蓝釉瓷、五彩瓷等；另一组为白釉罐，即“安平壶”。前者基本属于景德镇民窑产品，青花瓷中有部分属于专供外销的“克拉克瓷”，闽北邵武四都青云窑则为后者的可能产地之一[1]。关于九梁 I 号沉船年代[2]现有两种相近的说法：简报作者根据器物年款和青花瓷特点定在明代晚期[3]；另有研究者根据瓷器特征，尤其是安平壶的胎体厚薄及形制特点，认为薄胎者多为晚明至清初，厚胎者则为清代至清代晚期[4]。台湾地区学者在对澎湖马公港陶瓷进行研究时将数量较多的安平壶分为“薄胎安平壶”（258 件）与“厚胎安平壶及画花安平壶”（341 件）两类，认为前者为明代晚期，后者为明末清初[5]。经观察，九梁 I 号沉船所出同类器基本属于“薄胎安平壶”，显然其准确年代尚存争议。实际上，在整个 17 世纪，安平壶在东亚某些特定的区域都十分流行[6]，这也说明对这类白釉罐的可能产地进行进一步研究十分必要。换一个角度，如果对比 1625 年万历号沉船（Wanli Shipwreck）与 1645 年哈彻号沉船（Hatcher Junk）的资料，九梁 I 号所出景德镇民窑外销瓷在器类器形、纹饰组合、时代风格等方面都与它们相当匹配，并更接近哈彻沉船出水同类器[7]。因此，九梁 I 号沉船年代可框定在 1625 至 1645 年，大体相当于范梦园克拉克瓷分期中的第二期（17 世纪 20 年代至 17 世纪中期），这正是所谓“克拉克瓷”从最为成熟繁盛逐步衰退乃至停烧的年代[8]。如此看来，前述马公港安平壶的“薄胎”“厚胎”分类及其对应年代还需再加斟酌，厚胎安平壶时代为清代至清代晚期的观点可能更为合理。需要特别指出的是，此次调查采集的 1 件青花云龙纹盘（2013 JL 采：01）不是九梁 I 号沉船应有内涵，在哈彻打捞的沉船文物中曾发现 12 件同类器，两者如出一辙[9]。

在以往的研究中，研究者有时会利用船载文物类型的一致性将诸沉船位置予以连接，以此推测某沉船的航线。这种方式在肯定一种可能性的同时往往排除了其他可能，此类分析应该兼顾航路记载、港口转运、货物集散、物资补给（如淡水补给）等种种航海贸易实况。也正因如此，沉船

[1] 傅宋良、王上：《邵武四都青云窑址调查简报》，《福建文博》1988 年第 1 期。对照已有海内外考古发现，需要指出的是，无论从已发现“安平壶”的数量还是延续时间来看，邵武四都青云窑都还只能是可能产地之一，问题的解决似还有待进一步的考古工作。

[2] “沉船年代”是一种笼统的说法，细究起来至少有船只建造年代、船载文物下限年代、沉船事件年代等具有考古学意义，有时又差距颇大的几种内涵。本文取“船载文物下限年代”之义。

[3] 福建沿海水下考古调查队：《福建平潭九梁 I 号沉船遗址水下考古调查简报》，《福建文博》2010 年第 1 期。

[4] 栗建安：《中国水下考古六大发现——海上丝绸之路上的中国古代外销瓷》，《国际博物馆（中文版）》，2008 年第 4 期；国家文物局水下文化遗产保护中心等编著：《福建沿海水下考古调查报告（1989～2010）》，文物出版社，2017 年，第 371～373 页。

[5] 陈信雄：《澎湖马公水下考古与马公港历史探索》，《水下考古学研究》（第一卷），科学出版社，2012 年，第 197～199 页。

[6] 谢明良：《台湾宜兰淇武兰遗址出土的十六至十七世纪外国陶瓷》，《美术史研究集刊》2011 年第 30 期。

[7] Sten Sjostrand & Sharipah Lok Lok bt. Syed Idrus, The Wanli Shipwreck and its Ceramic Cargo, Department of Museum Malaysia, Lumpur, 2007; Colin Sheaf & Richard Kiburn, The Hatcher Porcelain Cargoes: the complete record, Oxford: Phaidon. Christie's, 1988.

[8] 范梦园：《克拉克瓷研究》，香港中文大学 2010 年中国艺术史课程哲学博士论文，第 136 页。需要指出的是，此处“17 世纪”文中误写为“16 世纪”。

[9] Christie's Amsterdam, The Nanking Cargo Chinese Export Porcelain and Gold, 1986, pp.136 – 137; Michael Hatcher with Max de Rham, Written by Antony Thorncroft, The Nanking Cargo, Hamish Hamilton, London, 1987, pp.124 – 125.这 12 件文物疑似哥德马尔森号沉船（Geldermalsen Shipwreck）的文物，时代约为 1752 年。

航向、航线的准确判定往往十分困难,有多种可能路径。以安平壶考古发现为例,目前在中国台湾澎湖马公港水下遗址[1]、澎湖风柜尾荷兰旧城遗址[2]、宜兰淇武兰遗址[3]、台南安平古堡遗址(热兰遮城),越南会安(Hoi An)遗址,印度尼西亚万丹(Banten)遗址[4],日本九州地区长崎县与熊本县的若干遗址[5]都有此时间段的安平壶出土(水)。至少自明清以来,依赖由南北沿海航路、东洋航路、西洋航路及闽台对渡航路组成的错综复杂的航路系统,九梁 I 号所在地海坛海峡一直作为重要区域性航路而存在。晚明以来,由于日本朱印船贸易的开展、西方殖民者尤其是荷兰势力的渗透乃至郑氏海商帝国的逐步确立,东亚航路网络更为复杂,几乎涉及了上述所有遗址所在的地区[6],九梁 I 号沉船的真实航行线路也就更难确认[7]。不过,澎湖诸岛(海域及港口)与海坛海峡的相对位置关系较近,是自福建沿海出发的东向航路的三岔路口,具有重要的枢纽作用[8]。结合这一时期澎湖水域周边的贸易情势,参考前述马公港、风柜尾的大量考古发现,或可推测澎湖九梁 I 号是从福州出发,途经海坛海峡,以澎湖为重要中转站或驻泊点的明末商船,并与郑氏海商集团、荷兰殖民势力的贸易行为有密切的关联。除了在澎湖开展就地贸易的可能外,九梁 I 号固然有航向台湾北部(1626~1642 年被西班牙殖民者占据)乃至日本长崎一带的可能,但更为合理的目的地还是荷兰东印度公司盘踞的台湾南部大员沙洲(热兰遮城)。从荷兰东印度公司的瓷器贸易记录看,在九梁 I 号这个时代,明确指出从台湾出发航向巴达维亚的瓷器贸易记录就有 27 笔之多[9],也佐证了这一推断。而哈彻号沉船所讲述的正是 1645 年发生在这个航段的悲惨故事。

(二)沉船环境与沉船原因

船只沉没原因的准确判定需要考虑一系列主客观因素,例如造船技术、操船技术、是否过载、风情水势、海洋环境等。对于缺乏文献记载和事故调查报告的古代沉船来说,船只沉没的主观原因往往渺茫难稽。鉴此,从客观角度看,要特别注意诸如"船舶陷阱"(Ship Traps)一类概念在讨

[1] 陈信雄:《澎湖马公水下考古与马公港历史探索》,《水下考古学研究》(第一卷),科学出版社,2012 年,第 191 页。

[2] 卢泰康:《闽商与台湾发现的闽南贸易陶瓷》,《考古学视野中的闽商》,中华书局,2010 年,第 116~121 页。

[3] 谢明良:《台湾宜兰淇武兰遗址出土的十六至十七世纪外国陶瓷》,《美术史研究集刊》2011 年第 30 期。

[4] 坂井隆著,王淑津译:《大员、安平辉煌的时代——从安平壶谈 17 世纪亚洲贸易网络中的"大员"》,《典藏古美术》2012 年第 238 期;林稚玠:《台南安平古堡与台湾的荷兰史迹》,《海洋遗产与考古》(第二辑),科学出版社,2015 年,第 147~148 页。

[5] 菊池誠一:「ベトナム発見の安平壺」,『東国史論』第 12 号,1997 年 5 月。

[6] 具体航路网络可以参见,向达校注:《两种海道针经》,中华书局,2000 年;陈佳荣、朱鉴秋编著:《渡海方程辑注》,中西书局,2013 年;陈佳荣、朱鉴秋主编:《中国历代海路针经》,广东科技出版社,2016 年。

[7] 据李金明《厦门海外交通》(鹭江出版社,2002 年),其出发点与目的地至少还涉及福州、厦门、台湾、马尼拉、暹罗、会安、巴达维亚等,因港口集散、转运所致,兼为出发点与目的地是较为普遍的现象。

[8] 丁见祥:《乾隆〈福州府志·海防·针经〉篇初步研究》,《海洋遗产与考古》(第二辑),科学出版社,2015 年,第 453 页。

[9] 范梦园:《克拉克瓷研究》,香港中文大学 2010 年中国艺术史课程哲学博士论文。《附表二·荷兰东印度公司瓷器贸易记录表》,第 167~183 页。

论沉船原因判定时的指示性作用[1]。综合风信洋流、暗礁伏石等海洋环境分析，九梁Ⅰ号沉船所在的海坛海峡是一个典型的“船舶陷阱”，即海难多发海域[2]。据现有分析，目前在海坛海峡发现的十几处沉船遗址也主要分布在与航海高风险区高度关联的三块区域[3]。其中，九梁Ⅰ号沉船就位于海坛海峡北端主航道东侧斜坡礁石地带（即海坛海峡1#、2#航标之间），水流流向、流速复杂多变，十分凶险。其水下为断续礁石群地貌，沉船正处在南北两列礁石之间，东高西低，像一个簸箕向西侧主航道敞开。由此推测九梁Ⅰ号应是在船舶操作不当、船舶属具损坏或遭遇恶劣海况等可能因素影响下，最终因触礁、搁浅而沉没。从单纯的海洋动力角度观察，此种海洋微地貌也在很大程度上导致了残余遗物随坡就势的分布现象。

附记：国家海洋局海洋公益科研专项“水下文物探测、保护技术体系研究与示范”（项目编号201305038）的阶段性成果，资料整理得到2016年度国家社会科学基金重大项目“西沙群岛出水陶瓷器与海上丝绸之路研究”（项目批准号：16ZDA145）的支持。此项调查人员有：丁见祥、王晶、羊泽林、陈浩、张红兴、尹锋超、罗斌、许鹏、甘才超等，本文照片由陈浩拍摄。论文写作时，曾就沉船年代与孟原召、邓启江先生进行讨论，特致谢忱。

执笔：丁见祥　陈浩　羊泽林。

[1] Throckmorton, P. The Lost Ships, Little Brown and Company, 1964.

[2] 卢惠泉、蔡锋、孙全：《福建海坛海峡峡道动力地貌研究》，《台湾海峡》2009年第3期；陈宏：《海坛海峡航行综合安全评估》，《中国航海》2007年第1期。

[3] 丁见祥：《考古视野下的海坛海峡——兼谈水下考古的区域调查法》，《新技术·新方法·新思路——首届“水下考古·宁波论坛”文集》，科学出版社，2015年，第199页。

New Discoveries of the Investigations on Jiuliang I Shipwreck in Haitan Strait

by

Ding Jianxiang Chen Hao Yang Zelin

Abstract: The "Jiuliang I" is a Ming Dynasty shipwreck, located in the water surrounded by the north mouth of Haitan Strait, Yutou Island, Xiaolian Island and Dalian Island in Fujian Province. Based on the previous work, underwater archaeologists conduced a four-day reexamination and assessment work in July, 2013. This paper aims to publish new discoveries for this time and analyze the issues of the site's conservation status, shipwreck date, ship's sailing course, sunken environment and sunken reasons etc.

Keywords: Jiuliang I, Conservation Satus, Sunken Environment

开创深海考古新模式

——月亮号沉船发掘

Michel L'Hour*

摘 要：自 2012 年 10 月起，法国水下考古学家启动了一项名为"奔向月球"的庞大海洋考古实验计划。目的是设计与测试能够在不久的将来满足深达 2 000 米考古工地所需的新型发掘设备、方法及技术。本文主要包括法国水下考古发展的历史、深海考古的思路、深海考古所面临的机遇与挑战等内容。

关键词：月亮号沉船　深海考古　机遇与挑战

一、"奔向月球"计划的动机及其背景

自 2012 年 10 月起，法国水下考古学家启动了一项名为"奔向月球"的庞大海洋考古实验计划。这一项目在笔者的领导下，其目的是设计与测试能够在不久的将来满足深达 2 000 米考古工地所需的新型发掘设备、方法及技术。到目前为止，这些设备手段还仅能保证对不超过 60 米深度的沉船进行科学严谨的发掘。

1664 年 11 月 6 日，从如今属于阿尔及利亚的海岸执行军事任务后返航的法国皇家军舰月亮号沉没于地中海。今天，它成了这次实验考古项目的核心。1993 年 5 月，法国科研潜水器"鹦鹉螺号"发现了月亮号的踪迹。它沉睡在土伦军港附近 90 米深的水底（图一）。

月亮号沉船一经发现，法国文化部下属水下考古研究中心（简称 DRASSM）当即组织人员对该遗址进行了快速考察。第一次探测的结果证实沉船保存相当完好。月亮号成正沉位，船体部分掩埋在一个高 2、长 42、宽 10~11 米的海底丘体中。考古学家推测发掘区域可达 800 到 1 500 立方米。

因为当时尚无技术手段及足够的经验来彻底研究处于近百米深海域的沉船，1993 年在实地探测后 DRASSM 立即决定对月亮号采取原址保护。自那时起，DRASSM 就采取一切必要的保护手段避免月亮号沉船的损毁。在随后的几年中，中心不断努力积累经验为日后科学系统研究该遗址奠定了基础。起初，我们想由考古学家独立承担该遗址的考古发掘，然而最终这一想法被束之高阁。究其原因，一方面，这样一项发掘需要大量的资金支持；另一方面，也是主要的原因，我

---

* Michel L'Hour，法国水下考古研究中心；本文的翻译者为邱丹丹，法国巴黎先贤祠—索邦大学考古学系博士生。

图一　月亮号沉船位置

(据谷歌地图)

们还没有一支能够在如此深度实施科学发掘的考古队伍。因而,我们最后计划利用月亮号遗址作为深海考古实验的工地。

法国 COMEX 公司在过去三十年中所进行的多种实验使我们了解到人类在深水环境中的物理极限——超过 300 米深度需用机器代替人力。然而,正是在超过 300 米深度的这一区域中,法国考古学家十年来探测出数量最多、保存最好、学术价值最高的沉船。随着浅海鱼类越来越少,拖网捕鱼的深度也随之越来越深,使得原本因其深度得以保存的沉船受到越来越多的破坏。因此,利用机器人执行复杂的深水考古发掘并使其能如人类般感受、碰触、发掘遗址就成为“奔向月球”研究计划的核心内容。

在全面展示月亮号计划前,我们首先简要介绍法国水下考古的大致情况及在通往深海考古发掘的漫漫征途中法国考古学家所取得的阶段性成果。

二、两个世界第一——康格路易的发掘与法国水下考古研究中心的创立

1952 年法国南方城市马赛展开了世界上首次水下考古发掘(图二)。Fernand Benoît 作为考古学家主持了此次发掘,但其本身并不会潜水。这次发掘是为了要取出装有罗马安佛拉罐的船货。1950 年,这批船货发现于位于马赛港附近的大康格路易岛海域 32 米到 45 米深的海底。

Fernand Benoît 的主要信息来源是由船长 Cousteau 带领的潜水队提供的，也正是他们确保了水下工作的顺利进行。正因如此，Fernand Benoît 在 1952 年至 1957 年的 6 次发掘中从未意识到他的潜水队员一直在同时发掘两艘完全叠压在一起而年代相差近一个世纪的沉船。Fernand Benoît 因 1961 年出版的大康格路易岛发掘报告中的错误结论受到了严厉批评。这一结果也表明了由考古学家亲自主持水下考古发掘的必要性。正是在这种反思的指引下，法国文化部创建了海洋考古研究中心——世界上第一个在行政及科研两方面管理水下遗产的政府机构[1]（图三）。

图二　马赛湾大康格路易岛 Fernand Benoît 1952~1957 年的沉船发掘
（DRASSM 档案）

图三　马赛法国水下考古研究中心外景
（Michel L'Hour 摄）

[1]　最初的海洋考古研究中心（简称 DRASM）在 1996 年更名为水下考古研究中心（简称 DRASSM）。

这一机构的创立从一开始就被认为是一项过于自负的构想。因为法国政府期许水下考古研究中心可以负责法国管辖下的一千一百万平方公里[1]分布于大西洋、太平洋、印度洋及地中海的广阔海域下的所有历史、考古、艺术遗址。

三、从海岸探索到大洋勘测

水下考古研究中心创立以后的差不多十五年间，法国考古学家主要关注 0 米到 60 米深度水域的考古工作，集中精力确立在这一深度的科学发掘方法、发展所需的支撑设备及充实这一深度海域考古遗存研究的相关问题（图四）。这一时期的潜水工作都是借助水肺潜水设备完成的。1966 年至 1980 年间，法国考古学家勘测并调查了近海沿岸的近千艘沉船。

可惜的是，他们的研究结果却常常因为盗掘而受到限制。自 20 世纪 50 年代以来，盗掘已经使这些遗址失去了很多重要的历史遗存。与以上处于 0 米到 60、80 米深度的沉船相比，那些处于更深海域沉船的情形则恰恰相反。这些通常由工业探测或声学研究发现的沉船有着更为乐观的研究前景。

20 世纪 80 年代，水下考古研究中心与私人企业或研究机构合作，开始制订深海沉船探测计划。最初的合作项目之一就是 1980 年对 Bénat 4 号沉船的考察。该船沉没于土伦港外海 328 米深的水域（图五）。尽管这次探测持续时间极短，但它从一开始就证明了深海沉船研究的重要性。从此以后，水下考古研究中心就从未停止这方面的工作[2]。

图四　南科西嘉岛 Sud Perduto 2 号沉船（-48 米）

Hélène Bernard 发掘（Drassm）。（Antoine Chéné［CNRS-CCJ］摄）

图五　Bénat 4 号沉船内罗马安佛拉式罐（-328 米）

Luc Long 调查（Drassm）。（Ifremer-Drassm 摄）

［1］ 法国实际上拥有世界上第二大专属经济区，排在美国之后，澳大利亚之前。

［2］ Luc Long, L'épave antique Bénat 4, *Cahiers d'Archéologie Subaquatique*, VI, 1987, pp.99 - 108.

法国考古学家对深度的迷恋,其原因是显而易见的。首先,这些深海沉船沉没的缘由无论是暴风雨还是战争,是火灾或是超载,它们都因其所处深度而得到极好的保存;其次,它们在沉没过程中躲过了暗礁的碰撞,使船上的人类遗存得以保留下来;再次,在这一深度的沉船避开了海浪的日常冲击、洋流带来的氧化作用以及蛀船虫、穿木虫的侵蚀。然而在 80 年代我们还未能预见——时至今日我们已经看得很清楚——这些深海沉船也将很快面临威胁。这些威胁主要来自水肺潜水的不断进步,特别是呼吸设备的逐步推广、近海科技的不断发展、海洋"淘宝"的兴盛以及拖网渔船不断进入深海水域作业等。

正是由于这些盗掘、破坏或经济开发等原因,深海沉船在过去十年中所受到的威胁日益严重。这些行为正以无法挽回的态势侵害着深海海域的众多遗存。考虑到深海沉船所保存的大量具有科研价值的信息,对它们的保护与研究也因此提上了日程。

四、深海沉船研究的机遇与对策

从水下考古研究中心在 Bénat 4 号沉船考察中第一次使用了倒碟形潜水器 *Cyana* 后,我们意识到考古学家必须尽快发展适用于深海沉船的科学发掘方法。我们不断努力想要实现的这一愿望在 20 世纪 90 年代得以成真。特别是 1990 年,在法国 COMEX 公司的协助下,水下考古研究中心发掘了 *Sainte Dorothea* 号沉船[1]。这艘丹麦商船于 1693 年沉没,现长眠于靠近尼斯的 Villefranche-sur-Mer 西侧开放锚地 72 米深的水底(图六)。在笔者领导下,这一最初的尝试在整个 90 年代逐渐演变为水下考古研究中心对不同深海沉船遗址的调查,并兼顾在浅海沉船工地继续发展完善工作技术及熟练掌握机器人技术资源[2]。

1993 年和 1995 年,法国考古学家对 Plage d'Arles 4 号及 5 号沉船进行了调查。这两艘沉船分别处于 660 米和 450 米深的海域。这两次考察由水下考古研究中心的 Luc Long 主持,在工作过程中法国海洋开发研究所(简称 Ifremer)提供了潜水器鹦鹉螺号作为技术支持(图七)。在考察之初,我们就认识到要调查发掘这些深海沉船所面临的主要困难之一是需要足够资金用于租用机器人和水下必需的潜水器。第二个主要困难则是一个明显而最初却无人想到的问题——工地上所用的机器设备并不属于考古学家所有,而与考古学家共事的研究人员对考古学研究所要解决的问题缺乏经验且认识有限。更明确地来说,一开始企业、海洋学家或军事机构还尽量改造它们的设备以适应文化遗产的特性,然而不久以后他们就开始自说自话,考古学家则很快就有这样一种感觉:在自己的工地却像是被邀请来观摩的客人。

[1] Michel L'Hour, La Sainte Dorothea (1693), un vaisseau marchand danois en rade de Villefranche: réflexions sur une fouille sous-marine de site profond, *Cahiers d'Archéologie subaquatique*, XI, 1993, pp.5 – 36.

[2] Luc Long, L'Archéologie en eaux profondes, Vincent Charpentier (dir.), *L'Archéologie sous les eaux*, Paris, Errance, 1994, pp. 9 – 20; id., Les archéologues au bras de fer: nouvelle approche de l'archéologie en eau profonde, *Protection du Patrimoine archéologique sous-marin en Méditerranée. 100 ans d'intérêt commun méditerranéen*, Documents techniques V, Marseille, 1995, pp.14 – 46.

1. 正在下潜的笔者与 Rémora 1 号潜水器

2. Michel L'Hour（Drassm）在发掘

图六　*Sainte Dorothea* 号（-72 米）

（Frédéric Osada［Drassm］摄）

图七　Arles 4 号沉船（-662 米）

Luc Long 调查（Drassm）。（fremer/Drassm 摄）

工程师和用于发掘考察的机器人通常直接听命于其所属单位机构，而考古学家最后所能做的就只是认真听取他们的意见……总而言之，这种使考古学家处于次要地位的情况不能永远持续下去。

除了这种灰色情感的存在，水下考古研究中心的考古学家自 90 年代以来还是得到了私人企业及研究机构极大的帮助，从而实现并发展了新的工作方法，特别是在水下成像和考古遗存影像重建方面取得了长足的进步[1]。

［1］ Pierre Drap, Luc Long, Photogrammétrie et archéologie sous-marine profonde: le cas de l'épave étrusque Grand Ribaud F , *Revue XYZ*, n° 103, 2005, pp.19 - 26.

五、迈向自主发掘研究的第一步

1997年至1998年，在笔者的主持下，水下考古研究中心对文莱婆罗洲东面发现的一艘15世纪沉船进行了发掘。这是中心第一次取得自主深水发掘的经验。该沉船处于60多米深的海底，沉船海域水质浑浊，使得背着氦氧混合气的潜水员处于"失明"状态，发掘也如同盲人摸象（图八）。

1. 潜水器儒勒号和吉姆号

2. 海底所见船货

图八　文莱婆罗洲沉船（-64米）

Michel L'Hour 主持（Drassm）。（Frédéric Osada［Drassm］摄）

在直接受考古学家指挥的水下机器人和潜水器的帮助下，由考古学家和商业潜水员组成的170人的发掘队伍在不到六个月的时间里对文莱沉船进行了详尽的发掘。从这一点来说，文莱沉船的发掘或许创造了一个记录。它在当时乃至今日仍是世界上超过60米深度的最重要的考古工地。

尽管工作条件极度恶劣，这次发掘的科学成果不仅达到了考古学家的期许也无愧于所有的资金投入。其成果已于2001年9月在巴黎出版[1]。在这次成功的发掘中，考古学家成为完全且是唯一支配所有科技手段及设备资源的人。它最终证明深海沉船发掘之路已开辟，用脚蹼工作的考古学家也已成熟并取得了必要的经验来亲自使用在深海沉船发掘中必不可少的机器人技术。

在文莱沉船发掘的同时，水下考古研究中心的 Luc Long 也在地中海主持了 Grand Ribaud F 沉船的发掘。该沉船处于60米深的水底。他在发掘中受到了深海发掘技术的困扰。这也是在法国境内考古学家最后一次考古学家不亲手操作机器人的工地[2]。

[1] Michel L'Hour, *La mémoire engloutie de Brunei*, *une aventure archéologique sous-marine*, Paris, Textuel, 2001.

[2] Luc Long, Louis F. Gantès, Pierre Drap, Premiers résultats sur l'épave étrusque Grand Ribaud F. (Giens, Var): quelques éléments nouveaux sur le commerce étrusque en Gaule, vers 500 avant J. - C. *Cahiers d'Archéologie Subaquatique*, XIV, 2002, pp.5 - 40.

六、安德烈·马尔罗号及相关设备

自2006年10月1日成为水下考古研究中心主任以来,笔者一直期望中心的考古学家有一天能够拥有自己的水下机器人,并有足够的能力来独力掌控这些机器人。实现这一愿望的序幕则是2007年设计并投入建造供水下考古研究中心使用的一艘新考古科研船——安德烈·马尔罗号[1]。

安德烈·马尔罗号于2012年1月24日下水。该船全长37米,型宽9米,排水量300吨。除了具备传统水下考古调查发掘必不可少的设备外,马尔罗号还保留了足够的空间以装备最重的水下机器人、遥控潜水器、自主水下载具及最重可达7吨的载人潜水艇(图九)。在马尔罗号交付使用后,它逐步在地中海和大西洋参与调查发掘工作,很快这艘考古船就处处展现了它的优越性能。随后,水下考古研究中心或独立,或与多家在机器人技术方面享受盛名的公司机构合作,如伍兹霍尔海洋研究所、Nuytco科研公司,在50米到60米深的海域进行了数次探测。水下考古研究中心因此得以考察大量已定位的深海沉船,并提取了一批标本,还对其中一些沉船的发掘做出了规划。

1. 马尔罗号进入马赛老港

2. 沉船发掘现场

图九　水下考古研究中心考古科研船——安德烈·马尔罗号。

(Stéphane Cavillon[Drassm]摄)(Michel L'Hour [Drassm]摄)

20年来,通过对这些深海沉船大量反复地实地评估,我们可以肯定地说深海沉船研究所需的技术手段和发掘方法过于特殊,以至于无法单纯地借用在工业与近海科研工作中已经被熟练使用的技术方法。一场在水下机器人技术界及深海沉船研究的真正革命已迫在眉睫。

因而,我们需要安排一个合适的实验工地,在这里我们可以开发、测试、改进为今后深水考古遗址探测发掘而设计的机器设备。这正是"奔向月球"计划诞生的背景。

---

[1] 安德烈·马尔罗号是用来替代水下考古研究中心第一艘考古船——考古螺号的。该船1967年服役,2006年正式退役。参见 Michel L'Hour, *De L'Archéonaute à l'André Malraux: portraits intimes et histoires secrètes de l'archéologie des mondes engloutis*, Arles, Actes Sud, 2012, pp.120－184.

七、回到过去——月亮号的最后旅程

1639年至1642年建造于法国西部城市南特下游鲁瓦河畔的月亮号拥有双层甲板和54门大炮,它或许是17世纪前半叶法国皇家海军最有代表性的军舰之一。在它服役的近25年的时间里,月亮号参与了路易十四统治前十八年中几乎所有海战。或许正是因为如此,Pierre Puget,这位世纪法国著名的雕刻家、画家和建筑师,才会在1654年把月亮号与其他两艘军舰——"皇后号"和"朱庇特号"——一起呈现在其作品中。彼时,月亮号是法国皇家海军最大的军舰之一(图一〇)。然而,十年后的1664年,虽然在土伦船厂经过了数次修理,月亮号仍无法阻止自己被归入老旧军舰中的一员,它逐渐被更强大的双层甚至三层甲板、拥有80到90门大炮的军舰所取代。法国各大船厂已开始建造这种新型军舰。

图一〇 Pierre Puget 雕版画局部(月亮号)
(卢浮宫藏品,32594号)

与此同时,月亮号在1664年10月启程与其他两艘军舰一起前往位于现阿尔及利亚海岸的吉杰勒。它们是为路易十四下旨发起的一次法国军事行动输送给养。此次行动是为了占领一个港口同时打击横行于地中海的柏柏尔海盗[1]。但当月亮号到达柏柏尔海岸时,却发现战场一片混乱。统治阿尔及利亚属于君士坦丁堡苏丹的军队已将法军团团包围,法国军舰在不断后撤。上千法国军人拼命攀上这三艘刚刚进入战场的军舰。

---

[1] 这也表明当时穆斯林海盗出没在整个地中海。

正因如此，当月亮号1664年10月31日重返土伦港时，它已处于严重超载状态。除了船上原有的300名船员及军官，未及卸载的补给、武器和弹药外，它还救起了众多参与此次军事行动的年轻贵族、数百名士兵及皮卡第军团的指挥部，该军团是西方最著名也是最古老的军团之一。

当月亮号终于在11月5日接近土伦港时，船上的状况已极为恶劣。船体在不停漏水，而甲板间堵塞的各种物品却使船员难以前往修补漏洞。超过一百人日夜抽水以保证月亮号不至沉没。而土伦的皇家海军军需官却拒绝这艘老旧军舰进入土伦港，因为他要在这之前告知国王法军的此次溃败。他以普罗旺斯地区有黑死病为借口，命令月亮号去耶尔岛停靠并让士兵和水手在岛上实行卫生隔离。

迫于国王代理人的这项命令，月亮号船长在1664年11月6日指挥船舶驶离土伦港。此时正有一场强烈的暴风雨向土伦袭来，月亮号因此走到了它的终点它再也没有机会驶达耶尔岛。在距土伦港5海里的地方，月亮号迅速沉没，就像极少的沉船见证者所说，它如“大理石般沉入水底”。它的沉没造成将近800人遇难，只有不超过40人得以逃生。然而，为了保护年轻的路易十四——这位刚刚决定要建造凡尔赛宫，并很快将被冠以“太阳王”称号的法国国王——的名誉，皇室阻止该消息的散播，很快人们就不再谈起月亮号。

八、1993年与月亮号历史性的会面

直到330年后“鹦鹉螺号”潜水艇发现月亮号沉船，它的身影才又一次短暂地浮出水面。然而这次会面是如此短暂，就在第一幅沉船可见遗存平面图绘制完成后（图一一），鉴于该遗址所处

0	1	2	3	4	5	6	7	8	9	10	11	12	13	14	15	16	17	18	19
20	21	22	23	24	25	26	27	28	29	30	31	32	33	34	35	36	37	38	39
40	41	42	43	44	45	46	47	48	49	50	51	52	53	54	55	56	57	58	59
60	61	62	63	64	65	66	67	68	69	70	71	72	73	74	75	76	77	78	79
80	81	82	83	84	85	86	87	88	89	90	91	92	93	94	95	96	97	98	99
100	101	102	103	104	105	106	107	108	109	110	111	112	113	114	115	116	117	118	119
120	121	122	123	124	125	126	127	128	129	130	131	132	133	134	135	136	137	138	139

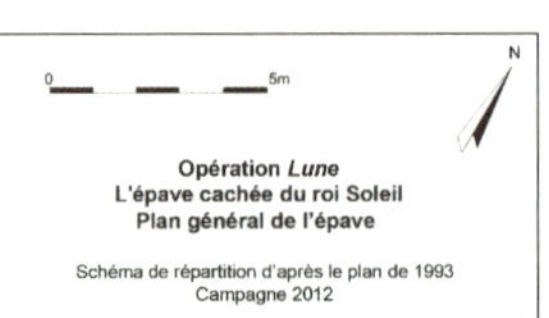

图一一　1993年月亮号可见遗存平面图

（据 Luc Long 和 Albert Illouze［Drassm］测绘）

深度与良好的保存程度，水下考古研究中心迅速做出决定，就如我们前面所说的，原址封存沉船。待到机器人技术有了长足进步并且深海考古发掘手段得到进一步改进，最终能对遗存进行全面的研究时再来发掘月亮号沉船(图一二)。不过，这一次月亮号不用再等330年，只需20年！

图一二　月亮号上甲板保存情况，图片正中为应急锚，左侧为右舷大炮
(Michel L'Hour [Drassm]发掘)。(Frédéric Osada - Teddy Seguin [Drassm]摄)

九、一项近乎科幻小说的考古计划——开启一趟乌托邦式的旅行

自20世纪80年代以来，水下考古研究中心不仅获得了大量深海考古的经验，更具备了深海发掘所需的科技设备方面足够的技术与科学知识。最终，水下考古研究中心在2012年决定制定月亮号发掘计划。这一发掘带有双重研究目的，一是详尽研究这艘不同寻常的沉船；二是将这一遗址作为一个科学研究试验场，用以完善深海沉船考古发掘技术。

在2012~2014两年的时间里[1]，水下考古研究中心已进行了三次发掘，下一次发掘则定于

[1] Michel L'Hour, L'exploration de la *Lune* (1664): un chantier laboratoire pour L'archéologie des abysses, *Cahiers d'archéologie subaquatique*, XXII, 2014, pp.149 - 187.

2015 年 10 月。在这几次工作中,我们测试了大量的机器人、自主水下载具和用于工业、军事、科研的潜水系统以及新式潜水服(图一三)。这种潜水服可以使人类在大气压下降到水下 300 米。“奔向月球”计划小组还在发掘中试验了一些尚未完成的原型机。仅这几年积累下的实验成果就已经非常鼓舞人心。

图一三　穿着法国海军新式潜水服的考古学家在月亮号沉船厨房处发掘
(Michel L'Hour 发掘[Drassm])(Frédéric Osada - Teddy Seguin[Drassm]摄)

如果我们希望所有的深海考古研究如同月亮号沉船发掘一样科学严谨,那么最重要的就是至少要满足两大要求。首先,在深海发掘中,考古学家要有一个所发掘沉船的整体影像,其程度至少可与人类自主发掘沉船遗址时所建影像相当;其次,在发掘过程中,能够保证考古学家碰触到遗存遗物。

在过去三十年里,影像技术以令人难以置信的速度飞快发展,这使考古学上的影像问题更易得到解决。目前市场上大量的影像设备实际上已可以保证其实际效果与人眼呈像相媲美。这些设备完全可以满足考古学家在水面上遥控 500 米到 2 000 米深的水下沉船发掘。不过,水下考古研究中心则希望在月亮号遗址工地上走得更远——尝试为考古学家提供一个虚拟发掘环境。一种特别是当考古学家想要对一个复杂的遗址做情况简介、进行发掘前准备,甚至重复发掘过程时所能使用的虚拟发掘环境。因此,水下考古研究中心与法国公司 Dassault Systèmes、西班牙赫罗纳的大学及其他年轻的专业公司协作,共同致力于 3D 重建及虚拟图像方面的工作。在这些不同公司的帮助下,月亮号的第一个 3D 模型得以建立,而且在不久的将来,我们可以通过佩戴虚拟头盔实现再现沉船实景(图一四)。

1.（Frédéric Osada - Teddy Seguin[Drassm]摄）

2. Dassault Systèmes 公司制作的虚拟影像

图一四 月亮号沉船虚拟影像

Michel L'Hour 主持（Drassm）

月亮号计划的下一步的目标是实现实时更新这一虚拟影像模型，以达到在发掘过程中考古学家通过工地传来的实时数据来实现持续监督遗址发掘的目的。这一虚拟成像技术还与模拟装置连接在一起，它可以在近乎真实的状况下，重复发掘者想要在沉船发掘中实现的动作。

图像捕捉和3D重建目前则仍需要大量时间进行改善。大学实验室和协作公司今后的工作重点是提高获取影像和3D影像处理的速度。当这些方面的改进得以实现时，我们完全可以相信这一技术将会通行于所有机器人化的水下考古工地。

十、梦想成真的考古机器人技术

如果说影像技术的进步可以更容易满足考古学家在影像方面的要求，那么让机器人做出如人类般的触摸动作则更为困难，而这又是考古工作必不可少的一环。据我们所知目前国际机器人市场上可供使用的机器人主要都是为军事或工业用途而开发的。一般而言，它们无法满足水下考古过于复杂、过于专业的要求。通过与众多实验室的不断合作及得到了许多大型公司和数个工程师学校的帮助，水下考古研究中心在2012年决定建造一套全新概念的机器人系统。这一系统将最终能够对人类无法到达的深水区域沉船进行科学的考古发掘。由于保密协议的关系，在此我们无法详述这一未来机器人的细节。我们现在可以确定的是，该机器正处于称为CORSAIRE[1]研究计划的核心。这一研究计划由水下考古研究中心和多个机器人技术研究中心共同开发，其最终目标是在2018年以前，使机器人可在深达2 000米的水域进行工作[2]。

[1] Corsaire的全称为：Consortium to Operate ROV for Sea Archeology Implementation Recovery & Experimentation / Consortium Opérationnel en Robotique Sous-marine pour l'Archéologie Innovante et la Récupération d'Épaves.

[2] CORSAIRE计划由Michel L'Hour和原Paris Tech Alumni主席Guy Somekh负责，整体计划科研方面则由副教授研究员Vincent Creuze（LIRMM - CNRS/Université Montpellier 2）负责。

十一、出水器物保护

对于水下考古研究中心来说,在月亮号遗址发掘中所面临的第三大挑战就是出水器物的保护问题。众所周知,现当代沉船中无法忽视的就是大量金属器物的存在。而这些器物的出水保护则成了极为关键的问题。当然,就目前而言,大量传统的、电化或化学技术的存在能够保证金属器物属性得以稳定,但这些手段的最基本缺点是其处理方式都相当昂贵并且处理时间相对较长,一般都在几个月甚至几年。为了加快处理速度,对金属器物进行亚临界法处理似乎是一个不错的解决途径。

亚临界的性能是赋予液体一种近似瓦斯的特性。这种处理方法在法国已有超过 20 年的研究历史。尽管这种亚临界处理方法已经越来越多地在工业中应用,但要等到2001 年,南卡罗莱纳州克莱门森大学的 Mike Drews 才第一次将这一方法发展应用到稳定考古器物上。他的研究结果超过了所有人的预期。克莱门森保护研究中心(CCC)论证了一个通常需要三个月才能完成稳定的器物用亚临界方法只需 72 小时。水下考古研究中心因此决定与法国公司 Eiffage 和 A-Corros 实验室合作,后者与克莱门森大学也存在着合作关系,在月亮号的发掘中推动欧洲亚临界研究的发展应用并对出水文物进行相关的实验性处理。目前,我们的合作者拥有一个两升的试验系统用以稳定处理,并且已经开始生产另一台 200 升的机器。该机器容量是处理沉没潜艇 *Hunley* 出水器物所使用的机器的五倍[1]。水下考古研究中心与 A-Corros 及 Eiffage 计划在 2015 年建造一个 2 立方米(2 000 升)的实验机器以保证其能够处理大型金属器物,特别是以往发掘中从未发现的大型火炮。我们因此希望月亮号的出水器物保护能够更为迅速并且能够降低处理成本。

十二、月亮号计划——彻底征服深海的序幕

从月亮号沉船最初的发掘开始,我们就努力改善水下机器人装载的成像系统。高分辨率图像与高强度清晰照明是保证考古学家有效工作的最低要求。参与此项目的各个合作伙伴也同样努力改进水下摄像设备的成像质量以便我们可以随时推进镜头观看某一点或某个器物细节,抑或是确保器物提取时考古学家不会遇到画面不够精确或过于模糊的情况。另一方面,我们还努力改进发掘清理系统和器物提取系统。在海底沉睡了数个世纪或数千年的沉船通常会被海底沉积物、凝结物及海底生物所包裹。在过去的几年里,研究者尝试用喷砂机来清除这些入侵者。它是通过内接在圆柱体中的小型水下发动机产生如鼓风机般的动力以吹散遗物周围的沉积物(图一五)。

---

[1] *Hunley* 号潜水艇是一艘人力潜水艇,在美国南北战争期间隶属于南方联邦。1864 年 2 月 17 日沉没于南卡罗莱纳州的查尔斯顿港外。2000 年,其残骸被发现并被打捞出水。负责这艘潜水艇保管的是两位法国研究员 Paul Mardikian 和 Philippe de Viviès,他们曾尝试应用各种新式处理方式对出水器物进行保护。

1. 在月亮号沉船遗址工作的喷砂机

2. 经过喷砂机清理过的区域

图一五　用喷砂机清理月亮号沉船

（Frédéric Osada－Teddy Seguin［Drassm］摄）

月亮号计划团队从这一技术中获得灵感并进行了大幅修改。我们已经试验成功的系统在未来将会更为小型化，形同一种吸尘/鼓风机，其使用将更为灵活并且功率大小完全可调。

一旦器物被清理出来，经过三维定位并照相后，若我们希望，则会将它们提取出水，这一过程中需要能够不损坏器物本身。然而，为了能保证抓牢这些器物，工业或军事用途的机器人身上的机械钳、机械爪或机械手在运动模式上显得行动过快，动作过于粗暴。月亮号计划的考古学家们因而希望很快能有一种触控系统可以传导给它的操作者如同其在浅水发掘时接触器物所产生的同样的触感。这一方面的研究目前已可达到这种效果。

第一代的机械爪和机械手已在 2013 年完成测试（图一六）。第二代更为强大的机械手和机械爪则在 2015 年投入测试。与此同时，月亮号计划团队还不断加强与国际上多个大型机器人技术研究机构的联系，特别是加利福尼亚的斯坦福大学。第三代触感更为敏锐、手指更为灵活的机械手原型也因此会在 2015 年的发掘中进行测试。

图一六　Corsaire 实验机器人用机械爪及机械手分别提取一个瓶子

（Frédéric Osada－Teddy Seguin 摄［Drassm］）

总体来说,在月亮号过去的三次发掘中,我们取得了极大的进步。正如我们所希望的那样,路易十四的旧军舰成了一个巨大的试验场,供我们测试、改进深海沉船发掘的新技术与新方法。就这一方面而言,月亮号沉船的发掘对法国考古学家而言是一项巨大的挑战,它完全可以称得上是法国水下考古的一个里程碑。

月亮号是一艘具有历史意义的沉船,它与包括船上的火炮及全体船员,更不用说所有这些人的个人用品一同沉寂于海底。它实际上保存了17世纪航海、军事、社会、物质的多重历史。月亮号或许是我们已知的世界上保存信息量最大的沉船遗址之一。对这座沉没的巨大博物馆的研究亦是对未来的一场雄心勃勃的赌博,无论成功与否,这一计划都将在一定程度上影响在未来对深海沉船的研究工作。我们这里说的“研究”不是指简单的拍照留念!因此,我们怀着极大的热情期望水下考古研究中心能够赢得这次赌博。

La *Lune*: Invent the Abyssal Archaeology

by

Michel L'Hour

Abstract: Since October 2012, the French archaeologists started a vast maritime archaeological experimental project "*Objectif Lune*". Their aim is to design and test new excavate equipment, method and technology which can satisfy in the near future the archaeological excavation in the depth of 2,000 m. This article review the history of French underwater archaeology. It also shows the reflection about the abyssal archaeology and the opportunity and challenge in front of this new branch of the underwater archaeology.

Keywords: Shipwreck *Lune*, Abyssal Archaeology, Opportunity and Challenge

珊瑚岛一号沉船遗址相关问题研究*

邓启江　曾　瑾**

摘　要： 珊瑚岛一号沉船遗址是一处以石质文物和瓷片为主要堆积的清代遗存，石质文物包括建筑构件、生活用具和石像三类，多为福建闽南地区生产，瓷器以青花碗、盘为主，窑口为福建闽南地区的德化、华安、安溪、南靖等地窑址，珊瑚岛一号沉船遗址的石质文物和瓷器的使用人群为东南亚地区的华人移民。

关键词： 珊瑚岛一号沉船遗址　时代　产地　输出地　使用人群

珊瑚岛一号沉船遗址位于海南省三沙市永乐群岛中珊瑚岛东北方向约1 000米的海域内，2015年4月至5月，由国家文物局水下文化遗产保护中心与海南省文物局联合组成的西沙群岛2015年度水下考古队对珊瑚岛一号沉船遗址进行了正式的水下考古发掘。珊瑚岛一号沉船遗址没有发现船体，遗址以石质类文物和瓷器碎片为主要堆积，石质类文物包括建筑构件、石像、生活用具三类，瓷器碎片以青花和白瓷为主[1]。本文试图从遗址堆积情况、石质类文物和瓷片的特点等角度出发分析研究石质类文物和瓷片的时代，并进而探讨珊瑚岛一号沉船遗址堆积的形成时代、原因以及石质类文物和瓷器的产地、输出地与使用人群等相关问题。

一、遗址堆积现状成因分析

经过发掘，珊瑚岛一号沉船遗址没有发现船体或船体构件，遗址堆积以石质类文物和瓷器碎片为主。从遗址等深线与多波束扫测叠加效果图可以看出，遗址海底高低起伏不平，水深不一，南部靠近珊瑚岛礁盘处较浅，水深约1~2米，北部略深，水深为3.5米左右，多条东北—西南向的冲沟穿过遗址，冲沟最深处约4米，沟底较平坦，覆盖有少量的珊瑚沙，冲沟与生长珊瑚的海床平面高差有0.5米左右（图一、二）。其中一条冲沟经过水下考古发掘设置的基点，另外一条冲沟在其西部23米处，这两条冲沟是遗址分布范围内最大、最长的冲沟，同时也是海水搬运能力和冲

* 本文为2016年度国家社会科学基金重大项目“西沙群岛出水陶瓷器与海上丝绸之路研究”（项目批准号：16ZDA145）阶段性研究成果。

** 邓启江，国家文物局水下文化遗产保护中心；曾瑾，吉安市博物馆。

[1] 下文所述珊瑚岛一号沉船遗址相关内容见本书《珊瑚岛一号沉船遗址2015年度水下考古发掘简报》。

击力最强的地方，冲沟沟底覆盖有少量的珊瑚沙，水流快速运动及珊瑚沙的不断摩擦，导致冲沟内的石质文物上鲜有珊瑚生长，石质文物之间也没有相互粘结的状况（图三），部分较小的石质文物在长期水流的作用下有可能产生位移现象，导致有的小件遗物位置可能并非遗址形成时的位置。

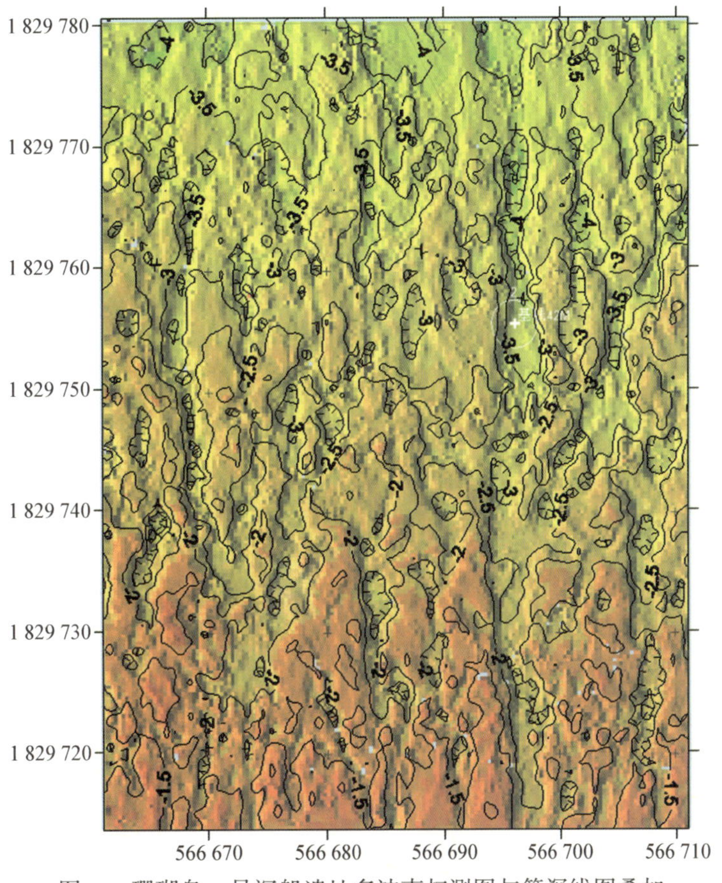

图一　珊瑚岛一号沉船遗址多波束扫测图与等深线图叠加

图二　珊瑚岛一号沉船遗址冲沟与遗址海床高差对比

图三　珊瑚岛一号沉船遗址冲沟内遗物堆积情况

图四　珊瑚岛一号沉船遗址石质类文物被珊瑚覆盖情况(2015XSSHW01：150、151)

二条冲沟之间的区域由于水流的搬运能力及冲刷力没有冲沟内明显,通常情况下冲沟之间区域的水流呈现出“大而缓”的运动,其破坏力不如冲沟内显著,该区域内的珊瑚等海洋生物生长比较活跃,大部分石质类文物表面都生长有珊瑚,部分石质类文物甚至被珊瑚完全覆盖(图四)。

由于受到水流等外力作用的影响较小,二条冲沟之间区域内的石质文物在遗址形成后位移较小,处于相对稳定的保存状态,尤其是在遗址2015XSSHW01TS05至TN05、TW02至TW07的范围内,石柱、石板、石像等石质文物分布非常密集并有叠压现象,石质文物器表生长有大量的珊瑚,部分石质文物如2015XSSHW01：231石柱的一端为珊瑚完全覆盖(图五、六),该区域石质文物的现存状态应是在较短时间内形成的堆积,理论上是同一时间段内形成的堆积,无地层或时代的差别,是珊瑚岛一号沉船遗址初次形成时的原生状态和遗址堆积的核心区域。

图五　石柱(2015XSSHW01：231)发掘前被珊瑚覆盖情况

图六　石柱(2015XSSHW01：231)以上珊瑚被清理后的情况

珊瑚岛一号沉船遗址仅残存遗物而没有发现船体的堆积现状形成的原因有二种可能:

一是船载物品随着船只同时沉没在珊瑚岛海域。由于该海域水深较浅,涌浪较大,海床为较硬的珊瑚和礁石,因为某种原因(如风浪或操作不当等)船只进入该海域后发生触礁搁浅并直接撞击到海底的珊瑚和礁石,对船体造成第一次破坏。船只搁浅后由于海床较硬无法继续下沉,导致船体直接暴露在海床表面以上,受到风浪、水流的影响以及船舱内石质文物的重压,船体发生崩解直至全部被破坏,散落的船板在风浪和水流的作用下逐渐消失在珊瑚岛海域。

二是运载石质类物品的船只航行到珊瑚岛海域时受到风浪或其他因素的影响发生了危及船

舶安全的状况，为了尽快躲避风浪、远离险地，将装载的石质类物品等重物人为丢弃在珊瑚岛海域，从而快速地驶离该地航行至安全海域。

珊瑚岛一号沉船遗址分布范围内最大水深为 4 米（冲沟底部），最浅处仅为 1 米（遗址南部近礁盘处），二条冲沟之间遗物分布最为密集的区域水深 2~3 米，一旦大型远洋船只因为外力或操作不当进入该海域后极有可能发生触礁搁浅，而且通常情况下该海域高平潮与低平潮的潮差仅为 1 米左右，潮汐变化不大，在如此浅的水深大型船只一旦发生搁浅触礁很难自行驶离该水域。

2015 年度的水下考古发掘工作租用了二艘长 26、宽 6、深 3 米，重 124 吨的木质渔船作为工作船，这二艘渔船配置有大型柴油机作为动力来源，使用 GPS、北斗双重导航，在发掘期间即使是这种配备机器动力和先进导航系统的现代渔船尚无法也不敢驶入遗址所在海域，只能抛锚停泊于遗址分布范围以外的较深海域，工作船与遗址现场使用小艇作为交通艇，文物提取上水面平台后也只能通过小艇将装载石质文物的平台转运至较深水域的工作母船（图七）。那么装载有石质类文物、使用风帆作为主要动力来源的木质船只意外进入这片海域后一定会触礁搁浅，装载石像、石质建筑构件等重物的船只一旦搁浅在该海域后，很难在较短时间内将船舱内的重物迅速丢弃到船外，也无法利用差别不大的潮汐变化将装载重物的船只驶离搁浅海域，等待它的命运只有一个：船体逐渐被破坏并崩解，最终完全解体。

图七　文物从遗址现场转运至工作船

因此珊瑚岛一号沉船遗址只发现遗物而没有发现船体的堆积现状的形成原因是装载石质文物的船只搁浅触礁在珊瑚岛海域，在风浪、水流以及舱内石质类物品重压等多重作用和影响下船体发生崩解直至全部破坏，散落的船板在风浪、水流和潮汐的作用下逐渐消失在珊瑚岛一号沉船遗址所在的海域。

二、遗 址 时 代

珊瑚岛一号沉船遗址没有发现船体,遗址以石质类文物为主要堆积,珊瑚岛东北部礁盘和遗址范围内还发现有一定数量的瓷器碎片,瓷器碎片大多散落于石质文物之间的遗址表面,部分叠压在石质类文物以下,这种堆积的形成有二种可能:

一是石质类文物和瓷器碎片分属二次不同的堆积,瓷器碎片的堆积略早于石质类文物的堆积;

二是石质类文物和瓷器碎片属于同一时代的堆积。

在2015年水下考古发掘过程中大多数瓷器碎片发现于石质文物之间,与石质文物处于相同层位的海床表面,如瓷碗(2015XSSHW01:91)残片与石条(2015XSSHW01:27、29)处于同一层位上(图八),仅有部分瓷器碎片叠压在石质文物之下,如瓷盘(2015XSSHW01:282)残片叠压在石像(2015XSSHW01:21)和石擂钵(2015XSSHW01:281)之下(图九),因此珊瑚岛一号沉船遗址石质类文物堆积形成的时代应与瓷器碎片的堆积同时或晚于瓷器碎片堆积的形成时代。

图八　瓷碗(2015XSSHW01:91)与石条(2015XSSHW01:27、29)位置关系

图九　瓷盘(2015XSSHW01:282)与石像(2015XSSHW01:21)、石擂钵(2015XSSHW01:281)位置关系

(一) 石质类文物

珊瑚岛一号沉船遗址共计发现大小石质类文物274件,分为石像、建筑构件和生活用具三类,种类比较单调,以建筑构件为大宗,相同规格、相同功用的重复品较多,主要分布于遗址二条东北—西南向的冲沟内和冲沟之间的海床表面,如此众多的石质文物集中分布于一处面积不大

的区域内，且部分石质文物在石材、规格、雕刻技艺、造型、装饰风格及功用上都非常相近，这些石质类文物无疑应属于同一批货物，尤其是其中还应存在一定数量的批量化生产产品。

1. 石像

珊瑚岛一号沉船遗址现存的石像有男像和女像二种，其中 4 尊男像（2015XSSHW01：03、10、21、210）皆身着团领衫右衽袍，宽袖长襟，前胸阴刻有仙鹤补子，腰间束带，脚踏皂靴，2 尊石像（2015XSSHW01：10、210）右手手持笏板，其余 2 尊石像（2015XSSHW01：03、21）右手置于腰部也作持物状，仅 1 尊石像（2015XSSHW01：21）保存有头部，头戴官帽，官帽二侧有孔洞，所插物已经缺失，但是官帽的形状与展脚幞头极为相近（图一〇、一一）。头戴展脚幞头、身着团领衫右衽袍、仙鹤补子、腰间束带、脚踏皂靴为明代一品文官的公服常例[1]（图一二至一四）。

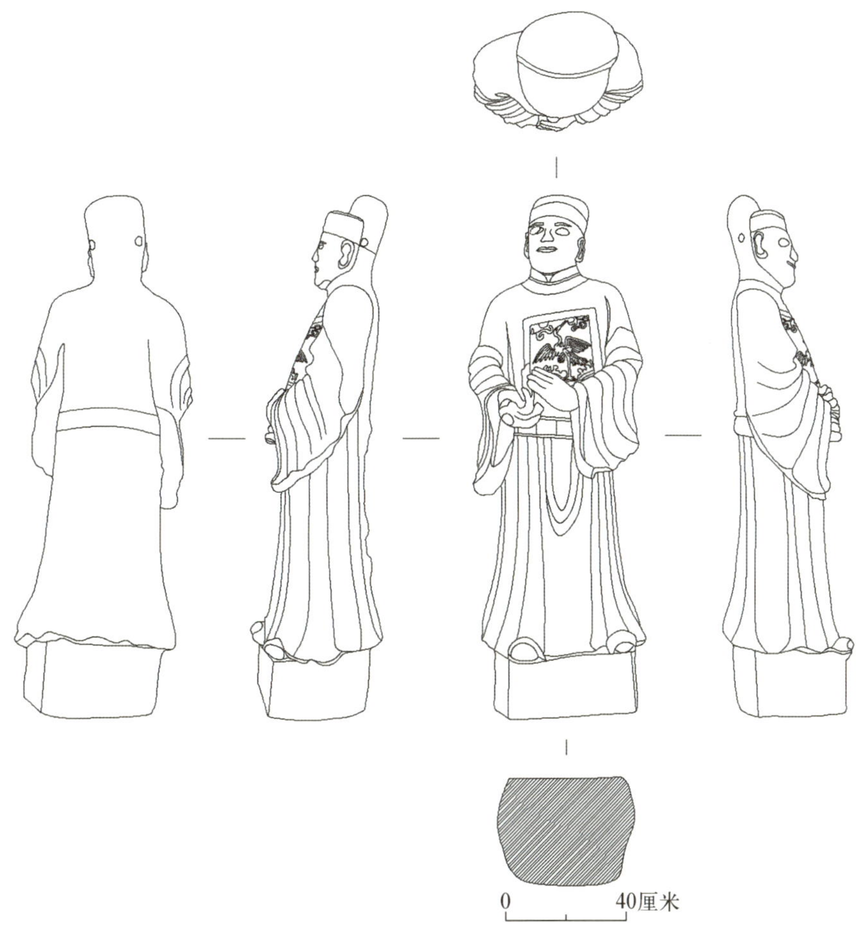

图一〇　石像（2015XSSHW01：21）

[1] 王圻、王思义编集：《三才图会》，上海古籍出版社，1985 年，第 1524～1531 页；周锡保：《中国古代服饰史》，中国戏剧出版社，1984 年，第 378～399 页；黄能馥、陈娟娟：《中国服装史》，中国旅游出版社，1995 年，第 274～285 页；孙机：《中国古舆服论丛》，文物出版社，2001 年，第 205～223 页；沈从文：《中国服饰史》，陕西师范大学出版社，2004 年，第 128～134 页。

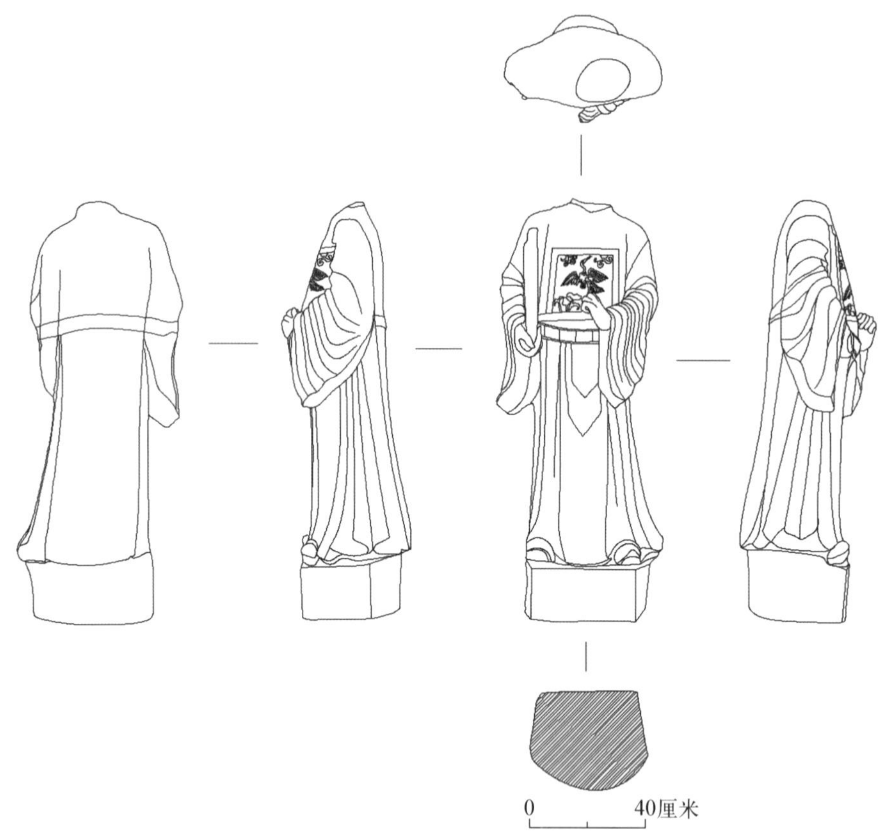

图一一　石像(2015XSSHW01：210)

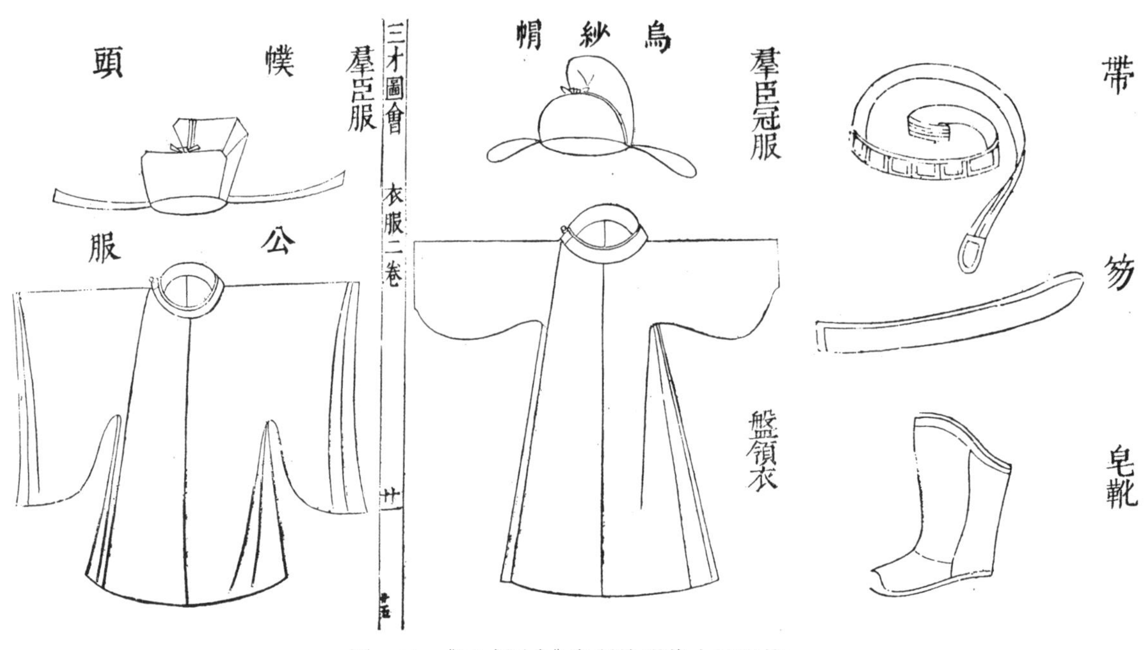

图一二　《三才图会》中所绘明代大臣服饰

图一三　《三才图会》中所绘明代文官补子

图一四　明代文官补子

(图片引自沈从文《中国服饰史》130 页)

图一五　泥塑像(福建大王宫遗址 NO：25)

1992 年福建省博物馆和福州市文物考古工作队联合组队对福建省长乐市漳港镇仙岐村大王宫遗址进行了考古发掘,大王宫遗址为一处前后二进的宫庙建筑遗址,共计出土 50 余尊(基本完整的 44 尊)泥塑造像,这些泥塑造像出土时保存基本完好,形态各异,色泽鲜艳,神情毕肖,分组摆放,制作年代可以分为明代和清代二类,少量可早至元代[1]。

部分学者对这批泥塑造像进行了研究,将其分为勾陈大帝、临水夫人、马将军、妈祖和巡海大臣五组,妈祖塑像群和巡海大臣塑像群分别位于前殿东、西二侧,后殿正中为勾陈大帝塑像群,东侧为马将军塑像群,西侧为临水夫人塑像群,其中巡海大臣塑像群的主像(《长乐漳港大王宫遗址清理简报》中 NO：25 号塑像)身着红色团领衫右衽蟒袍,宽袖长襟,腰间束带,脚踏皂靴,为明代高级官员的服饰,被认定为是“郑和”的塑像[2](图一五)。

[1] 福建省博物馆考古部、福州市文物考古工作队:《长乐漳港大王宫遗址清理简报》,《福建文博》1994 年第 2 期。

[2] 万明:《显应宫“巡海大臣”为郑和考》,《中国社会科学院院报》2003 年 6 月 5 日第 3 版;郑明:《对长乐出土郑和群塑的思考》,《海交史研究》2003 年第 2 期;万明:《明代郑和的塑像——福建长乐显应宫出土彩塑再探》,《故宫博物院院刊》2005 年第 3 期。

从造型和服饰看珊瑚岛一号沉船遗址出水的4尊男像所雕刻的人物形象及服饰特征与福建大王宫遗址出土的泥塑造像群尤其是巡海大臣塑像群中的主像即“郑和”塑像的人物造型和服饰基本一致，具有比较典型的明代高级官员的形象特征和服饰风格，这几尊男性雕像的主要功用有可能与长乐大王宫遗址出土的泥塑造像相同，被作为“神”来崇拜并供奉于祠堂或庙宇中。

3尊女像的服饰皆为上衣、下裙，上衣长过膝盖，阔袖，长裙低垂至脚背，2015XSSHW01：46和2015XSSHW01：199女像肩背部围有四合云“云肩”比甲，臂缠丝带，胸部系束腰腰带，2015XSSHW01：62女像上衣为直领、长袖、对襟褙子，胸部打有一蝴蝶结，3尊女像皆作持物状，其中女像（2015XSSHW01：46）双手捧一方形盒状物置于胸前，女像（2015XSSHW01：62）双手托扶一长条状物件倚于上身左侧，女像（2015XSSHW01：199）双手托举一瓶状物置于右胸，瓶中插有花朵二支（图一六至一八）。

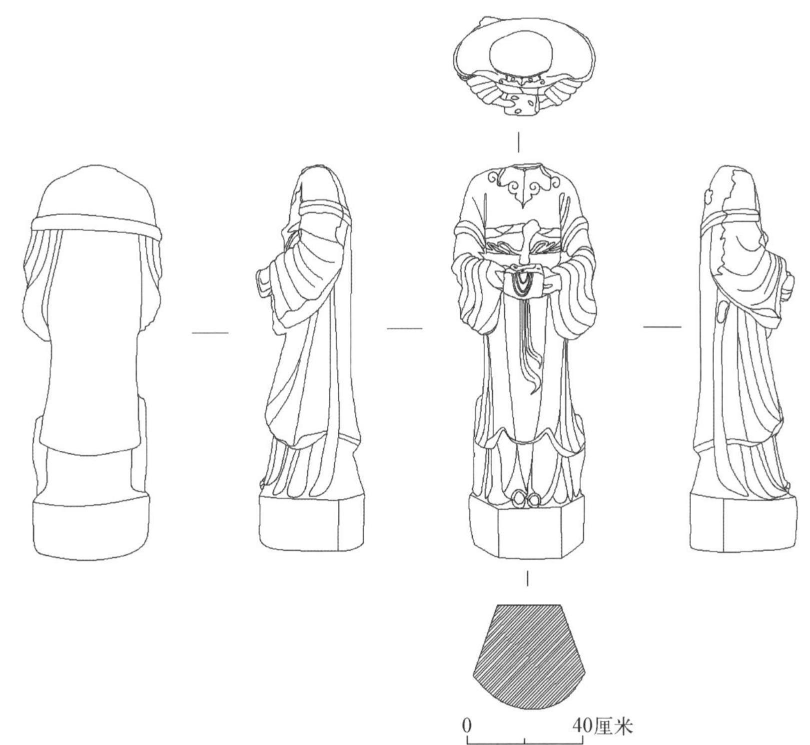

图一六　石像（2015XSSHW01：46）

1992年福建省长乐大王宫遗址出土了50余尊（基本完整的44尊）泥塑造像，其中NO：39号女像着上衣下裙，肩背部围有比甲，右手置于左胸作持物状，NO：42号女像着上衣下裙，上衣为直领、长袖、对襟褙子，胸部打有一结，左手置于右胸作持物状，NO：39号、NO：42号塑像属于妈祖塑像群，为主像妈祖的随侍[1]（图一九、二〇）。

[1] 福建省博物馆考古部、福州市文物考古工作队：《长乐漳港大王宫遗址清理简报》，《福建文博》1994年第2期；万明：《明代郑和的塑像——福建长乐显应宫出土彩塑再探》，《故宫博物院院刊》2005年第3期。

图一七　石像(2015XSSHW01：62)

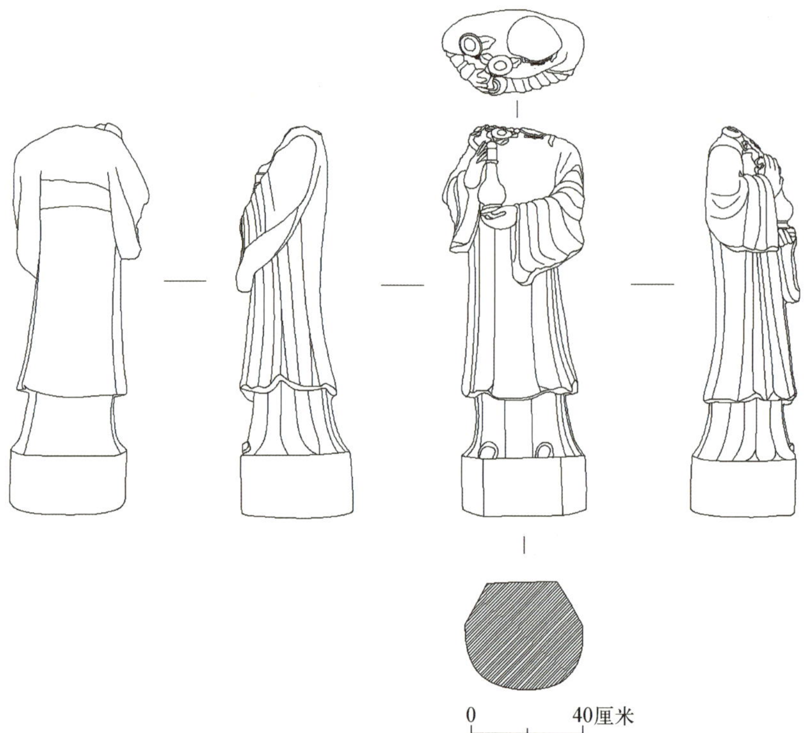

图一八　石像(2015XSSHW01：199)

图一九　泥塑像（福建大王宫遗址 NO：39）

图二〇　泥塑像（福建大王宫遗址 NO：42）

清道光十二年寿恩堂刊的《天后圣母圣迹图志》中绘制的天后随侍身着上衣下裙，或肩背部围比甲或着长袖对襟褙子，手或持乐器或持仪仗或捧物[1]（图二一）。

图二一　《天后圣母圣迹图志》中所绘天后及随侍图像

图二二　湖南芷江天后宫牌坊（局部）

（图片引自张道一、唐家路《中国古代建筑石雕》164 页）

［1］《天后圣母圣迹图志》卷二至卷二五，清道光十二年（1832 年），上洋寿恩堂。

湖南芷江县舞水河西岸现存一座始建于清乾隆年间的天后宫,天后宫正殿前立有一青石牌坊,牌坊呈重檐歇山顶门楼状,有大量浮雕,其中牌坊正中左侧有一幅"麻姑献寿"题材的浮雕,浮雕人物着上衣下裙,肩背部围有云肩比甲,双手托举一瓶状物置于左胸,瓶内插有桃枝[1](图二二)。麻姑献寿是寿象类雕刻中最常见的题材之一,民间常以此作为祝寿的吉祥图案[2]。

通过对比,珊瑚岛一号沉船遗址出水的2015XSSHW01:46号石像、2015XSSHW01:62号石像分别与福建省长乐市漳港镇仙岐村大王宫遗址出土的NO:39号塑像、NO:42号塑像以及《天后圣母圣迹图志》中绘制的天后随侍在人物造型和服饰上基本一致,其功用有可能是作为妈祖随侍被立于妈祖庙或天后宫等庙宇中妈祖主像的二侧,2015XSSHW01:199号石像与湖南芷江清代天后宫石牌坊上浮雕的"麻姑献寿"题材在人物造型和服饰上基本一致,推测为庙宇或祠堂等建筑内的寿象类石雕。

上衣、下裙且衣衫长垂至膝下、阔袖、裙褶不多是明代嘉靖年间比较典型的服装搭配和穿着方式,而披云肩、穿比甲在明代青年妇女中尤为流行,直领、长袖的对襟褙子则是明代妇女便服的常见服饰,这种长袖宽松的褙子与长裙搭配还可以作为礼服使用[3]。由此可见珊瑚岛一号沉船遗址提取出水的这3件女像所着服饰具有典型的明代中后期特征。

从人物造型和服饰特征上看,珊瑚岛一号沉船遗址的石像虽然具有一定的明代特点和风格,但是这些石像主要是作为巡海大臣、天官赐福、麻姑献寿、福禄寿等宗教、神灵或寿象类题材使用,其特点和风格延续使用的时间较长,晚期使用具有早期造型和服饰风格的宗教、神灵或寿象类题材石像的现象也是存在的,因此珊瑚岛一号沉船遗址的石像虽然具有明代人物的造型和服饰特点,但是其制造和使用的年代不排除为清代的可能性。

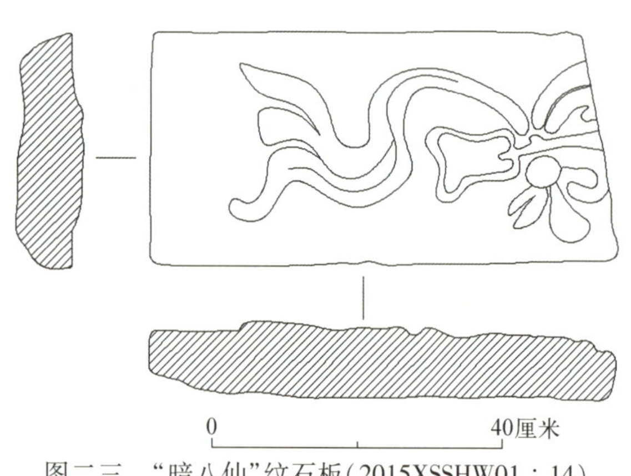

图二三 "暗八仙"纹石板(2015XSSHW01:14)

2. 石板

珊瑚岛一号沉船遗址共发现石板109件,平面呈方形或长方形,分为素面、雕花、凹槽和夹柱石板四类。

其中雕花石板共计发现12件,这些雕花石板长度均在1米、宽30厘米左右,正面有浮雕花纹,背面制作粗糙。其中2015XSSHW01:14号石板正面浮雕有"暗八仙"中的宝扇纹样,纹饰高低起伏、错落有致(图二三)。"暗八仙"是中

[1] 张道一、唐家路:《中国古代建筑石雕》,江苏美术出版社,2006年,第164页;蒋国经:《奇特的芷江"天后宫"石雕艺术》,《建筑》1999年第4期。

[2] 林蔚文:《福建石雕艺术》,荣宝斋出版社,2006年,第161~162页。

[3] 王圻、王思义编集:《三才图会》,上海古籍出版社,1985年,第1534~1536页;周锡保:《中国古代服饰史》,中国戏剧出版社,1984年,第414~432页;黄能馥、陈娟娟:《中国服装史》,中国旅游出版社,1995年,第286~296页;向景安:《中国历代妇女服饰的演变与发展》,《文博》1995年第5期;高春明:《中国古代的平民服装》,商务印书馆,1997年,第149~153页;沈从文:《中国服饰史》,陕西师范大学出版社,2004年,第134~137页。

国传统建筑及装饰中常用的纹样，明末清初八仙手持的器物逐渐从八仙身上分离出来，独立形成“暗八仙纹”体系，主要寓意长寿吉祥[1]（图二四）。它在福建闽南地区民居建筑中比较常见和流行，主要用于门窗、山墙、柱础、台基等小面积的装饰部位，如福建南安市官桥镇清代晚期蔡氏古民居建筑群山墙、隔扇、门堵，福建南安市省新镇清代晚期林路大厝柱础以及福建泉州市天后宫台基上皆可见“暗八仙”的装饰纹样[2]（图二五），因此珊瑚岛一号沉船遗址出水的浮雕有“暗八仙”宝扇纹样的雕花石板（标本 2015XSSHW01：14）的时代应为清代，推测其应为房屋建筑中门堵、勾阑或台基上使用的装饰石板。

图二四　暗八仙纹样

（图片引自楼庆西《中国古代建筑装饰五书：砖雕石刻》11 页）

图二五　泉州天后宫台基雕刻的暗八仙纹样

（图片引自林蔚文《福建石雕艺术》295 页）

素面石板共计发现 57 件，是珊瑚岛一号沉船遗址现存遗物的主要类型之一，由灰白色石材制成，石板宽度比较一致，多为 55 厘米左右。正面光洁平整，制作得比较精致，近长边处有一道凹弦纹，背面粗糙，仅作简单修整。清代晚期福建惠安地区石雕中的一类产品——碑石成为一种重要的出口物品，深受东南亚地区尤其是印度尼西亚等地华侨的喜爱[3]，从形制和尺寸上看，珊瑚岛一号沉船遗址现存的这类素面石板（标本 2015XSSHW01：63）有可能作为“碑石”使用。

珊瑚岛一号沉船遗址现存夹柱石板共计 39 件，分为二类，与八角石柱搭配使用，是房屋建筑的一类石质构件，详见下文八角石柱。

[1] 楼庆西：《中国古代建筑装饰五书：砖雕石刻》，清华大学出版社，2011 年，第 10~11 页；梁晓丽：《“暗八仙”图案及其装饰功能探微》，《新闻世界》2010 年第 8 期。

[2] 林蔚文：《福建石雕艺术》，荣宝斋出版社，2006 年，第 163~164 页；林曦：《析蔡氏古民居石刻艺术》，《福建工程学院学报》2006 年第 2 期。

[3] 李天锡：《惠安华侨华人与惠安石文化》，《华侨华人历史研究》1994 年第 3 期。

3. 圆形石柱

珊瑚岛一号沉船遗址现存3件浅浮雕花纹装饰的圆形石柱，石柱下部较粗，上部略细，柱体装饰有浅浮雕的缠枝花卉纹样，1件保存较好，另外2件残断。其中2015XSSHW01：231号石柱柱体下部残断，上部保存完好，残长2.2米，由圆柱形柱体和"笔锋"状尖顶组成（图二六）。

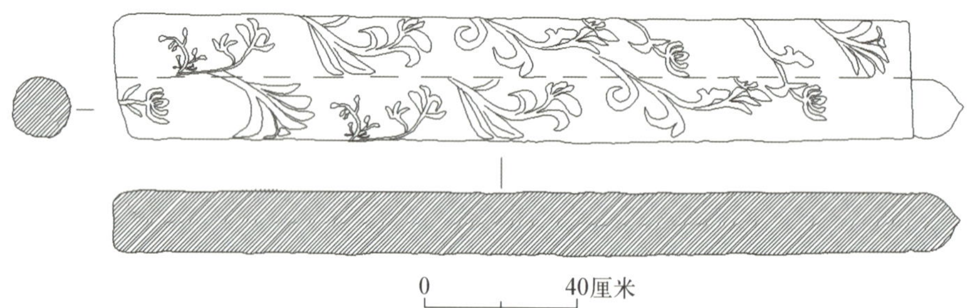

图二六　石柱（2015XSSHW01：231）

在福建地区部分家族宗庙和祠堂等建筑物前竖有状如旗杆般的石柱，谓之"石旗杆"或"石笔"，如始建于明末清初的福建南靖县塔下村张氏祠堂"德远堂"前立有20余根石旗杆[1]（图二七），福

图二七　福建南靖"德远堂"前石旗杆

[1] 张慧卿：《漳州张氏德远堂宗祠》，《寻根》2008年第5期。

建连城县培田古民居清代“官厅”建筑门庐后立有一对石旗杆[1](图二八),福建宁化县俞氏宗祠正厅前立有一对清道光年间的石旗杆,始建于明代的福建永定县胡氏家庙门坪上竖有多支清光绪年间的石旗杆[2],福建三明永安吉山刘氏祖屋、泰宁东坑村,福建长汀吕氏宗祠、游家祠、罗家祠、李家祠等建筑前皆立有清代的石旗杆[3]。

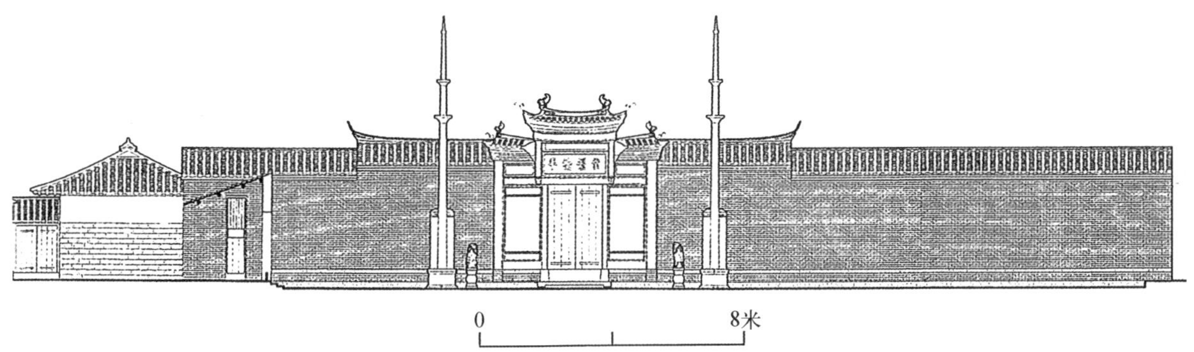

图二八　福建连城培田古民居“官厅”前石旗杆

(图片引自陈志华《福建民居》17页)

广东潮汕地区、江西赣西山区的部分祠堂和家庙前也发现有这类石旗杆下部的夹杆石,如广东汕头市沟南许氏宗祠现存有10余根砌于墙壁内的清代石旗杆的夹杆石[4],广东梅州市梅县宜塘村、丰顺县建桥围、大埔县侯北村、梅江区玉水村以及广州市陈家祠等地也发现有多块清代石旗杆的夹杆石[5]。

立于宗庙或祠堂前的石旗杆是科举制度的产物,是对科举成功获得一定功名的宗族子弟的褒扬,彰显其功名以流芳后世,同时也是宗族荣耀的一种最直接体现。福建南靖县塔下村张氏家族《张氏德远堂族谱》族规中即有“凡取得秀才以上学历者,可获得数十担儒租田,中举、中进士或取得一定官职的乡贤,可在祠堂前树石龙旗杆”等内容。石旗杆是地位与功名的表现,是宗族崇文重教、耕读传家的反映,也是激励后人努力奋进、成才立业、发扬光大宗族的物质和精神鼓励措施[6]。

这些石旗杆多以花岗岩制成,造型独特,工艺精湛,由基座、夹杆石和杆身三部分组成,通体高度在5米至10余米。基座有方形、六角或八角形,高出地面一米左右,由多块大小不一、刻有花纹图案的石板组合而成,基座中部竖立二块夹杆石,石质旗杆固定于夹杆石之间。石旗杆主体旗

[1] 陈志华、贺从容、罗德胤、李秋香:《福建民居》,清华大学出版社,2010年,第15~17页;戴志坚:《培田古民居的建筑文化特色》,《重庆建筑大学学报(社科版)》2001年第4期。

[2] 黄份霞:《闽西客家宗祠中的传统教育印记》,《海峡教育研究》2015年第4期。

[3] 林蔚文:《福建石雕艺术》,荣宝斋出版社,2006年,第90页。

[4] 杨建东:《潮汕古村探源》,中国文联出版社,2005年,第78~105页。

[5] 王发志:《广州陈家祠旗杆夹的文化价值》,《广东省社会主义学院学报》2010年第1期。

[6] 黄份霞:《闽西客家宗祠中的传统教育印记》,《海峡教育研究》2015年第4期;王发志:《广州陈家祠旗杆夹的文化价值》,《广东省社会主义学院学报》2010年第1期;张宇生:《闽南的“石旗杆”》,《园林》1994年第4期。

身分为三段，下段多为方形主柱，刻有竖旗年代、学衔、官阶、辈份、姓名等内容，中段雕刻有云龙纹浮雕，上段通常为长度达 2 米的圆形石柱，柱顶端或雕成笔尖状或雕成坐狮状，目前已经发现的大多数石旗杆的时代皆为清代中晚期[1]。

通过对比分析，珊瑚岛一号沉船遗址出水的 2015XSSHW01：231 号石柱由圆柱形柱体和“笔锋”状尖顶组成，柱体浮雕缠枝花卉纹，与上面列举的祠堂或宗庙前石旗杆上段的圆形石柱在造型和尺寸上基本一致，因此可以初步判定 2015XSSHW01：231 号石柱应为石旗杆的一部分，时代为清代。

图二九　泰国卧佛寺内石柱与夹柱石板搭配使用情况

（图片由福建博物院楼建龙提供）

4. 八角石柱

珊瑚岛一号沉船遗址现存八角石柱 44 件，其中标本 2015XSSHW01：194 号柱身截面为八角形，通体素面，柱身上部制作规整，下部做工粗糙，残存长度达 2.99 米，这种石柱应为房屋建筑的支撑和承重结构。珊瑚岛一号沉船遗址还发现有夹柱石板 39 件、石柱础 3 件，夹柱石板和柱础可与八角石柱配套使用以支撑房屋建筑。A 类夹柱石板（标本 2015XSSHW01：43）平面为方形，一角内凹，内凹形状为八角形的四分之一，因此使用 4 块 A 类夹柱石板可以将八角石柱夹护和固定住；B 类夹柱石板（标本 2015XSSHW01：53）平面为长方形，长宽比约为 2：1，石板长侧边中部有缺口，缺口形状为八角形的二分之一，因此使用 2 块 B 类夹柱石板就可将八角石柱夹护和固定住（图二九）。

中国古代建筑中比较常见的石柱有方形、圆形、六角形、八角形、瓜瓣形和亚字形等，福建地区部分祠堂和庙宇等大型建筑中还流行石雕龙柱[2]。如江苏苏州罗汉院北宋大殿遗址现存圆形石柱、瓜瓣形石柱、八角石柱共计 14 根[3]，福建厦门青礁慈济宫和龙海白礁慈济宫清代建筑前、中、后三殿现存大量不同造型的龙柱、花瓶形石柱、圆形石柱、方形石柱、六角石柱和八角石柱[4]，福建泉州天后宫清代正殿和

---

[1] 张宇生：《闽南的“石旗杆”》，《园林》1994 年第 4 期；林蔚文：《福建石雕艺术》，荣宝斋出版社，2006 年，第 90 页。

[2] 张道一、唐家路：《中国古代建筑石雕》，江苏美术出版社，2006 年，第 201～218 页；郑培光、王志英：《中国古代建筑构件图典》，福建美术出版社，1989 年，第 40～42 页；林蔚文：《福建石雕艺术》，荣宝斋出版社，2006 年，第 145～149 页。

[3] 张十庆：《苏州罗汉院大殿复原研究》，《文物》2014 年第 8 期。

[4] 雷阵、吴诗池：《青、白礁慈济宫》，《南方文物》1999 年第 2 期；薛佳薇：《谈白礁、青礁慈济宫建筑空间的同构性及其特征》，《安徽建筑》2011 年第 6 期。

寝殿建筑内现存大量圆形石柱、多面体石柱和龙柱[1]，海南澄海罗驿村清代大房祖堂门廊内现存4根八角形石柱，罗驿村清代李氏宗祠建筑内现存有大量的方形、圆形和八角形石柱。

通过上述对比分析，珊瑚岛一号沉船遗址的八角石柱应为宗族祠堂或庙宇等大型建筑内的构件，时代初步判定为清代。

5. 石条

珊瑚岛一号沉船遗址发现石条共计88件，是现存数量较多的一类石质文物，占遗物总数量的近三分之一，可以分为3类，其中C类为素面石条，特征不明显，暂不讨论。

A类为圆弧形隆起石条，灰白色石材制成，顶部呈圆拱形隆起，下半部为长方体，通体素面无纹。

福建泉州地区宋元至明嘉靖之前的伊斯兰教和基督教石墓中有一类须弥座式石墓，该类石墓由须弥座和墓顶石二部分组成，其中墓顶石通常由一整块灰白色花岗岩制成，呈条状，墓顶石截面上部多为圆拱形或尖拱形，下部为长方形，正面浮雕有伊斯兰教的“云月”或基督教的圣物“莲花、十字架”等纹样，也有的墓顶石正面为素面[2]（图三〇、三一）。从外观和尺寸上看珊瑚岛一号沉船遗址的A类石条与这种墓顶石的造型比较接近，但是明代中后期至清代泉州地区的

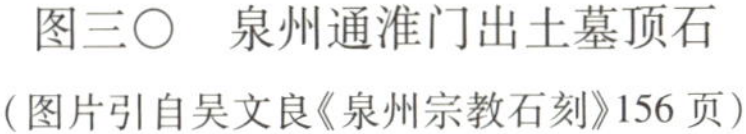

图三〇　泉州通淮门出土墓顶石

（图片引自吴文良《泉州宗教石刻》156页）

图三一　泉州海外交通史博物馆藏墓顶石

（图片引自吴文良《泉州宗教石刻》424页）

---

[1] 许建平：《泉州天后宫》，《文史知识》1995年第12期。

[2] 吴文良原著，吴幼雄增订：《泉州宗教石刻》（增订本），科学出版社，2005年，第153～160页、第423～426页；郭志超：《泉州百奇回族伊斯兰式墓型的变迁》，《泉州港与海上丝绸之路》（二），中国社会科学出版社，2003年，第514～527页；李兴华：《泉州伊斯兰教研究》，《回族研究》2010年第2期；陈桂炳：《福建惠安石雕工艺与伊斯兰教石刻》，《广西民族大学学报（自然科学版）》2009年7月。

这类伊斯兰式石墓逐渐演变为三合土墓,须弥座与墓顶石相结合的伊斯兰石墓比较少见,但并不排除墓顶石在清代仍然使用的可能[1],因此其时代无法明确断定,另外这类石条也有可能作为建筑构件使用,例如作为勾阑中的栏杆部位。

B类石条平面呈长方形,宽度多为25厘米,石条正面中部有一道凹槽,部分石条凹槽两端拐角处修整成卷云纹状,背面做工粗糙,高低起伏不平,与福建泉州南安市官桥镇清代蔡氏古民居、泉州亭店乡杨阿苗古民居、泉州天后宫戏台等建筑群最下层的分段地袱在形态上比较相近[2](图三二),因此推测其有可能作为房屋建筑中的地袱或勾阑立柱使用。

图三二　泉州天后宫戏台台基地袱

(图片引自林蔚文《福建石雕艺术》211页)

6. 石质生活用具

珊瑚岛一号沉船遗址现存石质生活用具9件,可分为石臼、擂钵和石杵三类,这些石质生活用具出现的时间较早,沿用时间也很长,现代居民在日常生活中仍然有使用这三类用具的情况,其时代难以断定。

通过上述对比分析和研究,珊瑚岛一号沉船遗址现存的石质类文物中虽然石像在人物造型和服饰特征上具有明代的特征,但是其他的石质文物如雕花石板、浮雕花纹圆形石柱、八角石柱等文物的制作时代皆为清代,而且清代雕刻、制作并使用具有明代人物形象和服饰特征的石像的可能性也是存在的,尤其是当这些石像作为巡海大臣、天官赐福、麻姑献寿、福禄寿等宗教题材使

[1] 郭志超:《泉州百奇回族伊斯兰式墓型的变迁》,《泉州港与海上丝绸之路》(二),中国社会科学出版社,2003年,第514~527页。

[2] 福建省泉州市建设委员会:《泉州民居》,海风出版社,1996年;许在全:《泉州古厝》,福建人民出版社,2006年,第123~126页;泉州历史文化中心:《泉州古建筑》,天津科学技术出版社,1991年,第17页。

用时。因此珊瑚岛一号沉船遗址现存大部分石质类文物的时代应为清代，其中建筑构件和石像主要应用于祠堂或庙宇等建筑中。

（二）瓷器碎片

通过历年的调查和发掘，除了石质类文物以外在珊瑚岛一号沉船遗址范围内和珊瑚岛东北部礁盘上还发现有一定数量的瓷器碎片，这些瓷器碎片多散落于石质文物之间的遗址表面，部分叠压在石质类文物以下，以青花和白瓷为主，器形有碗、盘、杯、盏等。

珊瑚岛一号沉船遗址发现的瓷器多为碎片，没有发现完整器，大多制作比较粗糙，釉面较薄，青花釉料颜色较深多呈墨绿色，腹部装饰有成组的变体寿字纹，如 2015XSSHW01：91、92、93 青花碗、2015XSSHW01：94、95 青花盘等，有的青花瓷器内底印有青花的吉祥文字、纪年、商号或祠堂名等铭文款识，如 2015XSSHW01：282 瓷盘内底盘心印有款识为“金兴祠堂”的方形押款。

器形相同以及装饰相近成组变体寿字纹和吉祥文字、纪年、商号或祠堂名等铭文款识的青花瓷器在我国沿海以及西沙群岛等远海海域清代的水下文化遗存中多有发现，如福建莆田大竹岛清代中晚期沉船遗址出水的大竹岛：11 青花盘内腹部饰有青花变体寿字纹和卷云纹，内底盘心印有款识为“永兴”的方形押款[1]（图三三），福建龙海白屿清代中晚期水下文物点和福建龙海九节礁清代中晚期水下文物点出水的青花瓷盘内腹部皆饰有成组的连续变体寿字纹，内底盘心印有方形押款[2]（图三四、三五）。西沙群岛北礁一号沉船遗址清代遗存出水的 99XSBW1：0034 青花瓷盘内壁腹部印有成组的变体寿字纹，内底盘心印有青花圆形押款，99XSBW1：0042 青花瓷碗外壁装饰成组的青花篆体寿字纹，内底碗心有“成珍”青花押款，99XSBW1：0047 青花瓷碗外壁装饰成组的青花篆体寿字纹，内底碗心有方形“和珍”青花押款[3]（图三六、三七）。

图三三　青花变体寿字纹瓷盘（福建大竹岛：11）

---

[1] 福建沿海水下考古调查队：《2008 年莆田沿海水下考古调查简报》，《福建文博》2009 年第 2 期；栗建安：《闽海钩沉——福建水下考古发现与研究二十年》，《水下考古学研究》（第一卷），科学出版社，2012 年，第 82～86 页。

[2] 栗建安：《闽海钩沉——福建水下考古发现与研究二十年》，《水下考古学研究》（第一卷），科学出版社，2012 年，第 82～86 页；张红兴：《近年来从中国海域出水的 17～19 世纪德华陶瓷》，《海交史研究》2012 年第 2 期；栗建安：《闽南古代陶瓷与“海上丝绸之路”》，《闽南文化研究——第二届闽南文化研讨会论文集（下）》，鹭江出版社，2003 年，第 1332～1342 页。

[3] 中国国家博物馆水下考古研究中心、海南省文物保护管理办公室：《西沙水下考古 1998～1999》，科学出版社，2006 年，第 139～150 页。

图三四　青花变体寿字纹瓷盘
（福建龙海白屿：05）

图三五　青花变体寿字纹瓷盘
（福建龙海九节礁：04）

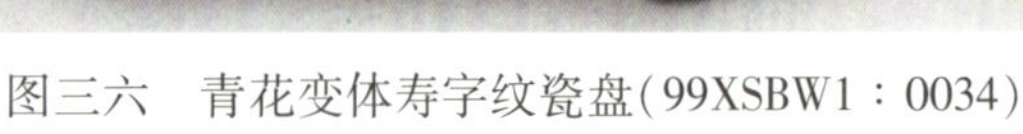

图三六　青花变体寿字纹瓷盘（99XSBW1：0034）

图三七　青花变体寿字纹瓷盘（99XSBW1：0047）

这种装饰连续成组变体寿字纹、器物底部印有吉祥文字、纪年、商号或祠堂名等铭文款识和押款的青花瓷器在我国福建闽南地区的德化、华安、南靖、安溪等地的窑址中也多有发现和出土，如福建漳州华安县沙建镇上樟弯桥窑址采集有多件清代青花变体寿字纹盘，青花呈蓝灰色、泛褐色，盘内壁腹部装饰有连续的成组变体寿字纹，内底盘心印有“金兴”、“和兴”等文字款[1]，华安县东溪窑址采集有多件清代带文字款识和变体寿字纹装饰的青花瓷碗残片[2]，福建漳州南靖县

[1]　吴其生、李和安：《中国福建古陶瓷标本大系——华安窑》，福建美术出版社，2005 年，第 137～139 页。
[2]　曾凡：《福建陶瓷考古概论》，福建省地图出版社，2001 年，第 68 页。

南靖窑址采集有清代青花变体寿字纹碗和盘，青花颜色为蓝中泛紫[1]，福建泉州安溪县安溪窑、龙涓福昌窑、龙涓窑、长坑窑、银坑内窑等窑址采集有大量清代带文字款识和变体寿字纹装饰的青花碗和盘[2]。

通过上述对比分析，珊瑚岛一号沉船遗址装饰连续成组变体寿字纹、器物底部印有吉祥文字、纪年、商号或祠堂名等铭文款识和押款的青花瓷器碎片与我国沿海和西沙群岛等远海海域水下文化遗存以及福建闽南地区德化、华安、安溪、南靖等地窑址发现的清代中晚期同类型器物基本相同[3]，因此珊瑚岛一号沉船遗址瓷器的时代应为清代中晚期，窑口为福建闽南地区德化、华安、安溪、南靖等地窑址。

综合石质文物与瓷器的特征分析，珊瑚岛一号沉船遗址的时代应为清代中晚期。

三、石质类文物产地分析

珊瑚岛一号沉船遗址现存石质类文物在雕刻技艺、造型及装饰上具有明显的中国风格，石像的造型、服饰、形体等均为中国元素，石柱础、石柱、石板、石条等建筑构件常见于中国古代建筑中，石像等石像生在祠堂、庙宇等建筑中比较多见，而部分石质生活用具如臼、擂钵、杵等在现代的中国民间仍然继续使用，因此珊瑚岛一号沉船遗址的石质文物应为中国生产。

我国东南沿海地区花岗岩蕴藏量非常丰富，其中福建全省的花岗岩储量居全国第三位，尤以闽南的惠安、南安等地分布较多[4]。从唐宋以来，闽南地区的惠安等地就开始开采并利用花岗岩加工和制作石质产品，其中比较典型的石作类型有台基、铺地板、柱础、石柱、石梁、门、窗等建筑构件，石狮、石像等石像生，还有石臼、擂钵、杵等生活用具。福建闽南地区多雨、潮湿，台风频繁肆虐，空气盐碱度较高，木材容易遭到腐蚀和虫蛀，但是石材却具有坚固耐用、经济实惠、维护成本低等优点，同时闽南地区盛产石材，木料稀少[5]。因此福建闽南地区利用石材作为房屋建筑构件、装饰用材以及制作石雕产品的传统与当地的气候环境、建筑材料的种类以及自然地理等重要因素有直接的关系，在这些因素的影响和作用下，经过多年的发展和历史积淀，闽南地区逐渐形成了具有显著地域性文化特色和深厚人文社会基础的石作加工、制造工艺和建筑构造及装饰风格，如房

[1] 吴其生：《中国福建古陶瓷标本大系——南靖窑》，福建美术出版社，2005 年，第 111、116 页。

[2] 曾凡：《福建陶瓷考古概论》，福建省地图出版社，2001 年，第 69~80 页；张红兴：《近年来从中国海域出水的 17~19 世纪德华陶瓷》，《海交史研究》2012 年第 2 期；吴艺娟：《安溪窑与海上丝绸之路古陶瓷初探》，《中国古陶瓷研究》（第十四辑），紫禁城出版社，2008 年，第 248~257 页。

[3] 叶文程：《福建地区青花瓷的生产与外销》，《中国古陶瓷研究》（第十三辑），紫禁城出版社，2007 年，第 182~195 页；栗建安：《从考古发现看福建古代青花瓷的生产与流通》，《中国古陶瓷研究》（第十三辑），紫禁城出版社，2007 年，第 196~206 页；陈建中、曾萍莎：《福建泉州窑青花瓷及相关问题的探讨》，《中国古陶瓷研究》（第十三辑），紫禁城出版社，2007 年，第 207~219 页。

[4] 福建省地方志编纂委员会：《福建省自然地图集》，福建科学技术出版社，1998 年，第 62 页。

[5] 曹春平：《闽南传统建筑》，厦门大学出版社，2006 年，第 121~127 页；林蔚文：《福建石雕艺术》，荣宝斋出版社，2006 年，第 151~154 页。

屋建筑中的廊架结构大量使用石柱作为承重和支撑,红砖与石雕相结合的建筑材料使用方式,“出砖入石”的墙体构造和装饰特色,石像、石狮等石像生在祠堂和庙宇的大量使用等[1]。

珊瑚岛一号沉船遗址现存大部分石质类文物所用石材以灰白色花岗岩为主,石材中夹杂有大量较粗的黑色结晶颗粒[2],使用的石材从颜色和岩性上看与福建地区盛产的花岗岩相近,而浮雕“暗八仙”纹石板、浮雕花纹圆形石柱(石旗杆)、八角石柱、B类石条等石质文物在福建闽南地区的民居、庙宇和祠堂等建筑中可以见到相同的类型。结合珊瑚岛一号沉船遗址的瓷器窑口多为福建闽南地区的窑址,初步判定珊瑚岛一号沉船遗址石质类文物中大部分产地应为福建,尤以闽南地区的惠安等地可能性较大。

四、石质类文物输出地分析

珊瑚岛一号沉船遗址位于我国西沙群岛永乐环礁海域,西沙群岛是“海上丝绸之路”南海段航线的必经之地,是我国古代通过海路进行对外贸易传统航线上的重要节点,从地理位置上看,这条传统海上贸易航线的第一个抵达区域为东南亚。

南海和东南亚地区已经发现了大量中国古代沉船或载有中国古代货物的沉船遗址,经过近20余年的水下考古调查和发掘,西沙群岛海域已经发现了水下文化遗存106处,其中包括华光礁一号、金银岛一号等重要水下沉船遗址,并出水了一大批瓷器、碇石、石构件、铜钱等各类遗物标本,时间跨度从五代直至近代[3]。

图三八　青花变体寿字纹瓷盘(泰兴号)

1999年澳大利亚一家海洋公司在印度尼西亚海域发现并打捞了清代晚期中国沉船泰兴号,从泰兴号上出水了数十万件中国瓷器,这些瓷器以青花为主,其中装饰有变体寿字纹和吉祥文字、纪年、商号或祠堂名等铭文款识及押款的青花瓷碗、盘与福建闽南地区德化、华安、安溪、南靖等地窑址以及珊瑚岛一号沉船遗址发现的同类青花瓷器在器形和纹饰上完全相同(图三八)。泰兴号上还出水了一定

[1] 戴志坚:《福建传统民居的分类探析》,《小城镇建设》2001年第9期;戴志坚:《福建传统民居的形态与保护》,《福建工程学院学报》2004年第1期;黄坚:《简论闽南砖石墙的装饰特色》,《装饰》2004年第8期。

[2] 张治国、刘婕等:《海洋出水石质文物表面凝结物的清洗技术研究》,《石材》2013年第12期;张治国、李乃胜:《海洋出水石质文物的清洗与脱盐保护技术研究》,《文物保护科技专辑Ⅳ》,文物出版社,2015年,第151~171页。

[3] 中国国家博物馆水下考古研究中心、海南省文物保护管理办公室:《西沙水下考古1998~1999》,科学出版社,2006年;西沙群岛水下考古调查与发掘资料,待整理。

数量的石质文物，如石狮、顶部为石狮的石柱、石擂钵、石杵以及一方刻有“道光二年”等碑文的石墓碑[1]（图三九、四〇）。泰兴号上的石擂钵和石杵与珊瑚岛一号沉船遗址的同类器物相同，石狮与福建地区明清时期制作的望柱狮的形态和功能相近[2]，因此沉没在印度尼西亚海域的泰兴号上的青花瓷器和部分石质类文物应来自福建闽南地区。

图三九 石擂钵与石杵（泰兴号）

图四〇 石墓碑（泰兴号）

重建于1793年拉玛一世时期的泰国卧佛寺内现存多件中国风格的石质类文物，如批云肩、穿比甲、手托玉壶春瓶的女性石雕像、石旗杆、长方形夹柱石板以及与之配套使用的八角石柱等，这些石质文物与珊瑚岛一号沉船遗址的同类器物在形状和功能上基本一致（图四一至四三）。

福建闽南地区从明万历年间就已经开始将石材和石雕产品输入东南亚地区，清代晚期闽南地区的石材和石雕产品大量销往东南亚，东南亚各地许多闽南风格的建筑如菲律宾王彬街的“亲善门”、“王彬北桥”等牌坊、新加坡的普陀寺、天福宫等庙宇建筑所用石材皆来自福建闽南地区[3]。鸦片战争后，随着厦门成为对外开放的商埠，形成了闽南地区石雕产品“碑石”的出口高潮，深受东南亚地区如印度尼西亚华侨的喜爱[4]。

2014年发掘的浙江宁波象山小白礁Ⅰ号 清代晚期沉船遗址出水有大量石板和其他文物，石板所用石材为宁波鄞州地区的梅园石或小溪石，小白礁Ⅰ号航行的目的地为东南亚[5]（图四

---

[1] Nigel Pickford, Michael Hatcher, *The Legacy of the Tek Sing: China's Titanic-its Tragedy and its Treasure*, First Published, 2000.

[2] 林蔚文：《福建石雕艺术》，荣宝斋出版社，2006年，第142～144页。

[3] 曾阅、粘良图：《惠安石工与闽南石文化》，《惠安民俗研讨会论文集》，厦门大学出版社，1997年，第1～10页；曹春平：《闽南传统建筑》，厦门大学出版社，2006年，第121～127页。

[4] 李天锡：《惠安华侨华人与惠安石文化》，《华侨华人历史研究》1994年第3期。

[5] 中国国家博物馆水下考古研究中心、宁波市文物考古研究所：《浙江宁波渔山小白礁Ⅰ号沉船遗址调查与试掘》，《中国国家博物馆馆刊》2011年第11期；林国聪：《浙江宁波象山小白礁Ⅰ号沉船的重要发现》，《海洋遗产与考古》（第一辑），科学出版社，2012年，第79～88页。

四),从另外一方面也反映了最晚在清代石材或石制品已经成为中国输往东南亚地区的重要贸易物品。

图四一　石像

(现存泰国卧佛寺,
图片由福建博物院楼建龙提供)

图四二　石柱与夹柱石板
搭配使用情况

(现存泰国卧佛寺,
图片由福建博物院楼建龙提供)

图四三　石旗杆

(现存泰国卧佛寺,
图片由福建博物院楼建龙提供)

图四四　石板(宁波小白礁Ⅰ号沉船遗址)

通过上述分析，珊瑚岛一号沉船遗址石质类文物的目的地应为东南亚地区，其中的建筑构件在福建闽南地区庙宇和祠堂等建筑中可以见到相同的类型，同时珊瑚岛一号沉船遗址还出水一件印有“金兴祠堂”文字款的青花瓷盘残片（2015XSSHW01：282），因此这些石质建筑构件和石像中的大部分应是用于东南亚等地的庙宇和祠堂等建筑。

五、使 用 人 群

通过对珊瑚岛一号沉船遗址堆积性质、石质类文物和瓷器的时代、产地以及输出地的分析，珊瑚岛一号沉船遗址应为一艘运输福建闽南地区生产的石作用品和瓷器前往东南亚地区的清代中晚期远洋贸易船在西沙群岛珊瑚岛海域沉没后形成的堆积。

从汉代开始中国与东南亚的一些国家之间就已经出现了使者互往和官方贸易，民间的经济文化交流和贸易往来也已产生，但是受航海和造船等相关技术的限制，华人前往东南亚地区定居的情况并不多。唐宋以后随着造船和航海技术的进步，中国与东南亚地区之间的经济、文化交流日趋频繁，同时中国南方的经济尤其是手工业和商业得到了巨大的发展，为了增加财政收入，政府鼓励海外贸易。郑和下西洋后，虽然大规模的官方贸易减少，但是民间出洋谋生和贸易往来更甚于前，随着民间海外贸易的兴盛和海上交通的渐次发达华人迁移并寓居东南亚的情况也更为明显，移民人数逐渐增多并聚居于城镇和村落，最晚在15世纪初东南亚地区就已经出现了中国移民的聚居区。华人迁移并侨居东南亚的原因较多，包括谋生、改善经济状况、“逐利”等经济方面的原因和需求，也有因朝代更迭前朝顽民或遗臣为了躲避镇压和图谋复兴外逃他地，以及所谓“海寇”、“倭寇”等走私海商被朝廷追剿侨居国外等政治原因和被掳掠贩卖到东南亚充当劳动力等社会原因[1]。

清初对于迁民采取严厉取缔的政策，禁止人民离国或对有违法迁出者禁止其返国，对“私出外境及违禁下海者”定有专刑，重者死，轻者监禁或笞杖不等[2]。

16世纪东南亚地区逐渐成为欧洲的殖民地，在发展资本主义经济和殖民掠夺的目的下欧洲加强了对东南亚的经济开发，对劳动力的需求激增。在贸易互动和欧洲殖民开发东南亚的双重影响下，17世纪初至19世纪中叶，出现了华人移民东南亚的第一次浪潮。19世纪中叶后中国的自然经济随着列强的侵略被破坏，大量农民和手工业者破产失业，形成了巨大的劳动力市场，同时中国与各国签订商约允许订约国人民互相旅行及居住，无以为生的失业者为了生计大量出海谋生或改善经济状况，出现了第二次大规模的华人移民东南亚浪潮，这一时期华人移民东南亚的主要形式是“契约华工”和“苦力贸易[3]”。

移居东南亚的华人以我国沿海特别是闽粤两省的居民最多、移民时代也最早。华人侨居东

[1] 朱杰勤：《东南亚华侨史》，高等教育出版社，1990年，第6~36页。

[2] 陈达：《南洋华侨与闽粤社会》，商务印书馆，2011年，第45~47页。

[3] 庄国土：《论中国人移民东南亚的四次大潮》，《南洋问题研究》2008年第1期；陈达：《南洋华侨与闽粤社会》，商务印书馆，2011年，第47页。

南亚后多从事商业、贸易、建筑、石工、种植等业,经商是其中最为主要的职业之一,主要经营中国与东南亚之间的海上贸易往来,从中国运往东南亚的货物的消费者包括华人和非华人二类[1]。

华人移民由于受到传统文化的影响在饮食、着装、房屋建筑、婚姻家庭和生活习俗等方面多保守旧有习惯,对于侨居地同化程度不高,而是坚持并尊重传统的多神崇拜,尤其强调与海洋文化相关的妈祖信仰和巡海大神崇拜,保留浓厚的乡土观念和宗族意识,一些比较富裕的华人家庭建造家族祠堂和庙宇的情况比较普遍。华人移民比较喜欢购买并使用中国货物和产品,如印度尼西亚海域打捞的泰兴号沉船上的望柱狮、石擂钵、石杵甚至于墓碑都采购自中国,新加坡天福宫内的龙柱、石雕、红砖、琉璃,菲律宾王彬街的"亲善门"、"王彬北桥"牌坊等其建筑材料和产品皆来自闽粤等地[2]。

因此珊瑚岛一号沉船遗址的石柱础、八角石柱、石旗杆、石条、石板等建筑构件,石臼、石擂钵、石杵等生活用具,石像以及印有"金兴祠堂"文字款的青花瓷盘残片等瓷器的使用人群大部分应为东南亚地区的华人移民。

本文曾以《珊瑚岛一号沉船遗址》为题刊于《博物院》2018 年第 2 期,科学出版社,收入本书时进行了部分修改。

---

[1] 陈达:《南洋华侨与闽粤社会》,商务印书馆,2011 年,第 61~78 页。

[2] 曾阅、粘良图:《惠安石工与闽南石文化》,《惠安民俗研讨会论文集》,厦门大学出版社,1997 年,第 1~10 页;林从华:《台湾寺庙建筑探源》,《哈尔滨建筑大学学报》2002 年第 6 期。

Several Issues Related to Shanhu Island I Shipwreck Site

by

Deng Qijiang　Zeng Jin

Abstract: Shanhu Island I shipwreck site is a Qing Dynasty site whose major remains are stone artifacts and ceramic sherds. The stone artifacts include architecture components, daily utensils and stone sculptures, which are mostly made in south Fujian. The ceramic wares are mainly blue and white bowls and plates. They are produced in the kilns of Dehua, Hua'an, Anxi, Nanjing etc in south Fujian area. The users of those stone artifacts and ceramics of Shanhu Island I shipwreck site are the population of Chinese immigrants in Southeast Asia.

Keywords: Shanhu Island I Shipwreck Site, Date, Provenance, Exporting Area, Users

中国境内宋代沉船的发现与研究*

路　昊**

摘　要：宋代是中国"海上丝绸之路"发展的高峰期，发现于我国东南海域的众多宋代沉船便是这一阶段重要的物质体现。鉴于目前发现的宋代沉船已有相当的数量，相关的研究也逐渐丰富，因此有必要对此学术问题加以系统梳理。本文通过回顾此前中国境内宋代沉船的相关发现与研究，以期从学术史层面指明研究热点的转变并厘清学术发展的脉络。

关键词：宋代沉船　发现与研究　学术史

考古工作证明，我国使用木船历史悠久，相关发现见于史前及周、汉、唐、宋、元、明、清[1]等时期的遗址中，为学界所关注，已有较多论述存世。

各时期沉船中，宋代者颇为重要，如泉州湾宋代海船、南海Ⅰ号沉船和华光礁一号沉船便是其中代表。概因宋代处于"海上丝绸之路"高峰期，对外贸易繁忙，海难时发，不少船只沉没海中。因满载货物的沉船所含信息丰富，故被学者视为研究宋代海上贸易的重要材料。

目前，中国境内已有19艘宋代沉船见诸报道，相关研究也蔚为大观。笔者拟对相关发现与研究进行总结，望有益于学界。

一、宋代沉船的发现

目前，明确发现宋代沉船19艘，分布在17个遗址点。按照发现时间排序，这些沉船分别是1960年江苏省扬州市施桥镇木船[2]；1973年福建泉州湾宋代海船[3]；1976年福建泉州法石沉

---

*　本文为2016年度国家社会科学基金重大项目"西沙群岛出水陶瓷器与海上丝绸之路研究"（项目批准号：16ZDA145）的阶段性研究成果。

**　路昊，国家文物局水下文化遗产保护中心。

[1]　孟原召：《中国境内古代沉船的考古发现》，《中国文化遗产》2013年第4期。

[2]　江苏省文物工作队：《扬州施桥发现了古代木船》，《文物》1961年第6期。

[3]　泉州湾宋代海船发掘报告编写组：《泉州湾宋代海船发掘简报》，《文物》1975年第10期；福建省泉州海外交通史博物馆：《泉州湾宋代海船发掘与研究》，海洋出版社，1987年。

船[1]；1978年天津静海元蒙口黄河故道宋船[2]、上海南汇大治河古船[3]、上海嘉定封滨杨湾吴淞江故道宋船[4]和浙江宁波东门口海运码头沉船[5]；1987年广东南海Ⅰ号沉船[6]；1989年福建连江定海白礁一号沉船[7]；1996年西沙群岛华光礁一号沉船[8]；1998年河北东光县码头村南运河故道宋船[9]；2003年浙江宁波和义门瓮城基址南侧沉船[10]；2007年安徽宿州埇上嘉院运河宋船[11]；2008年福建莆田兴化湾北土龟礁一号沉船[12]；2010年福建龙海半洋礁一号沉船[13]；2011年河南滑县新区沉船[14]；2013年安徽淮北柳孜运河遗址沉船[15]。除江苏扬州施桥及河南滑县新区发现的沉船数量为两艘外，其余各处遗址点均只发现一艘沉船。另外，需要说明的是：首先，有些沉船处于朝代更迭时期，年代往往难以准确判定，如福建连江定海白礁一号沉船判定为宋元时期，可见该船在使用上有延续性，并未因改朝换代而废置不用，其起始年代还应属于宋代，因此暂且将其收入；第二，一些尚存争议的遗址，如2009年大练岛北部西南屿发现遗迹的性质仍然存在较大争议[16]，本文暂不收入。

从时间分布上看，自20世纪60年代起至今，宋代沉船的发现散见于各个时期，似乎不存在集中发现的情况。这种现象应该和埋藏环境的特殊性以及水下考古发掘的难度有关。首先，水下考古不同于田野考古可在一些遮挡设施下进行全天候的作业，其受气候、水文条件影响很大，因此工作时间有限；第二，水下考古一线工作人员数量相对较少，难以长时间连续工作并开展大范围调查与发掘；第三，目前发现的宋代沉船多作贸易运输之用，船上通常会发现大量各类材质的

---

[1] 中国科学院自然科学史研究所、福建省泉州海外交通史博物馆联合试掘组：《泉州法石古船试掘简报和初步探讨》，《自然科学史研究》1983年第2期。

[2] 天津市文物管理处：《天津静海元蒙口宋船的发掘》，《文物》1983年第7期。

[3] 季曙行：《上海南汇县大治河古船发掘简报》，《上海博物馆集刊》第四期，上海古籍出版社，1987年，第175～178页。

[4] 倪文俊：《嘉定封浜宋船发掘简报》，《文物》1979年第12期。

[5] 林士民：《宁波东门口码头遗址发掘报告》，《浙江省文物考古所学刊》，文物出版社，1981年，第105～123页。

[6] 广东省文物考古研究所：《2011年南海Ⅰ号的考古试掘》，科学出版社，2011年。

[7] 中国国家博物馆水下考古研究中心等：《福建连江定海湾沉船考古》，科学出版社，2011年。

[8] 郝思德：《南海文物》，《海南历史文化大系·文博卷》，南方出版社，海南出版社，2008年，第42～44页。

[9] 《抢救清理东光县南运河码头宋代沉船》，《沧州年鉴(2000)》，河北人民出版社，2001年，第308页。

[10] 龚昌奇、丁友甫、褚晓波、席龙飞：《浙江宁波和义路出土古船复原研究》，《宁波文物考古研究文集》，科学出版社，2008年，第183～188页；陈潇俐、万俐、褚晓波、丁友甫：《浙江宁波和义路出土古船的树种鉴定和用材分析》，《宁波文物考古研究文集》，科学出版社，2008年，第189～194页。

[11] 张辉、宫希成：《隋唐大运河通济渠(汴河)唐宋沉船与沿岸古文化遗存》，《中国历史文物》2010年第6期。

[12] 福建沿海水下考古调查队：《2008年莆田沿海水下考古调查简报》，《福建文博》2009年第2期。

[13] 福建沿海水下考古调查队：《福建沿海水下考古调查》，《文物》2014年第2期。

[14] 安阳市文物考古研究所、滑县文物保护管理所：《河南滑县宋代古船的发掘》，《考古》2013年第3期。

[15] 陈超、丁新：《安徽淮北柳孜运河遗址第二次考古发掘再获重要发现》，《中国文物报》2013年12月11日第1版。

[16] 关于大练岛北部西南屿发现遗迹的性质，目前主要有两种观点，一种为沉船，主要代表为周春水，详细内容见其《福建平潭屿头岛海域的古代沉船》，《海洋遗产与考古》，科学出版社，2012年，第100～111页；另有一种看法认为该处为水下文物点，主要代表为栗建安，详细内容见其《略谈我国沉船遗址出水的陶瓷器及相关问题》，《海洋遗产与考古》，科学出版社，2012年，第185～193页。

器物,相应的,文物保护与整理工作往往会消耗很长的时间。因此,一艘沉船从发现到发掘,再到最后的整理,会经过一个相对较长的时间周期。所以,这些宋代沉船的在时间上往往零散分布,而非集中出现。

从空间分布上看,根据目前已发现的沉船信息,可制作出宋代沉船发现的分布图。由图可知,目前东南沿海发现的宋代沉船数量与内陆的发现基本相当。在内陆地区发现的沉船中,河北

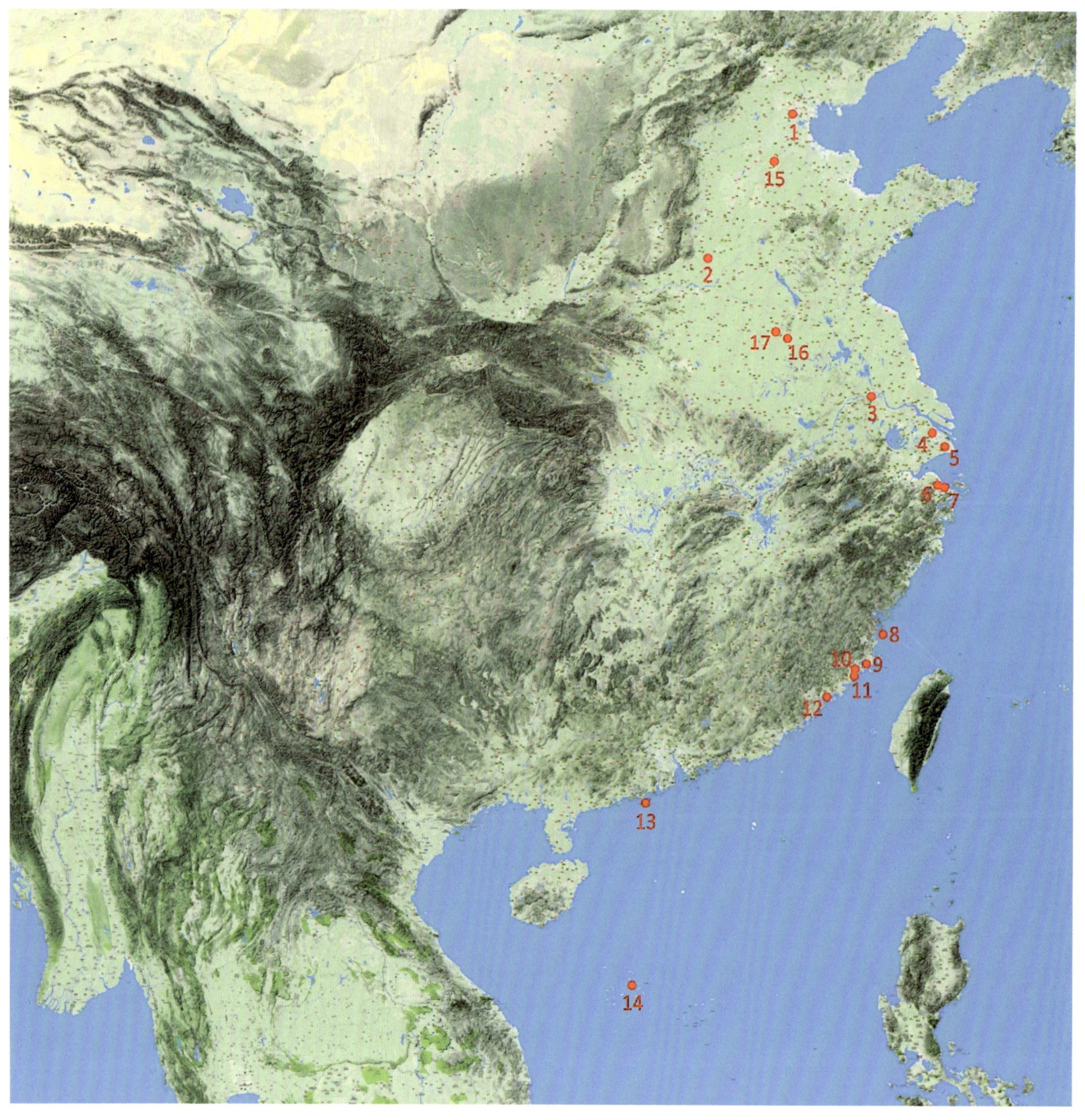

图一　中国境内宋代沉船分布图

1. 天津静海元蒙口黄河故道宋船　2. 河南滑县新区沉船　3. 江苏省扬州市施桥镇木船　4. 上海嘉定封滨杨湾吴淞江故道宋船　5. 上海南汇大治河古船　6. 浙江宁波和义门瓮城基址南侧沉船　7. 浙江宁波东门口海运码头沉船　8. 福建连江定海白礁一号沉船　9. 福建莆田兴化湾北土龟礁一号沉船　10. 福建泉州湾宋代海船　11. 福建泉州法石沉船　12. 福建龙海半洋礁一号沉船　13. 广东南海Ⅰ号沉船　14. 西沙群岛华光礁一号沉船　15. 河北东光县码头村南运河故道宋船　16. 安徽宿州埇上嘉院运河宋船　17. 安徽淮北柳孜运河遗址沉船

东光县码头村南运河故道宋船、安徽宿州埇上嘉院运河宋船、安徽淮北柳孜运河遗址沉船等遗存均处于大运河航道之上;天津静海元蒙口黄河故道宋船、河南滑县新区沉船等遗存也都可能与大运河有所关联。这批材料为研究宋代内陆与沿海贸易交通的衔接提供了重要的线索及材料。东南沿海发现的沉船则集中在杭州湾及泉州湾一带,由此可见这两处区域在宋代海外贸易中占有重要位置。

二、宋代沉船研究回顾

依时间先后,可将宋代沉船相关研究分为两个阶段:

(一)第一阶段:20世纪70年代中期至90年代末

学界主要关注福建地区,尤其是泉州湾一带发现的宋代沉船。研究对象多为船体本身及船载遗物。

1. 船体本身的研究

复原船体结构是研究船体的首要任务。较早进行相关研究的是泉州湾宋代海船复原小组和福建泉州造船厂。1975年,他们参考古代文献,对泉州湾宋代海船的主要结构进行了复原[1]。此后,席龙飞、何国卫等参考历代船舶统计资料,结合古船残骸的残存尺度,从稳性、强度、载货容积和淡水仓容积等角度,推论出泉州湾海船应有的各项尺度[2]。杨槱综合之前学者的研究,通过对古船长度、宽度、深度,以及船体甲板部分的构造和上层建筑的形式、长度和高度,还有舵与锚的形式与大小,桅的数目与高度,帆的形式与大小等多方面进行探讨,完成了对古船的修复[3]。此外,庄为玑、庄景辉等对沉船类别进行了研究,结合文献判定泉州湾宋代海船为一艘中等远洋艚船[4]。

2. 船载遗物的研究

关于遗物的研究可分为三类:

(1)通过船内遗物探讨贸易、航线、航行时间及相关问题

通过对泉州湾宋代海船出土铜钱数量、类别进行研究,王曾瑜验证了文献中关于"夹带铜钱五百文随行"和"宋代出口唐钱"的史实记载[5]。王慧芳对泉州湾宋代海船所载药物做了深入研究,介绍了该船进口药物的种类,同时阐述了进口药物和宋代医药学的关系[6]。吴春明关于福建连江定海白礁一号沉船的研究最为经典,他判断沉船外销瓷器的产地主要为福州港区附近,进而推断出外销瓷是通过福州港集散,出闽江口,经连江定海海域往东、北航线外销日本的,并成

[1] 泉州湾宋代海船复原小组、福建泉州造船厂:《泉州湾宋代海船复原初探》,《文物》1975年第10期。
[2] 席龙飞、何国卫:《对泉州湾出土的宋代海船及其复原尺度的探讨》,《中国造船》1979年第2期。
[3] 杨槱:《对泉州湾宋代海船复原的几点看法》,《海交史研究》1982年第4期。
[4] 庄为玑、庄景辉:《泉州宋船结构的历史分析》,《厦门大学学报(哲学社会科学版)》1977年第4期。
[5] 王曾瑜:《宋代的铜钱出口——兼谈泉州发掘的宋船铜钱》,《海交史研究》1978年第1期。
[6] 王慧芳:《泉州湾出土宋代海船的进口药物在中国医药史上的价值》,《海交史研究》1982年第4期。

为宋代福州港对日海上贸易的重要物证[1]。

刘蕙孙通过分析船中遗物、船身附着物,推论泉州湾宋代海船航线为东南亚诸国至阿拉伯湾、红海一带,同时通过船头方向、出土铜钱及香料推断该船为返航船只[2]。黄天柱、林宗鸿等分析泉州湾宋代海船船内出土果核后,也得出该船为返航船只的结论,并推断出该船沉没的时间为七月[3]。此外李复雪、林更生也分别通过对贝类和果实的研究,判定了泉州湾宋代海船的航线和沉没时间[4]。

(2) 船内遗物的鉴别与保护

较早进行遗物鉴别的是赵正生,他对泉州湾宋代海船香草的鉴别有详细记述[5]。之后,陈振端采用解剖学的方法,对泉州湾宋代海船船体进行切片观察,发现船体的不同部分由不同种类的木材制作而成[6]。此外,南京药学院、上海市卫生局药品检验所等多家单位分别对泉州湾宋代海船舱内的降香进行了显微鉴定和化学鉴定[7]。

文物保护方面,仅见福建省泉州市海外交通史博物馆文物科技保护实验室对泉州湾宋代海船出土竹器所做的保护。实验室分别对大竹帘、六角型大竹编和人字形竹编进行处理,但也明确表示所用方法并非科学的处理方法[8]。

(3) 其他方面的研究

其他方面的研究涉及环境研究和比较研究等方面。环境研究方面,比较有代表性的是林禾杰关于泉州湾宋代海船沉没环境的研究,他通过对海滩沉积物、海滩沉积环境和海船沉没环境三个方面的分析,验证了前人对船只沉没时间的判断[9]。该研究把考古学与地质学相结合,为解决考古问题提供了新的思路。对比研究方面,日本学者松木哲对中国泉州湾和韩国新安海域所发现的两艘沉船的对比研究值得关注。他从船型结构以及拼接方法两个方面,论述了两艘沉船的相似性与差异性[10]。

尽管这一阶段的研究工作主要围绕福建沿海区域展开,但在研究领域上却是全面开花,既有船本身的研究,也有船内遗物的研究。同时,在这些研究所得认识的基础之上探讨了更深层次的社会问题,如贸易、交通、城市发展。

---

[1] 吴春明:《定海湾沉船考古的新收获与宋元明福州港的对日贸易》,《中国社会经济史研究》1997 年第 1 期。

[2] 刘蕙孙:《泉州湾宋船的航线与航向的进一步探讨》,《海交史研究》1978 年第 1 期。

[3] 黄天柱、林宗鸿:《泉州湾宋船出土果核的考释》,《农业考古》1983 年第 1 期。

[4] 李复雪:《泉州湾宋代海船上贝类的研究》,《海交史研究》1984 年第 6 期;林更生:《泉州湾出土宋船中果品种子的研究》,《海交史研究》1984 年第 6 期。

[5] 赵正山:《参加泉州古船出土香药鉴别记》,《海交史研究》1978 年第 1 期。

[6] 陈振瑞:《泉州湾出土宋代海船木材鉴定》,《海交史研究》1982 年第 4 期。

[7] 南京药学院、南京林产工业学院、福建省药品检查所:《泉州湾出土宋代木造海船舱内降香的显微鉴定》,《海交史研究》1983 年第 5 期;上海市卫生局药品检查所、福建省药品检查所:《泉州湾出土宋代木造海船舱内降香的化学鉴定》,《海交史研究》1983 年第 5 期。

[8] 福建省泉州市海外交通史博物馆文物科技保护实验室:《泉州古船出土竹器的保护》,《海交史研究》1978 年第 1 期。

[9] 林禾杰:《泉州湾宋代海船沉没环境的研究》,《海交史研究》1982 年第 4 期。

[10] [日]松木哲著,杨琮译:《十三—十四世纪的贸易船——以泉州、新安船为要点》,《海交史研究》1986 年第 2 期。

（二）第二阶段：21 世纪初至今

这一阶段学术界关注的重点由福建地区转移到了南海区域，主要集中于广东沿海以及西沙群岛一带。研究领域和内容也更加丰富。

1. 贸易交流与瓷器生产

孙键从华光礁一号与南海Ⅰ号两艘宋代沉船出水瓷器出发，通过对比瓷器窑口的情况，分析了宋代的贸易航线，并指出瓷器作为贸易品的优越性[1]。刘渤则将南海Ⅰ号和华光礁一号两艘沉船出水的瓷器与天津博物馆所藏器物进行比较，指出这些瓷器产品在外销的同时也存在内销的现象[2]。最为全面的是李庆新的研究，他通过瓷器的标识及特征，推断大部分出口瓷器均生产于东南沿海省份；大量铜钱的发现也反映了贸易的频繁和规模的扩大。另外，他认为南海Ⅰ号沉船发现的铁质凝结物、银锭以及铜环与南海贸易使用金银等贵金属流通的大环境有关[3]。

瓷器生产方面以羊泽林对华光礁一号沉船瓷器的研究为代表，通过分析沉船瓷器年代特点、窑口，并对比福建一些窑口出土的瓷器，他认为宋元时期福建窑口生产的釉下彩产品是福建窑工在唐代已掌握釉下彩的基础上对磁州窑产品工艺的简单模仿，同时为福建釉下彩的外销提供了证据[4]。此外，周湘东通过对南海Ⅰ号沉船瓷器的考察，得出了外销瓷产区有从内陆转移到沿海的趋势的结论[5]。

2. 沉船保护研究

可分为两个方面：

（1）保护个案的全面介绍

李国清以泉州湾宋代海船为例介绍保护处理的方法过程、存在的问题以及针对问题提出的抢救性保护性措施[6]。张月玲、付永海、张可等人则是在介绍华光礁一号沉船出水文物状况的基础上，进行了前期科学分析检测，并介绍保护方法及具体措施[7]。

（2）保护方法的讨论

陈岳、李乃胜等通过对比静态去离子水浸泡、加热加速和超声波振荡等三种脱盐方法，确认超声脱盐法最为有效；同时也指出需考虑超声法对文物本身的潜在破坏作用，认为在实际保护中

---

[1] 孙键：《南海沉船与宋代瓷器外销》，《中国文化遗产》2007 年第 4 期。

[2] 刘渤：《中国出水出土外销瓷与天津博物馆藏瓷之比较》，《外销瓷器与颜色釉瓷器研究》，故宫出版社，2012 年，第 291~301 页。

[3] 李庆新：《南宋海外贸易中的外销瓷、钱币、金属制品及其他问题——基于“南海Ⅰ号”沉船出水遗物的初步考察》，《学术月刊》第 44 卷 9 月号，2012 年，第 121~131 页。

[4] 羊泽林：《从西沙华光礁一号沉船上的青釉褐彩器看福建釉下彩瓷的生产及外销》，《中国古陶瓷研究》（第十四辑），紫禁城出版社，2008 年，第 11~20 页。

[5] 周湘东：《从“南海一号”出水瓷器看古代海外贸易瓷器的生产变迁》，《丝绸之路》2012 年第 14 期。

[6] 李国清：《出水海洋古沉船的保护》，《中国文化遗产》2013 年第 4 期。

[7] 张月玲、付永海、张可：《西沙“华光礁一号”出水文物科学保护》，《东亚文化遗产保护学会第二次学术研讨会论文集》，科学出版社，2013 年，第 363~370 页。

应综合使用三种方法,才能在取得最佳脱盐效果的同时保证文物的安全[1]。另外,包春磊对于华光礁一号沉船出水瓷器表面黄白色沉积物的分析及清除[2],以及李文静、陈岳等通过ICP-AES分析对华光礁一号沉船出水瓷器保护性损伤进行的量化评估[3]等工作也拓展了出水文物的保护方法研究,为我们提出了意见和启示。

梳理以上研究可以发现,研究重心主要集中在中国南海区域,具体来说是广东沿海以及西沙群岛一带,而研究重点也更加倾向社会层面,而不仅局限于沉船或沉船遗物本身。与此同时,文物保护研究日渐兴起,多种科技手段得到运用。

总　　结

综合前文所述,可对宋代沉船的研究状况做出如下总结。

(一)研究目标相对一致

对于中国境内宋代沉船的研究,无论关注区域是福建地区或是南海区域,无论研究的对象为沉船本身或沉船遗物,学者们最终所指向的目标都相对一致,即探讨从沉船所见的社会问题。在众多的社会问题之中贸易、文化交流以及瓷器生产成为众多研究者集中关注的几个问题。

(二)研究热点随新发现转移

两个阶段的研究区域,从福建地区转移到广东沿海和西沙群岛一带,这种变化背后真正的驱动力正是新发现的不断出现。20世纪90年代以前,重要的沉船发现主要集中于福建沿海,如泉州湾宋代海船和连江定海白礁一号沉船,该时期的研究也围绕该区域展开。进入21世纪初,尤其是从2007年开始,由于南海Ⅰ号沉船的整体打捞和华光礁一号沉船的发掘[4],使得中国南海区域,主要是广东沿海和西沙群岛,分别有大量的沉船遗物出水,学术界关注的重点也自然转移到了这一区域,此后不少研究均围绕这两艘沉船展开。通过梳理相关学术史,可以清晰看出这一转换的过程及其动因。

(三)科技手段的持续助力

由于水下考古的特殊性,无论是调查、发掘还是整理,任何一个环节都不能缺少科技手段的帮助。长期浸泡于海水之中的各类遗物,保存状况往往不理想,科技手段在文物保护中的运用也

---

[1] 陈岳、李乃胜、罗武干、王昌燧:《华光礁Ⅰ号出水瓷器脱盐方法研究》,《江汉考古》2013年第1期。

[2] 包春磊:《华光礁出水瓷器表面黄白色沉积物的分析及清除》,《化工进展》2014年第5期。

[3] 李文静、陈岳、李乃胜、李斌、罗武干:《“华光礁Ⅰ号”沉船出水瓷器“保护性损伤”量化评估的ICP-AES分析》,《光谱学与光谱分析》2015年第3期。

[4] 南海Ⅰ号沉船和华光礁一号沉船分别发现于1987年和1996年,但是正式大规模发掘工作均开始于2007年,因此相关资料的披露也主要是在此之后。

就显得尤为重要。从20世纪70年代开始，水下文物的科学保护便已经开展；进入21世纪以来，随着科技手段的拓展与提升，文物保护工作更为深入，效果也越来越明显。

尽管目前关于中国境内宋代沉船的研究已经较为全面和详细，但却也仍然存在一些问题和缺失。

首先是缺乏对沉船资料的全面系统梳理工作。中国境内宋代沉船已经发现较多，但目前还极少有学者对这一时期的沉船进行系统梳理，虽然栗建安[1]、孟原召[2]等学者进行过相关研究，但在覆盖面上仍有盲点。同时，对于目前已发现的沉船，部分年代以及性质问题都还存在争议，如前文提到的福建连江定海白礁一号沉船和大练岛北部西南屿发现的遗迹。另外，限于种种原因，一些早年调查或发掘的资料，尚未开展有效的整理或整理工作十分缓慢，致使大量资料未能及时刊布，研究者难以获得更多信息，也在一定程度上影响了研究的进展。

其次，沉船比较研究和综合研究的关注度不够。目前，多数研究主要关注于单艘沉船，及由此引发的相关问题。如前文提到日本学者松木哲所做的多艘船的比较研究却很罕见。仅靠一艘沉船的信息，有时难以支撑一些现象的观察和问题的研究，因此，需要从宏观上把握材料。不同区域和不同时间段的材料可以使研究者更全面地把握材料，并促进研究的深入。当下另一种研究的倾向是仅关注于沉船的某一方面，如出水瓷器、船体本身等，但在扎实的基础研究之上，我们还是要努力展开更全面的社会层面的研究，透物见人。当前，科技手段在沉船考古研究的层面更多还是文物本身的保护，尚未能提供更多的历史信息，但随着研究的不断深入，人们从沉船中也将会获取更多的信息，并最终促使相关研究更加深入和全面。

附表　中国境内宋代沉船统计表

序号	发现时间	发现地点	时代	数量	出土(水)物	资料来源
1	1960年	江苏省扬州市施桥镇	宋代	2	青釉陶钵、薄釉陶罐、铁刀、铁铲及铁器	《文物》1961年第6期
2	1973年	福建泉州后渚港	南宋	1	香料木、药物、木牌(签)、铜钱、陶瓷器及竹木藤器等	《文物》1975年第10期
3	1976年	福建泉州法石	南宋	1	少量陶瓷片、瓦片、木器件及几颗果核和贝壳等	《自然科学史研究》1983年第2期
4	1978年	天津静海元蒙口黄河故道	宋代	1	陶碗、瓷碗残片及"开元通宝"、"政和通宝"等钱币	《文物》1983年第7期
5	1978年	上海南汇大治河	宋代	1	铜钱、银发钗，陶瓶、陶罐、陶缸的残片；船体外侧同一地层两件宋代瓷碗	《上海博物馆集刊》第四期

[1] 栗建安：《略谈我国沉船遗址出水的陶瓷器及相关问题》，《海洋遗产与考古》，科学出版社，2012年，第185~193页。

[2] 孟原召：《中国境内古代沉船的考古发现》，《中国文化遗产》2013年第4期。

(续表)

序号	发现时间	发现地点	时代	数量	出土(水)物	资料来源
6	1978 年	上海嘉定封滨杨湾吴淞江故道	宋代	1	瓦、砖、碗、铁锅、菜刀、水勺、行灶、兽骨和家禽骨骼	《文物》1979 年第 12 期
7	1978 年	浙江宁波东门口海运码头	宋代	1	动物头骨、牙齿、木炭和棕绳,“乾德元宝”一枚,席草帽子、草鞋、木梳、竹签等	《浙江省文物考古所学刊》,文物出版社,1981 年
8	1987 年	广东上下川岛附近海域	南宋	1	瓷器、石器、金器、铁器、铜钱及有机物等	《2011 年南海Ⅰ号的考古试掘》,科学出版社,2011 年
9	1989 年	福建连江定海白礁	南宋	1	瓷器、陶器、石器、金属器、木器等	《福建连江定海湾沉船考古》,科学出版社,2011 年
10	1996 年	西沙群岛华光礁礁盘	南宋	1	瓷器、铜器、铁器、木竹等有机物	《南海文物》,《海南历史文化大系·文博卷》,南方出版社/海南出版社,2008 年
11	1998 年	河北东光县码头村南运河故道	北宋末年	1	磁州窑系白釉荷花纹碗、青釉荷花鱼纹盆及唐宋时期年号铜钱	《沧州年鉴(2000)》,河北人民出版社,2001 年
12	2003 年	宁波和义门瓮城基址南侧	南宋	1	瓷片	《宁波文物考古研究文集》,科学出版社,2008 年
13	2007 年	安徽宿州埇上嘉院运河	北宋中期或晚期	1	10 余件北宋中期吉州窑瓷盏和 50 余枚“崇宁通宝”、“崇宁重宝”铜钱	《中国历史文物》2010 年第 6 期
14	2008 年	莆田兴化湾北土龟礁	南宋早期	1	瓷器和铜钱,还发现两块碇石	《福建文博》2009 年第 2 期
15	2010 年	福建龙海半洋礁	南宋中晚期	1	以瓷器为主,还有少量漆木器、铜器、锡器和铜钱等	《文物》2014 年第 2 期
16	2011 年	河南滑县新区	宋代	2	铁器、瓷器、陶器和钱币	《考古》2013 年第 3 期
17	2013 年	安徽淮北市濉溪县百善镇柳孜村	宋代	1	铜钱	《中国文物报》2013 年 12 月 11 日第 1 版

Findings and Researches of Shipwrecks in China in Song Dynasty

by

Lu Hao

Abstract: The Song Dynasty shipwrecks found around Chinese southeast sea are the important embodiments which show that this dynasty is the peak of "Maritime Silk Road". At present, so many shipwrecks during this period are found and the related researches are abundant so that it is necessary to analyze systematically. This paper will review and analyze the findings and the researches of the shipwrecks in Song Dynasty. So as to indicate the change of the research hotspot from the academic history level and clarify the development of the academic history.

Keywords: Song Dynasty Shipwrecks, Findings and Researches, Academic History Review

泉州地区古代瓷业遗存的发现与研究*

孟原召**

摘　要：泉州地区古代制瓷手工业颇为发达，尤其是宋代以来外向型生产的特点鲜明，引起学界广泛关注。该地区瓷业遗存的发现与研究主要是随考古资料的发现逐渐开展并深入的，其大体经历了零星的古代文献记载、早期的实地访察与初步研究、考古工作的逐步开展与学术研究的兴起、具学术目的的考古调查与发掘和综合性研究方兴未艾等几个阶段，这也是一个考古发现不断、认识逐渐深入的学术发展历程。

关键词：泉州地区　瓷业遗存　文献记载　考古发现　研究史

泉州地区位于福建省的东南部，秦时属闽中郡，至隋代属建安郡。唐始以武荣州为泉州。宋时泉州领晋江、南安、同安、惠安、永春、清溪、德化七县，治于晋江。元时升泉州为泉州路总管府。明洪武元年（1368 年）改为泉州府，领晋江、南安、同安、惠安、安溪、永春、德化七县。清初因之。本文所要谈及的泉州地区，是指唐宋以来的泉州，包括今之泉州、厦门地区，基本上以晋江流域为主。

泉州地区西边大体以戴云山、博平岭一线为界，北侧大体以戴云山、石牛山为界，向东延伸至海，东南部濒临东海，以天然海岸线为界。一方面，该地区西部以山为界，多山区、丘陵，东部以海为边，多平原、低地，境内的晋江及其支流形成的水系，可由山区通往大海[1]。因此，水路交通可由河流中上游山区顺流而下，到达沿海港湾，经由泉州、厦门等著名海港，循海路，抵达海外广大地区。另一方面，该地区地处山区丘陵地带，蕴藏着极为丰富的矿土资源[2]。其中，高岭土矿储量丰富，分布广泛，德化、永春、同安、晋江、南安、惠安等地均有分布[3]，尤其是德化阳山、观音岐高岭土矿[4]，

---

*　本文为 2016 年度国家社会科学基金重大项目“西沙群岛出水陶瓷器与海上丝绸之路研究”（项目批准号：16ZDA145）阶段性研究成果。

**　孟原召，国家文物局水下文化遗产保护中心。

[1]　据高秀静主编：《福建省地图册》，中国地图出版社，2004 年。

[2]　王振民等编著：《福建省矿物志》，福建省地图出版社，2001 年。

[3]　张锡秋、胡立勋：《福建省陶瓷原料考察纪实及对其发展的探讨》，《中国陶瓷》1987 年第 4 期。

[4]　徐本章、叶文程：《德化瓷史与德化窑》，华星出版社，1993 年，第 110~217 页。

同安郭山、东坑高岭土矿[1],南安东田高山—南坑、水头康龙高岭土矿[2]。此外,其他的陶瓷原料,瓷土、陶瓷黏土、长石、石英类原料等分布也很广,储量大。值得注意的是,德化的制瓷原料类别丰富,分布遍及全境,而且瓷土质地极佳,可用作胎土和瓷釉,具有色白、质细的特点。在此自然地理环境之下,泉州地区具备了丰富的制瓷原料和便利的交通条件[3],为制瓷手工业的发展与繁荣奠定了良好的基础。目前的考古发现与研究资料表明,早在商周时期该地区就已开始烧造原始青瓷,经南朝、晚唐五代的发展,至宋元时期制瓷手工业空前繁荣,明清时期又有了新的发展。

有关泉州地区古代瓷业遗存的历史记载相对较少,而 20 世纪前半叶的考古发现和研究也不多,随着 20 世纪后半叶考古工作的渐次展开,其相关研究也逐渐增多起来。从古代文献记载、考古发现与研究的角度,本文将其研究史大体分为四个阶段,即:早期的文献记载、20 世纪前半叶的认识、20 世纪 50 年代至 80 年代的考古工作和认识、20 世纪 90 年代以来的考古工作和研究。

一、早期的文献记载

我国古代关于陶瓷方面的文献记载并不多,涉及泉州地区的资料更是微乎其微。这一地区制瓷业的记载,最早可追溯到《龙浔泗滨颜氏族谱》,记述了唐末五代初的颜化綵(864—933 年)曾"著《陶业法》、绘梅岭图"[4],以传习陶瓷工艺,惜书、图已不可考。

泉州地区有关陶瓷的记载较多且较为著名的是德化窑,其以生产"白建"闻名于世[5]。而其他陶瓷则是不为世人所重;其记载则大多散见于地方志和当时的海外贸易文献。下面分别来说明。

(一)中外交通史籍中的记载

宋元明时期的中外交通史料中,保留了一些陶瓷器外销的珍贵资料,其中有的涉及了泉州地区瓷器。

马可波罗游记中曾记:"刺桐城附近有一别城,名称迪云州(Tiunguy)。制造碗及磁器,既多

[1] 厦门市地方志编纂委员会编:《厦门市志》,方志出版社,2004 年,第 126 页;同安县地方志编纂委员会编:《同安县志》,中华书局,2000 年,第 144 页。

[2] 福建省南安县地方志编纂委员会编:《南安县志》,江西人民出版社,1993 年,第 80 页。

[3] 权奎山:《试论南方古代名窑中心区域移动》,《考古学集刊》第 11 集,中国大百科全书出版社,1997 年,第 276~288 页。

[4] 颜清滥编辑:《福建德化泗滨志》,福建省德化县泗滨志编纂董事会,2000 年。卷二为《龙浔泗滨颜氏族谱》,按 1927 年泗滨谱局所编族谱原貌再版,旧谱自宋初始修,至 1927 年为第八次续修,颜应时等人主编,其中《传·唐国子博士化綵公传》对此其事迹有记述,可参考德化陶瓷博物馆展览资料。

[5] "建窑"之名,在文献中所载略有差异,本应为建盏产地之"建窑",可后来因有采用"福建"简称之说,故有"建窑"在德化之说,亦即文献所记的"白建"。参考李民举:《建窑初论稿》,《"迎接二十一世纪的中国考古学"国际学术讨论会论文集》,科学出版社,1998 年,第 327~342 页。

且美。除此港外,他港皆不制此物,购价甚贱。”[1] 14 世纪穆斯林旅行家伊本·白图泰谈到中国的瓷器时谓:“只在刺桐和隋尼克兰城制造。……瓷器价格在中国,如陶器在我国一样或更为价廉。这种瓷器运销印度等地区,直至我国马格里布。这是瓷器种类中最美好的。”[2]这是当时外国人对泉州瓷器的记述。

南宋赵汝适《诸蕃志》中提到“瓷器”、“青白瓷器”、“青瓷器”等[3],元人汪大渊《岛夷志略》叙及各国习俗时亦多次谈及贸易之用“青器”、“粗碗”、“青瓷器”等[4],这些都是在海外所能看到的外销瓷器,但不能全部确定为何处窑场烧制的。关于泉州瓷器的记载,则有元代周达观《真腊风土记》中“欲得唐货”条即记有“泉处之青瓷器”[5]。

明代费信《星槎胜览》记载有各国“磁器”、“青器”、“青白磁器”、“大小磁器”、“大小磁瓮”等作为贸易之货用[6];马欢《瀛涯胜览》[7]、巩珍《西洋番国志》[8]中则有“用”、“喜”中国“磁器”、“青磁盘碗”的记载;严从简《殊域周咨录》中也记有贸易货用的“青白磁器”、“大小磁瓮”等[9]。这些记载有些是传抄而来,或源自《诸蕃志》、《岛夷志略》,或相互引录,但所记瓷器中应有泉州地区所产。张燮《东西洋考》则详细记述和考证了明代后期开放海禁后海外贸易的东西洋列国、饷税、税珰、舟师、艺文、逸事[10],尤其是泉、漳地区对外贸易的状况,包括月港、德化瓷等,弥足珍贵。

(二)明清时期地方史志中的记述

明清时期的通志、省志、府志及县志中谈到物产的货品时,对出产瓷器一般有所涉及。

明代黄仲昭撰《八闽通志》卷二六《食货·物产·泉州府·货之属》载:“白磁器,出德化县。”[11]万历重修《泉州府志》卷三《舆地志下·物产·货之属》中提到了晋江磁灶窑、安溪窑、德化窑三地窑场:“磁器,出晋江甆灶地方。又有色白,次于饶磁,出安溪崇善、龙兴、龙涓三里。又有白甆器出德化程寺后山中,洁白可爱。”[12]

---

[1] [法]沙海昂注,冯承钧译:《马可波罗行纪》,中华书局,2004 年,第 609 页。刺桐,即泉州,马可波罗所说的迪云州,可能即为德化。

[2] [摩洛哥]伊本·白图泰著,马金鹏译:《伊本·白图泰游记》,宁夏人民出版社,1985 年,第 545~546 页。刺桐,泉州;隋尼克兰,广州。

[3] (宋)赵汝适撰,杨博文校释:《诸蕃志》,中华书局,2000 年。

[4] (元)汪大渊撰,苏继庼校释:《岛夷志略》,中华书局,1981 年。

[5] (元)周达观撰,夏鼐校注:《真腊风土记》,中华书局,2000 年,第 148 页。

[6] (明)费信著,冯承钧校注:《星槎胜览》,中华书局,1954 年。

[7] (明)马欢著,万明校注:《明钞本〈瀛涯胜览〉校注》,海洋出版社,2005 年。

[8] (明)巩珍著,向达校注:《西洋番国志》,中华书局,2004 年。

[9] (明)严从简著,余思黎点校:《殊域周咨录》,中华书局,1993 年。

[10] (明)张燮著,谢方点校:《东西洋考》,中华书局,2000 年。

[11] (明)黄仲昭撰:《弘治八闽通志》卷二六,明弘治四年(1491 年)刊本,台湾学生书局印行,1987 年,第 1322 页。

[12] (明)阳思谦修,(明)黄凤翔纂,(明)徐敏学、(明)伍维新纂:《万历重修泉州府志》卷三,明万历四十年(1612 年)刊本,台湾学生书局印行,1987 年,第 268 页。

清乾隆《晋江县志》卷一《舆地志·物产·货之属》:"瓷器,出磁灶乡。取地土开窑,烧大小钵子、缸、瓮之属。甚饶足,并过洋。"[1]天一阁藏明嘉靖《安溪县志》卷一《土产·货品·磁器》:"色白而带浊。昔时只作粗青碗,近则制花,又更清(青),次于饶磁。出崇善、龙兴、龙涓三里,皆外县人氏业作之云。"[2]乾隆《德化县志》卷四《山川志·观音崎》记曰:"一名白泥崎,产磁土",可见观音崎所产瓷土盛名已久;同卷《物产·货之属·磁器》载:"泥产山中,穴而伐之,绠而出之。碓极细滑,入水飞澄,淘净石渣,倾于石井以漉其水,乃埏埴为器。烈火煅炼,厚则绽裂,薄则苦窳。罂瓶罐瓿,洁白可爱。饮食之器,多粗拙。虽有细者,较之饶州所作,终不能及。"[3]这条文献详细记录了德化窑瓷器所用原料及加工方法、器物特征、产品质量等,并为乾隆版《永春州志》卷七《风土志·物产附》中"磁器"条所引用,"出德化,永春间亦有之"[4]。清代《安平志》中也有"白瓷出德化,元时上供"的记录[5]。民国时期《同安县志》卷一一《物产志·货属》载:"(磁器)如缸、瓮、罈、瓯、瓦砖之类,则有沄溪头、后洋、大路尾皆有瓦窑、磁窑,随处烧造,然粗而不精。"[6]清道光《厦门志》记载了厦门通洋贸易情况,并言"出洋货物"中有"永春窑之磁器"[7]。

(三)明清时期陶瓷专论与时人文集杂著中的记载

明清时期,随着金石学和收藏风气的发展,涌现了一些古物赏鉴和研究方面的专著,其中有不少古陶瓷专论,如明初曹昭《格古要论·古窑器论》[8],并出现了陶瓷专著。这些专门的陶瓷文献,对泉州地区陶瓷涉及甚少,往往也只是叙及德化窑白瓷。时人文集杂著中对泉州陶瓷的零星记录也很少,其中流传较广、被后世陶瓷专著引用颇多的依然是德化窑的资料,主要有两条:一是《泉南杂志》中所记德化白瓷,二是《闽小记》中对德化瓷箫笛、瓷茶碗的记载。

---

[1] (清)方鼎等修,(清)朱升元等纂:《晋江县志》,乾隆三十年(1765年)刊本,奎阁藏版,台北成文出版社,1977年,第43页。(清)胡之锃修,(清)周学曾等纂修的《晋江县志》卷七三《物产志·货之属》的记载与之相同,道光十年(1830年)修纂,据福建省博物馆藏本点校,福建人民出版社,1990年。

[2] 嘉靖八年(1529年),知县黄怿聘莆田林有年编纂《安溪县志》,未刊行;至三十一年知县汪瑀续修成书,即现存嘉靖《安溪县志》,宁波天一阁藏明嘉靖刻本,上海古籍出版社,1963年。另康熙十三年(1674年)《安溪县志》之《货品·磁器》:"色白而带浊,昔时只作粗青碗,近则制花,又更青,其精不及饶磁。"(清)谢宸荃总辑,(清)洪龙见纂,据北京图书馆藏清康熙刻本影印,安溪县志编委会,1987年。另乾隆二十二年(1757年)重修《安溪县志》卷四《物产·货之属》:"瓷器,出龙兴、龙涓、崇善、崇信等里,质粗不及德化。"(清)庄成修,(清)沈钟、(清)李畴纂修,据复旦大学图书馆藏清乾隆本影印。

[3] (清)鲁鼎梅主修,(清)王必昌主纂:《德化县志》,乾隆十二年(1747年)刊本,福建省德化县地方志编纂委员会整理,1987年,第114页。

[4] (清)郑一崧修,(清)颜璹等纂:《永春州志》,乾隆五十二年(1787年)刊本,台北成文出版社,1974年。另万历《永春县志》卷三《物产·货之属》载:"瓷器,色微绿而粗,出县北十九都,皆龙岩人业作之。"

[5] (清)柯琮璜纂修:《诒经堂重修安平志》,清道光十五年(1835年),据福建省图书馆藏抄本影印,上海书店,1992年。

[6] 林学增等修,吴锡璜纂:《同安县志》,1929年铅印本,引清康熙五十二年(1713年)、乾隆三十二年(1767年)、嘉庆三年(1798年)《同安县志》,记载相类,台北成文出版社,1977年,第343~344页。

[7] (清)周凯纂修:《厦门志》,道光十九年(1839年)刻本,台北成文出版社,1967年。

[8] (明)曹昭撰:《格古要论·古窑器论》,《文渊阁四库全书》子部第871册,台湾商务印书馆,1986年;(明)曹昭撰,(明)舒敏、(明)王佐增:《新增格古要论》,影印明刊本,中国书店,1987年。

明万历陈懋仁《泉南杂志》卷上:“德化县白甆,即今市中博山佛像之类是也。其坯土产程寺后山中,穴而伐之,绠而出之,碓极细滑,淘去石渣,飞澄数过,倾石井中,以漉其水,乃塼埴为器,石为洪钧,足推而转之。薄则苦窳,厚则绽裂,土性然也。初似贵,今流播多,不甚重矣。或谓开窑时,其下多藏白甆,恐伤地脉,复掩之。”[1]详细记述了德化白瓷炉、佛像等器类,以及瓷土原料的来源、加工和瓷器的特征及价值,为后来《德化县志》所采引。

明末清初周亮工《闽小记》卷下[2]:“德化磁箫:德化磁箫笛,色莹白,式亦精好,但累百枝无一二合调者。合则声凄朗,远出竹上。云梦柯亭之外,又有此异种,入李謩手即至入破,当不患骋然中裂矣”;“闽德化磁茶瓯,式亦精好,类宣之填白。予初以泻茗,黯然无色,责童子不任茗事。更易他手,色如故。谢君语予曰:‘以注景德瓯则嫩绿有加矣。’试之良然。乃知德化窑器不重于时者,不独嫌其胎重,粉色亦足贱也。相传景镇窑,取土于徽之祁门,而济以浮梁之水,始可成。乃知德化之陋劣,水土制之,不关人力也。”记载了德化所制白瓷箫、茶瓯的特征,多为后世文献所引用,尤其是白瓷箫,陆廷灿《南村随笔》[3]引用后,又被朱琰《陶说》转引。

明末崇祯时期刊行的宋应星《天工开物·陶埏》中所记“白瓷”提到“南则泉郡德化(土出永定,窑在德化)”,“德化窑,惟以烧造瓷仙、精巧人物、玩器,不适实用”[4]。并且在论述瓷釉时指出:“泉郡瓷仙用松毛水调泥浆。”这是从工艺的角度记载了德化窑白瓷的特征。

清初叶梦珠《阅世编》卷七:“又有一种素白建窑,昔虽有之,而今为最广,体制花巧,价亦不甚贵,酒器最多,亦最宜,所值比楚窑稍浮,用者便之。”[5]此条首次提到了“素白建窑”,亦即后世所言“白建”之始。这里所指为德化窑,出于福建,以白瓷闻名,故名。

清康熙时期程哲撰《蓉槎蠡说》卷一一《窑器说》记载:“建窑,出福建泉州府德化县,其色有甜白、青色,深浅不同。古建瓷,薄者绝类宋瓷。碗盏多是撇口,色黑滋润,有黄兔斑、滴珠,大者真。体厚者多,少见薄者。惟佛像最佳。”[6]此条将这一时期的德化窑名之为“建窑”,并称宋元时期所言“建窑”为“古建瓷”,以示区别。程哲的行文格式采诸曹昭《格古要论》,对于“古建瓷”的内容也是几乎全部抄录[7],惟其所增部分为德化窑,包括了窑场所在(“出福建泉州府德化

[1] (明)陈懋仁:《泉南杂志》,明万历绣水沈氏刻宝颜堂秘笈本,《四库全书存目丛书》史部第247册,齐鲁书社,1996年,第841页。

[2] (清)周亮工:《闽小记》,乾隆年间刊刻本,台北成文出版社,1975年。

[3] (清)陆廷灿:《南村随笔》卷二:“德化磁箫,色莹白,式亦精好,但百枝中无一二合调者。合则其声凄朗,远出竹上。不意云梦柯亭之外,有此异种。”雍正十三年陆氏寿椿堂刻本,《四库全书存目丛书》子部第116册,齐鲁书社,1995年,第260页。

[4] (明)宋应星:《天工开物》卷中《陶埏》,商务印书馆,1954年重印,第138页。下句瓷釉引自第139页。

[5] (清)叶梦珠撰,来新夏点校:《阅世编》,中华书局,2007年,第187页。

[6] (清)程哲:《蓉槎蠡说》卷一一《窑器说》,清康熙五十年(1711年)刊本,《美术丛书初集》(第三辑),台北艺文印书馆,1975年。

[7] (明)曹昭:《格古要论》卷之下《古窑器论》“古建器”条:“建碗盏,多是撇口,色黑而滋润,有黄兔毫斑、滴珠。大者真,但体极厚,俗甚,少见薄者。”(明)周履靖辑刊《夷门广牍》,明万历刻本,上海涵芬楼影印,台湾商务印书馆,1969年。至明中期王佐增补本,略有差异,前揭:《新增格古要论》卷之七《古窑器论》,“古建窑条:‘建碗器出福建。其碗盏多是撇口,色黑而滋润,有黄兔斑、滴珠。大者真,但体极厚,俗甚,少见薄者。’”

县")、釉色特色("其色有甜白、青色,深浅不同")、典型类别("惟佛像最佳")。这是第一次将建窑明确分为古建(黑釉)、白建,而白建即为明清之德化窑,并以所制佛像为最佳。此说为后世文献广为抄录。与其同时代的王棠《燕在阁知新录》卷二五"明代窑器"中关于"建窑"的记载[1],即是全部采录程文。

乾隆时期朱琰《陶说》卷二《说古·古窑考》中"建窑"条所记与程哲《窑器说》基本相同[2],对"旧建瓷"的记载亦是采之于《格古要论》;同书卷五《说器中·宋器》中"瓷箫"条[3],转引自陆廷灿《南村随笔》,二者实均引自周亮工《闽小记》。其后,乾嘉时期的梁同书所撰《古窑器考·古今诸窑》的"建窑"对此亦全然抄录[4]。

嘉庆时期蓝浦《景德镇陶录》卷七《古窑考》所附的《各郡县窑考》中,单列出了"德化窑"条目,记曰:"德化窑:自明烧造,本泉州府德化县,今改属永春州。碗盏多撇口,称白瓷,颇滋润,但体极厚,间有薄者。惟佛像殊佳。今之建窑在此,盖不类旧建瓷矣。"[5]此书同卷《古窑考》中记有"建窑",为宋代建窑。这样,就将德化窑从与建窑的混杂叙述中独立出来,指出其"称白瓷,颇滋润",并明确德化窑是"今之建窑",而"不类旧建瓷";但其所记仍旧出于以前记载,如"碗盏多撇口"、"体极厚,间有薄者"则仍为旧建窑特征。清人佚名人所辑《历代磁器谱》卷之三所记"德化窑"即抄录自此[6]。

乾嘉年间连士荃《龙浔竹枝词》:"郁其窑烟素业陶,瑶台一望震松涛。白磁声价通江海,谁悯泥涂穴取劳。"生动描述了德化龙浔窑业生产及白瓷广销江海内外的盛况。清末光绪时期,张金鉴辑《礼塔龛考古偶编》记:"建窑,在福建泉州府德化县,色白如玉,滋润莹厚,略带红色,坯骨重者为上,紫色、黑色者次之,五彩者又次之。"[7]不仅提到了白瓷,还有紫色、黑色、五彩瓷器的记载。清末郭柏苍《闽产异录》卷一《货属》:"德化窑,皆白磁器,出德化县。顺治以前,老窑所制,佛像、尊、罍、瓶、盘、盏、斝皆精致古雅。其色洁白,中现出粉红,至今价翔矣。然佛像不及荷台,

[1] (清)王棠:《燕在阁知新录》,清康熙五十六年(1717年)刻本,《续修四库全书》子部第1147册,上海古籍出版社,1995年,第173页。

[2] (清)朱琰:《陶说》卷二《说古·古窑考》中"建窑"条记载:"在福建泉州府德化县。《格古要论》:碗盏多是撇口,色黑而滋润。有黄兔斑、滴珠,大者真,但体极厚,少见薄者。旧建瓷有薄者,绝类宋器。佛像最佳。"首刊于乾隆三十九年(1774年),傅振伦译注本,轻工业出版社,1984年,第90页。

[3] (清)朱琰:《陶说》卷五《说器中·宋器》中"瓷箫"引:"德化瓷箫,色莹白,式亦精好,但百枝中无一二合调者。合则其声凄朗,远出竹上。"傅振伦译注本,第211页。

[4] (清)梁同书:《古窑器考·古今诸窑》:"建窑:出福建泉州府德化县,碗盏多是撇口,色黑而滋润,有黄兔斑、滴珠,大者真,但体极厚。旧建瓷有薄者,绝类宋器,而今罕矣。佛像最佳。按:宋时茶尚撇碗,以建安兔毫盏为上品,价亦甚高。"《古铜瓷器考·古窑器考》,铅印本,《美术丛书》第四集三十四辑,第19册,上海神州国光社,1928年。

[5] (清)蓝浦撰,(清)郑廷桂补:《景德镇陶录》,嘉庆二十年(1815年)刊,同治九年(1870年)刻本影印,《中国陶瓷名著汇编》,中国书店,1991年,第56~57页。

[6] (清)佚名辑:《历代磁器谱》卷三:"德化窑,明代烧造,出泉州府德化县,今改为永春州是也。烧造皆碗盏,亦多撇口。称白磁,惟佛像殊佳。今之建窑磁器是也。"此书抄自《景德镇陶录》、《陶录续论》卷四及《陶说》卷一、五、六,国家图书馆藏本,《中国古陶瓷文献集成》第1册,全国图书馆文献微缩复制中心,2003年。

[7] (清)张金鉴辑:《礼塔龛考古偶编》,清光绪三年(1877年)刻本,长洲张氏出版。

瓶盘不及南北定。近胎地厚而粗，釉水莹而薄，渐不足贵。”[1]文中记载了德化窑新旧瓷器的特征、差异及价值，较为详细。

从上述20世纪以前的古代文献来看，这些记载包括以下几个方面的内容：一、窑场位置，有德化、晋江、安溪等；二、窑及瓷器的年代，多数为明、清，外国人还记有元代的瓷器等；三、瓷器类别、特征及制作工艺，器形、釉色、工艺流程等，大多较为简单；四、瓷器的品质，多粗劣，也有“洁白可爱”、“惟佛像殊佳”等评价；五、瓷器的消费市场，既有本地使用者，又有“通江海”，与海外诸国“出洋”贸易“货用”之瓷器，还有为洋人所购的记录，并有与之相关的贸易国家、航线、课税等一系列资料。

古代文献中的泉州地区瓷器，大多是以地方物产和贸易货品的形式记录的，而且集中于明清时期较为著名的德化窑。这些记载，只能算是时人或后人零散的只言片语，从中无法全面了解当时泉州地区的制瓷手工业状况。在当时古陶瓷及其生产尚未成为专门学术研究范畴的背景下，这也是由时人对其的认识所决定的。

二、20世纪前半叶的认识

20世纪前半叶，对泉州地区瓷业遗存的认识可以从三个方面来说明。

(一) 国内学者的进一步总结与初步研究

清末、民国时期，随着古陶瓷器收藏与鉴赏的发展，在原有认识的基础上，一些研究者尝试总结中国古代陶瓷的生产及特征，但鉴赏价值不高的闽南地区陶瓷，仍然仅限于德化窑，其认识也多承前人之说。

民国寂园叟《匋雅》卷下记曰：“建窑原系建宁，乃黑色兔毫盏也。后以属之德化，则皆白瓷矣”，并有“有紫建，有乌泥建，有白建”之称，“明建窑之白地者，瓷质颇厚，而映日照之，能见指影在外闪动着，非雁鼎也”[2]。已将建窑分为三，还记有德化白瓷罐、观音像的特征。

邵蛰民辑、余戟门增补《增补古今瓷器源流考》卷三《出处》记：德化窑“泉州德化县所造，碗盏多撇口，瓷颇滋润，但质极厚，间有薄者，惟佛像殊佳”；卷五《器式》所言更详：“德化窑自明烧造，碗盏多撇口，质颇滋润，有如洁白之象牙。体厚质坚，以佛像为最佳，清宫所藏，一罗汉像，一天鹅像，皆为精品，原题为建窑，实误。盖建窑，乃指建宁窑而言，宋时已烧造，以兔毫盏最有名。德化窑，则明时始置，而瓷质色釉亦全不相同，何能混而为一。”[3]这就纠正了以前将德化窑与建窑统称为“建窑”的说法，并细述了德化窑瓷器的主要特征。

许之衡《饮流斋说瓷》沿用《匋雅》之说，也将“建窑”分为三：“建窑在福建，初设建安，后迁建

[1] (清)郭柏苍：《闽产异录》，光绪十二年(1886年)刻本。

[2] 寂园叟：《匋雅》卷下，书前光绪三十二年(1906年)作者《原序一》称“《匋雅》，初名《瓷学》”，并有宣统二年(1910年)著者《原序二》，书贵山房重刻本，《中国陶瓷名著汇编》，中国书店，1991年，第129~130页。

[3] 邵蛰民辑，余戟门增补：《增补古今瓷器源流考》，1921年排印，1931年重印本，《中国古陶瓷文献集成》第8册。

阳,始自宋代。……又名乌泥窑。后制者出德化,色甚白,而颇莹亮,亦名福窑。因有紫建、乌泥建、白建三种。白者颇似定,惟无开片。佳者瓷质颇厚,而表里能映见指影焉。以白中闪红色者为贵,有凸花及雕字者。然花多不甚工细,比之粉定则小巫见大巫矣,故价值亦逊。至今闽省制器尚盛。”[1]

黄裔编《瓷史》卷下《大明》“建窑”条详述了德化窑“象牙白”瓷器的特征[2],所论甚是;还有清代德化窑以白瓷器作为土贡的记载。

20世纪30年代吴仁敬、辛安潮著《中国陶瓷史》,福建则仅论及建窑,总结了前人之说,并结合当时国外的研究和认识,从产地、胎质、釉水、佛像等方面着重论述了德化窑之“白建”产品,给予了“中国瓷器之上品”的评价[3]。因此,可以说这是当时对建窑,尤其是德化白瓷的综合性总结。

此外,施景琛《泉山古物编》[4]、郭葆昌《瓷器概说》[5]、江思清《景德镇瓷业史》[6]、赵汝珍《古玩指南》[7]等对德化窑均有涉及。一些相关的中国陶瓷工业、福建工业生产现状的概述中,对近代德化窑的延续也有报导[8]。

萨嘉榘《建窑考》[9]则对文献中所见的三种“建窑”(紫建、乌泥建、白建),分别从类、地、时、

[1] 许之衡:《饮流斋说瓷》卷二《说窑》,《中国陶瓷名著汇编》,中国书店,1991年,第144页。

[2] 黄裔编:《瓷史》卷下《大明》:“建窑,开于福建永春州之德化县,与宋之建窑在建安者有别,古瓷评称其以象牙白著于世。象牙白者,言其色纯白微带黄,有若象牙也。瓯碗甚薄,谓之蛋壳瓷,尤多,佛像真明造者今亦罕有。”1927年刊,另有1930年刻本,《中国古陶瓷文献集成》第5册。

[3] 吴仁敬、辛安潮:《中国陶瓷史》:“建窑初在建安,后移建阳,宋时已陶,至明,则更有新意,迥非旧志制。其器,有紫建,乌泥建,白建三种之别,皆甚精美,而以白建为最佳。昔年法人呼之为‘不兰克帝支那’(Blanc de China,不兰克帝支那,译言中国之白)。可谓为中国瓷器之上品。白建,似定窑,无开片,质若乳白之滑腻,宛若象牙,光色如绢,釉水莹厚,以善制佛像著名,如如来、弥勒、观世音、菩提、达摩等,皆精品也。碗盏之类,多撇口,颇滋润,但体极厚,不过间有薄者耳。乌泥建,除保有宋时之兔毫斑、鹧鸪斑等窑化之斑纹外,又有新窑变之斑纹,名为油滴,菊花,禾芒。此种名器,明季,自宁波流入日本,日本富人,至不惜以万金争购之,足见其精美。”商务印书馆,1998年影印1936年第1版。

[4] 施景琛:《泉山古物编》,记载了明代德化窑青花刻龙纹觚、白瓷观音像、文殊菩萨像等,1924年铅印本。

[5] 郭葆昌:《瓷器概说》:“明别有德化窑突起于福建之泉州(在今德化县,现在仍存,通称建窑),其所制器,品质并佳。”写于1935年2月,《中国古陶瓷文献集成》第6册。

[6] 江思清:《景德镇瓷业史》第一编:“德化窑,明时烧造。……现德化有制瓷产三十余家,内以模范瓷业公司规模最大。制品以花瓶、花盆、碗碟等为最多,绘画多花卉,彩色素雅。”中华书局,1936年,第22页。

[7] 赵汝珍编述:《古玩指南》第三章《瓷器》:“建窑,初在建安,后移建阳,今之福建建瓯县也。其器有紫建、乌泥建、白建三种,皆甚精美。而以白建为最佳,似定器,无开片,若乳白之滑腻,宛如象牙,光色如绢,细(釉)水莹厚,多作神佛像。”影印1942年刊本,中国书店,1984年。

[8] 陈文涛编:《福建近代民生地理志》:“德化业磁者有数百家,专业者居少数,余皆多于农隙兼营。其县之林家山及观音岐山,皆产上等土,所制之器洁白有丝光,但因风水迷信,多禁不许人开采。釉药用瓷土掺石灰及糟糠灰三合而成。”(远东印书局,1929年)冯和法:《中国陶瓷业之现状及其贸易状况》:“福建省陶瓷类为白色素地,据专家考察,其品质为全国第一,惟制品多属花瓶一类,其价甚昂,德化县所产,类似宜兴白泥,制品以花瓶、花盆、饭碗等为最多,茶碗一类绘松竹梅等画,光泽适宜,与他省所产者异趣。”(《国际贸易导报》第三卷,第二、三、四号合刊,实业部上海商品检验局出版,1932年4月10日)以上二条均参考叶文程、徐本章编:《德化瓷器史料汇编》(下册),1980年油印本,第15~16、21页。

[9] 萨嘉榘:《建窑考》,影印稿本,《中国古陶瓷文献集成》第8册。

物方面做了较为详细的考证，并对其迭相盛衰的原因作了分析，如泉州港海外贸易等，实为研究建窑（包括德化窑）的专论，多有新意。

（二）国外地区的收藏、发现与相关研究

20 世纪前半叶，一些欧洲国家的公私博物馆藏品受到广泛重视，其中不少瓷器是明确记载由德化定制而来，但也有不少瓷器，比如产自泉州地区的青花瓷器等并未被当时学者分辨出来。同时，一些日本遗址的考古调查和发掘中，常出土有宋元青瓷、青白瓷和明清白瓷、青花瓷器，有些则是自古传承下来而入公立或私人博物馆，但此时尚未完全弄清其产地和窑口，其中一些后来被证明产自泉州地区。因此，这一时期在不了解中国瓷窑面貌的情况下，海外发现的中国陶瓷仍不能确切知道其具体产地。

这一时期，中国古代瓷器逐渐作为一种艺术品退出了日常生活的实用舞台，成为博物馆藏品。国外学者对其研究产生了浓厚的兴趣，结合国外各大博物馆等所藏瓷器，开始从艺术史、工艺技术等方面勾勒中国陶瓷发展简史。这些著作中，具有代表性的有英国布谢尔著《中国美术》[1]、日本上田恭辅的《支那陶瓷の时代的研究》[2]等，书中均有德化窑瓷器特征的论述，还记述了德化白瓷在欧洲贵族阶层中受欢迎和流行的情况。这些著作被引介到中国，由于里面较为详细地结合了欧洲、日本等地收藏和使用的中国瓷器，因此，其对中国学者的古陶瓷研究具有较高的参考价值，起到了一定的促进作用，如吴仁敬、辛安潮《中国陶瓷史》有关德化窑的论述即参考了布谢尔的《中国美术》。

（三）泉州地区瓷业遗存的实地访察与瓷土资源的地质调查

20 世纪之初，已有外国技师对中国制瓷手工业进行实地考察，其中就将泉州地区的德化窑作为这一时期重要的手工业制瓷窑场之一。日本农商务省于 1907 年派技师北村弥一郎赴中国调查制瓷手工业，并于次年出版了《清国窑业调查报告书》[3]，较为系统地考察了当时景德镇、德化、石湾陶瓷业生产与经营状况。其中，关于德化陶瓷业，不仅考察了地理环境、制瓷原料、坯土、造坯及釉下着画、釉药、釉上着画等制瓷工艺技术，也对窑炉、匣钵、烧成等烧成技术方面作了详细记述，还对从业人员、制瓷费用与利润、陶工工钱、制品价格、产量与销路、既往及将来等一系列问题进行了考察，并有一定的评述，具有很高的参考价值。尤为可贵的是，北村氏对当时德化窑

---

[1]　[英]布谢尔（Bushell, Stephen Wootton）著：《中国美术》卷下第七篇："（德化窑）其窑厂建于明初，延及于今。其窑之特品为白瓷，昔日法人呼之为'不兰克帝支那'（Blanc de China）（按：不兰克帝支那，译言中国之白地）；乃中国瓷器之上品也。与其他之东方各瓷，迥不相同。质滑腻如乳白，宛似象牙。釉水莹厚，与瓷体密贴，光色如绢，若软瓷之面泽然。此窑在明代以善造佛像著名。如如来、弥勒佛，如观世音，如菩提、达摩，及其他各种神仙肖像，多皆此窑之制品也。"戴岳译，商务印书馆，1923 年。

[2]　[日]上田恭辅著：《支那陶瓷の时代的研究》，大阪屋号书店，1929 年印刷发行，1940 年再版。

[3]　[日]北村弥一郎著：《清國窯業調查報告書》，农商务省商工局，1908 年印刷发行。此书以前研究者关注颇少，近年方有介绍，该书实为研究清末陶瓷业的重要文献，北村氏立足于实地调查，且对制瓷手工业的生产、销售、使用的各个角度均有涉及，殊为可贵。

所使用的横式连房窑炉进行了测绘，这应是为我们留下的最早的德化窑窑炉实测图。

随着考古学在中国的起步，20 世纪 20 年代以来，把文献记载和收藏的陶瓷器同窑址结合起来逐渐成为古陶瓷研究新的视点[1]。1926~1927 年，陶瓷考古的先行者陈万里曾游访闽南厦门、泉州、漳州，考察了该地的造像、寺观等古迹，也看到一些古瓷器。其时所见瓷器较多者是德化窑佛像、酒杯等，还有“牛乳白”何朝宗制观音像，但并未对窑址进行调查，对泉州瓷器的了解集中于制作精美的德化瓷[2]。之后因国内政局动荡，有关泉州陶瓷的考察和认识陷入了沉寂。这一阶段，泉州地区窑址的考古调查与发掘尚未展开。

此外，20 世纪 30~40 年代，福建的地质工作者对泉州一些地区的地质矿产资源等做了一系列调查，如安溪、同安、南安、晋江[3]、永春、德化等，发现了多处可用于瓷器生产的瓷土矿。特别是德化瓷土，“皆由石英斑岩或长英岩等富含长石之岩石风化而成，多呈脉状或其他不规则之形状。大都生于白垩纪火山岩系中。……近地表者，风化程度甚深，可作瓷土。深处之新鲜部分，可为瓷釉，盖取其长石成分，此亦可间接证明其成因矣。德化瓷土，磨细漂净，即可直接制坯，不需调和其他原料。大都较软，不需太高温度，即可成瓷。颜色洁白，可省漂制手续，均其优点。但因质软，故易变形。烧制盘碗，口径在八寸以上者，每多拗曲，较小者亦不能太薄。致成品稍嫌笨重，不甚精巧”[4]。这是运用由西方引入的地质学方法所展开的科学调查、测试，为制瓷原料的考察奠定了基础。

这一阶段，对泉州地区陶瓷的认识仍多限于德化窑，也有了一些新的认识，特别是一些学者或研究者开始关注田野实地调查与制瓷工艺技术。日本人北村弥一郎对清末陶瓷业状况的系统调查颇为突出，德化窑即为其中之一。国外学者的研究和认识，主要源自当地博物馆的收藏和遗址出土资料，具有一定的局限性，不少瓷器尚不能对应具体产地。

三、20 世纪 50 年代至 80 年代的考古工作和认识

新中国建立以后，各地的考古工作全面展开，陶瓷考古也随之蓬勃发展[5]。古陶瓷研究者

[1] 陶瓷考古的发端，可以追溯到 20 世纪 20 年代以来的陈万里浙江之行、周仁杭州南宋官窑之发掘等。

[2] 1926 年 10 月，陈万里赴厦门大学执教。同年 10 月 31 日至 11 月 3 日，厦门大学国学研究院教授陈万里、张星烺，哲学系教授德国人艾锷风（即艾克）到泉州考察文物古迹。此陈氏第一次访泉州，其成果由陈万里撰写《泉州第一次游记》，《厦门大学国学研究院周刊》1927 年刊出；张星烺撰写《泉州访古记》，发表于《史学与地学》1928 年第 4 期。其后，陈氏又两访泉州。1930 年，陈氏发表《闽南游记》，开明出版社。可参看《陈万里陶瓷考古文集》，紫禁城出版社，1997 年第 2 版，第 406~429 页。

[3] 高振西、王宠：《福建安溪同安南安晋江等县地质矿产》，《地质矿产报告》第五号，福建省地质土壤调查所刊印，1942 年 12 月。

[4] 高振西：《福建永春、德化、大田三县地质矿产》，《地质矿产报告》第三号，福建省地质土壤调查所刊印，1941 年 12 月，第 37~41 页。

[5] 中国硅酸盐学会编：《中国陶瓷史》，文物出版社，1982 年；冯先铭：《三十年来我国陶瓷考古的收获》，《故宫博物院院刊》1980 年第 1 期；李辉柄：《略谈中国陶瓷考古的主要收获》，《故宫博物院院刊》1989 年第 4 期；马文宽：《中国古瓷考古与研究五十年》，《考古》1999 年第 9 期。

除了关注名窑、名瓷之外,逐渐转向科学探索中国古代制瓷手工业的面貌。于是,泉州地区古代瓷窑遗址的调查与研究渐入学术领域。经过多次的调查发掘,对此也有了新的认识。同时,日本、东南亚、欧洲等地遗址的考古调查和发掘中,出土了丰富的泉州地区陶瓷,尤以泉州窑、南安窑、德化窑等数量最多。海外公私博物馆收藏的泉州陶瓷逐渐被辨识并增多,并有不少学者对其有了较为深入的研究。这些新资料的发现,推动了对泉州地区制瓷业的进一步研究。这一阶段的考古工作和认识,可从以下几个方面说明。

(一) 一批窑址的发现和考古调查与发掘

20 世纪 50~80 年代,泉州地区瓷窑遗址的发现、考古调查与发掘简况,列表如下(表一):

表一　20 世纪 50~80 年代泉州地区窑址的考古调查与发掘简况

时　间	窑　址	概　况
1953 年	东门窑	泉州东门外碗窑乡[1]。这是泉州地区古窑址的初步考察。
1954 年	东门窑、德化窑	泉州有"南窑"、"北窑";德化的奎斗宫、后窑、洞上窑、祖龙宫[2]。这是泉州地区古窑址较早的考古调查,发现颇多。
1956 年 10 月	汀溪窑	同安汀溪水库上埔村窑址,这是汀溪窑的第一次调查,即"汀溪窑"或"同安窑"[3]。
1956 年冬	碗窑乡窑、磁灶窑、汀溪窑、德化窑	泉州东门外的碗窑乡窑;磁灶窑的许山、蜘蛛山、宫仔山、庵尾山窑址;同安汀溪水库坝头山、汀溪山、后山三处窑址;德化新厂、屈斗宫、后所、十排格等宋元明窑址[4]。
1957 年 1 月、3 月	南安窑	南安石壁水库调查发现,试掘清理龙窑 1 座,出土青釉瓷器居多[5]。
1958 年 3 月	汀溪窑	调查清理了许坑窑址,并调查了新民乡大墩、桥头、寨仔内、山坪窑址[6]。
1963、64 年	磁灶窑	磁灶窑的蜘蛛山、土尾庵、许山和宫仔山等窑址,采集有青、黄、绿、黑、酱等釉色器物和一些粗陶器,认为其主要是输往东南亚诸国的[7]。
1963 年 12 月	德化窑	调查屈斗宫等窑址,断定屈斗宫窑址年代为宋明清[8]。

[1]　陈万里:《中国青瓷史略》,上海人民出版社,1956 年,第 46 页。
[2]　宋伯胤:《华东文物工作队福建组调查晋江、德化等处古窑址》,《文物参考资料》1954 年第 5 期。
[3]　福建省文物管理委员会:《同安县汀溪水库古瓷窑调查记》,《文物参考资料》1958 年第 2 期。
[4]　陈万里:《调查闽南古代窑址小记》,《文物参考资料》1957 年第 9 期;陈万里、冯先铭:《故宫博物院十年来对古窑址的调查》,《故宫博物院院刊》1960 年总第 2 期;冯先铭:《新中国陶瓷考古的主要收获》,《文物》1965 年第 9 期。
[5]　黄炳元:《福建南安石壁水库古窑址试掘情况》,《文物参考资料》1957 年第 12 期。
[6]　黄汉杰等:《福建省最近发现的古代窑址》,《文物》1959 年第 6 期。
[7]　叶文程等:《晋江磁灶窑的发展及其外销》,《中国古代陶瓷的外销》,紫禁城出版社,1988 年,第 61~65 页。
[8]　厦门大学人类博物馆:《德化屈斗宫窑址的调查发现》,《文物》1965 年第 2 期。

（续表）

时间	窑址	概况
1971 年 10 月	南安四都圆峰、前窑窑址	调查二窑址，认为其与宋元时代泉州东门窑所烧制的基本相同[1]。
1973 年 2~3 月	磁灶窑	调查磁灶窑址，并试掘了蜘蛛山和童子山两个窑址，发现龙窑遗迹[2]。
1974 年 3 月	安溪桂瑶窑、魁斗窑	调查了桂瑶窑、魁斗窑、吉山沙坑窑、福昌窑（内窑）、银坑窑、翰苑窑、珠塔姚窑等几处宋元时期的青瓷、青白瓷和明清青花瓷窑址[3]。
1976 年 3 月	磁灶窑	对磁灶窑址进行普查，共查出古窑址 19 处[4]。
1976 年 4~5 月	德化窑	进行了较为全面的调查，发现宋至清代窑址 100 余处，主要有盖德、三班、浔中窑址[5]。
1976 年 4~10 月	德化盖德碗坪崙、浔中屈斗宫窑址	对德化盖德碗坪崙窑址和浔中屈斗宫窑址做了较大规模的发掘，发掘出土宋元时期窑炉遗迹 3 座及大批瓷器（片）、窑具等标本[6]。这是本阶段福建地区窑址发掘的典型代表，德化窑也成为这一时期古陶瓷研究的焦点。
1976 年 5 月、11~12 月	德化窑	全面调查了杨梅、汤头、溪洋、上涌、三班、葛坑、霞碧、大铭、双汉、浔中等地窑址[7]。这次普查，发现了宋元明清历代古瓷窑址达 175 处，为研究德化窑的烧造历史、制瓷工艺等提供了丰富的资料[8]。
1978 年 5~6 月	磁灶窑	进行全面调查，在溪口山、蜘蛛山、土尾庵和童子山一号窑进行局部试掘[9]。
1979 年 9 月、1980 年	磁灶窑	复查并考证出南朝窑址 1 处、唐代窑址 5 处、唐宋窑址 1 处、宋元窑址 12 处；新发现清代窑址 7 处[10]。

[1] 泉州海外交通史博物馆：《福建南安四都发现新石器时代遗址和宋瓷窑窑址》，《文物》1973 年第 1 期。

[2] 福建省博物馆：《晋江磁灶古窑址调查、发掘工作简报》，《晋江地区陶瓷史料选编》，福建省晋江地区文物管理委员会编，1976 年，第 51~53 页。

[3] 安溪县文化馆：《福建安溪古窑址调查》，《文物》1977 年第 7 期。

[4] 前揭《晋江磁灶窑的发展及其外销》。

[5] 厦门大学历史系考古专业等：《德化新近发现的一批古瓷窑址》，《德化瓷器史料汇编》（上册），厦门大学历史系、德化县科学技术协会、德化县文化馆印，1980 年，第 37~58 页。

[6] 福建省博物馆：《德化窑》，文物出版社，1990 年；德化古瓷窑址考古发掘工作队：《福建德化屈斗宫窑址发掘简报》，《文物》1979 年第 5 期。

[7] 前揭叶文程、徐本章编：《德化瓷器史料汇编》（上册），第 58~126 页。

[8] 福建省晋江地区文物普查工作队：《德化县古瓷窑址普查工作简报（草稿）》，《德化瓷器史料汇编》（上册），第 127~204 页。

[9] 陈鹏等：《福建晋江磁灶古窑址》，《考古》1982 年第 5 期；福建省泉州海外交通史博物馆调查组：《晋江县磁灶陶瓷史调查记》，《海交史研究》1980 年总第 2 期。

[10] 前揭叶文程等：《晋江磁灶窑的发展及其外销》。

（续表）

时　间	窑　址	概　况
1980 年 5 月、1981 年 5 月	汀溪窑；厦门东窑、后溪碗窑	汀溪窑发现龙窑 5 座[1]；厦门东窑、后溪碗窑残存几处龙窑[2]。
1983 年 12 月、1984 年 11~12 月	银厝尾窑址	调查并发掘惠安银厝尾窑址，清理龙窑 1 座（即 Y1），出土有四系罐、碟、壶、罐、盆、窑具等，釉色有青、白和青白[3]。

从表中可以看出，这一阶段的考古工作主要是窑址的发现、调查。大体而言，50~60 年代集中于泉州沿海地区，70 年代则以德化窑为主，80 年代仍关注泉州沿海地区；在考古调查工作中，早期多为个别窑址的零星调查，至 70 年代则进行了较为系统的瓷窑遗址普查，并取得了较多新发现。这些窑址中，个别做了简单的试掘，而正式的考古发掘则以德化窑为代表，也是中国瓷窑遗址考古发掘的早期代表之一。

（二）同安窑青瓷与德化窑白瓷的研究

这一阶段，结合新发现的窑址与考古资料，泉州地区陶瓷器的研究初步展开，已经看到泉州陶瓷的多样性面貌，其中讨论最多的是泉州窑、同安窑青瓷与青白瓷、德化窑白瓷。

其一，“土龙泉”、“同安窑系青瓷”与“青白瓷窑系”概念的提出。

1956 年冬，陈万里调查泉州东门外的碗窑乡窑时指出，青釉瓷器中“另有一种色深绿”的“以往一般古董商去泉州购的所谓土龙泉”[4]。可见，“土龙泉”是古董商对泉州所产类似于龙泉窑瓷器的称呼。

20 世纪 60 年代初，李硕卿提出土龙泉瓷器出自泉州碗窑乡窑[5]。1964 年，庄为玑在泉州体育场南宋文化层中发现“龙泉”与“土龙泉”共存的现象，其《浙江龙泉与福建的土龙泉》一文指出“所谓‘土龙泉’，指福建仿制的龙泉青瓷”，并进一步论述了二者在质地、造型、釉色、纹饰等方面的区别，认为土龙泉仿自龙泉，“绝大部分是相同的，但精粗不同，仍可区分”，将“土龙泉”的概念扩大到福建南部地区宋元窑址所产瓷器[6]。通常意义上的“土龙泉”指福建地区仿自龙泉窑青瓷的瓷器，主要是从釉色上讲的，且地域也并不限于泉州。

李辉柄根据同安窑调查资料，指出“同安窑烧制青瓷与青白瓷两大类，以青瓷为最多”，并论证了同安窑年代为北宋至元代[7]。此时尚无“窑系”之说，故仅将其称作“同安窑”。

---

[1] 丁炯淳：《同安汀溪窑址调查的新收获》，《福建文博》1987 年第 2 期。

[2] 叶文程等：《福建南部的几处青瓷窑址》，《中国考古学会第三次年会论文集》，文物出版社，1984 年，第 165~169 页。

[3] 福建省博物馆：《福建惠安银厝尾古窑址发掘简报》，《考古》1993 年第 1 期。

[4] 前揭陈万里：《调查闽南古代窑址小记》，第 56 页。

[5] 李硕卿：《泉州东门外碗窑乡古窑址调查研究情况》，原载《泉州海外交通史资料汇编》第 6 期，1960 年；另见《晋江地区陶瓷史料选编》，1976 年，第 55~60 页。

[6] 庄为玑：《浙江龙泉与福建的土龙泉》，《中国考古学会第三次年会论文集》，文物出版社，1984 年，第 177~181 页；前揭叶文程等：《福建南部的几处青瓷窑址》。

[7] 李辉柄：《福建省同安窑调查纪略》，《文物》1974 年第 11 期。

20 世纪 70 年代，为配合《中国陶瓷史》的编写，各地做了较为普遍的瓷窑遗址调查与试掘，提出了“窑系”这一概念[1]，来概括面貌相近的瓷窑，其中宋代南方较为著名的有以景德镇为代表的“青白瓷窑系”和以龙泉窑为代表的“龙泉窑系”[2]。书中明确指出福建德化窑、泉州碗窑乡窑、永春窑、安溪窑、同安窑、南安窑均属于青白瓷窑系，主要烧造青白瓷和青瓷。这种兼烧的窑址仍被归为“青白瓷窑系”；实际上，每一处具体窑场所烧造的主导产品是不同的，有的以青瓷为主，有的以青白瓷为主。“同安窑系青瓷”一词即是在这一背景下提出的。

从考古资料来看，在这些泉州地区宋元窑址中，至少包含了两类风格不同的瓷器——青瓷和青白瓷。在这种情况下，结合以前对该地区青瓷的独特称呼，即“珠光青瓷”[3]、“土龙泉”，而其典型代表是同安汀溪窑，于是形成了一个小范围内的名称——“同安窑系”。1983 年，李知宴等在《泉州的海外贸易和陶瓷输出》一文中明确提出，“同安窑系是宋元时期兴起的一个巨大的，有独特风格的青瓷体系”，并说“这个瓷系的窑址最先发现在福建的同安汀溪水库，可以称为同安瓷系”，进一步指出其“生产地域以福建泉州为中心的沿海地区”，主要是泉州地区，兴起于南宋，元代生产数量大，以后衰落[4]。其后，《宋元时期泉州港的陶瓷输出》一文对“同安窑系”的内涵、地域、年代等又做了详尽的论述[5]。这是“同安窑系”一词最早见诸于文，其形成可能更早。1987 年，叶文程在描述宋元泉州海外贸易著名窑场时指出，“同安窑系的篦划纹青瓷，也在同安、泉州、南安、安溪、厦门等地发展起来”[6]；而丁炯淳《同安汀溪窑址调查的新收获》采用了“同安窑系的青瓷器”和“同安汀溪窑或同安窑型的外销品种”两个称呼[7]。自此，“同安窑系”则主要是指这一地区的篦划纹青瓷。

值得一提的是，这一地区的青白瓷生产是十分发达的，而总体上将这些瓷器都归入到了景德镇青白瓷窑系这一概念之中。

其二，德化窑尤其是白瓷的研究。

德化窑的研究较多，随着 20 世纪 70 年代碗坪崙、屈斗宫窑址的考古发掘而逐渐深入。

宋伯胤《谈德化窑》一文从文献记载、窑址调查出发，对德化窑瓷器的器类、釉色、胎料、装饰、制法等做了较为系统的研究，并对其年代做出了判断[8]。傅振伦[9]、陈万里[10]、张

---

[1] “窑系”是瓷窑体系的简称，众多瓷窑中，“以一个窑口为代表，产品的胎釉成分、工艺、造型、釉色、装饰诸方面相同或相近的一批瓷窑”，各个窑系的产品“多以一个品种为主”，参看冯先铭主编：《中国古陶瓷图典》，文物出版社，1998 年，第 267 页。

[2] 前揭中国硅酸盐学会编：《中国陶瓷史》，第 264～277 页。

[3] 日本学者一般称这类青釉瓷器为“珠光青瓷”，参考[日] 稻垣正宏著，新保辰夫、丰田裕章译：《两种珠光茶碗》，《海交史研究》1997 年第 1 期。

[4] 李知宴、陈鹏：《泉州的海外贸易和陶瓷输出》，《景德镇陶瓷》1983 年总第 21 期。

[5] 李知宴、陈鹏：《宋元时期泉州港的陶瓷输出》，《海交史研究》1984 年总第 6 期。

[6] 叶文程：《从澎湖发现的宋元陶瓷看宋元时期福建陶瓷器的发现与外销》，《福建文博》1987 年第 2 期。

[7] 前揭丁炯淳：《同安汀溪窑址调查的新收获》，第 59 页。

[8] 宋伯胤：《谈德化窑》，《文物参考资料》1955 年第 4 期。

[9] 傅振伦：《中国伟大的发明——瓷器》，三联书店，1955 年。

[10] 前揭陈万里：《调查闽南古代窑址小记》。

子高[1]、《中国的瓷器》[2]等对其烧造时间、器形与胎釉特征等也做了相应的论述。曾凡对德化屈斗宫窑的断代、窑炉等进行了研究[3],其后又做了详细的研究和补充[4];李辉柄结合屈斗宫窑址的考古发现与海外发现的德化窑瓷器,对其年代、特征、外销等做了阐述[5]。

国外学者对德化窑的关注较多,举办了有关德化窑的一些专题展览,并作了相应的研究。其中,最具代表性、成就最突出的是英国人唐纳利(P. J. Donnelly)撰著的《中国白》[6],这是关于德化窑研究的第一部学术专著。书中结合文献记载、考古调查,特别是国外公私博物馆中收藏的德化白瓷资料,对德化窑的窑炉、生活用器、佛像、外销和国外影响、款识、工匠等诸多问题进行了较为全面、深入的研究,具有很高学术价值[7]。

此外,也有学者对泉州地区的一些窑址或瓷器做了初步的研究和论述,如泉州古瓷窑的兴盛与变迁[8]、安溪[9]和德化[10]的青花瓷器等。

因此,学界对泉州地区古代瓷业遗存的认识,是随着陶瓷考古的发现而逐步深入的。

(三)窑炉结构的初步探索

随着瓷窑遗址的考古发现,烧成技术逐渐纳入到古陶瓷研究中。泉州地区窑炉结构的考察与研究可以追溯到20世纪50年代。日本铃木已代三所著《窑炉》一书中认为日本的"横室型"串窑"间接的从中国福建省流传过来",并将"福建省的德化窑估计为串窑的始祖"[11],也就是后来所说的横室阶级窑。刘振群对龙窑和阶级窑的热工做了较为系统的研究[12],其中即包括了泉州地区的窑炉。

针对德化屈斗宫的窑炉,曾凡认为是"分室龙窑"[13]。刘振群对古代窑炉的发展进行了综合研究,指出"阶级窑的最初形式(由龙窑过渡到阶级窑的形式)为分室龙窑",而"福建德化屈斗宫元代分室龙窑"即属于这种形式,明代逐渐发展成"正式的德化阶级窑",并进一步认为"阶级窑是为焙烧含氧化钾高的建白瓷和青花釉瓷而创造的"[14]。朱伯谦认为阶级窑是

---

[1] 张子高编著:《中国化学史稿(古代之部)》,科学出版社,1964年。

[2] 江西省轻工业厅景德镇陶瓷研究所编著:《中国的瓷器》,中国财政经济出版社,1963年。

[3] 曾凡:《关于德化屈斗宫窑的几个问题》,《文物》1979年第5期。

[4] 曾凡:《关于德化窑的几个问题》,《中国古陶瓷论文集》,文物出版社,1982年,第245~262页;曾凡:《再谈关于德化窑的问题》,《德化窑》附录一,第136~152页。

[5] 李辉柄:《关于德化屈斗宫窑的我见》,《文物》1979年第5期。

[6] P. J. Donnelly, *Blanc de Chine*, London, Faber & Faber, 1969.

[7] [英] 唐·纳利著,吴龙清、陈建中译:《中国白——福建德化瓷》,福建美术出版社,2006年。

[8] 黄天柱:《漫谈泉州古瓷窑的兴盛与变迁》,《福建文博》1987年第1期。

[9] 叶清琳:《安溪青花瓷器的初步研究》,《东方文化》1985年第2期,香港大学亚洲研究中心刊行;张仲淳:《明清时期的福建安溪青花瓷器》,《考古》1989年第7期。

[10] 徐本章:《试谈德化窑青花瓷器装饰艺术及其影响》,《东方文化》1985年第2期,香港大学亚洲研究中心刊行。

[11] [日]铃木已代三著,刘可栋、谢宗辅合译:《窑炉》,建筑工程出版社,1959年,第133页。

[12] 刘振群:《中国龙窑及阶级窑的热工研究》,《华南工学院学报》1958年第1期;另以《中国龙窑及阶级窑(陶瓷烧成室)的热工研究》为题收入氏著《陶瓷窑炉与热工研究》一书,华南理工大学出版社,1992年,第3~12页。

[13] 前揭曾凡:《关于德化屈斗宫窑的几个问题》、《关于德化窑的几个问题》、《再谈关于德化窑的问题》。

[14] 刘振群:《窑炉的改进和我国古陶瓷发展的关系》,前揭《中国古陶瓷论文集》,第162~172页。

"由龙窑发展演变而成的",屈斗宫窑炉已由"统室龙窑"演进成"多室龙窑",并且"窑内的火焰由平焰转变为倒焰"[1]。李国桢、郭演仪对此亦有论述[2]。叶文程则认为其当为"鸡笼窑",并认为该地区窑炉发展序列为"龙窑—鸡笼窑—阶级窑"[3]。这些讨论和研究,开辟了窑炉结构探索的新线索,但其进一步研究尚有待于新资料的考古发现。

(四)制瓷工艺研究中科学技术方法的应用与分析

20世纪20年代,周仁创办陶瓷试验场[4],开创了古陶瓷研究的新领域。其后,制瓷工艺的研究中逐渐应用了科学技术手段。周仁、李家治在中国历代名窑陶瓷工艺的研究中,选取了2件德化窑白瓷标本,测试了其胎釉的化学组成、烧成温度、物理性能等[5]。德化屈斗宫窑址发掘之后,郭演仪、李国桢选取了碗坪崙、屈斗宫、祖龙宫窑址和清代、现代样本及德化四班、褒美两地的瓷石做了测试,通过对比,总结了德化白瓷的胎釉特征和变化规律、显微结构、烧成技术的变化等[6]。李家治、郭演仪还对中国古代白瓷进行了系统的科学技术研究,包括了德化窑白瓷的分析[7]。

此外,叶喆民《中国古陶瓷科学浅说》指出象牙白色的釉是"用氧化焰烧成的",而清代淡青色的白釉则是"用中性焰烧成的",并认为这是由于"时代不同,窑的结构改变,同时焰的性质有所变化的缘故"[8]。

这一阶段,泉州地区古陶瓷的科学技术研究刚刚起步,主要从胎釉成分、显微结构、物理性能等方面入手进行分析,所做工作比较少,研究对象仅限于德化窑白瓷。

(五)国外地区泉州瓷器的发现与古外销瓷研究

不仅日本[9]、东南亚[10]、非洲东海岸[11]、欧美[12]等地的一些遗址中,有泉州瓷器的发现,

---

[1] 朱伯谦:《试论我国古代的龙窑》,《文物》1984年第3期。

[2] 李国桢、郭演仪:《中国名瓷工艺基础》,上海科学技术出版社,1986年,第61~62页。

[3] 叶文程:《略谈福建古代陶瓷窑炉类型的发展》,《厦门大学学报(哲学社会科学版)》1988年第1期。

[4] 周仁:《陶瓷试验场工作报告》,《中国古陶瓷研究论文集》,轻工业出版社,1982年,第1~21页。

[5] 周仁、李家治:《中国历代名窑陶瓷工艺的初步科学总结》,《考古学报》1960年第1期。

[6] 郭演仪、李国桢:《历代德化白瓷的研究》,《硅酸盐学报》1985年第2期。

[7] 李家治、郭演仪:《中国历代南北方著名白瓷》,《中国古代陶瓷科学技术成就》,上海科学技术出版社,1985年。

[8] 叶喆民:《中国古陶瓷科学浅说》,轻工业出版社,1960年,第47~48页。

[9] [日]东京国立博物馆编:《日本出土の中国陶磁》,东京,1975年;[日]佐佐木达夫著,李天送译:《日本海的陶瓷贸易》,《中国古外销陶瓷研究资料》第三辑,1983年,第114~137页;[日]楢崎彰一著,杨琮、范培松译:《日本出土的宋元陶瓷和日本陶瓷》,《江西文物》1990年第3期。

[10] 韩槐准著:《南洋遗留的中国古外销陶瓷》,新加坡青年书局,1960年;苏来曼著,傅振伦译:《东南亚出土的中国外销瓷器》,《中国古外销陶瓷研究资料》第一辑,1981年,第68~75页;[日]龟井明德译:《东南アジアの陶磁遺跡出土地名》(第一稿),《贸易陶磁の研究》第9集,1989年,第161~206页。

[11] 马文宽:《非洲出土的中国瓷器及其意义》,《考古学集刊》第5集,文物出版社,1987年;马文宽、孟凡人:《中国古瓷在非洲的发现》,紫禁城出版社,1987年。

[12] [英]哈里·加纳著,叶文程、罗立华译:《东方的青花瓷器》,上海人民美术出版社,1992年;前揭[英]唐·纳利著:《中国白——福建德化瓷》;龚国强:《牙买加发现的德化"中国白"》,《中国古陶瓷研究》(第三辑),紫禁城出版社,1990年,第108~113页。

而且海域沉船中也多有发现。沉没于泉州湾的后渚沉船[1]、法石沉船[2],南海地区西沙、南沙沉船[3],菲律宾海域皇家舰长号、皇家舰长暗沙二号沉船[4]、苏禄海格里芬号沉船[5],吕宋岛圣安东尼奥、维达号沉船[6],泰国湾帕提亚沉船[7]、阁昌岛一号沉船[8],印度尼西亚海域中国帆船号沉船[9],马六甲海域沉船[10];大西洋海域的瑞典东印度公司哥德堡号沉船[11],法国东印度公司康迪王子号沉船[12],荷兰东印度公司毛里求斯号沉船[13]、白狮号沉船[14]、奈伦约号沉船[15]等;印度洋[16]、太平洋[17]海域也有装载中国瓷器的沉船发现。这些沉船的年代宋元明清均有,装载的泉州瓷器有宋元时期的德化窑、泉州窑、磁灶窑等,明清时期则有德化窑白瓷和青花瓷、安溪窑青花瓷等。这阶段可辨识的瓷器主要有德化窑、泉州窑产品,而尚有一些无法确认

[1] 福建省泉州海外交通史博物馆编:《泉州湾宋代海船发掘与研究》,海洋出版社,1987年。

[2] 中国科学院自然科学史研究所等:《泉州法石古船试掘简报和初步探讨》,《自然科学史研究》1983年第2期。

[3] 广东省博物馆:《广东省西沙群岛文物调查简报》,《文物》1974年第10期;广东省博物馆等:《广东省西沙群岛第二次文物调查简报》,《文物》1976年第9期;何纪生:《遗留在西沙群岛的古代外销陶瓷器》,《古陶瓷研究》第一辑,1982年,第132~136页。

[4] Franck Goddio, *Discovery and Archaeological excavation of a* 16th *century trading vessel in the Philippines*, World Wide First, 1988.

[5] C. Dagget, E. Jay, F. Osada, The Griffin, An English East Indiaman Lost in the Philippines in 1761, *IJNA*, 1990, Vol.19 (1), pp.35 – 41.

[6] Paul Clark, Eduardo Conese, Norman Nicolas, Jeremy Green, Philippines Archaeological site survey, February 1988, *IJNA*, 1989, Vol.18 (3).

[7] Jeremy Green and Vidya Intakosai, The Pattaya wreck site excavation, Thailand, An interim report, *IJNA*, 1983, Vol. 12 (1), pp.3 – 13; Jeremy Green and Rosemary Harper, *The excavation of the Pattaya Wreck site and survey of three other sites*, *Thailand*, Australian Institute for Maritime Archaeology Special Publication, No.1, 1983.

[8] Jeremy Green and Rosemary Harper, *The excavation of the Pattaya wreck site and survey of three other sites*, *Thailand*, Australian Institute for Maritime Archaeology Special Publication No.1, 1983; Jeremy Green etc., The Kosichang one shipwreck excavation 1983 – 1985, A progress report, *IJNA*, 1986, Vol.15 (2).

[9] 黄时鉴:《从海底射出的中国瓷器之光——哈契尔的两次沉船打捞业绩》,《东西交流论谭》,上海文艺出版社,1998年,第466~480页。

[10] 袁随善译:《关于在南中国海发现的四艘明代沉船的消息披露》,《船史研究》1997年第11~12期。

[11] Berit Wastfelt, Bo Gyllenevard, Jorgen Weibull, *Porcelain from the East Indiamen Gotheborg*, Forlags AB Denmark, 1991; 辛元欧:《瑞典的海航船舶博物馆与水下考古事业》,《船史研究》1997年第11~12期;龚缨晏:《哥德堡号沉船与18世纪中西关系史研究——读〈对华贸易的黄金时代〉》,《东西交流论谭》,上海文艺出版社,1998年,第380~395页。

[12] M. L' Hour and F. Richez, An 18th century French East Indiaman: the Prince de Conty (1746), *IJNA*, 1990, Vol.19 (1), pp.75 – 79.

[13] M. L' Hour and L. Long, The wreck of an 'experimentaL' ship of the 'Oost-Indische Companie': The Mauritius (1609), *IJNA*, 1990, Vol.19 (1), pp.63 – 67.

[14] C. L. van der pijl-Ketel, ed., *The Ceramic Load of the* '*Witte Leeuw*' (1613), Amsterdam, Rijksmuseum, 1982.

[15] Robert Allan Lightley, an 18th century Dutch East Indiaman, Found at Cape Town, 1971, *IJNA*, 1976, Vol.5 (4), pp.201– 219.

[16] A. Raban, The Shipwreck off Sharm el-Sheikh, *Archaeology*, 1971, Vol.24 (2), pp.146 – 155; Cheryl Haldane, Sadana Island Shipwreck, Egypt: Preliminary report, *IJNA*, 1996, Vol.25 (2), pp.83 – 94.

[17] 吴春明:《环中国海沉船——古代帆船、船技与船货》,江西高校出版社,2003年,第50~52页。

产地。

日本一些遗址中所出土的“珠光青瓷”，有的称为“宋代汝窑工人南渡后在南方中国所烧造的划花器物”，也有的说是“浙江省德清后窑的作品”，对其具体产地一直无科学依据。1956 年陈万里在同安汀溪水库调查时，发现了篦划纹的青釉碗，“此次却在同安发现，实出意外”[1]，这就第一次提出并用实物证明了日本“珠光青瓷”的产地之一在福建同安。1974 年，李辉柄又论证了这一观点，并根据日本镰仓时代遗址中出土的大量遗物及共存关系，结合龙泉窑瓷器特征，指出同安窑烧造的青白瓷可能早到北宋，而青瓷碗则在南宋至元代[2]。

此外，在东南亚发现的一些制作粗糙的陶瓷器[3]，很多可与晋江磁灶窑址发现的标本相对应，由此断定这些陶瓷器当来自晋江磁灶窑。

20 世纪 70~80 年代，随着陶瓷考古的新发现与中外交往的增多，掀起了古外销陶瓷研究的热潮。这一研究，受到海外中国陶瓷大量发现的影响，特别是日本；而国内一些窑址的调查与发掘也为这种研究提供了科学的对照。三上次男[4]、三杉隆敏[5]、龟井明德[6]、阪井隆夫[7]、陈万里[8]、冯先铭[9]、韩槐准[10]、马文宽[11]、叶文程[12]等学者，根据出土资料，结合文献记载，考证了外销瓷器品种与类别、销行路线及国家等问题，对中国古代陶瓷贸易的情况进行了综合性探讨。同时，还成立了古外销陶瓷研究会、编印了古外销陶瓷研究资料等，拓宽了古陶瓷研究的领域。这些古外销瓷研究中，涉及泉州地区的窑场有德化窑[13]、泉州窑[14]、磁灶窑[15]、安溪窑[16]、同安窑等，探讨了其产品及外销概况。这些窑场主要集中于晋江流域，这也构成了以泉州港为中心的古外销陶瓷研究。

此外，1954 年出版的荷兰沃尔克《瓷器与荷兰东印度公司》一书，根据荷兰东印度公司的巴

---

[1] 前揭陈万里：《调查闽南古代窑址小记》，第 58 页。

[2] 前揭李辉柄：《福建省同安窑调查纪略》。

[3] 前揭[日]龟井明德译：《东南アジアの陶磁遺跡出土地名》（第一稿）。

[4] [日]三上次男著，李锡经、高喜美译：《陶瓷之路》，文物出版社，1984 年。

[5] [日]三杉隆敏著，白英译：《探索海上丝绸之路的中国瓷器》，《中国古外销陶瓷研究资料》第三辑，1983 年，第 92~109 页。

[6] [日]龟井明德、矢部良明：《宋代の输出陶磁》，《世界陶磁全集》12（宋），小学馆，1977 年，第 266~292、294~296 页。

[7] [日]阪井隆夫：《遺品に基づく：贸易古陶磁史概要》，株式会社京都书院，1989 年。

[8] 陈万里：《宋末——清初中国对外贸易中的瓷器》，《文物》1963 年第 1 期；陈万里：《再谈明清两代我国瓷器的输出》，《文物》1964 年第 10 期。

[9] 冯先铭：《元以前我国瓷器销行亚洲的考察》，《文物》1981 年第 6 期。

[10] 韩槐准：《谈我国明清时代的外销瓷器》，《文物》1965 年第 9 期。

[11] 前揭马文宽、孟凡人：《中国古瓷在非洲的发现》。

[12] 叶文程：《中国古外销瓷研究论文集》，紫禁城出版社，1988 年。

[13] 徐本章等：《略谈德化窑的古外销瓷器》，《考古》1979 年第 2 期。

[14] 叶文程：《晋江泉州古外销陶瓷初探》，《厦门大学学报（哲学社会科学版）》1979 年第 1 期；林文明：《泉州陶瓷外销问题的探讨》，《古陶瓷研究》第一辑，1982 年，第 71~79 页。

[15] 叶文程：《福建晋江县古外销陶瓷探讨》，《中国古陶瓷研究》创刊号，紫禁城出版社，1987 年，第 84~89 页。

[16] 叶清琳：《安溪古代瓷业与外销初探》，《古陶瓷研究》第一辑，1982 年，第 109~112 页。

达维亚日记簿为第一手材料,研究了中国外销瓷器的贸易情况,其中就有 17 世纪德化窑瓷器的定烧和交易盛况[1]。朱培初《明清陶瓷和世界文化的交流》对泉州所产青花瓷器、德化窑白瓷的外销做了较为全面的论述,并介绍了欧洲各国仿制德化白瓷的概况等[2]。

总体来说,这一阶段的考古发现和研究工作主要是围绕窑址发现与调查、海外发现瓷器的窑口对应和古外销陶瓷等问题展开的,并对烧成技术、古陶瓷的科技方法应用等有了初步探索与研究,而对瓷窑遗址的整体面貌、外销瓷生产贸易模式、泉州地区古代瓷业遗存的分期等尚无全面综合的了解和认识。

四、20 世纪 90 年代以来的考古工作和研究

20 世纪 90 年代以来,泉州地区制瓷手工业遗存的考古发掘和研究进入一个新的阶段。一方面,一些具有代表性的窑址做了较为科学的考古发掘工作;另一方面,有关泉州宋元明清时期陶瓷的研究逐渐深入。

(一)一些具有代表性窑址的考古调查与发掘

这一阶段,泉州地区陶瓷窑遗址的考古工作,列表如下(表二):

表二 20 世纪 90 年代以来泉州地区窑址的调查与发掘简况

时 间	窑 址	概 况
1991 年 10 月	厦门海沧困瑶、上瑶窑址	发掘清理窑炉各 1 座,产品以青瓷为主,简报认为年代约为北宋早期至南宋初年,盛烧于北宋中晚期[3]。
20 世纪 90 年代	厦门窑址	厦门宋元窑址调查,包括碗窑、垄仔尾、磁窑、后田、汀溪、东瑶及周瑶窑址等,以烧造青瓷为主,兼烧青白瓷[4]。
1995 年 10 月	晋江磁灶土尾庵窑	发掘清理窑炉 1 座,出土有青釉、酱黑釉和黄绿釉三类器物[5]。
2001 年 5~6 月	德化甲杯山窑址	发掘清理存在叠压打破关系的窑炉遗迹 3 座,出土一大批元明时期瓷器、窑具等,白瓷器类以杯、碗、盘、盒、炉等为主[6]。

[1] T. Volker, *Porcelain and the Dutch East India Company* (*1602 - 1682*), Leiden, Holland, Rijksmuseum voor Volkenkunde, 1954.

[2] 朱培初:《明清陶瓷和世界文化的交流》,轻工业出版社,1984 年。

[3] 厦门市文物管理委员会:《厦门海沧宋代窑址发掘简报》,《南方文物》1999 年第 2 期。

[4] 郑东:《厦门宋元窑址调查及研究》,《东南文化》1999 年第 3 期。

[5] 福建省博物馆:《磁灶土尾庵窑发掘简报》,《福建文博》2000 年第 1 期;福建博物院等:《磁灶窑址:福建晋江磁灶窑址考古调查发掘报告》,科学出版社,2011 年。

[6] 栗建安:《德化甲杯山明代窑址的发掘与收获》,《福建文博》2004 年第 4 期;福建博物院等:《德化明代甲杯山窑址发掘简报》,《福建文博》2006 年第 2 期。

（续表）

时　间	窑　址	概　况
2001 年 6 月	厦门集美后溪碗窑	发掘清理龙窑 1 座，出土有青瓷和青白瓷，年代约为北宋后期至南宋[1]。
2002 年 1 月	汀溪窑	发掘清理窑炉 3 座，出土青釉、青白釉瓷器及各种窑具等遗物[2]。
2002 年 5 月—2003 年 6 月	晋江磁灶金交椅山窑址	先后三次考古发掘，清理龙窑遗迹 4 座、作坊 1 处，出土有青釉、酱釉、黑釉瓷器等[3]。
2003 年 8~9 月	南安南坑窑	发掘南坑格仔口、仑坪圹、蓝溪寮仔 3 处窑址，清理龙窑遗迹 3 座，出土了大量窑具、青白釉和青釉瓷器标本；并对附近 10 余处窑址进行了考古调查[4]。
2004 年	德化祖龙宫窑、杏脚窑	发掘清理明清时期的窑炉遗迹 2 处，出土一批元明清时期的白釉瓷器、青花瓷器、各类窑具等标本[5]。
2014 年 10~11 月、2015 年 11 月—2016 年 1 月	德化辽田尖山窑址、永春苦寨坑窑址	两次发掘共发现原始瓷窑炉遗迹 17 座，其中辽田尖山 8 座、苦寨坑 9 座，清理了 9 座窑炉遗迹，出土一批原始青瓷标本，时代约相当于两周时期。这是目前泉州地区发现的时代最早的瓷窑遗址[6]。

这一阶段的考古工作主要是从考古学的角度出发对该地区具有代表性的瓷窑遗址即德化窑、汀溪窑、磁灶窑等进行科学发掘，清理出窑炉、作坊等遗迹，采集了丰富的瓷片和窑具标本，还发现了该地区最早的原始青瓷窑址。这些发掘不仅有助于弄清各窑的产品面貌和特征，也为我们进一步探讨窑业技术与交流、分期与年代等提供了实物资料。

（二）制瓷面貌的区域性总结与专题研究的展开

经过几十年的瓷窑考古调查和发掘，一些学者开始对各时期制瓷面貌作区域性的总结，当然要涉及泉州地区的瓷业遗存。其中，栗建安[7]、叶文程[8]、曾凡[9]、亀井明德[10]等对福建地区窑址考古和陶瓷做了综合性的总结；一些学者根据以往考古调查、发掘资料所作的区域性的晚

[1] 福建博物院等：《厦门集美后溪碗窑窑址发掘简报》，《福建文博》2004 年第 2 期。
[2] 傅宋良、林元平：《中国古陶瓷标本·福建汀溪窑》，岭南美术出版社，2002 年。
[3] 福建博物院：《晋江磁灶金交椅山窑址发掘简报》，《福建文博》2005 年第 2 期；前揭福建博物院等：《磁灶窑址：福建晋江磁灶窑址考古调查发掘报告》。
[4] 福建博物院等：《南安寮仔窑发掘简报》，《福建文博》2008 年第 4 期。
[5] 栗建安：《德化清代窑址的发现及其意义》，《'05 古陶瓷科学技术 6 国际讨论会论文集》，上海科学技术文献出版社，2005 年，第 461~463 页。
[6] 福建博物院等：《德化县辽田尖山原始瓷窑址发掘简报》，《福建文博》2016 年第 1 期。
[7] 栗建安：《福建古瓷窑考古概述》，《福建历史文化与博物馆学研究》，福建教育出版社，1993 年，第 175~181 页；栗建安：《福建古窑址考古五十年》，《陈昌蔚纪念论文集·陶瓷》，台北财团法人陈昌蔚文教基金会，2001 年，第 9~38 页。
[8] 叶文程、林忠干：《福建陶瓷》，福建人民出版社，1993 年。
[9] 曾凡：《福建陶瓷考古概论》，福建省地图出版社，2001 年。
[10] [日]亀井明德：《福建省古窑跡出土陶瓷器の研究》，文明堂，1995 年。

唐五代、宋元或明清时期制瓷业的总结[1],均包含了泉州地区瓷器生产情况的概括。

泉州地区制瓷手工业的专题性研究在这一时期也得以展开并逐渐深入,包括装饰工艺[2]、技术来源[3]、生产组织[4]、兴衰原因[5]等方面。这一阶段的研究焦点仍集中于仿龙泉窑青瓷、德化窑。

其一,仿龙泉窑青瓷的研究。

"同安窑系"的概念自上个阶段形成以来,研究者一直沿用,又被称为"珠光青瓷"[6]。《同安窑系青瓷的初步研究》一文对此做了进一步论述[7],将"同安窑系青瓷"界定为福建地区受龙泉窑传统工艺技术影响的青瓷。栗建安《福建仿龙泉青瓷的几个问题》一文对此类瓷器做了深入探讨[8],认为"同安窑系"青瓷"仅仅是仿龙泉青瓷中的一种产品类型",并分析了"土龙泉"、"珠光青瓷"和"同安窑系青瓷"概念的差异。刘净贤则根据窑址及海外资料探讨了福建仿龙泉青瓷及其外销状况[9]。

事实上,除了青瓷之外,同安窑所烧造的还有大量青白瓷,故"同安窑系青瓷"不能概括这一时期该地瓷窑面貌。同时,这类青瓷在泉州其他窑场也有烧造,如南安窑[10]。因此,用"珠光青瓷"、"同安窑系"来形容这一地区青瓷和瓷业类型,既不全面,又有不同的内涵理解,都是欠妥的,不如直接以青瓷称之,并以不同窑场作区别。

其二,德化窑瓷器的研究进一步深入。

继上一阶段德化盖德碗坪崙、浔中屈斗宫窑址发掘之后,这一阶段对甲杯山、祖龙宫、东头杏脚明清时期窑址进行了考古发掘,并结合之前德化窑的田野调查资料,研究者对窑场分布及制瓷业发展等做了总体概述和综合分析[11]。

一些关于德化窑的专题性研究有了新的发展。不仅涉及德化窑的年代与分期——创烧时

---

[1] 陈娟英:《隋唐、五代闽南地区瓷业》,《闽南古陶瓷研究》,福建美术出版社,2002 年,第 88~96 页;郑东:《福建闽南地区古代陶瓷生产概况》,《东南文化》2002 年第 5 期;陈鹏:《宋元时期泉州陶瓷业与产品外销》,《泉州学研究》,福建教育出版社,2002 年,第 359~375 页;郑东、蔡鸿涌:《厦门古代瓷业及其年代分期》,《福建文博》1999 年总第 35 期。

[2] 栗建安:《福建磁灶土尾垵窑址瓷器的装饰工艺》,《中国古陶瓷研究》(第四辑),紫禁城出版社,1997 年,第 109~115 页;郑东:《试析闽南古代瓷器装饰技法》,《中国古陶瓷研究》(第十一辑),紫禁城出版社,2005 年,第 355~366 页;孟原召:《试析闽南地区宋元时期陶瓷器的装饰工艺》,《福建文博》2010 年第 2 期。

[3] 孟原召:《宋元时期泉州沿海地区制瓷业的兴盛与技术来源试探》,《海交史研究》2007 年第 2 期。

[4] [美]何翠媚:《试论宋元时期闽南陶瓷之工业发展及组织》,《福建文博》1999 年第 1 期。

[5] 郑东:《厦门古陶瓷生产兴衰原因探析》,《南方文物》2001 年第 1 期;陈建标:《浅析宋元时期同安瓷业的成因》,《南方文物》2004 年第 4 期。

[6] 叶文程、欧阳宗俊:《试论"珠光青瓷"及外销》,《河北陶瓷》1991 年第 4 期。

[7] 林忠干、张文崟:《同安窑系青瓷的初步研究》,《东南文化》1990 年第 5 期。

[8] 栗建安:《福建仿龙泉青瓷的几个问题》,《东方博物》第三辑,浙江大学出版社,1999 年,第 79~83 页。

[9] 刘净贤:《福建仿龙泉青瓷及其外销状况初探》,《故宫博物院院刊》2013 年第 5 期。

[10] 杨小川:《南安市篦点划花青瓷介述》,《福建文博》1996 年第 2 期。

[11] 陈建中、陈丽华:《中国古陶瓷标本·福建德化窑》,岭南美术出版社,2003 年。

间[1]、宋元时期的分期与断代[2]、明清时期的发展[3]，也有德化窑瓷器品种的研究——黑瓷[4]、青白瓷[5]、白瓷[6]、青花瓷[7]；还有研究者探讨德化窑纪年瓷器[8]、白瓷雕塑[9]、装饰工艺[10]、生产与外销[11]、兴起与发展原因[12]等问题，并对德化白瓷的收藏[13]及其对欧洲制瓷业的影响[14]做了分析。另外，国外学者结合窑址考古、海外沉船的新发现以及国外博物馆的收藏，对德化窑也做了系统、深入的论述，尤其是“中国白”瓷器的研究[15]。

此外，这一时期由于受漳州窑研究热潮的影响，有学者对福建地区青花瓷器做了综合性探讨[16]，也有对明清时期泉州、安溪等地青花瓷器[17]和彩瓷的研究[18]。这些研究一般也都涉及瓷器的生产与使用两个领域。

---

[1] 陈建中：《德化窑始烧年代考》，《福建文博》1999年总第35期。

[2] 林忠干、张文崟：《宋元德化窑的分期断代》，《考古》1992年第6期。

[3] 林忠干：《论“中国白”——明清德化瓷器》，《东南文化》1993年第5期。

[4] 陈建中：《浅谈德化碗坪仑窑的黑釉器》，《福建文博》1996年第2期。

[5] 郑晓君、苏维真：《浅谈德化窑宋元青白瓷器》，《闽南古陶瓷研究》，福建美术出版社，2002年，第97~104页。

[6] 叶文程：《试论明代德化的白釉瓷器》，《东南考古研究》第一辑，厦门大学出版社，1996年，第123~131页；刘幼铮：《中国德化白瓷研究》，科学出版社，2007年。

[7] 陈建中：《德化民窑青花》，文物出版社，1999年；叶文程、罗立华：《德化窑青花瓷器几个问题的探讨》，《中国古陶瓷研究》（第五辑），紫禁城出版社，1999年，第199~206页。

[8] 陈建中等：《纪年德化瓷珍品鉴赏》，《福建文博》2004年第4期；陈建中、陈丽芳：《福建德化佳春岭窑出土的陶瓷器》，《文物》2005年第12期。

[9] ［新加坡］郭勤逊著，吴毅慧译：《略论德化瓷塑的制作工艺》，《福建文博》2004年第4期；叶碧峰：《论明代德化瓷雕艺术》，《福建文博》2004年第4期。

[10] 黄汉杰等：《德化古瓷装饰艺术》，《福建文博》1993年第1、2期。

[11] 叶文程：《略论德化古代陶瓷的生产与外销》，《福建文博》2004年第4期。

[12] 王文强：《德化窑兴起与发展的原因探析》，《中国古陶瓷研究》（第五辑），紫禁城出版社，1999年，第136~140页；黄卫文：《略论德化青花瓷兴起和发展的原因》，《中国古陶瓷研究》（第十三辑），紫禁城出版社，2007年，第266~270页。

[13] 吕成龙：《故宫博物院藏明代德化窑瓷器选介》，《福建文博》2004年第4期；蔡奕芝：《广东省博物馆藏德化瓷器》，《福建文博》2004年第4期；曾伟希：《福建博物院藏德化瓷器》，《福建文博》2004年第4期。

[14] ［德］埃娃·施特勒伯：《德累斯顿奥古斯都大帝藏品中的德化瓷器和宜兴紫砂器》，《中国古代白瓷国际学术研讨会论文集》，上海书画出版社，2005年，第519~536页。

[15] Robert H. Blumenfied, *Blanc de Chine: The Great Porcelain of Dehua*, California, The Speed Press, 2002; Rose Kerr & John Ayers ed., *Blanc de Chine: Porcelain from Dehua*, Stanford, Curzon Press, 2002; John Ayers & Yuan Binglin, *Blanc de Chine: Divine Images in Porcelain*, New York, China Institute, 2002;［英］霍吉淑著，王芳译：《谈明代德化窑瓷器》，《福建文博》2004年第4期。

[16] 罗立华：《福建青花瓷器的初步研究》，《东南考古研究》第一辑，厦门大学出版社，1996年，第92~122页；叶文程：《福建地区青花瓷的生产与外销》，《中国古陶瓷研究》（第十三辑），紫禁城出版社，2007年，第182~195页；栗建安：《从考古发现看福建古代青花瓷的生产与流通》，《中国古陶瓷研究》（第十三辑），紫禁城出版社，2007年，第196~206页。

[17] 罗立华：《浅论闽南明清青花瓷器断代依据》，《福建文博》1999年总第35期；庄景辉、刘小艳：《明清泉州青花瓷论略》，《福建文博》1993年第1、2期；陈建中、曾萍莎：《福建泉州窑青花瓷及相关问题的探讨》，《中国古陶瓷研究》（第十三辑），紫禁城出版社，2007年，第207~219页。

[18] 郑东：《试论闽南古代彩瓷的生产与外销》，《南方文物》2004年第1期。

这些总结和专题性研究的进行,离不开以前很长一段时间内考古材料的积累,同时这些研究也是随着新材料的发现和研究思路的变化逐渐深入的。

(三) 烧成技术发展轨迹的进一步探索

这一阶段,随着泉州地区古代瓷窑遗址的考古发掘,研究者对制瓷技术中的烧成技术进行了进一步探索,并有了新的认识,主要包括对该地区窑炉形制、窑具和装烧方法及其演变的总结[1],还有窑炉改革与制瓷手工业发展的关系等[2]。

这一时期对烧成技术的进一步研究,得益于新的窑址考古材料,除对本地区烧成技术演变的探讨外,还注意到了该地区不同窑址、与周边地区以及日本、朝鲜半岛等地之间的技术交流和影响关系[3]。

(四) 制瓷工艺的科学技术分析与研究

这方面的研究并不多,仅有德化窑瓷器的科技分析,且主要是成分分析。

李家治等对德化窑白釉瓷的原料,胎釉的化学组成、显微结构,及其窑炉、烧成温度和气氛等烧制工艺做了较为系统的总结[4]。香港城市大学等对德化窑唐宋元明时期的青釉、青白釉、白釉瓷器样本,采用 X 荧光分析仪进行瓷胎化学成分分析,不仅包括了常量元素,还测定了一些微量元素,从而对历代德化窑瓷器胎的成分和结构有了较为全面的认识,最后还分析了窑炉结构、烧成气氛对瓷器品质的影响[5]。这就为德化窑瓷器窑口、年代的判断提供了科学参考。此外,还有对屈斗宫白瓷的研究[6]。

制瓷工艺的科学技术分析与研究,已经成为古陶瓷研究中的重要方法。目前,闽南地区陶瓷的科技研究尚比较薄弱,主要体现在三个方面:第一,所测试的窑口和标本数量、类别有限,这对于建立较为完善的科学数据库尚有很大距离;第二,所用的测试技术与方法也有限,中子活化分析方法(INAA)、X 射线荧光分析方法(XRF)、电感耦合等离子质谱仪(ICP－MS)等方法均可测试陶瓷的化学组成;第三,一般仅有化学组成、烧成温度方面的物理性能测试,还缺乏对瓷釉显微结构、呈色机理等方面的分析。这些对于判断和研究瓷器的窑口、年代有着较高的参考价值,也

[1] 前揭栗建安:《福建古窑址考古五十年》;陈文:《闽南古代瓷窑的类型学考察》,《闽南古陶瓷研究》,福建美术出版社,2002 年,第 81~87 页;陈文:《试论闽南古代烧瓷技术成就》,《福建文博》2003 年第 1 期;孟原召:《试析闽南地区宋至清代窑炉形制及其演变》,《纪念国博百年考古文集》,科学出版社,2012 年,第 304~321 页。

[2] 刘振群:《闽粤古陶瓷与烧成窑炉的关系》,Ho Chuimei ed., *Ancient Ceramic Kiln Technology in Asia*, Centre of Asian Studies, University of Hong Kong, 1990, pp.99－102.

[3] 孟原召:《闽南地区宋至清代制瓷手工业遗存研究》,北京大学考古文博学院博士学位论文,2009 年;本文经过进一步补充和修改,已正式出版,文物出版社,2017 年。

[4] 李家治主编:《中国科学技术史·陶瓷卷》,科学出版社,1998 年,第 350~363 页。

[5] 李国清等:《中世纪"陶瓷之路"上的德化瓷及其科技分析》,《海交史研究》1999 年第 2 期。

[6] 黄瑞福等:《德化屈斗宫白瓷的研究》,《'02 古陶瓷科学技术 5——2002 年国际讨论会论文集》,上海科学技术文献出版社,2002 年,第 252~262 页。

具有较好的发展前景。

（五）外销陶瓷的新发现与生产贸易模式的探讨

中国古代陶瓷在日本[1]、东南亚[2]、非洲[3]、欧洲[4]、美洲[5]一些遗址中大量出土;同时,海域沉船也出水了数量众多的中国外销瓷器[6],如福建沿海海域的一些沉船[7],广东海域的南海Ⅰ号沉船[8],南海海域西沙华光礁Ⅰ号沉船及其附近沉船[9],泰兴号沉船[10],菲律宾海域西班牙圣迭戈号沉船[11]、潘达南岛沉船[12],泰国湾富国岛沉船[13]、越南头顿沉船[14]、平顺沉船[15],马六

[1] [日]长谷部乐尔、今井敦编著:《日本出土の中国陶磁》,《中国の陶磁》第12卷,平凡社,1995年。

[2] The Oriental Ceramic Society of the Philippines: *Chinese and South-East Asian White Ware Found in the Philippines*, Oxford University Press, Singapore, 1993; Sumarah Adhyatman, *Zhangzhou (Swatow) Ceramics Sixteenth to Seventeenth Centuries Found in Indonesia*, Jakarta, 1999; [日]菊池诚一:《越南中部会安出土的陶瓷器》,《福建文博》1999年总第35期;[菲]庄良有:《菲律宾出土的十四至十五世纪中国青花瓷》,《江西元明青花瓷》,香港中文大学,2002年,第50~57页。

[3] [日]金泽阳:《埃及出土的漳州窑瓷器——兼论漳州窑瓷器在西亚的传播》,《福建文博》1999年总第35期。

[4] [德]杨恩霖:《十七、十八世纪中国输出欧洲的外销瓷》,《福建文博》1999年第1期。

[5] [美]卡尔·罗伯特·奎梅兹著,彭维斌译:《北美太平洋海岸出土的中国瓷器》,《闽南古陶瓷研究》,福建美术出版社,2002年,第189~191页。

[6] 刘淼、胡舒扬:《沉船、瓷器与海上丝绸之路》,社会科学文献出版社,2017年。

[7] 国家文物局水下文化遗产保护中心、中国国家博物馆等:《福建沿海水下考古调查报告(1989~2010)》,文物出版社,2017年。

[8] 张威:《南海沉船的发现与预备调查》,《福建文博》1997年第2期;任卫和:《广东台山宋元沉船文物简介》,《福建文博》2001年第2期;国家文物局水下文化遗产保护中心、中国国家博物馆等:《南海Ⅰ号沉船考古报告之一——1989~2004年调查》,文物出版社,2017年。

[9] 中国国家博物馆水下考古研究中心、海南省文物保护管理办公室:《西沙水下考古1998~1999》,科学出版社,2006年。

[10] 郑炯鑫:《从"泰兴号"沉船看清代德化青花瓷器的生产与外销》,《文博》2001年第6期。

[11] Cynthia Ongpin Valdes, Allison I. Diem, *Saga of the San Diego (AD1600)*, National Museum, Inc. Philippines, 1993; Franck Goddio, *Treasures of the San Diego*, Paris, 1996; [日]森村健一著,曹建南译:《菲律宾圣迭戈号沉船中的陶瓷》,《福建文博》1997年第2期;[法]莫尼克·科里克著,王芳译:《界定"汕头器"的年代——1600年11月4日,"圣迭戈"号大帆船》,《福建文博》2001年第1期。

[12] Alya B. Honasan, The Pandanan Junk: The wreck of a Fifteenth-century junk is found by chance in a pearl farm off Pandanan island; Eusebio Z. Dizon, Anatomy of a shipwreck: archaeology of the 15th century Pandanan shipwreck; Allison I. Diem, Relics of a lost Kingdom: ceramics from the Asian maritime trade, *The Pearl Road*, *Tales of Treasure ships in the Philippines*, Christophe Loviny, 1996.

[13] Warren Blake and Michael Flecker, A Preliminary Survey of a South-East Asian Wreck, Phu Quoc Island, Vietnam, *IJNA*, Vol.23(2), pp.73-91, 1994.

[14] Michael Flecker, Excavation of an oriental vessel of c. 1690 off Con Dao, Vietnam, *IJNA*, Vol.21(3), pp.221-244, 1992; Christiaan J. A. Jörg & Michael Flecher, Porcelains from the Vung Tau Wreck, *Oriental Art*, XLV, 1, 1999; Christiaan J. A. Jörg & Michael Flecher, *Porcelain from the Vung Tau Wreck*, New York, Oriental Art Publications, 2001; [日]阿部百里子:《从越南Buntau沉船打捞出的中国陶瓷器》,《福建文博》1999年总第35期。

[15] 刘朝晖:《越南平顺沉船出土的漳州窑青花瓷器》,《中国古陶瓷研究》(第十三辑),紫禁城出版社,2007年,第247~259页。

甲海域沉船[1]。通过与窑址出土陶瓷的对比,可知这些出土或出水瓷器中,有不少是产自泉州地区的,有磁灶窑、南安窑、汀溪窑、德化窑等[2]。

随着新的发现和发掘工作的开展,闽南地区外销陶瓷的研究有了新的进展。

一方面,外销瓷的传统研究思路延续,广度和深度均有了发展,包括外销瓷生产概况、外销产品、海外交通与销行地区等角度的讨论[3],其中有晋江磁灶窑[4]、德化窑[5],并将窑场的兴衰与外销联系起来。此外,一些学者开始从更大空间上探讨外销瓷的生产空间模式[6],也有学者从海洋发展史的角度探讨沿海地区制瓷手工业的发展[7]。

另一方面,一些学者,包括国外学者,在探讨陶瓷生产的同时,也逐渐开始考虑贸易和消费问题[8],并从陶瓷生产和消费群体两个方面来论述贸易问题[9],以及生产—贸易—消费模式的探讨[10],还注意到了沿海港口和海外贸易的兴盛与陶瓷生产的关系[11]。

由上可知,这一阶段的考古工作和研究较前一阶段有了较大的突破,对制瓷手工业面貌及窑

[1] Michael Flecker, Magnetomter Survey of Malacca Reclamation site, *IJNA*, Vol. 25(2), pp.122 - 134, 1996.

[2] 栗建安:《从水下考古的发现看福建古代瓷器的外销》,《海交史研究》2001 年第 1 期;栗建安:《福建陶瓷外销源流》,《文物天地》2004 年第 5 期;栗建安:《福建地区宋元时期外销瓷研究的若干问题》,《十二至十五世纪中国外销瓷与海外贸易国际研讨会论文集》,香港中华书局,2005 年,第 30~46 页。

[3] 叶文程:《闽南古代陶瓷的工艺及外销初探》,《福建文博》1999 年第 1 期;孟原召:《宋元时期泉州沿海地区瓷器的外销》,《边疆考古研究》第 5 辑,科学出版社,2006 年,第 137~156 页;孟原召:《论闽南地区宋至清代瓷器的海外市场》,《水下考古学研究》(第一卷),科学出版社,2012 年,第 271~300 页。

[4] 黄世春:《晋江古代陶瓷业与海外交通》,《福建文博》2000 年第 1 期。

[5] 叶文程:《略论德化古代陶瓷的生产与外销》,《福建文博》2004 年第 4 期;陈建中:《泉州的陶瓷贸易与东西方文化互动:以德化窑外销瓷为例》,《海交史研究》2004 年第 1 期;[英] 甘淑美:《17 世纪末~18 世纪初欧洲及新世界的德化白瓷贸易(第一部分)》,《福建文博》2012 年第 4 期;[英] 甘淑美等:《17 世纪末~18 世纪初欧洲及新世界的德化白瓷贸易(第二部分)》,《福建文博》2014 年第 3 期。

[6] 苏基朗:《两宋闽南、广东、浙东外贸瓷产业空间模式的一个比较分析》,《江南城市工业化与地方文化(960~1850)》,清华大学出版社,2004 年,第 141~192 页。

[7] 吴春明:《古代东南海洋性瓷业格局的发展与变化》,《中国社会经济史研究》2003 年第 3 期;王新天、吴春明:《论明清青花瓷业海洋性的成长——以"漳州窑"的兴起为例》,《厦门大学学报(哲学社会科学版)》2006 年第 6 期。

[8] So Kee-long, The trade ceramics industry in Southern Fukien during the Sung, *Journal of Song Yuan Studies*, No.24, 1994, pp.1 - 19.

[9] Ho Chuimei: The Ceramic Boom in Minnan during Song and Yuan Times, Angela Schottenhammer ed. *The Emporium of The World: Maritime Quanzhou, 1000 - 1400*, Koninklijke Brill NV, Leiden, The Netherlands, 2001, pp.237 - 282; [日] 坂井隆:《东南アジア群岛部の陶磁器消费者》,《国立历史民俗博物馆研究报告》第 94 集,2002 年,第 159~249 页。

[10] 前揭孟原召:《闽南地区宋至清代制瓷手工业遗存研究》;栗建安:《从山林到海洋——贸易全球化中的福建陶瓷生产与外销》,《考古学视野中的闽商》,中华书局,2010 年。

[11] 陈鹏鹏:《十二至十五世纪泉州陶瓷贸易》,第 47~57 页;Rita Ching Tan, Prosperity in Quanzhou During the 12th - 14th Centuries and Its Impact on the Ceramic Industry of Fujian with Reference to Philippine Finds,第 230~252 页;Roxanna Brown, Ming Ban-Ming Gap: Southeast Asian Shipwreck Evidence for Shortages of Chinese Trade Ceramics,第 78~104 页,三文均载于《十二至十五世纪中国外销瓷与海外贸易国际研讨会论文集》;陈建标:《闽南清代陶瓷生产与厦门港对外贸易》,第 145~150 页;林忠干:《月港兴衰时期的东西方贸易与闽南陶瓷》,第 157~171 页,二文均载《厦门博物馆建馆十周年成果文集》,福建教育出版社,1998 年。

址分布与保存现状有了较为清晰的认识，还在德化发现了该地区最早的原始青瓷窑址；学术研究也逐渐转向区域性的综合研究，包括制瓷手工业分期、工艺技术，以及以港口为中心的生产—贸易—消费模式等。

结　　语

通过前述泉州地区古代瓷业遗存四个阶段的发现与研究史的回顾与分析，大体可得出以下几个方面的认识：

第一，古代文献记载较为少见，多为零星涉及，且真伪有别，而记述最多的是德化窑，时人所识颇为有限，以此无法复原其制瓷业全貌；但这些内容仍为我们研究德化窑为主的瓷业遗存以及时人的认识等提供了碎片化的历史记忆，这也是相关学术研究的起点。

第二，随着考古调查与发掘工作的开展，逐步揭开了泉州地区古代瓷业遗存的面貌，而且渐趋明晰。尤其是20世纪90年代以来，深入的区域调查和系统的考古发掘为研究以德化窑、南安窑、磁灶窑为代表的泉州古代瓷业遗存提供了第一手实物资料，对揭示该地区制瓷手工业（包括制瓷工艺、烧成技术等）的发展具有关键意义。

第三，该地区古代瓷业遗存的突出特点是其外向型生产，随着20世纪70年代古外销陶瓷研究热潮的兴起，逐渐成为一大学术热点。一方面，海外所发现的大量陶瓷器的产地得以确认，其中即包括德化窑、南安窑、磁灶窑、安溪窑等；另一方面，对该地区陶瓷器的消费市场有了新的认识，海外遗址考古与瓷器有序流传、水域沉船的发现也就构成了泉州地区陶瓷的海外市场和贸易网络。这也是中国古外销陶瓷的生产—贸易—消费模式的一个缩影。

第四，在渐趋丰富的考古材料基础上，泉州地区古代制瓷手工业的综合研究、窑场分布与生产格局及其变迁、海外市场与贸易途径的探讨、消费群体与使用方式的研究等内容，已逐渐成为古外销陶瓷研究的主要趋势。这也是探讨古代海外贸易体系下的陶瓷生产与贸易的重要研究视角之一。

综上，泉州地区古代瓷业遗存的认识和学术研究是随着考古新发现而不断完善、深入的；而具代表性瓷窑遗址的考古发掘和不同角度的专题研究则为综合研究提供了丰富的资料和学术基础，并逐渐将其纳入了古代海外贸易体系下的经济史研究视野。

Research Review on Remains of Ancient Porcelain Industry in Quanzhou

by

Meng Yuanzhao

Abstract: The ancient porcelain industry in Quanzhou was quite developed, especially the export-oriented production from the Song Dynasty, which has been widely focused by scholars. The research on remains of porcelain industry began and gradually carried out in depth with more and more archaeological discoveries. Review the history of discoveries and researches, which roughly goes through four stages: the sporadic records in ancient document, early field survey and preliminary study, new discoveries and academic research based on archaeological work, archaeological survey widely and excavation with academic purposes and comprehensive research. It is an academic process of archaeological discovery constantly and deep understanding of porcelain industry.

Keywords: Quanzhou, Remains of Porcelain Industry, Historical Document, Archaeological Discovery, Research Review

江口沉银遗址发现及研究

李　飞*

摘　要：2005年和2011年，在四川省彭山市江口镇岷江河道的施工过程中，发现了银锭、金册、银耳环等大量文物，因为其与张献忠江口沉银的历史记载基本吻合，通过这些发现基本可以确证这一历史记载。目前由于当地基本建设的开展，盗掘行为屡禁不止，大量文物流失，对遗址展开全面的调查、发掘迫在眉睫，一方面可以有效保护遗址，另一方面也可以发掘遗址的价值，更好地为社会服务。

关键词：张献忠　江口沉银　银锭　调查　调查发掘

江口镇位于四川省眉山市彭山区东北部的岷江东岸，为岷江及其支流府河的交汇处（图一）。明清时期的文献多记载明末的农民领袖张献忠曾沉宝于此。

2005年4月20日，彭山区引水工程在江口镇岷江河道内施工过程中，挖掘机在距地表2.5米左右的地方挖出一圆木，其中散落出7件银锭。这次发现的文物被施工民工全部捡走。经过文物部门和公安部门的努力，收回所有流失的7件银锭，并收回已被损毁的贮藏银锭的木筒。目前这批文物藏于彭山区文管所[1]。

2011年4月19日，在岷江河道取沙石过程中，出土了大量文物。因现场人员众多，出现哄抢现象。这些文物一部分得到了文物部门的及时清理，一部分却被施工民工和当地群众捡走。经当地公安、文物等相关部门的共同努力，部分出土文物被征集和追缴回来，但还是有部分珍贵文物流失[2]。

鉴于以上这些重要的发现，尤其是大量珍贵的文物的发现，笔者对历史记载中的“张献忠沉宝”及后世的发现做了详细梳理，针对遗址的现状，笔者认为应当在保护的基础上尽快进行系统的考古调查和发掘。

---

*　李飞，四川省文物考古研究院。

[1]　方明、吴天文：《彭山江口镇岷江河道出土明代银锭——兼论张献忠江口沉银》，《四川文物》2006年第4期；冷志均：《彭山区江口镇岷江河道出土明代银锭》，《四川文物》2006年第1期。

[2]　该情况由彭山区文管所吴天文所长提供。

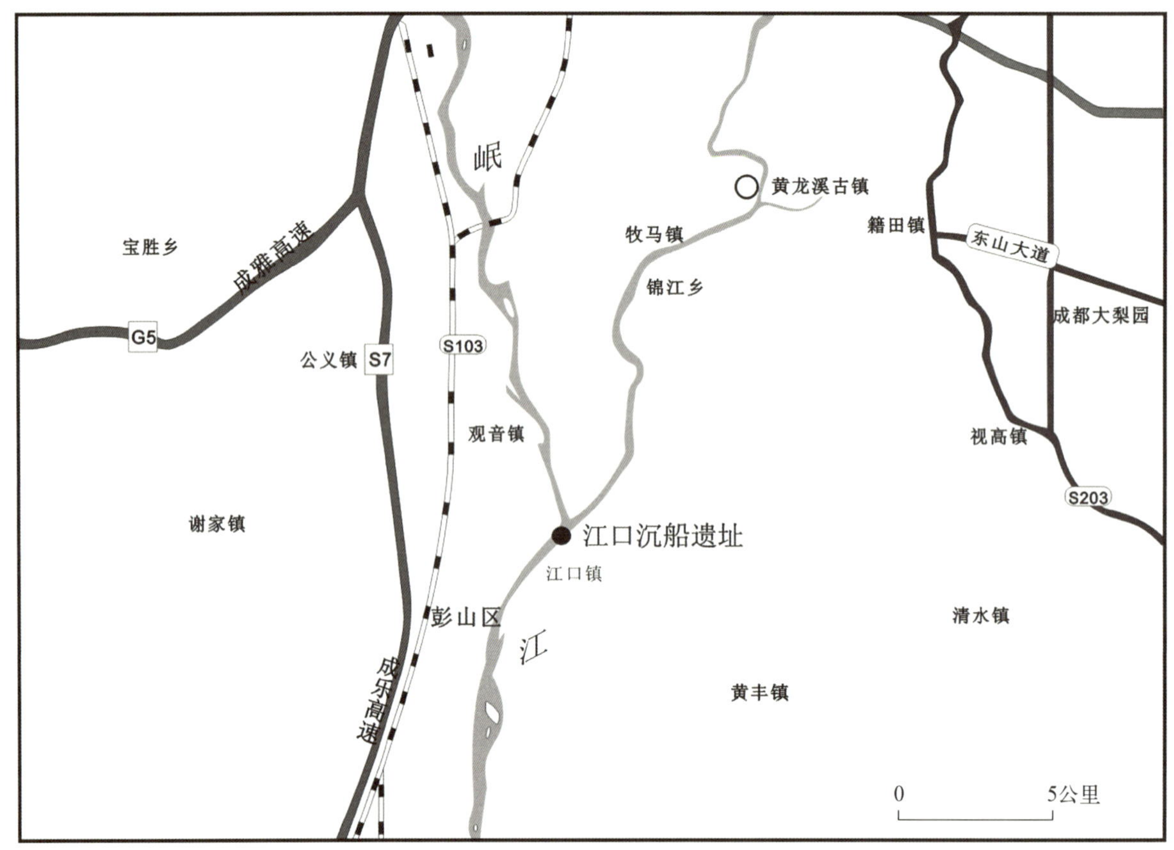

图一　江口沉银位置图

一、有关张献忠沉宝及后世打捞的记载

明清以来的文献对张献忠沉宝及后世的打捞行为有大量的记载,但是这些记载有众多冲突之处,以下将这些记载梳理于下。

(一) 沉宝地点及原因[1]

张献忠沉宝的地点在文献中有多种记载,其中最著名的有“锦江埋银”和江口沉银两说,亦有清人记载两说都有发生,但发生顺序略有不同。

[1] 对张献忠沉宝的地点及原因,多位专家有相应的考证。如沈仲常先生即认为记载中的“锦江埋银”一事为后世讹传(《“锦江埋银”质疑》,《社会科学研究》1979年第4期);唐长寿先生考证了在江口一战中大败张献忠的杨展利用江口沉银不断发展壮大的史实(《杨展与江口沉银》,《文史杂谈》2010年第2期);冯广宏先生发表了一系列研究张献忠的文章,他认为历史上的“锦江埋宝”和“江口沉宝”实际上是两次,同时他梳理了历史上在民国时期打捞锦江埋银的史实(冯广宏:《张献忠 埋银悬案——张献忠帝蜀实情考之七》,《文史杂志》2011年第1期;张俊超在《张献忠屠城与藏金之谜》一文中主要收集了成都和彭山两地与沉宝有关的两首童谣(《文史春秋》2007年第9期)。除此之外,四川的历史专家王纲和袁庭栋先生也均对“江口沉宝”提出过自己的看法。

1. 锦江埋银

此说多认为张献忠是有目的的并且通过规模浩大的工程将宝藏埋藏于锦江之下，文献中一般称为“锢金”或“水藏”，一般认为埋藏的地点在成都的九眼桥、望江楼附近。

这种说法见于吴伟业《绥寇纪略》：“用法，移锦江而涸其流，穿数仞，实以黄金瑶宝累亿万，杀人夫下土石以填之，然后决堤放流，名曰‘锢金’，后至者不得发’。”[1]除此之外，《明史·张献忠传》亦记载：“（献忠）用法移锦江，涸而阙之，深数丈，埋金宝亿万计，然后决堤放流，名‘水藏’，曰：‘无为后人有也。’”清夏燮《明通鉴·附编》记载：“又用法移锦江，涸而辟之，深数丈，埋金宝亿万计，然后决堤放流，名‘水藏’。曰：‘无为后人有也’。”[2]从文字看，这种说法基本抄自《明史》。

可见，所谓的“锦江埋银”被认为是张献忠有意为之，“埋银”的工程浩大，埋银的数量也非常多。在后世的1939年，当时的军阀甚至成立了“锦江淘江股份有限公司”，据说挖到了大量的石条以及四箩筐铜钱[3]；在1975年4月，在望江楼附近的锦江岸边，发掘出张献忠大西政权铸造的“大顺通宝”铜钱10多公斤，这些发现让有些专家认同“锦江埋银”之说。但也有专家认为当时张献忠政权危机四伏，无法像《明史》等记载的，从容不迫地“移锦江”，“涸而阙之”，埋下数以“亿万计”的金银珠宝。沈仲常先生就认为这类钱币可能是有人迫于清朝在入关后实行的高压政策，惧怕因收藏农民起义军的钱币而招祸，故而埋之荒野，或沉之江底[4]。

2. 江口沉银

此说认为张献忠将财宝沉于今天的彭山区江口镇，也就是2005年和2011年两次发现文物的位置。但是对于江口沉银也有不同的记载，一种认为是张献忠故意沉银于岷江内。

杨鸿基《蜀难纪实》记载：“贼威令所行，不过近省州县，号令不千里矣。献忠自知不厌人望，终无所成，且久贼之无归也，思挟多金、泛吴越、易姓名、效陶朱之游。于是括府库民兵之银，载盈百艘，顺流而东。至彭山之江口，初心忽变，乃焚舟沉镪而还。”[5]

欧阳直在《蜀警录》中载：“金银山积，收齐装以木鞘箱笼，载以数十巨舰。令水军都督押赴彭山之江口沉诸河。”[6]似乎张献忠是有意沉银于江，与江口之战无关。更多的则是记录张献忠是在与杨展的战斗中兵败，所乘舟被焚，船上所载宝物沉入江底。《彭山县志》载：“明季杨展率兵拒张献忠，焚贼舟数百，珠宝金银悉沉水底。”[7]“明季献贼猖獗，屠戮成都居民，率众八万，蔽江南下，杨展起兵逆之，战于彭山，分左右翼冲拒，别遣小船载火器以攻贼舟，兵交，风大作，贼舟火，展身先士卒，殪前锋数人，贼崩败，反走。江口两岸逼仄，前后数千艘，首尾相衔，骤不能退，风烈火

---

[1] （清）吴伟业：《绥寇纪略》卷一〇《盐亭诛》，上海古籍出版社，1992年，第292页。

[2] （清）夏燮：《明通鉴·附编》，岳麓书社，1999年，第292页。

[3] 冯广宏：《张献忠埋银悬案——张献忠帝蜀实情考之七》，《文史杂志》2011年第1期。

[4] 沈仲常：《“锦江埋银”质疑》，《社会科学研究》1979年第4期。

[5] （清）杨鸿基：《蜀难纪实》，附于乾隆四十二年（1777年）《富顺县志》卷五。

[6] （清）欧阳直：《蜀警录》，《张献忠剿四川实录》，巴蜀书社，2002年，第192页。

[7] 清嘉庆十九年（1814年）修《彭山县志》卷一“双江镇”条。

猛，势若燎原，展急登岸促攻，枪铳弩矢，百道俱发，贼舟尽焚，士卒糜烂几尽，所掠金玉珠宝及银鞘数千百，悉沉水底。”[1]通过比较可以发现，这样的记载直接来源于彭遵泗《蜀碧》一书。

同时还有记载认为“沉宝”和“埋银”是不同的两个事件。

其中记录最为详细的即彭遵泗《蜀碧》一书。据《蜀碧》记载，张献忠先与杨展在江口大战，后战败沉银。《蜀碧·杨展传》载：“献忠忿展尽取故地，又怒川人之不服己也，大杀成都居民，率众百万，蔽江而下。展起兵逆之，战于彭山。分左右翼冲拒，而别遣小舸载火器以攻贼舟。兵交，风大作，贼舟火。展身先士卒，殪前锋数人，贼崩败，反走。江口两岸逼仄，前后数千艘，首尾相衔，骤不能退。风烈火猛，势若燎原。展急登岸促攻，枪铳弩矢，百道俱发，贼舟尽焚，士卒糜烂几尽，所掠金玉珠宝及银鞘数千百，悉沉水底。”[2]“献闻（杨）展兵势甚盛，大惧。率兵数十万，装金宝数千艘，顺流东下，与展决战。……展闻，逆于彭山之江口，纵火大战，烧沉其舟。贼败北，士卒辎重，丧亡几尽；复走还成都”[3]。江口战败后，张献忠又在锦江“锢金”，“献自江口败还，势不振；又闻王祥、曾英近资简，决走川北。将所余蜀府金银铸饼及瑶宝等物，用法移锦江，锢其流，穿穴数仞实之。因尽杀凿工，下土石淹盖。然后决堤放流，使后来者不得发，名曰‘锢金’。又尽毁宫殿，坠砌堙井，焚市肆而逃”[4]。

孙锜《蜀破镜》记载，顺治三年（1646年）七月，“张献忠闻杨展兵执（势）甚盛，大惧，率兵三十余万，载金宝千艘顺流东下，与展决胜负，拟乘势出峡，变姓名作巨商。展闻，以兵逆于彭山之江口，大战，顺风纵火烧贼舟无算，士卒辎重丧亡略尽。复奔还成都。展取所遗金宝以益军储”[5]。八月，“既望，张献忠将前自江口败回所余蜀府金宝，用法移锦江，锢其流，穿穴数仞，填之下土石并凿工掩筑，然后决堤放流，名曰‘水藏’”[6]。

除此之外还有记载认为锦江埋银在前，江口沉宝在后。

刘景佑《蜀龟鉴》在顺治三年（1646年）五月后记：“锢金。献以财货妇女累兵心，令有妇女必杀。……有金银必缴。藏一两者斩，十两剥皮。凡金银器物首饰沉井窖屋，发觉者连坐一营，告捕者赏以其家器物，前门外铺席满地，金银山集，盛木鞘数万（《蜀碧》）。测江水浅处，开支流，如筑决河法，水涸掘大穴，投以木鞘，杀运夫而实以土。乃决江流，复故道，续得金银亦盛鞘，至新津江口而覆。（《叙略》）”[7]又在六月记：“明副将杨展大败献于江口。献率劲兵十数万，金宝数千艘，顺流东下，将变姓名走楚作巨商。展逆于彭山江口，纵火焚其舟，展身先士卒，殪其前锋，风烈火猛，展登岸夹攻，枪铳弩矢齐发。（献忠）士卒辎重丧失多，急走成都。展取所遗金宝益军储。富强甲诸将，居民时于江日获木鞘全（金）银。”[8]

---

[1] 清嘉庆十九年（1814年）修《彭山县志》卷三“武功”条。

[2] （清）彭遵泗：《蜀碧》卷四《杨展传》，（长沙）商务印书馆，1939年，第65页。

[3] （清）彭遵泗：《蜀碧》卷三《张献忠剿四川实录》，巴蜀书社，2002年。

[4] 同上。

[5] （清）孙锜：《蜀破镜》卷四《张献忠剿四川实录》，巴蜀书社，2002年，第399页。

[6] 同上书，第400页。

[7] （清）刘景伯：《蜀龟鉴》卷三《张献忠剿四川实录》，巴蜀书社，2002年，第283、284页。

[8] 同上书，第284页。

沈荀蔚《蜀难叙略》记，张献忠将"其所聚金银，以千余人运之江干，三月始毕。至是，测江水浅处多支流，以杀其势，一如筑决河法。水涸，于江底作大穴，投以金银；而杀运夫于上。后覆以土，仍决江流，复故道。后续有所得，俱刳木成鞘，运至新津江口，载以千余艘，将为顺流，计至巫峡投之"[1]。但对其后张献忠与杨展战于江口一事未载。

（二）历史上的打捞

历史上曾在锦江和江口沉宝处有多次打捞行为。

"锦江埋银"处曾引来了大规模的官方发掘行为，并传说有藏宝图记录了详细的位置，甚至流传了"石牛对石鼓，银子万万五。有人识得破，买尽成都府"这样的童谣。在民国时期，传说有个叫杨白鹿的贡生把"藏宝图"交给了当时的军阀，军阀开办"锦江淘江股份有限公司"，开展了规模浩大的寻宝行为，传说还发现了童谣中的石牛和石鼓，在江底还发现了大量的石条以及张献忠铸造的大顺通宝。详细的经过在冯广宏先生《张献忠埋银悬案——张献忠帝蜀实情考之七》一文中有详细的记录和考证[2]。

在历史上江口沉银处也有多次打捞起"沉宝"的记载。江口之战后，战胜的一方杨展就打捞起了众多宝物。唐长寿先生在《杨展与江口沉银》一文中论述了杨展与沉宝的关系[3]。

费密在《荒书》中记载："（丙戌）正月，献忠尽括四川金银作鞘注。彭山县江[畔]杨展先锋见贼焚舟，不知为金银也。其后渔人得之，展始取以养兵，故上南为饶。"[4]可知，杨展得知江口沉银是通过捕鱼人才知道的，此事也见载于清《彭山县志》卷六。

《蜀难叙略》记载了另一种说法："逆之焚舟北走也。一舟子得免，至是诣展，告之。展令以长□群探于江中，遇木鞘则钉而出之，周列营外，数日已高与城等。"[5]此说杨展是从一位从张献忠部下逃脱出来的船夫口中得知的。

《蜀警录》记载："募善泅水手打捞江口金银。时无栽插，内地无粮，惟远诣董卜高杨各边土司籴运。计斗米需值六七十两，尚难寻买。"[6]这是杨展招募会水者潜水打捞。《蜀龟鉴》也有类似记载："（展）募泅者捞江口遗金……分给兵民，易米于董卜高杨各土司，南道多全活命。"[7]应该说《蜀龟鉴》的记载直接来源于《蜀警录》。

由于江口沉银数量巨大，杨展当时不可能把沉银打捞干净。

《蜀龟鉴》记载说："居民时于江口获木鞘金银……至今居民时于江底获大鞘，其金银镌有各州邑名号。"[8]

---

[1] （清）沈荀蔚：《蜀难叙略》，《张献忠剿四川实录》，巴蜀书社，2002年，第107页。
[2] 冯广宏：《张献忠埋银悬案——张献忠帝蜀实情考之七》，《文史杂志》2011年第1期。
[3] 唐长寿：《杨展与江口沉银》，《文史杂谈》2010年第2期。
[4] （清）费密：《荒书》，《张献忠剿四川实录》，巴蜀书社，2002年，第433页。
[5] （清）沈荀蔚：《蜀难叙略》，《张献忠剿四川实录》，巴蜀书社，2002年，第109页。
[6] （清）欧阳直：《蜀警录》，《张献忠剿四川实录》，巴蜀书社，2002年，第193页。
[7] （清）刘景伯：《蜀龟鉴》卷三《张献忠剿四川实录》，巴蜀书社，2002年，第293页。
[8] 同上书，第284页。

《彭山县志》也载:"乾隆五十九年冬,渔者于江口河中获刀鞘一具,转报总督孙士毅。派员赴江口打捞数日,获银万两并珠宝玉器等物。"[1]

从以上梳理的文献内容看,关于张献忠"埋银"和"沉宝"的记载纷繁复杂,内容各异。一方面要从文献角度去甄别,另一方面则要通过系统全面的考古调查和发掘来解决这些疑问。

二、近年来发现的文物

2005年和2011年,江口镇岷江河道的施工过程中发现大量银锭、金册、银耳环、碎银等文物。目前一部分藏于彭山区文管所,另一部分因为案件侦破原因仍由公安部门暂存。

其中2005年发掘和追缴回的7件银锭已经在《四川文物》发表(表一)。出土银锭藏匿于一木筒内。木筒长118、外径18厘米,为2个半圆形木桩,其内被挖空后再将银锭放入其中,然后合在一起,两头用铁箍箍紧(图二)[2]。文献也多记载张献忠将金银等宝物置于"木鞘"内,沈荀蔚《蜀难纪略》更是记载"俱刳木成鞘,运至新津江口",可见这样的"木鞘"是"刳木"而成,所以发现的"木筒"与记载中的"木鞘"基本一致。本次发现的7件银锭和其他银饰物、碎银等,银的纯度并

图二　贮藏银锭的木筒

[1]《彭川县志》卷六《杂识志》,嘉庆十九年修。

[2] 方明、吴天文:《彭山江口镇岷江河道出土明代银锭——兼论张献忠江口沉银》,《四川文物》2006年第4期。

不高,颜色偏暗,而且银锭上有大量蜂窝状的孔。《清文宗实录》咸丰三年(1853 年)翰林院编修陈泰初奏曾经眼见彭山居民在江中打捞到“其色黑暗”的银子,于是令成都将军裕瑞“按所呈情形悉心查访,博采舆论。若知其处,设法捞掘”[1]。这也与实际发掘的银锭的情况一致。

另外两次发现的银锭都呈船形,腰微束。在银锭的正面多阴刻铭文,铭文的主要内容是地点和重量,部分银锭上还刻有年号。在出土的银锭中,从其铭文可看出来自湖南的沅陵县、湘潭县、巴陵县,湖北的京山县、黄冈县等地区,为崇祯时期所征解的税银,与张献忠转战路线及所占地点十分吻合。

表一 彭山县江口镇岷江河道发现银锭一览表(2005 年)[2]

序　号	重量(克)	尺寸(厘米)	铭　文　内　容
1	1 750 克	长 14、腰长 7 厘米	黄冈县银四十两正
2	1 800 克	长 12.7、腰长 6.2 厘米	茶□□□十六年分□□□□□攻□将军□银五十两解□□□□□贞分
3	1 825 克	长 14.9、腰长 7.2 厘米	无字
4	1 800 克	长 13.4、腰长 7.45 厘米	巴陵县榆□饷银五十两
5	1 825 克	长 13.1、腰长 6.95 厘米	沅陵县征完解司裁充兵饷银五十两崇祯十年八月□日银匠姜国太
6	1 400 克	长 13、腰长 6 厘米	京山县十五年□□□饷银肆十两
7	1 775 克	长 12.2、腰长 6.85 厘米	湖南湘潭县运粮官军行月银五十两

除木筒和银锭之外,在该遗址还发现了“西王赏功”的金币和银币,金册、银耳环、银簪及碎银等物。这与文献中张献忠在其征战地以及在成都搜缴金银的记载相契合。

通过文献记载和现代发掘的比较,两者契合,基本可以确定江口沉银的记载为信史。历史记载中张献忠在江口一战中损失了大量的船只和宝物。虽然前文的记载可能有夸大之处,但是从历史上的打捞以及近年来新发现的情况看,“沉宝”的大部分应当还在岷江水底。

当然目前无法确定江口是否为沉银的唯一地点,只有通过科学系统的调查和发掘才能解决众多的历史疑问。

目前江口沉银遗址已经划入保护范围[3],同时遗址已于 2010 年被眉山市人民政府公布为第三批市级文物保护单位,由文物和公安部门专人负责日常保护。

虽然遗址已经采取了一些保护措施,但是由于遗址的分布范围太大,保护工作仍旧存在较大的难度;同时由于基本建设的开展,挖沙屡禁不止,对遗址也造成了严重的破坏;在利益的驱使

[1] 《清文宗实录》卷八九。

[2] 该表由彭山区文管所吴天文所长提供。

[3] 江口沉银遗址保护范围及建设控制地带东至：公路;西至：河堤;南至：岷江大桥南 1 000 米;北至：岷江大桥北(两江汇合处)2 000 米。南北外延 500 米。

下，盗掘现象仍屡禁不止，近年来更有人采用专业的潜水设备和金属探测器等工具盗挖文物；此外，由于岷江水流较急，沉入江底的文物被不断冲刷，位置也有较大的变化。

鉴于遗址不断被破坏的严峻现状，科学的调查和抢救性发掘已迫在眉睫。同时，也需要尽快开展已发现文物的初步整理工作，出版简报、图录，以便推进张献忠沉银背后的明末文史研究工作。

The Discovery and Study of the Sunken Treasures in Jiangkou

by

Li Fei

Abstract: During the hydraulic construction project in 2005 and 2011 at the Jiangkou section of Ming river, Pengshan, Sichuan, large collections of gold slips, silver ingots, silver earrings and other artifacts were discovered from the riverbed. The discovery of these artifacts is consistent with the historical record about Zhang Xianzhong's sunken treasures around the end of Ming Dynasty. The archaeological finds largely have confirmed the authenticity of that ancient legend. Along with the expanding local infrastructure construction at Jiangkou, however, looting still happens despite repeated prohibition, leading to the continuous loss of precious artifacts. Thus, such urgent situation calls for immediate full-coverage survey and excavation work at this important archaeological site. These measures are necessary for better serving the social communities, from both perspectives of heritage conservation and the further in-depth research on the history.

Keywords: Zhang Xianzhong, Jiangkou Sunken Treasures, Silver Ingot, Survey, Excavation

从出土文物看江口沉银遗址

梁国庆*

摘　要：江口沉银遗址位于四川省眉山市彭山区江口镇岷江支流南河、府河合流处。长久以来，该遗址已出土大量文物。梳理已发表出土文物，并对比文献记载和相关考证，该遗址很可能为张献忠与杨展之间进行“江口之战”的战场遗址。“江口之战”导致张献忠政权辎重损失惨重，大量军饷被敌对势力杨展获得，从而加速了张献忠政权的败亡。江口沉银遗址出土的文物就是“江口之战”张献忠损失的辎重，其数量众多、类型丰富，对研究明代政治、经济、社会文化和农民战争史等具有重要的意义。

关键词：江口之战　张献忠　杨展　战场遗址

江口沉银遗址位于四川省眉山市彭山区江口镇岷江支流南河、府河合流处。据记载：“江口镇，古称双江口，亦曰双江镇，有双江渡，古彭亡聚旧为县巨镇，估帆云集，百货骈阗，为（彭山）县水陆通衢焉”。[1] 历史上多有文献认为张献忠沉银于此[2]。

2005年河道施工时此地发现了多枚明代银锭[3]，2011年该地再次出土大量文物，并引起哄抢，因而引起了学术界和文物部门的关注，并于2016年下半年开始组织实施考古发掘工作。本人有幸参加了2017年上半年的考古发掘工作，对该遗址有了进一步的认识，在此基础上，本文梳理以往发布的文物资料，并结合文献资料，初步探讨该遗址的性质及相关的一些问题。不足之处，尚请多多指正。

一、以往发布的考古资料

截至目前，发布的该遗址出土文物资料主要包括银锭15枚（其中带铭文的14枚）、铭文金锭

*　梁国庆，国家文物局水下文化遗产保护中心。

[1]　《民国重修彭山县志》，《中国地方志集成：四川府县志辑》第四十册，巴蜀出版社，1992年，第23页。

[2]　如清代费密著《荒书》，《张献忠剿四川实录》，巴蜀出版社，2002年，第433页。《蜀难叙略》、《蜀警录》、《蜀龟鉴》、《蜀碧》等皆有相似记载。

[3]　冷志均：《彭山区江口镇岷江河道出土明代银锭》，《四川文物》2006年第1期；方明、吴天文：《彭山江口镇岷江河道出土明代银锭——兼论张献忠江口沉银》，《四川文物》2006年第4期。

1 枚、金册 3 块、木鞘 1 根、大顺通宝和金银西王赏功金银币各 1 枚，具体如下：

1. 银锭 15 枚[1]

第 1 枚：1 枚无文字，面长 14.9、腰宽 7.2 厘米；

第 2 枚：正面阴刻："京山县十五年□□□饷肆拾两"，竖写三行，面长 13、腰宽 6、底长 7.4、底宽 4 厘米；

第 3 枚：正面阴刻："茶□□□十六年分□□□□□攻□将军□银五十两解□□□□□贞分"，竖写四行，面长 12.7、腰宽 6.2、底长 8.2、底宽 4.1 厘米；

第 4 枚：正面阴刻："沅陵县征完解司载充兵饷银五十两崇祯十年八月□日银匠姜国太"，竖写四行，面长 13.1、腰宽 6.95 厘米；

第 5 枚：正面阴刻："湘潭县运粮官军行月银五十两"，竖写二行，面长 12.2、腰宽 6.85 厘米；

第 6 枚：正面阴刻："巴陵县榆口饷银五十两"，竖写三行，面长 13.4、腰宽 7.45 厘米；

第 7 枚：正面阴刻："黄冈县银四拾两正"，竖写三行，面长 14、腰宽 7 厘米；

第 8 枚：正面阴刻："武宁县解改编抵禄银伍拾两正"，竖写三行，面长 12、腰宽 8 厘米；

第 9 枚：正面阴刻："赣州府解十一寺分宗银伍拾两十一月分银匠肖廷"，竖写三行，面长 14、腰宽 6.5 厘米；

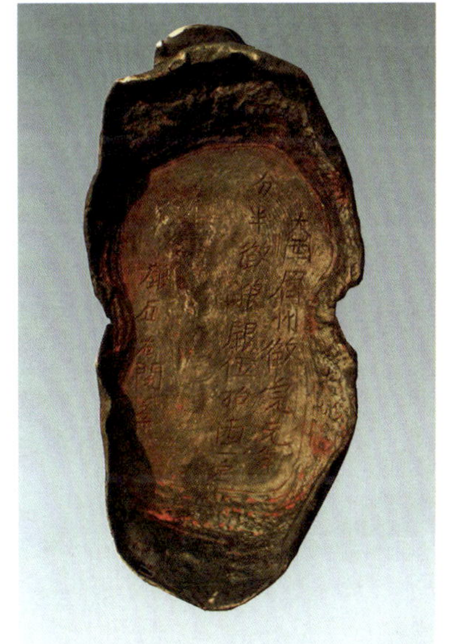

图一　大西政权银锭

第 10 枚：正面阴刻："庐陵县银伍拾两李"，竖写二行，面长 13、腰宽 8 厘米；

第 11 枚：正面阴刻："银四拾二两匠杨刘拱"，竖写二行，面长 13、腰宽 7 厘米；

第 12 枚：正面阴刻："清江县五年扣除立夫伍拾两"，竖写二行，面长 13、腰宽 7 厘米；

第 13 枚：正面阴刻："大西眉州征完元年分半征粮银伍拾两一定银匠右闵季"，竖写三行，面长 12、腰宽 6 厘米（图一）；

第 14 枚：正面阴刻："元年粮银银匠孙荣"；

第 15 枚：正面阴刻：□□县□□□银伍拾两。

2. 金锭　1 枚

正面阴刻："长沙府天启元年分岁供王府足金伍拾两正吏杨旭匠赵"。

3. 金册　3 块[2]

第一块：为残页，残长 12、宽 10 厘米，铭文 4 行 30 字，如下：

[1] 方明、吴天文：《彭山江口镇岷江河道出土明代银锭——兼论张献忠江口沉银》，《四川文物》2006 年第 4 期；彭山县文化体育新闻出版局编：《武阳拾遗——彭山文物华章》，彭新出内印（2011－003），2011 年，第 68～75 页；毛佩琦：《张献忠江口沉银目击记》，《中国史研究动态》2017 年第 1 期。

[2] 毛佩琦：《张献忠江口沉银目击记》，《中国史研究动态》2017 年第 1 期。

维

大西大顺二年岁在乙酉五月朔

日壬午

皇帝制曰朕监于成典中宫九御

第二块:5 行,残存 24 字;

尔湖广武昌

贺廷洲女贺□

封尔为楚王□

其懋修尔德

宗藩钦哉

第三块:残,6 行 17 字。铭文如下(图二):

万历四

壬辰

曰字子

于宜家

德用协

山永誉

图二　出土金册(残)

4. 木鞘　1 根(图三)[1]

2005 年发现,当时称木桶,长 118、外径 18 厘米,为 2 个半圆形木桩,将内挖空再把银锭放入其中,然后合在一起,两头用铁箍箍紧。同时发现的还有上面统计的前七枚银锭。

5. 西王赏功金、银币　1 枚[2]

圆形方孔,轮廓宽平,对书"西王赏功"四字楷书钱文,直径皆 5 厘米(图四)。另,据雷宏伟先生统计[3],国内发现"西王赏功"钱币不低于 10 枚,但是没有明确是从江口沉银遗址出土的,故未收录。

图三　2005 年出土木鞘

6. 2017 年 4 月 14 日,彭山江口沉银遗址水下考古发掘成果通报会:2017 年度发掘出水的文物种类以金银铜铁等金属材质的器

[1] 方明、吴天文:《彭山江口镇岷江河道出土明代银锭——兼论张献忠江口沉银》,《四川文物》2006 年第 4 期。

[2] 彭山县文化体育新闻出版局编:《武阳拾遗——彭山文物华章》,彭新出内印(2011-003),2011 年,第 68~75 页;毛佩琦:《张献忠江口沉银目击记》,《中国史研究动态》2017 年第 1 期。

[3] 雷宏伟:《中国国家博物馆藏西王赏功钱考》,《中国钱币》2014 年第 4 期。

物为主，包括属于张献忠大西国册封妃嫔的金册，“西王赏功”金币、银币和“大顺通宝”铜币，铭刻大西国国号的银锭等。此外，还有属于明代藩王府的金银册、金银印章以及戒指、耳环、发簪等各类金银首饰，铁刀、铁剑、铁矛、铁箭镞等兵器，另还有瓷碟、瓷碗、铜锁、钥匙、秤砣、顶针、船钉和船篙等生活用具[1]。网络、媒体[2]亦公布金银首饰、铭文银锭、金册、银册、“西王赏功”金银币、“大顺通宝”铜币等大量盗捞和发掘出水文物，本文未做收录，仅作参考。

图四 “西王赏功”金币

二、文献记载的文物出土资料

江口沉银遗址打捞文物最早见于清初的文献记载，虽不见实物资料，但是依然能从相关记载中获得大量信息，特别是与近几年出土的实物资料可以比对，因此具有重要的参考价值。现统计如下：

1. 最早的是关于明末清初四川地区明朝将领杨展在顺治三年（1646 年）打捞的记载，打捞物品以金银为主，具体包括木鞘、银锭等，并且数量巨大。

明末清初著名学者、诗人和思想家费密（1623～1699 年）在其康熙八年（1669 年）所著的《荒书》中记载：“正月，献忠尽括四川金银作鞘注。彭山县江［畔］杨展先锋见贼焚舟，不知为金银也。其后渔人得之，展始取以养兵，故上南为饶。”[3]

明末清初的沈荀蔚著《蜀难叙略》，也有类似记载：“（顺治三年）逆之焚舟北走也。一舟子得免，至是诣展，告之。展令以长□群探于江中，遇木鞘则钉而出之，周列营外，数日已高与城等，如是年余。”[4]

亲历明末甲申国变的欧阳直所著《蜀警录》（又名《蜀乱》、《纪乱》、《欧阳遗书》）亦记载：“（杨展）募善泅水手打捞江口金银。”[5]

其他的明清文献如《蜀龟鉴》[6]、《蜀碧》[7]等皆有类似记载。

2. 后世偶然的发现，主要是顺治十一年（1654 年）江口渔民发现木鞘，有的木鞘中有金银锭，

[1] 贾昌明：《四川彭山江口沉银遗址水下考古工作取得阶段性重要收获》，《中国文物报》2017 年 3 月 21 日第 1 版。

[2] 如《江口沉银首期发掘工作收官》，《经济日报》2017 年 4 月 14 日第 8 版等。

[3] （清）费密：《荒书》，《张献忠剿四川实录》，巴蜀出版社，2002 年，第 433 页。

[4] （清）沈荀蔚：《蜀难叙略》，《张献忠剿四川实录》，巴蜀出版社，2002 年，第 109 页。

[5] （清）欧阳直：《蜀警录》，《张献忠剿四川实录》，巴蜀出版社，2002 年，第 193 页。

[6] （清）刘景伯：《蜀龟鉴》，《张献忠剿四川实录》，巴蜀出版社，2002 年，第 293 页。

[7] （清）彭遵泗：《蜀碧》，《中国野史集成》第 29 册，巴蜀出版社，1993 年，第 546 页。

金银锭上镌有各州邑名号。

沈荀蔚的《蜀难叙略》载："（顺治十一年）又有渔人获银鞘于江口，而剖其鞘以为饲豕之具。见者诣守将告之，渔人献其所获，主者以为不止此也，遂炙拷而毙。于是制诸器日打捞于江中，亦时有所得，二三年后，尚矻矻不休。"[1]

《蜀碧》卷三亦记载："（前明）参将杨展大破贼于江口……而至今居民时于江底获大鞘，其金银镌有各州邑名号。"[2]

刘景伯《蜀龟鉴》卷三载："居民时于江口获木鞘金银。"[3]

清嘉庆修《彭山县志》卷六《杂识志》载："明季杨展拒献贼于江口，分左右翼，兵势甚盛，贼溃反走。展别遣小舸载火器以烧贼舟。贼舟被焚，金银珠宝悉沉水底。贼平后，居民于江中采获金银，多镌有各州县名号。乾隆五十九年冬，渔人获鞘一具，报县转禀制军孙相国补山，饬令派官往捞数月，获银万两有奇，珠宝多寡不一。然江水深广，用夫淘取，费亦不赀，寻报罢。"[4]

咸丰三年（1853年）翰林院编修陈泰初曾经上报亲见彭山、眉山居民在江中打捞到"其色黑暗"的银子，并说动咸丰皇帝令成都将军裕瑞"悉心查访"，如果查明出处，设法捞掘[5]。虽然最终一无所获，但是陈泰初所报彭山、眉川居民在江中曾捞到银子之事应该不假。

三、江口沉银遗址所见文物的特点

通过梳理近几年出土文物及古代文献记载的相关资料，不难发现江口沉银遗址出土文物具有以下特点：

1. 文物年代较为单一

主要集中在明代中晚期。根据彭山江口沉银遗址水下考古发掘成果通报会通报的成果，江口沉银遗址出土文物年代为明代中晚期。另外，已发布文物铭文所见年号有：崇祯十年（1637年）、五年、大西元年、元年、天启元年（1621年）、大西大顺二年、万历四等，其中最早的为万历年间的（1573年至1620年），具体为四年或四□年或四□□年尚不明确，天启元年为1621年，崇祯十年为1637年，至于大西元年、大西大顺二年，中国人民大学毛佩琦先生考证为甲申年（1644年）和乙酉年（1645年）[6]，剩余的五年、元年的具体年份暂时缺少资料考证，但基本可以确定其年代为明末清初。再次，文献记载江口遗址打捞金银的最早时间为顺治三年。

2. 出土文物中金银占很大比重

首先，文献记载江口发现或打捞的文物主要为金银或木鞘银锭，仅清嘉庆修《彭山县志》中记

[1]（清）沈荀蔚：《蜀难叙略》，《张献忠剿四川实录》，巴蜀出版社，2002年，第116页。

[2]（清）彭遵泗：《蜀碧》，《中国野史集成》第29册，巴蜀出版社，1993年，第546页。

[3]（清）刘景伯：《蜀龟鉴》，《张献忠剿四川实录》，巴蜀出版社，2002年，第284页。

[4]（清）张邦伸：《锦里新编·卷十六·异闻·江口淘银》，嘉庆五年（1800年）敦彝堂藏版有相同记载。

[5]《清文宗实录》卷八九。

[6] 毛佩琦：《张献忠江口沉银目击记》，《中国史研究动态》2017年第1期。

载，乾隆五十九年制军孙相国补山饬令派官往捞数月，除银外，打捞珠宝多寡不一。其次，近几年施工发现的文物主要为银锭、金版、金银“西王赏功”币、“大顺通宝”铜币等。再次，经过2016~2017年度的发掘工作，出水的文物种类以金、银、铜、铁等金属材质的器物为主，其中数量最大的首饰主要为金、银材质，另外包括金银册、金银印、金银币、金银锭等，铁质文物主要为铁刀、铁剑、铁矛、铁箭镞等兵器，另还有瓷碟、瓷碗、铜锁、钥匙、秤砣等生活用具。

3. 文物数量多、类型丰富

大体可以分为以下五类：第1类：与张献忠大西政权直接相关的文物，如铸造的“大顺通宝”、“西王赏功”币、册封的金册、铸造的税银及张献忠运输银锭使用的木鞘等；第2类：与明代藩王相关的文物，如金锭、金册和一批高等级的戒指、耳环、发簪等各类金银首饰；第3类：明代官府的税银，涉及京山、湘潭、巴陵、黄冈、阮陵等地；第4类：普通百姓的金银首饰、货币和生活用具，如耳坠、戒指、瓷碟、瓷碗、铜锁、钥匙、秤砣、顶针等；第5类：战争用的兵器，如铁刀、铁剑、铁矛、铁箭镞等。

4. 文物分布面积大且较为分散

江口沉银遗址为眉山市市级文物保护单位，分布范围约100万平方米，公布的文物范围：东至公路；西至河堤；南至岷江大桥南1 000米；北至岷江大桥北（两江汇合处）2 000米；建设控制地带南北外延500米。彭山江口沉银遗址水下考古发掘成果通报会通报的2016~2017年度考古发掘面积20 000余平方米，出水文物30 000余件。

四、江口沉银遗址的性质

结合文献记载及江口沉银遗址所见文物，江口沉银遗址应为1646年明末将领杨展与明末农民起义领导者张献忠“江口之战”的古战场遗址，所发现的文物为张献忠计划运走的辎重和战争中失落的武器，而非“主动沉银”性质的窖藏遗址。

江口沉银遗址所见文物的年代与“江口之战”的年代可以相互印证。“江口之战”发生在顺治三年，即1646年，而文献记载最早在江口发现并打捞文物的记录就是“江口之战”结束后，作为胜利一方的杨展在此打捞金银，用以养兵或分给兵民。其次，江口沉银遗址发现的文物年代主要集中在明代中晚期，1646年之后的文物极少，与“江口之战”年代上相符。

江口沉银遗址出土文物中白银占很大比重，与明末的社会货币制度相符。明朝初期，因战争破坏，社会荒芜，朱元璋继承元代货币制度，施行禁银发钞政策，但是，明代中期以后，随着张居正的改革，刊布并推行《会计录》等财政典籍和政策，逐步确定了明朝银本位的货币制度体系，白银逐渐成为统一的财政计量单位和赋税征收形态[1]。“是时钞久不行，钱亦大壅，益专用银矣”

[1] 万明：《16世纪明代财政史的重新检讨——评黄仁宇〈十六世纪明代中国之财政与税收〉》，《史学月刊》2014年第10期。

(《明史·食货五》)。嘉靖年间,白银在社会流通领域中已经占据主币的地位[1]。

江口沉银遗址所见文物数量多,类型丰富,五类文物中前四类与张献忠有直接关系:

第1类:与张献忠大西政权直接相关的文物,主要为金册、"大顺通宝"铜币、木鞘和"西王赏功"金银币等。据文献记载:"流寇张献忠踞藩府称帝,僭号大西,改元大顺……置丞相六部以下等官……贼娶井研陈氏女,即相国演女,或云胡氏女。立为伪后……封其兄为国戚……是时,贼设铸局,取藩府所蓄古鼎玩器及城内外寺院铜像,熔液为钱。其文曰'大顺通宝'。"[2]另外《蜀龟鉴》等也记载:"献忠铸钱……文曰'大顺通宝'。"[3]并引《蜀碧》:"(张献忠)有金银必缴,藏一两者斩,十两拨皮。……金银山集,盛木鞘数万。"[4]何为木鞘,文献中也有简单记载:"后续有所得,俱刳木成鞘。"[5]徐力民先生认为张献忠铸有"西王赏功"大钱,分金、银、铜三品[6],没有注明出处。而据文献记载张献忠陷湖广,始称"西府",陷重庆,始称"西王"(占领成都始僭大号)[7],查阅文献记载可知张献忠成都称帝后开科举,曾赏赐状元张大受以金币[8],可能即此。

第2类:与明代藩王相关的文物,主要为金银册、金银锭及高等级各类首饰等,应该为张献忠抢掠明代藩王而来。据记载:"时募兵乏饷,三司请贷王金,不应……宫中积金百余万。"[9]成都破城之日,这"百余万金"皆归了张献忠。另外,据《明史·张献忠传》记载,张献忠攻陷襄阳,杀襄王朱翊铭,执杀楚王华奎,攻陷衡州,吉王、惠王、桂王逃往永州,攻破重庆,瑞王常浩遇害,攻陷成都,蜀王至澍投井等。可见,张献忠抢掠了大量的明末藩王。

第3类:明代官府的税银应该亦为张献忠抢掠而来。"续蕲州广济兵力不支,为所陷,劫库藏,括富室"[10],其中的库藏应该就是明代官府库藏。崇祯十七年十二月二十日,川都王应熊上言:"重庆成都二府,凡川民敲骨吸髓所供,殆七八十万,悉为贼有"[11],此处"敲骨吸髓"所供的就是明代官府的税银。江口所见文物镌有"赣州府""巴陵县""湘潭县""沅陵县""京山县""清江县""大西眉州""庐陵县"和"武宁县"等州县名号,与《蜀碧》卷三所记"而至今居民时于江底获大鞘,其金银镌有各州邑名号"以及清嘉庆修《彭山县志》卷六所记"居民于江中采获金银,多镌有各州县名号"等十分契合。另外,这同历史记载的张献忠流动作战路线也十分吻合:崇祯十六年,张献忠攻陷武昌,武昌为湖广布政使司驻地,沅陵县(属辰州府)、京山县(属安陆州),皆隶属湖广布政使司管辖[12];同年陷咸宁、蒲圻、岳州、长沙,巴陵县属岳州(辖巴陵、华容、湘阴、沅

[1] 万明:《张献忠为什么会有大量白银沉于江口》,《中国史研究动态》2016年第5期。
[2] (清)彭遵泗:《蜀碧》,《张献忠剿四川实录》,巴蜀出版社,2002年,第149、150页。
[3] (清)刘景伯:《蜀龟鉴》,《张献忠剿四川实录》,巴蜀出版社,2002年,第265页。
[4] 同上书,第283页。
[5] (清)沈荀蔚:《蜀难叙略》,《张献忠剿四川实录》,巴蜀出版社,2002年,第107页。
[6] (清)徐力民:《四川历代铸币谈》,《四川文物》1986年第2期。
[7] (清)费密:《荒书》,《张献忠剿四川实录》,巴蜀出版社,2002年,第428页。
[8] (清)彭遵泗:《蜀碧》,《张献忠剿四川实录》,巴蜀出版社,2002年,第169页。
[9] (清)刘景伯:《蜀龟鉴》,《张献忠剿四川实录》,巴蜀出版社,2002年,第242页。
[10] (清)计六奇、魏得良、任道斌点校:《明季北略·张献忠入楚始末》,中华书局,1984年,第408页。
[11] (清)计六奇、魏得良、任道斌点校:《明季南略·张献忠杂志》,中华书局,1984年,第133页。
[12] (清)彭孙贻:《平寇志·卷七》,上海古籍出版社,1984年,第156页。

江、昌江),湘潭县属长沙郡;又攻陷袁州、吉安,"大器急遣部将及左良玉军连破之樟树镇"[1],樟树镇即清江县也(见《明史·吕大器传》),陷江西郡县,改"庐陵为顺民县"[2];贼掠眉州,"陷嘉定,改为府,以伪任元佑守之"[3],眉州属嘉定府。

第4类:普通百姓的金银首饰及货币,以及瓷碟、瓷碗、铜锁、秤砣、顶针等生活用具;这与张献忠四处纵兵抢掠百姓有关,并且严禁士兵私藏。张献忠曾"劫库藏,括富室";"日午至上派河,八大王(张献忠)下令搜银。凡有带金、银者俱投于桥下河水中,如违者斩"[4];欧阳直的《欧阳氏遗书》(《蜀警录·蜀乱》)载:"献贼令各将士,自杀其新收妇女。如系蜀人,更不许擅留一人。禁人带藏金银,有即赴缴,如隐留分厘金银或金银器物首饰,杀其一家,连坐两邻。于前门外铺簟满地以收之,须臾,钮扣亦尽。金银山积,收齐装以木鞘箱笼,载以数十巨舰。"[5]

江口沉银遗址文物散落面积很大,分布散乱,并且出土兵器、船钉和内水航行使用的船篙的篙头等文物,证明江口沉银为张献忠江口之战战败被动沉银,而非有些文献记载的主动沉银。文献记载江口沉银有"主动沉银"和战败"被动沉银"两种说法:"献忠……效陶朱之游。于是括府库民兵之银,载盈百艘,顺流而东。至彭山之江口,初心忽变,乃焚舟沉镪而还"[6];"金银山积,收齐装以木鞘箱笼,载以数十巨舰。令水军都督押赴彭山之江口沉诸河"[7];"主动沉银"说不仅逻辑上让人难以理解,与江口沉银遗址文物分布状况及出土的兵器、船钉等文物也矛盾。相比较,《蜀碧》等文献记载与江口沉银遗址较为相符,更加符合历史实际:"(前明)参将杨展大破贼于江口,焚其舟,贼奔还。献闻展兵势甚盛,大惧,率兵数十万,装金宝数千艘,顺流东下,与展决战。且欲乘势走楚,变姓名作商也。展闻,逆于彭山之江口,纵火大战,烧沉其舟。贼奔北,士卒辎重,丧亡几尽;复走还成都。展取所遗金宝以益军储。自是富强甲诸将。"[8]

结　语

彭山江口沉银遗址为1646年发生的明末将领杨展江口伏击张献忠的战场遗迹,出土的大量文物为明末农民起义领袖张献忠征战大半个中国劫掠的金银辎重,江口沉银遗址的发掘对研究明代政治、经济、社会文化和农民战争史具有重要的意义。

清同治三年(1864年)刻本《嘉定府志·艺文志·文三》载彭遵泗撰写的《杨展传》对江口之战进行了详细描述:"献忠忿展尽取故地,又怒川人之不服己也,大杀成都居民,率众百万,蔽江而

[1] 《清江县志·武事》(同治九年刻本),《中国方志丛书·华中地方·第262号》,成文出版社,1966~1970年,第738页。

[2] (清)计六奇:《明季北略·张献忠陷江西郡县》,中华书局,1984年,第392页。

[3] (清)彭遵泗:《蜀碧》,《张献忠剿四川实录》,巴蜀出版社,2002年,第153、154页。

[4] (清)余端紫:《张献忠陷庐州纪》,《张献忠剿四川实录》,巴蜀出版社,2002年,第13页。

[5] (清)欧阳直:《蜀警录·蜀乱》,《中国野史集成》第29册,巴蜀出版社,1993年,第563页。

[6] (清)杨鸿基:《蜀难纪实》,《富顺县志》,四川大学出版社,1993年,第850、851页。

[7] (清)欧阳直:《蜀警录·蜀乱》,《中国野史集成》第29册,巴蜀出版社,1993年,第563页。

[8] (清)彭遵泗:《蜀碧》,《张献忠剿四川实录》,巴蜀出版社,2002年,第164页。

下。展起兵逆之,战于彭山。分左右翼冲拒,而别遣小舸载火器以攻贼舟,兵交,风大作,贼舟火,展身先士卒,殪前锋数人,贼崩反走。江口两岸逼仄,前后数千艘,首尾相衔,骤不能退,风烈火猛,势若燎原。展急登岸促攻,枪铳弩矢,百道俱发,贼舟尽焚,士卒糜烂几尽。所掠金玉宝珠及银鞘数千百,悉沉水底。献从别道逃免,旋奔川北。"[1]

1646年清兵进占汉中,准备大举入蜀[2],明朝将领和地方武装力量在蜀地四处割据[3],大西都督刘进忠反叛自守[4],大西政权面临内外交困。此时,张献忠没有看清当时的战争形势[5],清兵大军压境,张献忠却"屡报不信"[6],更是做出错误的决定,盲目"东进奔楚"[7],结果在江口被伏,导致钱粮辎重丧失殆尽,大量金银财宝被杨展所得,"江口之战"客观上加速了大西政权的灭亡。张献忠死后,其部下孙可望、李定国等率领军队南下云贵,持续斗争至1662年,一定程度上也说明了张献忠盲目"东进奔楚"战略的失败。

本文得到姜波、周春水两位先生的指导,在此表示感谢。

[1] (清)彭遵泗:《嘉定府志·杨展传》,《中国地方志集成·四川府县志辑》第37册,巴山蜀社、江苏古籍出版社、上海书店,1992年,第572页

[2] (清)李馥荣:《滟滪囊》,《张献忠剿四川实录》,巴蜀出版社,2002年,第64页。

[3] (清)沈荀蔚:《蜀难叙略》,《张献忠剿四川实录》,巴蜀出版社,2002年,第107、108页。

[4] (清)费密:《荒书》,《张献忠剿四川实录》,巴蜀出版社,2002年,第435页。

[5] (清)余端紫:《张献忠陷庐州纪》,《张献忠剿四川实录》,巴蜀出版社,2002年,第26页。

[6] 同上。

[7] (清)李馥荣:《滟滪囊》,《张献忠剿四川实录》,巴蜀出版社,2002年,第61、63页。

From the Unearthed Cultural Relics to See the Sunken Treasures in Jiangkou

by

Liang Guoqing

Abstract: The sunken treasures in Jiangkou is located in the intersection of Nanhe River and Fuhe River, both of which are branches of the Minjiang River. The region is under the administration of Jiangkou Town, Pengshan District, Meishan County, Sichuan Province. For years, the site has yielded a large number of artifacts. By analyzing the published unearthed artifacts and comparing to the historical accounts and related textual research, the site is highly likely to be the battlefield site of the "Jiangkou battle" between Zhang Xianzhong and Yang Zhan. This war leads to a great loss of Zhang Xianzhong regime's war supplies. A large amount of the supplies were obtained by Yang Zhan, Zhang's hostile force. It thus accelerates the downfall of Zhang Xianzhong regime. The unearthed artifacts are the lost supplies of Zhang Xianzhong during the war. They are of great number and rich types. They will be quite significant to the historical study of Ming Dynasty's politics, economy, social culture and peasants' war.

Keywords: Ambush Battle of Jiangkou, Zhang Xianzhong, Yang Zhan, Battlefield Site

中国文化遗产研究院藏《海疆形势全图》与《沿海疆域图》考述

王　耀*

摘　要：《海国闻见录》系列海图是研究清代海图、海防的重要图像史料，目前该系列海图分藏于海内外不同机构。本文在分析两幅藏图的绘制内容、文字注记、图序、表现技法及细部特征的基础上，推断两幅藏图分属于《海国闻见录》海图的不同图系。《海疆形势全图》基本反映了乾隆后期的海防、岛屿、沙洲等沿海状况，而《沿海疆域图》的表现年代大致为乾隆三十八年至乾隆五十三年间。总之，这两幅摹绘本海图是了解清中期中国沿海状况的珍贵图像史料，具有极高的学术价值和现实意义。

关键词：清代　古地图　《海国闻见录》　《海疆形势全图》　《沿海疆域图》

中国文化遗产研究院藏《海疆形势全图》与《沿海疆域图》，从其绘制技法、绘制内容、图序及文字注记等来判断，均属于清代《海国闻见录》系列海图。这一系列海图因摹绘自雍正八年（1730年）刊行的《海国闻见录》而得名。

目前，中科院图书馆、南京博物院、美国国会图书馆等海内外藏图机构或披露藏图图幅注记，或有文章进行专题研究，但主要是针对单幅海图进行的孤立研究，尚缺乏对该系列海图的系统性解读。经研究，中国文化遗产研究院藏图分属于《海国闻见录》系列海图的不同图系，反映的是乾隆年间的沿海状况，是了解清中期海防、近海航行及岛屿等状况的不可多得的珍贵图像史料，具有极高的学术价值和现实意义。

以下从《海国闻见录》系列海图的图幅渊源、藏图状况等海图背景入手，分别解析藏图信息。

一、图　幅　渊　源

陈伦炯，福建同安人，其父陈昂康熙二十一年（1682年）随施琅平定台湾，之后“琅又使搜捕余党，出入东、西洋五年”，官至广东副都统。陈氏少从其父，泛舟海上，熟闻海道，及年长，历任澎

*　王耀，中国社会科学院民族学与人类学研究所新疆研究室

湖副将、台湾镇总兵及浙江宁波水师提督等职，“皆滨海地也”[1]。陈氏以平生见闻，著有《海国闻见录》。

《海国闻见录》初刊行于雍正八年（1730 年），下卷附有六幅海图，依序分别为：《四海总图》（图一）《沿海全图》《台湾图》《台湾后山图》《澎湖图》《琼州图》。刊刻后，在清中后期出现了一批以之为底本的摹绘本海图，历经演变，这批海图虽然图名变更、注记增衍，关联关系渐已模糊，但同出一宗，隐为清代海图之一系。中国文化遗产研究院藏两幅海图即属此系列海图。

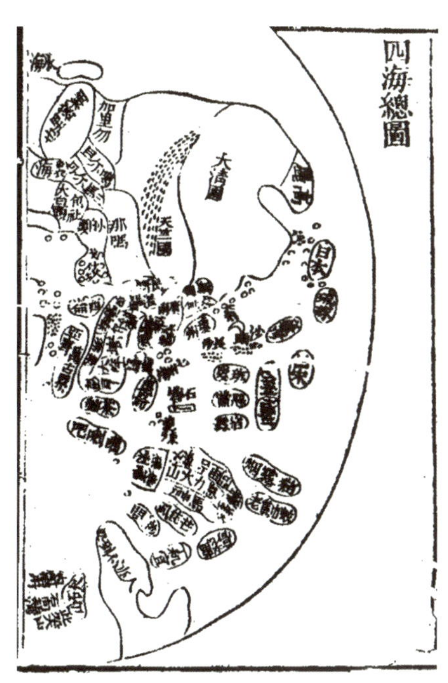

图一 《海国闻见录》之《四海总图》图影（局部）[2]

二、海内外藏图状况

海内外各大藏图机构藏有一批该系列海图，仅将笔者目力所及的海图整理如下表：

表一 《海国闻见录》系列海图收藏状况汇总表

序 号	藏图机构与图名	序 号	藏图机构与图名
1	中科院图书馆藏《沿海全图》	11	美国国会图书馆藏《七省沿海全图》
2	天津博物馆藏《沿海全图》（图二）	12	辽宁省图书馆藏《中国沿海全图》
3	南京博物院藏《沿海全图》（图三）	13	辽宁大学历史博物馆藏《七省沿海图》
4	中国历史博物馆藏《七省沿海图》	14	中科院图书馆藏《中华沿海总图》
5	中科院图书馆藏《中国沿海图》	15	中国文化遗产研究院藏《沿海疆域图》（图四）
6	广东新会博物馆藏《沿海全图》	16	中科院图书馆藏《中国沿海七省八千五百余海里地图》
7	美国国会图书馆藏《海疆洋界形势图》	17	中国国家图书馆藏《沿海全图》
8	美国国会图书馆藏《海疆洋界形势全图》	18	中国国家图书馆藏《七省沿海图》
9	中国文化遗产研究院藏《海疆形势全图》	19	中国国家图书馆藏《盛朝七省沿海图》
10	美国国会图书馆藏《七省沿海全图》	20	中国国家图书馆藏《沿海图》

[1] （清）永瑢等撰：《四库全书总目》卷七一《史部·地理类四》，中华书局，1965 年，第 634、635 页。
[2] （清）陈伦炯：《海国闻见录》，乾隆五十八年（1793 年）刻本，台湾学生书局，1984 年，第 162 页。

图二　天津博物馆藏《沿海全图》之澳门海域

图三　南京博物院藏《沿海全图》之澳门海域

图四　中国文化遗产研究院藏《沿海疆域图》之澳门海域

三、《海疆形势全图》解析

（一）图幅内容与地图谱系

该海图为卷轴装，纸本彩绘，采用中国传统形象画法绘制。卷首附有题记（图五），说明绘图意义、绘制范围、绘图原则等。该段文字在美国国会图书馆藏《海疆洋界形势图》《海疆洋界形势全图》《七省沿海图》（图六）及辽宁省图书馆藏《中国沿海全图》、辽宁大学历史博物馆藏《七省沿海图》中同样出现。

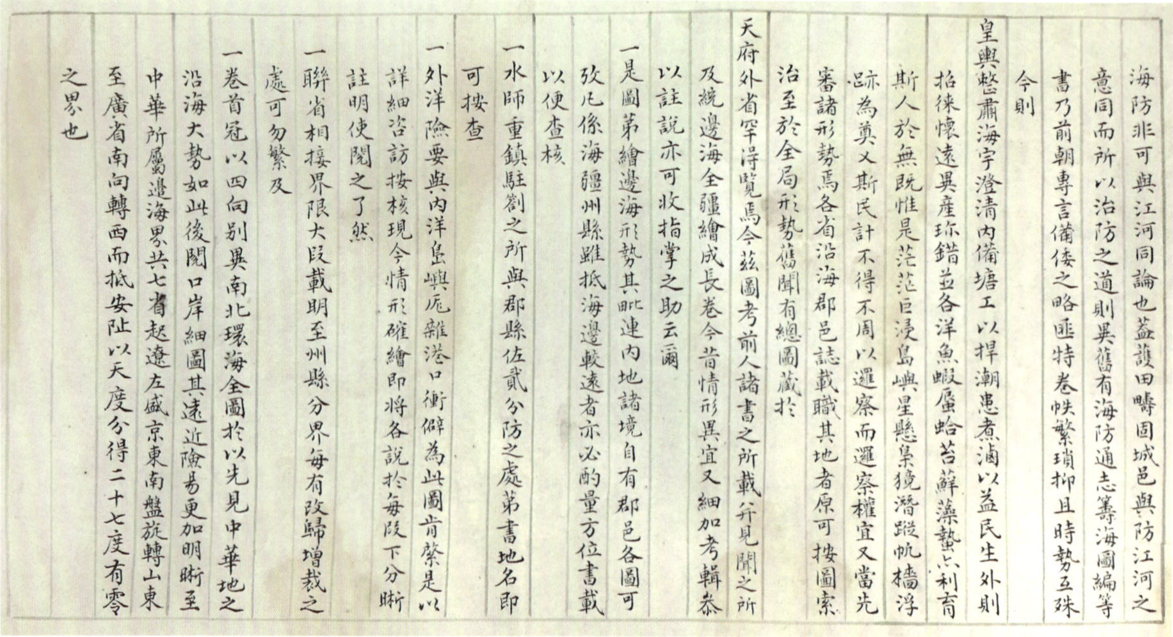

海防非可與江河同論也蓋護田疇固城邑與防江河之意同而所以治防之道則異舊有海防通志籌海圖編等書乃前朝專言備倭之略匪特卷帙繁瑣抑且時勢互殊

今則

皇輿整肅海宇澄清內備塘工以捍潮患煮滷以益民生外則柗徠懷遠異產珎錯並各洋魚蝦蠃蛤苔鮮藻蟄亦利育斯人於無既惟是茫茫巨浸島嶼星懸梟獍潛蹤帆檣浮跡為奠乂斯民計不得不周以邏察而邏察權宜又當先審諸形勢焉各省沿海郡邑誌載職其地者原可按圖索治至於全局形勢舊闕有總圖藏於

天府外省罕得覽焉今茲圖考前人諸書之所載并見聞之所及統邊海全疆繪成長卷令昔情形異宜又細加考輯恭以註說亦可收指掌之助云爾

一是圖第繪邊海形勢其毗連內地諸境自有郡邑各圖可攷凡係海疆州縣雖抵海邊較遠者亦必酌量方位書載以便查核

一水師重鎮駐劄之所與郡縣佐貳分防之處第書地名即可按查

一外洋險要與內洋島嶼厖雜港口衙僻為此圖肯綮是以詳細沿訪按核現今情形確繪即將各說於每段下分晰註明使閱之了然

一聯省相接界限大段載明至州縣分界每有改歸增裁之處可勿繁及

一卷首冠以四向別異南北環海全圖於以先見中華地之沿海大勢如此後閱口岸細圖其遠近險易更加明晰至中華所屬邊海界共七省起遼左盛京東南盤旋轉山東至廣省南向轉西而抵安阯以天度分得二十七度有零之界也

图五　中国文化遗产研究院藏《海疆形势全图》卷首题记

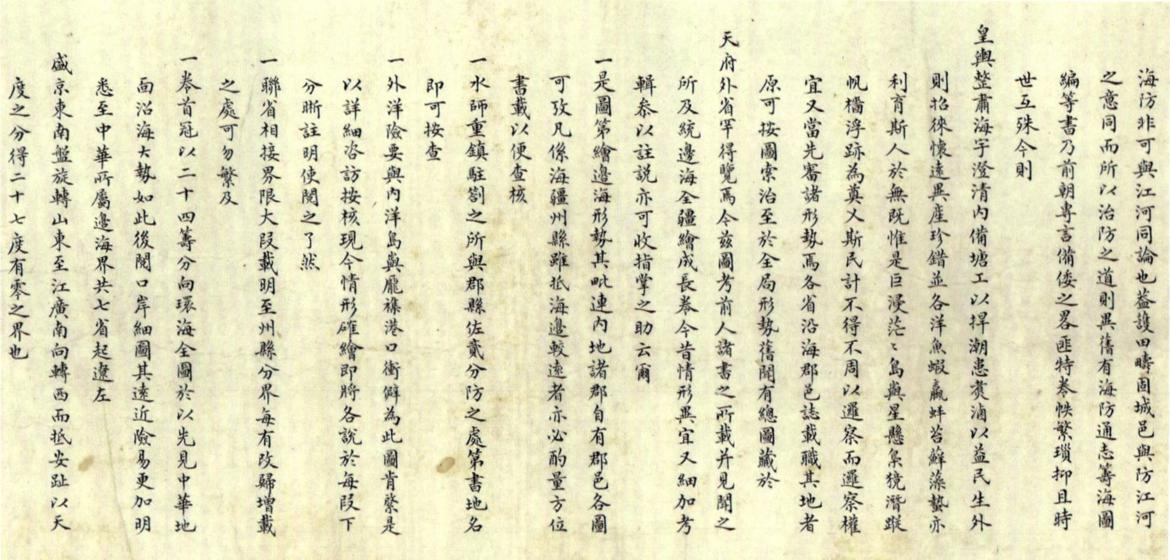

海防非可與江河同論也蓋護田疇固城邑與防江河之意同而所以治防之道則異舊有海防通志籌海圖編等書乃前朝專言備倭之畧匪特卷帙繁瑣抑且時世互殊今則

皇輿整肅海宇澄清內備塘工以捍潮患煮滷以益民生外則柗徠懷遠異產珍錯並各洋魚蝦蠃蚌苔鮮藻蟄亦利育斯人於無既惟是巨浸茫茫島嶼星懸梟獍潛蹤帆檣浮跡為奠乂斯民計不得不周以邏察而邏察權宜又當先審諸形勢焉各省沿海郡邑誌載職其地者原可按圖索治至於全局形勢舊闕有總圖藏於

天府外省罕得覽焉今茲圖考前人諸書之所載并見聞之所及統邊海全疆繪成長卷今昔情形異宜又細加考輯恭以註說亦可收指掌之助云爾

一是圖第繪邊海形勢其毗連內地諸郡自有郡邑各圖可攷凡係海疆州縣雖抵海邊較遠者亦必酌量方位書載以便查核

一水師重鎮駐劄之所與郡縣佐貳分防之處第書地名即可按查

一外洋險要與內洋島嶼龐雜港口衙僻為此圖肯綮是以詳細沿訪按核現今情形確繪即將各說於每段下分晰註明使閱之了然

一聯省相接界限大段載明至州縣分界每有改歸增裁之處可勿繁及

一卷首冠以二十四箒分向環海全圖於以先見中華地面沿海大勢如此後閱口岸細圖其遠近險易更加明悉至中華所屬邊海界共七省起遼左盛京東南盤旋轉山東至江廣南向轉西而抵安阯以天度之分得二十七度有零之界也

图六　美国国会图书馆藏《七省沿海图》卷首题记

第一幅图为《环海全图》(图七),该图无图名,在之前注记中提到《环海全图》,故名之。该幅东半球图的画法、轮廓、注记与上段提到的各幅藏图基本一致,仅存在图色等方面的细微差异,与图八对比亦清晰可见。

之后附有《海疆形势全图》,是该海图的主体部分,图中一大特色是陆地在上、海洋在下,这种方位区别于明代《筹海图编》系列海图。图幅绘制范围起自辽东半岛,沿山东、江苏、浙江、福建、广东等省份,直达交趾(今越南北部),主要绘制沿海的岛屿、州县、山峦、河道、沙洲等自然地物,同

图七 中国文化遗产研究院藏《海疆形势全图》之《环海全图》图影

时在图中相应位置注记有大段文字，经比对，均抄录自《海国闻见录》。其后依序分别为《琼州图》、《澎湖图》、《台湾前图》、《台湾后图》。整套海图共由上述六幅地图组成。

在海图最后附有两段文字，追溯该图渊源。其中提到该海图出自明代嘉靖年间，系将当时抗倭将领唐顺之、俞大猷、汤克宽、戚继光、朱先的地图合绘后得来。在明代确有一著名海图系列——郑若曾《筹海图编》系列海图，唐顺之为抗倭名将，郑若曾在编绘海图初期，唐顺之已居高位、曾指导郑氏绘图，但是唐顺之本人并未留下海图[1]。因之，只能将该图与郑若曾所绘之图比对。经比对，并未发现明显一致之处，并且上文曾提到该图方位是陆地在上、海洋在下（图九），而

[1] 参见李新贵《明万里海防图初刻系研究》，未刊稿。

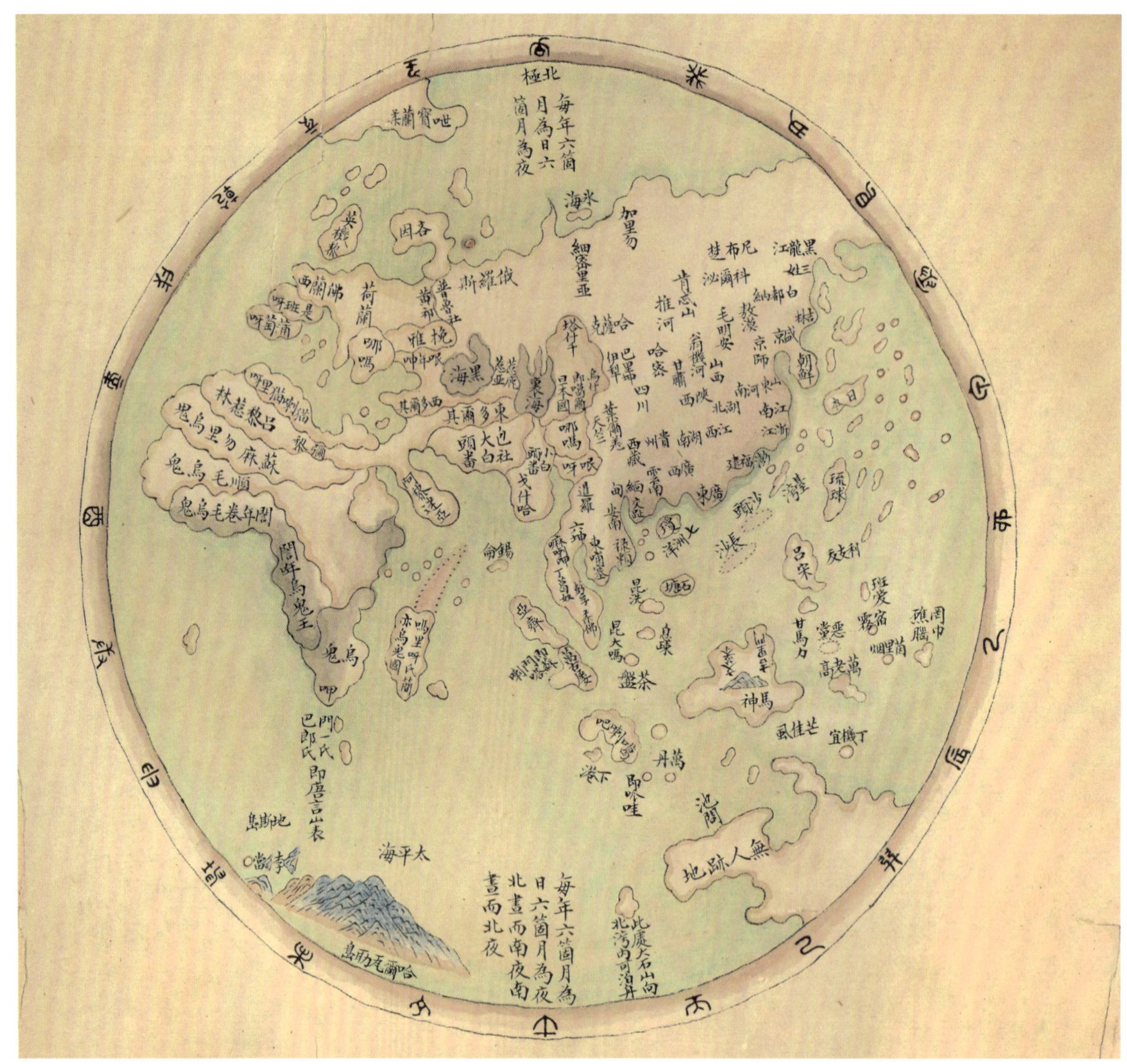

图八　美国国会图书馆藏《海疆洋界形势图》之《环海全图》图影

郑氏绘图则相反，为海洋在上、陆地在下（图一〇），如将方位颠倒后改绘，难度极大，自找麻烦，在常理上说不通。同时结合注记内容，可知注记是藏图人购得图幅后自行题写，极有可能是藏图人不了解该图真实渊源而误信为明人绘制。

通过该节比对文字注记、绘制方法、方位、轮廓等信息，可以确定该图确属于清代《海国闻见录》系列海图。同时，该图与美国国会图书馆藏《海疆洋界形势图》《海疆洋界形势全图》《七省沿海全图》、辽宁省图书馆藏《中国沿海全图》、辽宁大学历史博物馆藏《七省沿海全图》在绘制技法、文字注记等方面基本一致，经笔者分析，这些地图属于《海国闻见录》系列海图下属的一个子图系，笔者称之为《环海全图》图系[1]。

[1]　王耀：《清代〈海国闻见录〉海图图系初探》，《社会科学战线》2017年第4期。

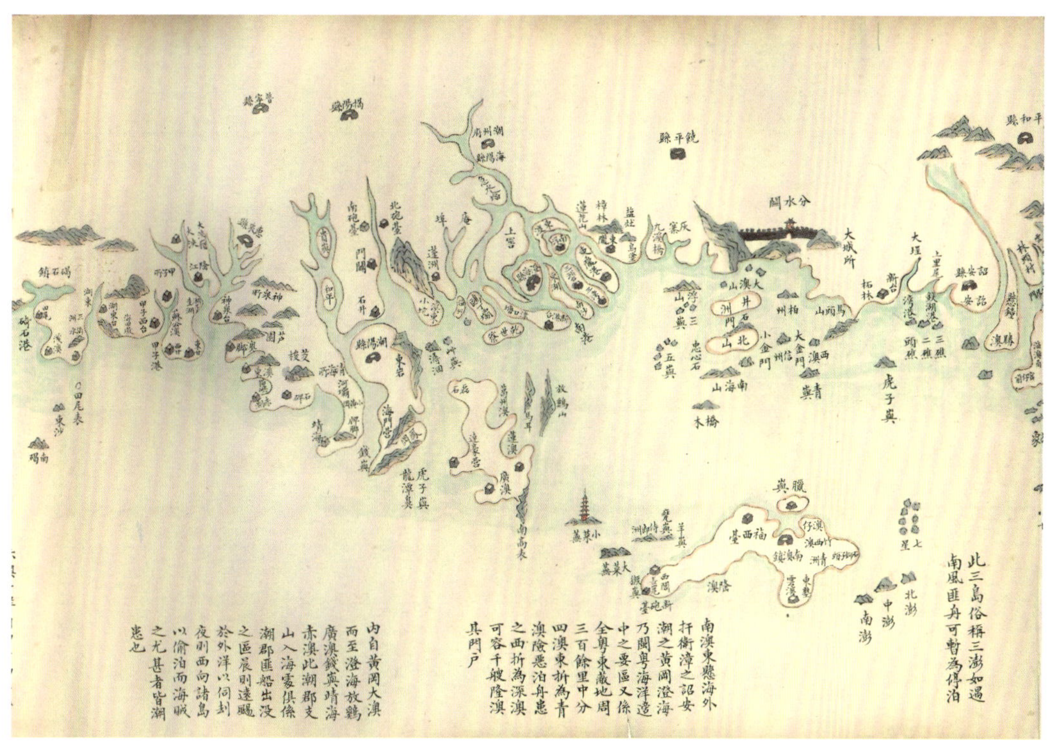

图九　美国国会图书馆藏《海疆洋界形势图》之《沿海全图》图影(局部)

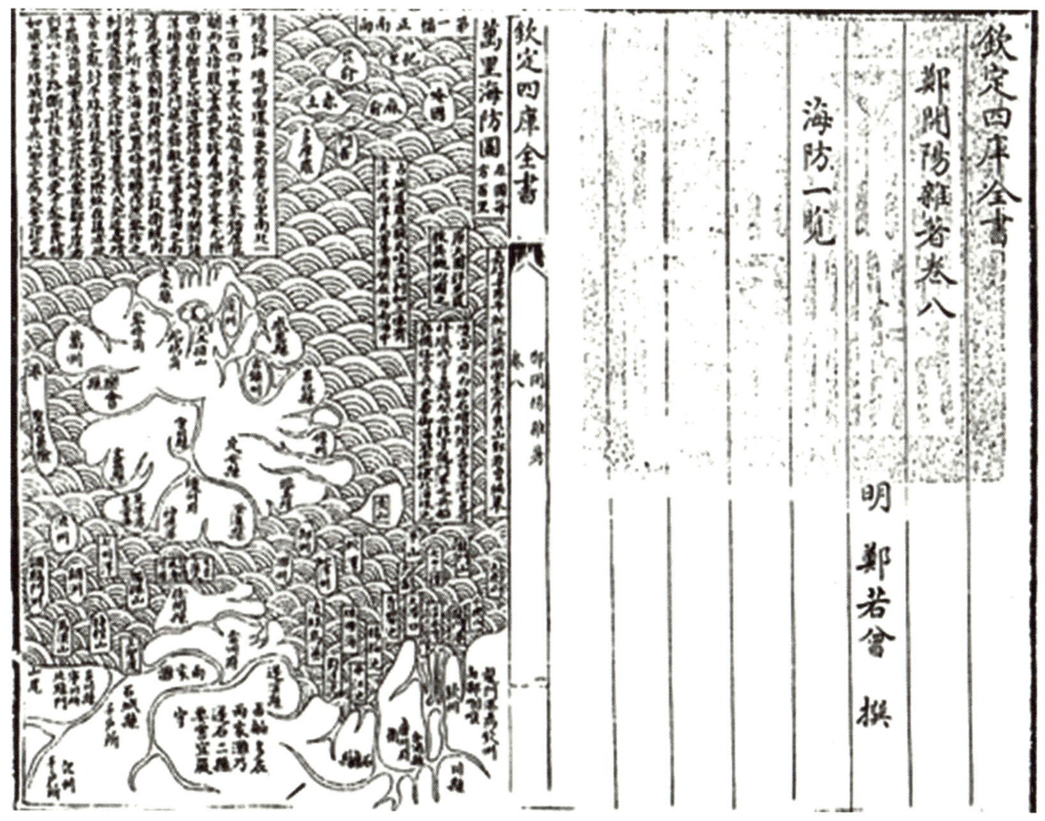

图一〇　《海防一览》局部

(二) 年代判读与图幅价值

如图七所示,在东半球图中出现了"伊犁"、"巴里坤"、"乌什"等新疆地名,并且图中将新疆绘入清朝版图。据此可以确定《环海全图》应该反映的是乾隆二十四年(1759年)统一新疆后的状况。在杭州附近出现"海宁州",乾隆三十八年(1773年)八月,"海宁县"升为"海宁州"。这一明显标志则能将年代断在此之后。此外,在《台湾前图》后附题记中,提及"乾隆甲午年丈量得实",乾隆甲午年为乾隆三十九年。而在《台湾前图》中标注有"嘉义县",这一地名则是乾隆五十三年(1788年)由"诸罗县"改名而来。

关于地图表现的下限年代,地图中出现"川沙营",该处在嘉庆十七年改为"川沙厅"。从这一标志可以推断图幅表现内容在此之前。同时,根据地图中地名、行政区划的整体状况来看,基本可以断定该图的表现年代当在乾隆末年。

目前来看,《海疆形势全图》为《海国闻见录》系列海图的一员,虽然其他机构亦有相同子图系的海图存世,但是该图保存完整、绘制精美、注记翔实,仍旧不失为清代海图之精品。

四、《沿海疆域图》解析

(一) 图幅内容与地图谱系

该图为卷轴装,纸本彩绘,采用中国传统形象画法绘制。卷首为《天下总图》(图一一),为东半球图。将之与图七、图八相比较,发现在清朝统治区域内除减少部分边疆地名外,图幅上的主要变化是增绘了黄河、长江。

之后是长卷沿海图,绘制地域同样起自辽东半岛,沿着大陆海岸线一直到交趾(越南北部),同时标注沿岸的江河、州县、山峦、岛屿、沙洲等地物,在图中空白处誊写有大量文字,经比照,基本源自《海国闻见录》书中记载。之后则是《台湾图》《台湾后图》《澎湖图》《琼州图》。最后则誊录有大量文字,分别为《东洋记》《东南洋记》《南洋记》《小西洋记》《大西洋记》《昆仑》《南澳气》,均出自《海国闻见录》。

该图与中国文化遗产研究院藏《海疆形势全图》在绘制技法、文字注记、绘制内容等方面存在较为明显的差异,经研究,笔者将之命名为《天下总图》系列,为《海国闻见录》系列海图的子图系之一。目前仅发现中科院藏有一幅此系列海图(图一二)。

(二) 年代判读与图幅价值

地图中出现了"海宁州",出现了"诸罗县"而无"嘉义县",因此推断该图表现的主要是乾隆三十八年至乾隆五十三年的沿海状况。

该图表现年代要早于《海疆形势全图》等海图,绘制技法等方面也具有特色,同时披露的《天下总图》系列海图存世较少,因此,该图不仅具有较高学术价值,而且具有一定收藏价值。

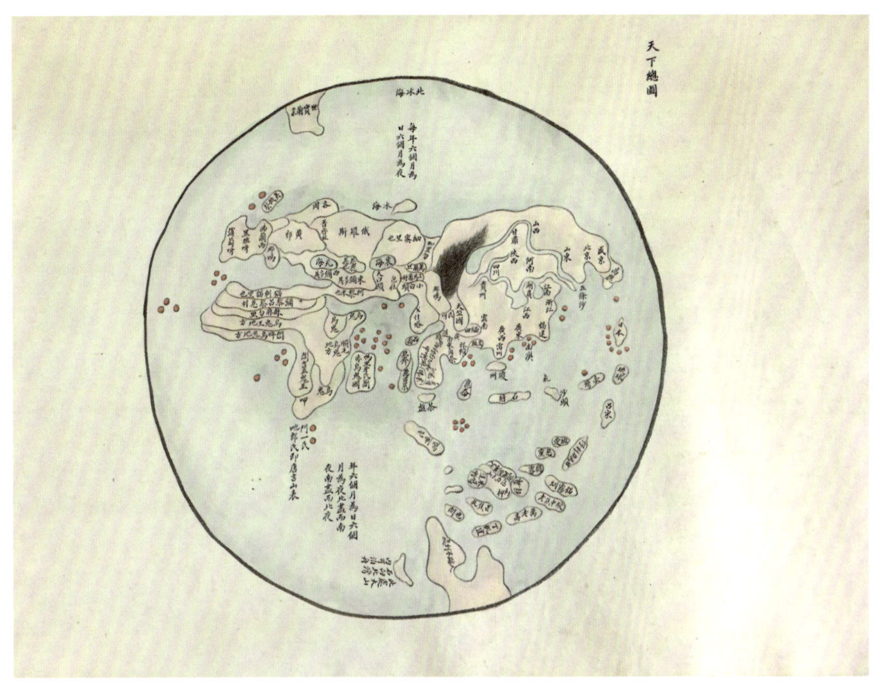

图一一　中国文化遗产研究院藏《沿海疆域图》之《天下总图》图影

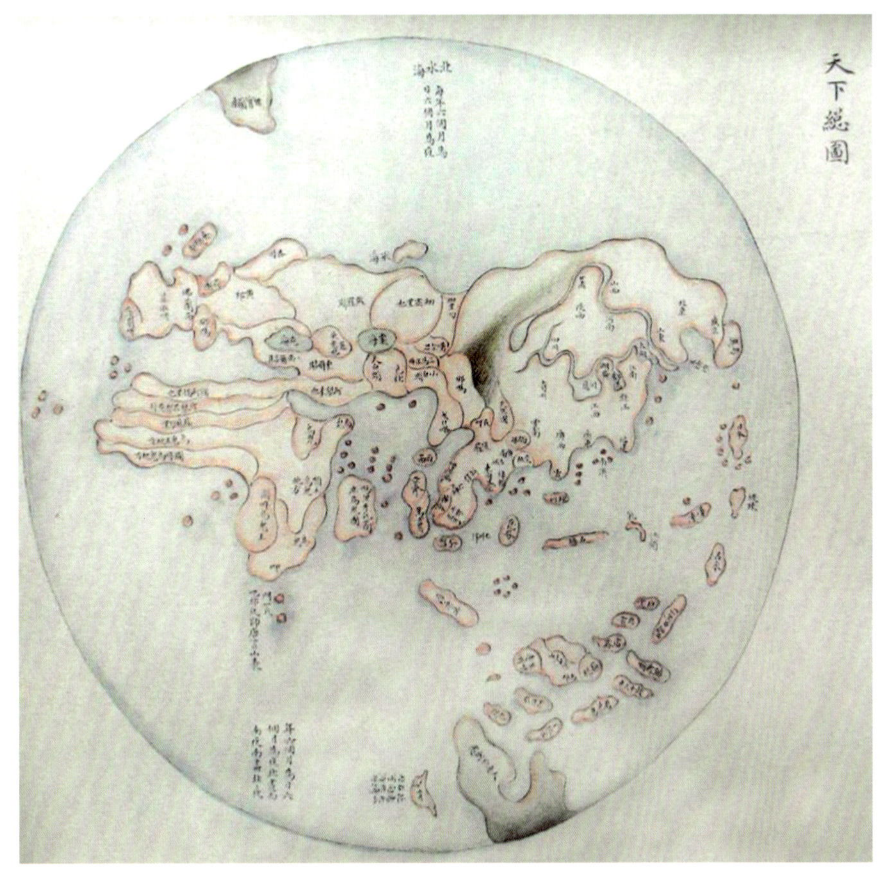

图一二　中科院图书馆藏《中国沿海七省八千五百余海里地图》之《天下总图》图影

五、广东新会博物馆藏图与广东虎门海战博物馆藏图

广东新会及虎门分别藏有《海国闻见录》系列海图,兹介绍如下:

(一) 广东新会博物馆藏《沿海全图》[1]

卷轴装,纸本彩绘,图幅有残缺,缺少《琼州图》,《沿海全图》部分缺少“诏安县”至“南澳”一段(图一三)。该图图序为:《四海总图》《沿海全图》《台湾图》《台湾后山图》《澎湖图》。图中无图序,最后附有图说,摘录自《海国闻见录》。

图一三　广东新会博物馆藏《沿海全图》之《四海总图》

[1] 参见王耀:《清雍正〈沿海全图〉释读》,《史志学刊》2016年第6期。

根据图中地名，推断该图主要反映的是雍正二年至雍正八年的区划状况，其中并未出现乾隆年间地名。该图与中科院图书馆藏《沿海全图》、天津博物馆藏《沿海全图》、南京博物院藏《沿海全图》等基本一致，同属于《四海总图》系列海图，区别于中国文化遗产研究院所藏的两幅海图。

（二）广东虎门博物馆藏图

卷轴装，纸本彩绘，该图残缺较多，缺少东半球图、《台湾图》《台湾后山图》《澎湖图》《琼州图》，仅余沿海全图一幅，并且沿海全图也有缺失，保存状况较差（图一四）。

图一四　广东虎门博物馆藏图之沿海图部分

图中信息不足，难以准确断定年代。目前来看，初步推断该图表现的是乾隆末年的沿海状况，同样属于《海国闻见录》系列海图。

中国文化遗产研究院郑子良、赫俊红、杨福梅在地图查阅等方面予以极大帮助，在此致谢！广东新会博物馆藏图图影由林文斌馆长惠赐，特致谢忱！

The Preliminary Research on *the Complete Map of Coastal Territory* and *the Map of Coastal Territory* Collected in Chinese Academy of Cultural Heritage

by

Wang Yao

Abstract: It is the important image files to research the coastal maps and coastal defense of the series maps originated from *the Record of Coastal Situation* in Qing Dynasty, which are collected by different institutions at home and abroad. On the basis of analyzing the drawing content, text annotation, graphic order, performance technique and detailed features, it is inferred that the two maps belong to different series. *The Complete Map of Coastal Territory* reflects the coastal defense, islands, sandbank and so on in the late period of Qianlong Emperor, and *The Map of Coastal Territory* depicts the situation between Qianlong thirty-eight years and Qianlong fifty-three years. In short, the two maps are valuable historical files of the coastal condition in the middle of the Qing Dynasty, with high academic value and practical significance.

Keywords: Qing Dynasty, Ancient Map, *The Record of Coastal Situation*, *The Complete Map of Coastal Territory*, *The Map of Coastal Territory*

南海Ⅰ号船体木材树种鉴定与用材分析

张治国　孙　键　席光兰　李乃胜　沈大娲*

摘　要：为了解南海Ⅰ号船体用材的特点，考察造船工艺方面的问题，根据发掘进度，分别对船头、隔舱板、船舷板、甲板桅座、舵承、舵承附板、舵孔、船上建筑红漆板的木材进行取样和树种鉴定。鉴定结果表明：南海Ⅰ号沉船的船头、隔舱板、船舷板所用木材均为南亚松，甲板桅座为罗浮栲，舵承为十蕊栲，舵承附板为铁力木，舵孔为黄樟，船上建筑区的红漆板为杉木。经与泉州湾海船、华光礁Ⅰ号、新安沉船等同一历史时期中国建造的福船对比，可知松木和杉木是我国南宋时期远洋贸易货船的主要造船树种。船体木材的鉴定为了解南海Ⅰ号的造船工艺和开展船体的保护修复打下了基础。

关键词：南海Ⅰ号　南宋时期　福船　树种鉴定

南海Ⅰ号沉船于2007年整体打捞发掘出水[1]，存放于位于广东阳江海陵岛的广东海上丝绸之路博物馆。南海Ⅰ号保护发掘项目于2013年11月28日正式启动，作为国家文物局"十二五"规划重点考古工程项目，一直受到国家文物局和广东省文化厅的高度重视[2]。南海Ⅰ号沉船是一条满载货物的沉船，从我国的东南沿海港口装货后，在前往南亚、西亚地区进行贸易活动的途中沉没于海底。船体残长22.15、最大船宽约9.9米，计有14道横向隔舱壁板，已发现间距0.62~2.01米的14个隔舱（含艉尖舱），部分隔舱上部存有甲板残留，舯部、艉部的上层建筑已倒塌，大量建筑板材散落在艉部外围。船内现存货物以瓷器、铁器为主，钱币亦较多。船内还发掘出大量戒指、手镯、臂钏、项链等金饰品，另有金叶、玉件、银铤、漆器等应属于非贸易性质的个人携行物品。截止到2015年12月，南海Ⅰ号沉船上已发掘瓷器9 971件套、金器146件套、银器127件套、铜器181件、锡器49件、漆木器41件及大量动植物标本、铜钱、船木等。从已发掘的船体结构和船型判断，南海Ⅰ号属长宽比小、安全系数高、耐波性好、装货量大的短肥形船型，属于我国古代三大船型的"福船"类型。根据铜钱、金页、银铤的铭文，以及瓷器类型推测，沉船年代应属南宋中晚期（13世纪中期）[3]。船体保存较好，存有一定的立体结构，

*　张治国、孙键、席光兰，国家文物局水下文化遗产保护中心；李乃胜、沈大娲，中国文化遗产研究院。

[1]　魏峻：《南海Ⅰ号2007整体打捞》，《中国文化遗产》2007年第4期。

[2]　南海Ⅰ号考古队：《来自南海Ⅰ号考古队的报告》，《中国文物报》2014年12月30日第3版。

[3]　国家文物局主编：《2015中国重要考古发现》，文物出版社，2016年，第144~147页。

这在以往的我国沉船考古中较为鲜见，对于研究中国古代造船史、海外贸易史具有重要意义[1]。

随着南海Ⅰ号船体的持续发掘，船体各部位构件逐渐揭露出来。无论从考古科学研究还是船体保护工作角度来说，开展木船的各个部位木材的树种鉴定和相关分析工作都是非常必要的，有助于对船体保存状况的全面了解。本文通过采集南海Ⅰ号船体已揭露部位的木材标本，进行树种鉴定，并对船体用材进行了分析。

一、材料与方法

（一）样品信息

2014年7月9日，对南海Ⅰ号船体4个部位（西北角船头、北隔梁隔舱板、中部南端隔舱板和西侧船舷）的木材进行取样和实验室分析，4个样品的编号分别为NHW－1、NHW－2、NHW－3和NHW－4。

2015年1月15日，对南海Ⅰ号船体5个部位（甲板桅座、舵承、舵承附板、舵孔、船上建筑红漆板）的木材进行取样和分析，编号分别为NHW－5、NHW－6、NHW－7、NHW－8和NHW－9。

取样具体情况见表一和图一。

表一　南海Ⅰ号船体木材取样情况表

序号	样品编号	取样位置	序号	样品编号	取样位置
1	NHW－1	T0101，西北角船头	6	NHW－6	T0501，舵承
2	NHW－2	T0101，北隔梁隔舱板	7	NHW－7	T0501，舵承附板
3	NHW－3	T0202，中部南端隔舱板	8	NHW－8	T0501，舵孔
4	NHW－4	T0302，西侧船舷	9	NHW－9	T0502，红漆板
5	NHW－5	T0302，甲板桅座			

（二）分析方法

树种鉴定：采用微观识别技术。使用木材滑走切片机，切出木材试样在横、径和弦三个面的切片（厚度为10~20 μm），经生物试剂染色、脱水、透明和封片，置于光学显微镜下，观察与记载木材微观构造，同时用肉眼和放大镜对木材的宏观构造特征进行观察。然后根据相关国家标准和图谱判断木材种类[2]。

[1]　刘修兵：《南海Ⅰ号神秘面纱逐渐揭开》，《中国文化报》2016年1月18日第8版。

[2]　中华人民共和国国家标准，中国主要木材名称：GB/T16734－1997；成俊卿：《中国热带及亚热带木材》，科学出版社，1980年，第1~621页；徐峰：《木材鉴定图谱》，化学工业出版社，2008年，第1~416页。

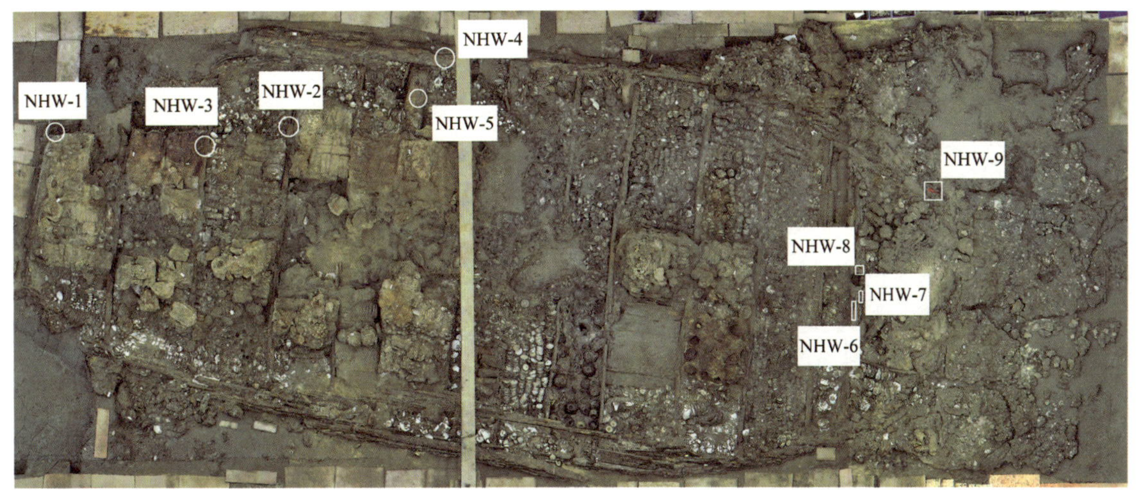

图一　南海Ⅰ号船体木材取样位置

二、结果与讨论

（一）树种鉴定

1. 松木科，南亚松

经鉴定，取自南海Ⅰ号船头、隔舱板、船舷板的木材样品 NHW－1、NHW－2、NHW－3 和 NHW－4 均为松木科的南亚松。学名为 Pinus tonkinensis A.Chev.。

南亚松的识别要点如下（图二）：

① 宏观构造：木材暗红褐色，呈不同程度腐朽。生长轮明显，宽度不均匀，早材至晚材急变；缺少轴向薄壁组织。木射线少至中，甚细至细；径切面上射线斑纹明显。横切面上树脂道分布在晚材带内。结构中至粗，不均匀。

② 显微构造：弦切面上木射线具单列和纺锤形两类。纺锤射线具径向树脂道。径切面上轴向管胞具缘纹孔 1~2 列，射线薄壁细胞与早材管胞交叉场纹孔式为松木型。射线管胞内壁锯齿状。

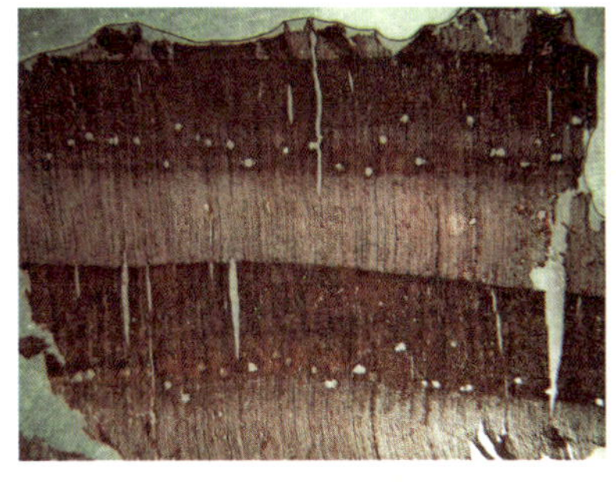

横切面 10 倍

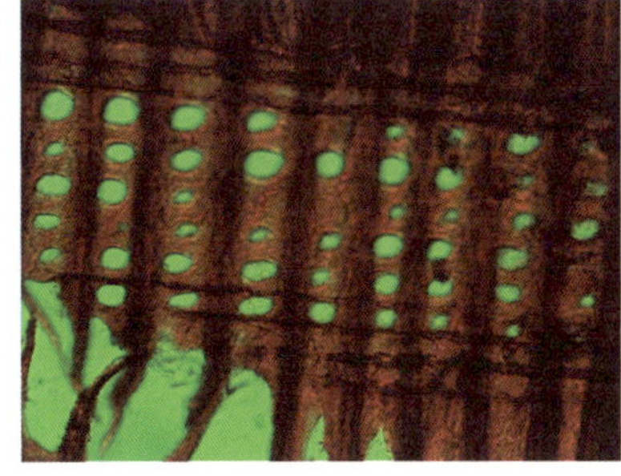

径切面 400 倍

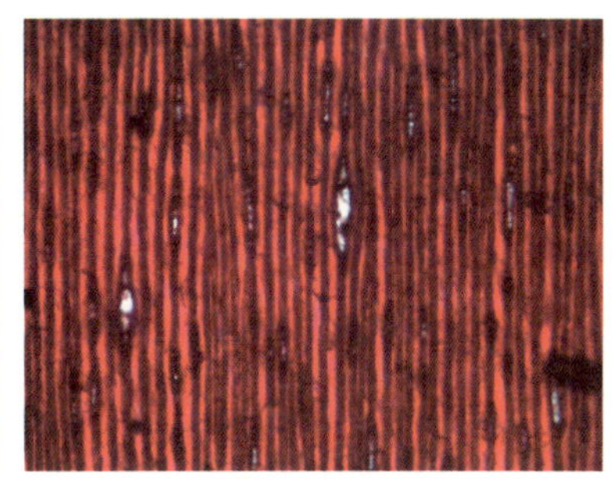

弦切面 100 倍

图二　南海Ⅰ号木船所用南亚松的解剖构造三切面

南亚松是典型的热带松类,是我国产脂力最高的松树,产于海南省定安、临高、屯昌、白沙等县海拔 800 米的地区,陵水县坝王岭海拔 450 米以上的地区,以及广西钦州市、广东省湛江市,缅甸、越南、老挝、柬埔寨、菲律宾等地亦有分布。

2. 槭树,罗浮槭

南海I号甲板桅座(NHW－5)的木材种属为槭树科罗浮槭,学名为 Acer fabric Hance(图三)。

横切面 10 倍

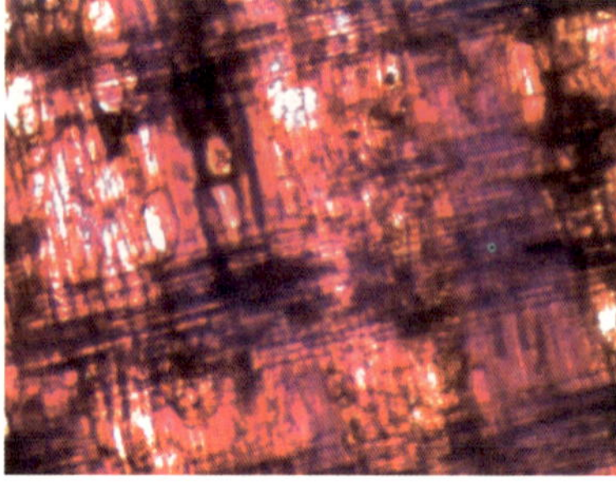

径切面 100 倍

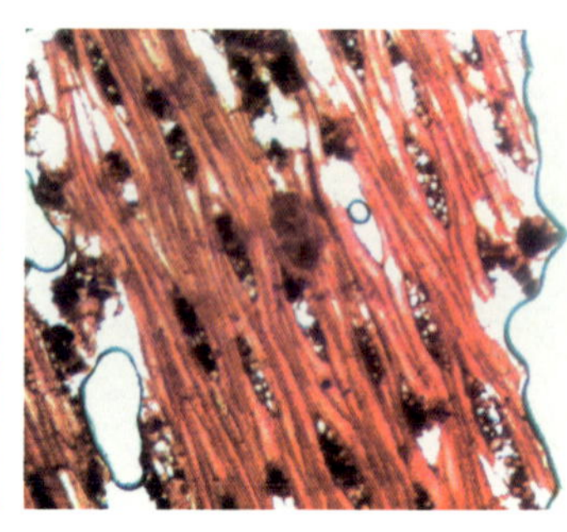

弦切面 100 倍

图三　南海 I 号甲板桅座所用罗浮槭的解剖构造三切面

显微构造:散孔材,单管孔及少数 2~3 个径列复管孔。木射线非叠生,射线组织同形多列。

罗浮槭主要产自我国华南及长江以南地区。

3. 槭树,十蕊槭

南海 I 号舵承(NHW－6)的木材种属鉴定为槭树科槭树属十蕊槭。学名为 A.decandrum。

显微构造识别特征要点(图四):散孔材;木射线非叠生,同形多列。

横切面 10 倍

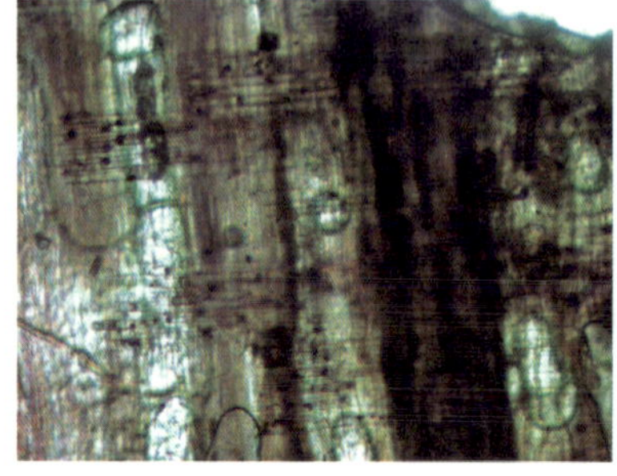

径切面 100 倍

弦切面 100 倍

图四　南海 I 号舵承所用十蕊槭的解剖构造三切面

十蕊槭主要产于海南岛吊罗山、尖峰岭等林区海拔 400~900 米的高山地区,广东及广西也有分布。越南北部亦产。

4. 藤黄科,铁力木

南海 I 号舵承附板 NHW－7 样品木质坚硬,种属鉴定为藤黄科铁力木,学名为 M. ferra。

木材鉴定特征要点(图五):散孔材;管孔少,略小;在肉眼下呈白点状。生长轮末端常无管孔或少管孔。木射线 1~2 列宽,异型,非叠生。

铁力木主要产自滇南西双版纳，坚硬强韧，含树脂，抗腐及抗虫性强，为亚洲著名的硬材，用于重要的构筑物，如小型船舶的舵杆、龙骨、驾驶盘、轴套及尾轴等。

5. 樟木，黄樟

南海Ⅰ号舵孔样品 NHW－8 的木材种属鉴定为樟科樟木属黄樟，学名为 Cinnamomum porrectum（Roxb.）Kosterm.。

横切面 100 倍

径切面 100 倍

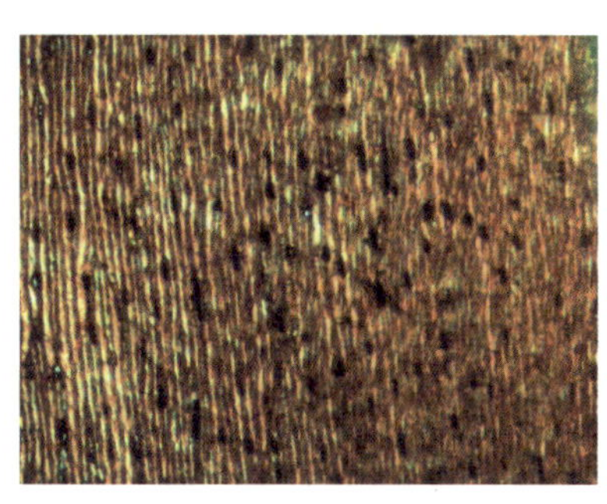

弦切面 100 倍

图五　南海Ⅰ号舵承附板所用铁力木的解剖构造三切面

识别要点（图六）：

① 宏观构造：木材灰褐色，呈不同程度的腐朽。生长轮明显，宽度不均匀，轮间界以深色带；管孔略多、略小至中，在肉眼下可见，分布略均匀（散孔材）；斜列或散生；傍管束状轴向薄壁组织较香樟多，在放大镜下明显。木射线少至中，极细至略细；径切面上有射线斑纹。波痕及胞间道缺如。

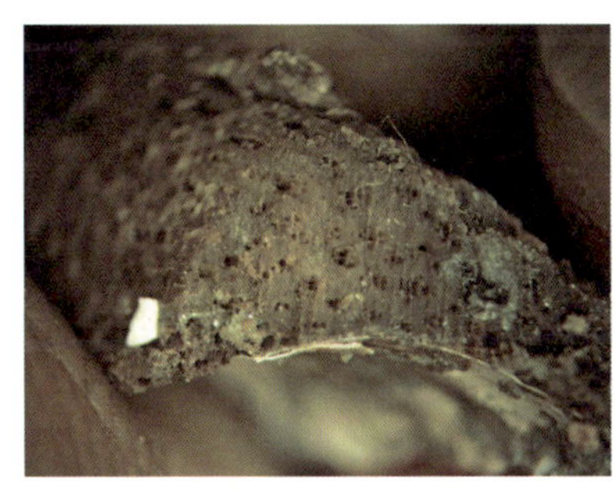

横切面 10 倍

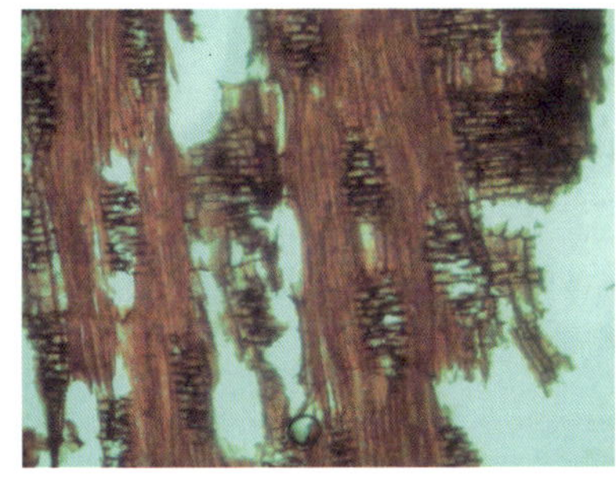

径切面 100 倍

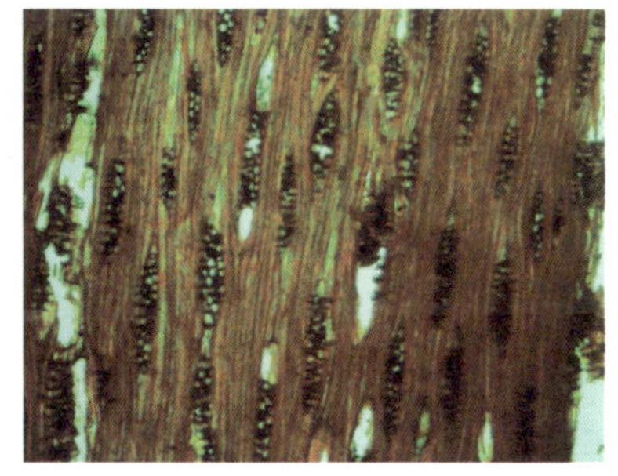

弦切面 100 倍

图六　南海Ⅰ号舵孔所用黄樟的解剖构造三切面

② 显微构造：导管壁较香樟薄，管间纹孔式互列。木射线非叠生；射线组织为异形Ⅱ型。多列射线宽 2~3 细胞，高 10~20 细胞。薄壁细胞和射线细胞内含丰富油细胞。

黄樟主要产于福建、浙江、江西、广东、广西、湖南、四川、贵州等省区，在福建南部海拔 700 米左右、广东北部乳源林区海拔 550 米以下、湖南南部郴州海拔 200~300 米、宜章莽山林区海拔 700 米左右、海南岛尖峰岭和吊罗山海拔 400~800 米、贵州东部海拔 1 000 米左右以及江西南部等地产量较多。

6. 杉科,杉木

南海Ⅰ号船上建筑区红漆板(NHW－9)的木材种属鉴定为杉科杉属杉木。学名为 Cinninghamia lanceolota (Lanb.) Hook.。

识别要点(图七):

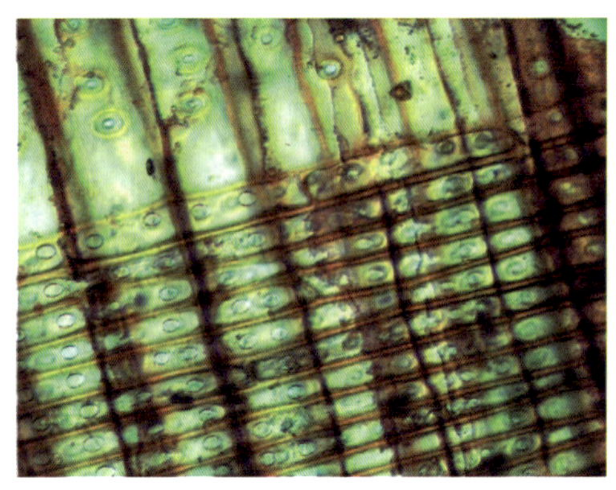

径切面 400 倍

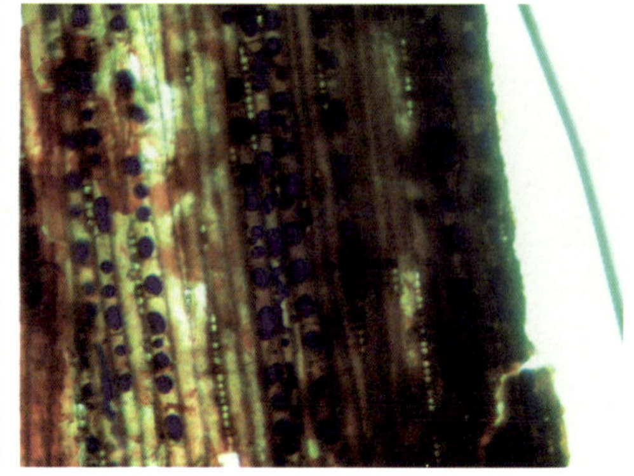

弦切面 100 倍木射线、树脂细胞

图七　南海Ⅰ号船上建筑区红漆板所用杉木的显微形貌

① 宏观构造:木材浅黄褐色至暗褐色,呈不同程度的腐朽。生长轮明显,宽度不均匀,早材至晚材缓变,轮间界以深色晚材带;木射线少至中,极细至甚细;径切面上射线斑纹明显。

② 显微构造:木射线具单列,高 2~12 细胞。早材管胞间与射线薄壁细胞交叉场纹孔式为杉木型,2~4 个横列。轴向薄壁细胞量多,星散状及弦向带状。

杉木主要产于长江流域以南,尤以福建、湖南、贵州、四川等省产量最多。

树种鉴定的结果统计于表二,由结果可以看出,南海Ⅰ号船体各部位采用了不同种属的木材,用材较为丰富。

表二　南海Ⅰ号船体木材树种鉴定情况表

序号	样品编号	取样位置	鉴定结果	拉丁名
1	NHW－1	T0101,西北角船头	松木,南亚松	*Pinus tonkinensis　A. Chev.*
2	NHW－2	T0101,北隔梁隔舱板	松木,南亚松	*Pinus tonkinensis　A. Chev.*
3	NHW－3	T0202,中部南端隔舱板	松木,南亚松	*Pinus tonkinensis　A. Chev.*
4	NHW－4	T0302,西侧船舷	松木,南亚松	*Pinus tonkinensis　A. Chev.*
5	NHW－5	T0302,甲板桅座	槭树,罗浮槭	*Acerfabric Hance*
6	NHW－6	T0501,舵承	槭树,十蕊槭	*A. decandrum*
7	NHW－7	T0501,舵承附板	藤黄科,铁力木	*M. ferra*
8	NHW－8	T0501,舵孔	樟木,黄樟	*Cinnamomum porrectum(Roxb.) Kosterm.*
9	NHW－9	T0502,船上建筑红漆板	杉科,杉木	*Cinninghamia lanceolota(Lanb.) Hook.*

由已采集部位木材的树种鉴定结果来看，南海Ⅰ号沉船所用木材与船体部位密切相关。船头、隔舱板、船舷板所用木材均为松木科的南亚松；其余船体部位所用木材种属则不一而足，其中甲板桅座为橄树科罗浮槭；舵承为槭树科十蕊槭；舵承附板木材坚硬，为藤黄科的铁力木；舵孔为樟木科的黄樟；船上建筑区的红漆板所用木材为杉科的杉木。

（二）南海Ⅰ号船体用材探讨

南海Ⅰ号（南宋中晚期）与宁波和义路出土小型交通运输船（南宋）、泉州湾海船（南宋晚期）、华光礁Ⅰ号（南宋晚期）、新安沉船（元代中叶）、南通如东县出土双桅小海船（元代）的时代接近，因此有必要统计其船体用材的异同及关联。

宁波和义路出土南宋木船为尖底海船，残长9.2米，最宽处约2.8米，深约1.15米，属可航行于港内和近海的小型交通运输船。经树种鉴定，该船的船板用杉木，龙骨用荔枝木，隔舱板用香樟木[1]。

泉州湾后渚港宋代海船残长24.20、残宽9.15米，船体扁阔，平面近椭圆形，尖底，是我国发现的一艘年代较早、体量较大的远洋贸易木帆船。船体用材主要是杉木、松木和樟木三种，其中龙骨为两段松木结合而成，船壳基本上为杉木，桅座、舵座与肋骨均为樟木，隔舱板为杉樟并用。出土时，大部分杉木构件保存较好，木材含水率虽高达300%以上，但木材组织中的主要成分如纤维素、半纤维素与木质素的含量与现代木材接近。松木与樟木则降解程度较高[2]。

华光礁Ⅰ号是一条满载中国瓷器等货物的南宋晚期贸易商船，可能是从泉州港出发，前往东南亚等地进行贸易[3]。船体残长20、宽6、舷深3~4米，有11个隔舱。该船上采集的5个样品的树种鉴定结果表明均为松木，从而判断华光礁Ⅰ号船体构件材质主要为松木[4]。

韩国新安沉船于1976年至1984在朝鲜半岛西南岸的新安发掘出水，是一条14世纪初（元朝）的中国船。原船长约32、宽10米，在纵中线上有3.5米深。木材树种鉴定表明，木船的船体木板、龙骨均为中国红松木，覆材、木箱为中国冷杉木，货舱为紫檀木。船体主要用材中国红松木和冷杉木的产地主要分布于中国南方[5]。

江苏南通如东县1986年出土的元代木船的船长12.6、宽3.0、深1.6米，内有水密舱9个，是一艘双桅小海船，在船体结构和造船工艺等方面与平度出土的双体独木隋船有明显的进步和发展。木材鉴定结果表明，木船的甲板、船舷板和部分隔舱板为杉木，部分隔舱板为柳木，舵承为榉木，根据古船用材树种分析判断，该船为我国南方所造[6]。

---

[1] 陈潇俐、万俐、褚晓波等：《浙江宁波和义路出土古船的树种鉴定和用材分析》，《宁波文物考古研究文集》，科学出版社，2008年，第189~194页。

[2] 费利华、李国清：《泉州湾宋代海船保护40年回顾、现状与分析》，《文物保护与考古科学》2015年第4期。

[3] 孙键：《解密华光礁一号沉船》，《华夏地理》2007年第10期。

[4] 包春磊：《南海"华光礁Ⅰ号"沉船水下考古试析》，《南海学刊》2015年第1期。

[5] 李昶根等：《十四世纪失事船舶的保护》，《文物保护与考古科学》1998年第2期。

[6] 徐永吉、吴达期、李大纲等：《南通元代古船的木材鉴定》，《福建林学院学报》1995年第1期。

将这五艘船与南海Ⅰ号的船体木材树种鉴定结果统计于表3。

南海Ⅰ号(南宋中晚期)、泉州湾海船(南宋晚期)、华光礁Ⅰ号(南宋晚期)、新安沉船(元代中叶)大致可以视为同一历史时期中国建造的福船,同属短肥型的远洋商贸货船。新安沉船的主尺度比值、型线图、扁形镯板(镯钉)与舌形樟,以及外板是由舌形榫头与舱壁连接的鱼鳞式构造等特征,均与泉州湾古船十分相近,属尖底尖头的福船[1]。从这四艘船的树种鉴定结果来看,南海Ⅰ号、华光礁Ⅰ号、新安沉船的隔舱板、船舷板等主体部位由松木制成,泉州湾海船则主要由杉木和少量樟木制成,南海Ⅰ号船上建筑漆板的胎体用材则是杉木。与这四艘船时代相近的宁波和义路运输船和南通如东县海船的船舷板主要为杉木。

从表三中可以看出,在南宋时期,除杉木、松木之外,樟木也是重要的一类船材,在隔舱板、桅座、舵座、肋骨、隔舱底部等船体部位有所使用。由此可见,杉木、松木、樟木是我国宋元时期重要的造船树种。说明800年前的先人对这些树种的材性和用途已有较深的了解和掌握,根据树种的材性特点,在船体不同部位发挥其使用功能。

表三　南海Ⅰ号与其他古代沉船树种用材比较列表

木船 部位	宁波和义路 南宋	南海Ⅰ号 南宋中晚期	泉州湾 南宋晚期	华光礁Ⅰ号 南宋晚期	新安沉船 元代中叶	南通如东县 元代
类别	小型交通 运输船	远洋货船	远洋货船	远洋货船	远洋货船	双桅小海船
船型	尖底海船	福船	福船	福船	福船	南方造船
样品位置不详	*	*	*	松木	*	*
龙骨	荔枝木	*	松木	*	松木	*
隔舱板	香樟木	松木	杉木、樟木	*	松木	杉木、柳木
船舷板	杉木	松木	杉木	*	松木	杉木
桅座	*	槭树	樟木	*	*	*
舵座	*	樟木	樟木	*	*	*
舵承	*	槭树	*	*	*	榉木
舵承附板	*	铁力木	*	*	*	*
肋骨	*	*	樟木	*	*	*
隔舱底部	*	*	樟木	*	*	*
甲板	*	*	*	*	*	杉木
船上建筑漆板	*	杉木	*	*	*	*

注:“*”代表未检测。

通过对我国41种木材分别在青岛和海南海域进行的天然抗蛀性实验研究,将木材对海生蛀

[1]　席龙飞:《对韩国新安海底沉船的研究》,《海交史研究》1994年第2期。

木动物的天然抗蛀性归纳为五级，与常用船材马尾松、红松、杉木等相似，南海Ⅰ号主要使用的南亚松也属于最不耐蛀的第五级[1]。因此，海船上通常可见船蛆蛀后留下的大量孔洞。

结　　语

由南海Ⅰ号船体已采集部位木材的树种鉴定结果来看，南海Ⅰ号沉船的船头、隔舱板、船舷板所用木材均为松木科的南亚松；其余船体部位所用木材种属不一而足，其中甲板桅座为槭树科罗浮槭；舵承为槭树科十蕊槭；舵承附板木材坚硬，为藤黄科的铁力木；舵孔为樟木科的黄樟；船上建筑区的红漆板所用木材为杉木。

经与泉州湾海船、华光礁Ⅰ号、新安沉船等同一历史时期中国建造的福船的船体用材对比，可知松木和杉木是我国南宋时期远洋贸易货船的主要造船树种。

感谢广东海上丝绸之路博物馆曾超群馆长、福建农林大学谢拥群教授、刘景宏教授等对本研究工作的大力协助。

[1] 陈允适：《国产41种木材对海生蛀木动物的天然抗蛀性的研究》，《林业科学》1985年第3期。

Identification and Analysison Timber Species of South China Sea I Shipwreck

by

Zhang Zhiguo　Sun Jian　Xi Guanglan　Li Naisheng　Shen Dawa

Abstract: To find out the wood species and shipbuilding technology of South China Sea I shipwreck, according to the excavation progress, the timber samples from different parts of the ship were taken for species identification. Analysis results show that wood samples from the bow, bulkhead and side board are pinus latteri, mast step is acer fabri, rudder carrier is acer decandrum, plank attached on the rudder carrier is nagkassar, helmport is sassafras, and the red paint plank of the ship building is cedarwood. Pine and fir are the main shipbuilding tree species of the ocean trade cargo ship in southern song Dynasty, such as South China Sea I shipwreck, Quanzhou Bay shipwreck, Huaguangjiao I shipwreck and Shinan shipwreck. The identification of hull timber species laid the foundation for the research on the shipbuilding technology and conservation of South China Sea I shipwreck.

Keywords: South China Sea I, Southern Song Dynasty, Fu Type Ship, Timber Species Identification

广东南澳Ⅰ号明代沉船出水青花瓷器与钴蓝色料研究

马燕莹　孙　键　胡东波*

摘　要：南澳Ⅰ号沉船位于广东汕头市南澳县南澳屿与半潮礁之间海域，是一艘明万历年间的商船。2007年发现并于2009年开始打捞，到目前为止出水文物以瓷器为主，其中以漳州窑瓷器数量最多，景德镇瓷器品质最优。本文利用体视显微镜（Stereo Microscopy）、激光拉曼光谱（Raman Microscopy）、扫描电子显微镜与能谱仪（SEM－EDX）等，分析了8件南澳Ⅰ号的青花瓷器碎片样品，这些瓷片分别属于景德镇窑和漳州窑。SEM－EDX数据确定青花显色元素为Fe、Mn和Co等元素，MnO/CoO值和Fe_2O_3/CoO值在2.1～13.0与1.2～10.0，釉层中CaO和K_2O在4.8%～11.7%与2.4%～5.2%之间变化，色料层局部的CaO含量高至16.0%，釉层应为石灰—碱釉。青花瓷胎中SiO_2含量68.8%～77.2%，Al_2O_3含量18.1%～24.7%，属高硅低铝瓷胎。景德镇窑瓷片保留有明显的色料层，其中发育完整的针状结晶经Raman光谱确定为钙长石（$CaAl_2Si_2O_8$），同时在富Co区域发现了钴蓝（CoO · Al_2O_3）和Mn_xO_y等化合物。

关键词：青花瓷　明代　南澳Ⅰ号　钴蓝色料　钙长石　Raman　SEM－EDX

引　言

广东地区作为我国海上丝绸之路的重要起始段，拥有得天独厚的优势，两千年来海上贸易长盛不衰，沿海地区保存了丰富的海上丝路文化遗存，举世闻名的南澳Ⅰ号和南海Ⅰ号沉船就是其中的代表。南澳Ⅰ号沉船在2007年5月被发现于汕头市南澳县，该地在明代即拥有“南海明珠”之美誉[1]，史载“郑和七下西洋，五经南澳”[2]。南澳Ⅰ号沉船位于南澳岛乌屿与半潮礁之间海域，是一艘明万历年间的商船，也是目前发现的第一艘明晚期商船，沉船长27米，宽7.8米，共有25个舱位，是迄今为止发现的明代沉船里舱位最多的商船。2009年9月26日，南澳Ⅰ号水下考古抢救发掘项目正式启动，至2012年9月完成第三轮打捞，共出水文

*　马燕莹，故宫博物院；孙键，国家文物局水下文化遗产保护中心；胡东波，北京大学考古文博学院。

[1]　郭湘钰等：《被掩藏的粤海明珠——谈“南澳一号”水下考古的旅游开发价值》，《中国科技投资》2013年第20期。

[2]　《“南澳一号”——中国海上丝绸之路之谜》，《中国水运》2010年第6期。

物近 3 万件[1]。发掘出的船载货物中,有瓷器、陶器、铁器、铜器、锡器、金器、木器、石器等文物,还有 4 门火炮和疑似炮弹的圆形凝结物,考古成果丰硕,充分反映了海禁时期广东港口依旧繁荣、制瓷技术不断发展和海上丝绸之路的延续,为丰富明代航海、对外贸易、造船等研究提供了极其重要的实物佐证[2]。南澳 I 号出水文物以瓷器最为大宗,瓷器基本为漳州市平和窑瓷器,此外还有景德镇彩釉瓷器等,主要包括青花瓷大盘、碗、钵、杯、罐、瓶等。

关于明代内陆出土青花瓷器的科技分析研究,已经有很多研究论文发表,但对于此一时期海洋出水青花瓷器标本的研究工作,开展的还相对较少。同时,以前的研究工作多从瓷器表面为切入点,分析过程中瓷釉与色料层混在一起,不能很好区分釉层与色料层,在分析胎体成分时需将釉层与色料层打磨掉,工作量较大。

本文选取 8 件青花瓷器碎片样品,利用体视显微镜(Stereo Microscopy)、激光拉曼光谱(Raman Microscopy)、扫描电子显微镜与能谱仪(Scanning electron microscopy-energy dispersive X-ray, SEM-EDX)等分析青花瓷器样品的釉层、色料层和瓷胎的元素成分以及物相组成,以期为明代相同时期青花瓷器文物的艺术史研究提供有益信息,同时为瓷器保护材料和修复技术的选择提供依据。

一、样品描述与分析方法

(一) 样品描述

8 件青花瓷器碎片样品的外观与尺寸如图一,1、2,部分瓷片表面附着有海洋沉积物。为分析釉层、色料层和瓷胎的成分和物相组成,依横断面切割小片样品后,采用环氧树脂包埋并按金相制样要求抛光[3]。

南澳 I 号出水瓷器以漳州窑青花瓷器数量最多,又以景德镇瓷器品质最优[4]。漳州窑青花瓷器瓷胎厚重,器表施釉,釉色失透,底足粘有细砂,器表棕眼明显,青花色泽暗淡,颜色发灰、发黑,不见纯正的蓝色。而景德镇青花瓷胎体轻薄,个别壁厚仅 1~2 毫米,色泽光亮艳丽,有浅蓝、深蓝、靛蓝、蓝黑等不同色调,玻璃质感强[5]。

根据不同窑址出产青花瓷器特征可初步推断样品 NAP-1~NAP-3 应出自景德镇窑,NAP-4~NAP-8 出自漳州窑(表一)。

---

[1] 郭湘钰等:《被掩藏的粤海明珠——谈"南澳一号"水下考古的旅游开发价值》,《中国科技投资》2013 年第 20 期。

[2] 杨映红、陈泽芳:《地域文化视野下"南澳一号"的历史印记》,《岭南文史》2014 年第 2 期。

[3] David A. Scott, *Metallography and Microstructure of Ancient and History Metals*, Getty Publications, The Getty Conservation Institute/ The J. Paul Getty Museum, Malibu, 1991, pp.72-73.

[4] 广东省文物考古研究所等:《孤帆遗珍"南澳一号"出水精品文物图录》,科学出版社,2014 年,第 3 页。

[5] 同上书,第 16、17 页。

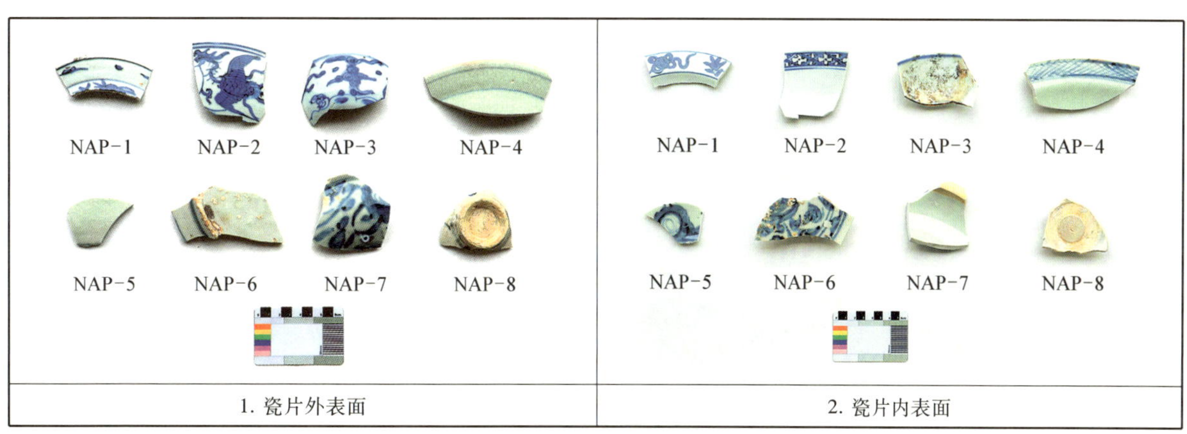

1. 瓷片外表面　2. 瓷片内表面

图一　取样分析之青花瓷碎片

表一　青花瓷片样品外貌特征

编　号	胎	釉	青　花
NAP-1	胎体洁白细腻、致密、烧结、有开口气孔。胎层厚为2~2.3毫米	青白釉色泛青，器物二面施釉，釉面有针眼。釉层厚为0.3毫米	釉下青花彩，色泽艳丽，呈青蓝色，有深淡变化
NAP-2	同上，胎层厚为3.2毫米	同上，釉层厚为0.3毫米	同上
NAP-3	同上，胎层厚为2.1毫米	同上，釉面不光洁。釉层厚为0.2毫米	同上
NAP-4	胎体灰白致密、烧结、有开口气孔。胎层厚为3.4~3.6毫米	青白釉色泛青，釉色失透，器物二面施釉，釉面细开裂纹，针眼较大。釉层厚为0.4毫米	釉下青花彩，色泽暗淡，呈色泛灰，有深淡变化，深处呈黑色
NAP-5	同上，胎层厚为3.4~3.5毫米	青白釉色泛青，釉色失透，器物二面施釉，釉面有针眼。釉层厚为0.8毫米	同上
NAP-6	同上，胎层厚为10毫米	青白釉色泛青，釉色失透，器物二面施釉，釉面不光洁，针眼较大，底足粘有细沙。釉层厚为0.5毫米	同上
NAP-7	同上，胎层厚为6.4毫米	青白釉色泛青，釉色失透，器物二面施釉，釉面细开裂纹。釉层厚为0.5毫米	同上
NAP-8	同上，胎层厚为4.5~5.5毫米	青白釉色泛青，釉色失透，器物二面施釉，釉面有针眼，底足粘有细沙。釉层厚为0.6毫米	釉下青花彩，色泽暗淡，呈色泛灰，有深淡变化

（二）分析仪器

德国Leica M80体视显微镜。

扫描电子显微镜S-3600N型：日立公司制作，分析电压20 KV。美国EDAX公司Genesis 2000XMS型X射线能谱仪。

法国JY公司制造的HORIBA型拉曼光谱仪：搭配Olympus BX-41显微镜；激光波长

532 nm、638 nm 和 785 nm。

(三) 实验方法

1) 体视显微镜(Stereo Microscopy)分析：观察样品整体形貌。

2) 扫描电子显微镜和能谱仪(SEM - EDX)分析：切割出带色料块状样品，用环氧树脂包埋，树脂固化后抛光。样品表面喷金后用于分析。

3) 拉曼光谱(Raman Microscopy)分析：将样品直接放在载玻片上测试。

二、结果与讨论

(一) 样品表面形貌

利用体视显微镜观察样品表面形貌，结果见图二。

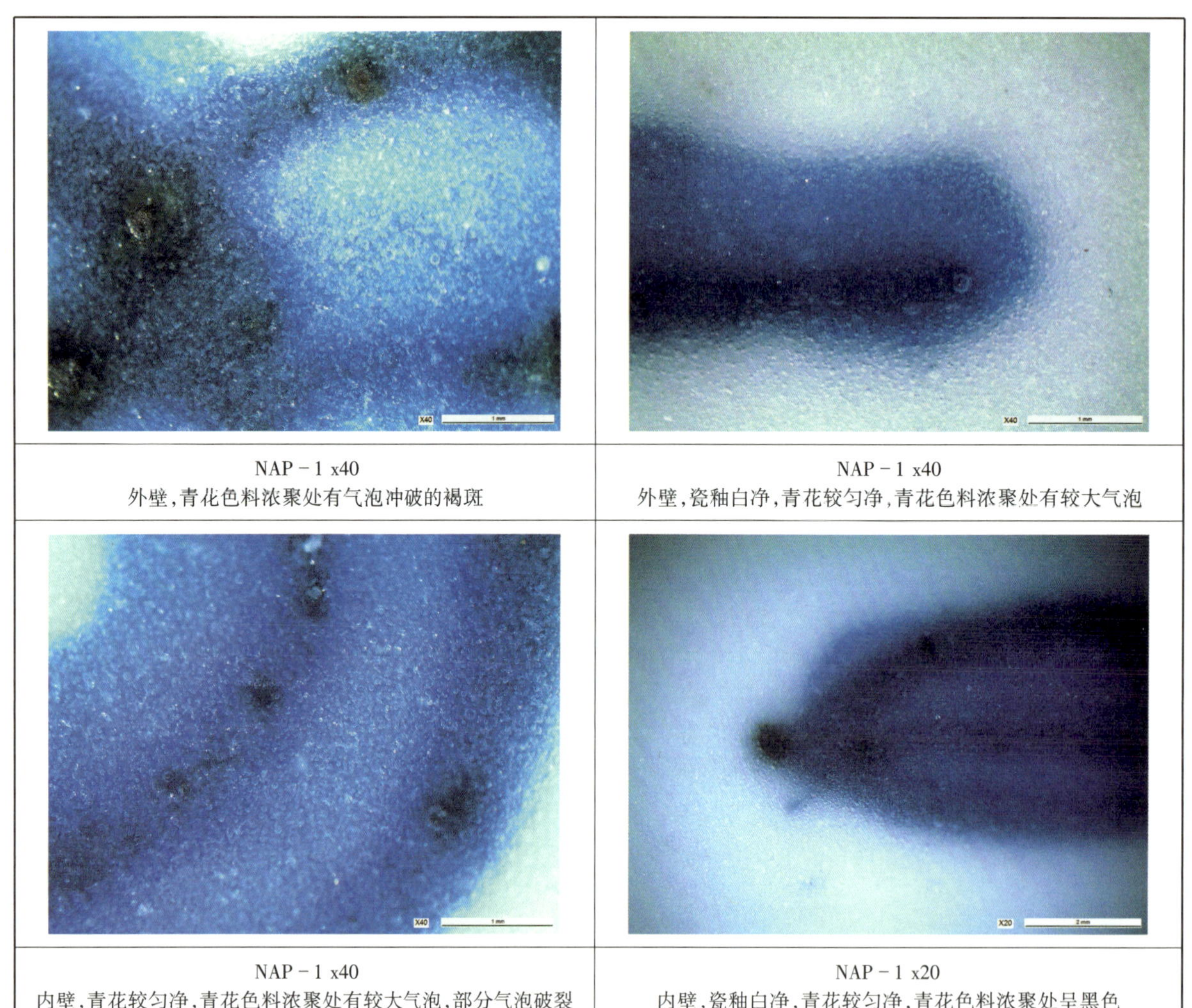

NAP - 1 x40 外壁，青花色料浓聚处有气泡冲破的褐斑

NAP - 1 x40 外壁，瓷釉白净，青花较匀净，青花色料浓聚处有较大气泡

NAP - 1 x40 内壁，青花较匀净，青花色料浓聚处有较大气泡，部分气泡破裂

NAP - 1 x20 内壁，瓷釉白净，青花较匀净，青花色料浓聚处呈黑色

（续图）

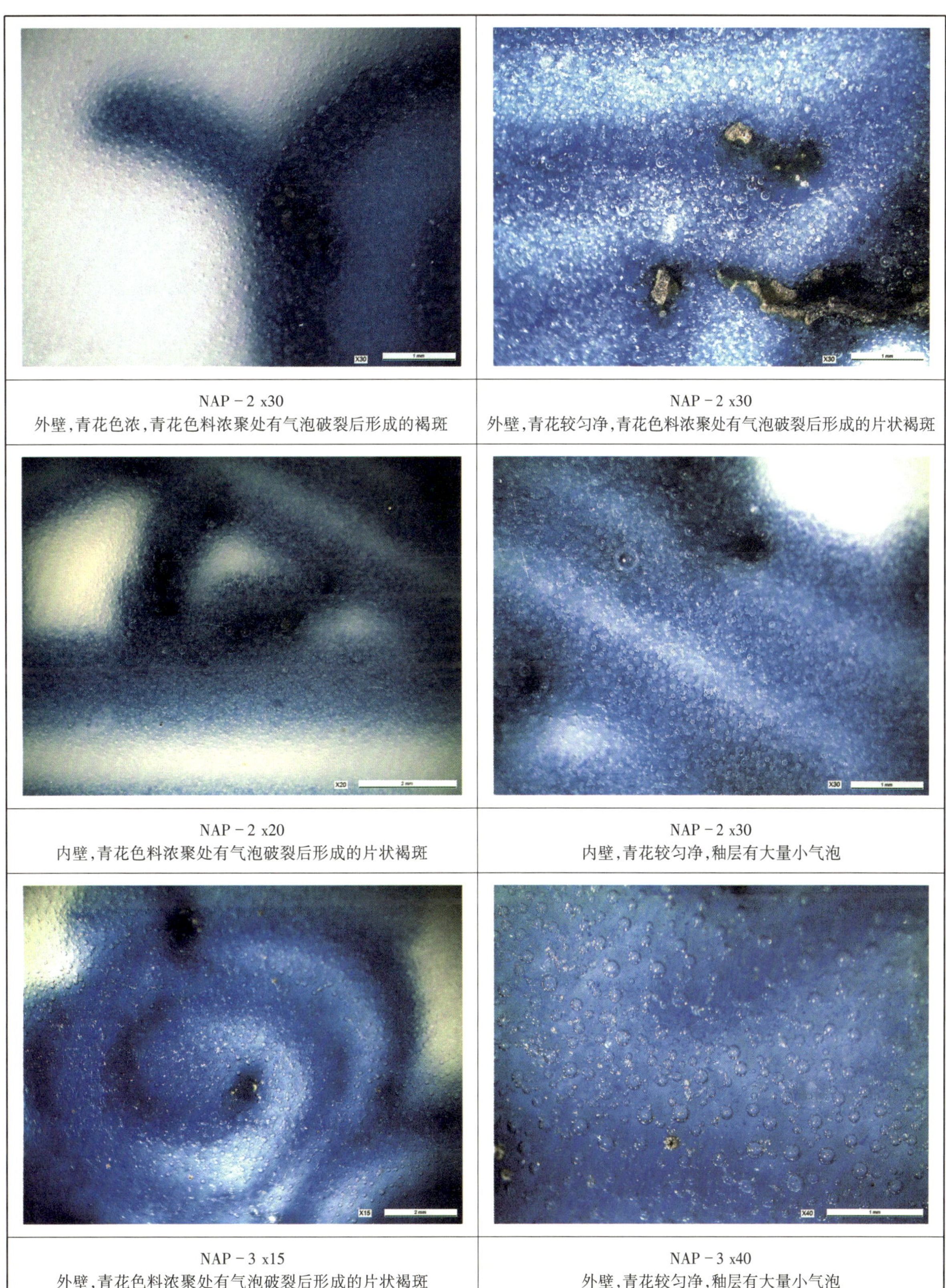

NAP－2 x30 外壁，青花色浓，青花色料浓聚处有气泡破裂后形成的褐斑	NAP－2 x30 外壁，青花较匀净，青花色料浓聚处有气泡破裂后形成的片状褐斑
NAP－2 x20 内壁，青花色料浓聚处有气泡破裂后形成的片状褐斑	NAP－2 x30 内壁，青花较匀净，釉层有大量小气泡
NAP－3 x15 外壁，青花色料浓聚处有气泡破裂后形成的片状褐斑	NAP－3 x40 外壁，青花较匀净，釉层有大量小气泡

(续图)

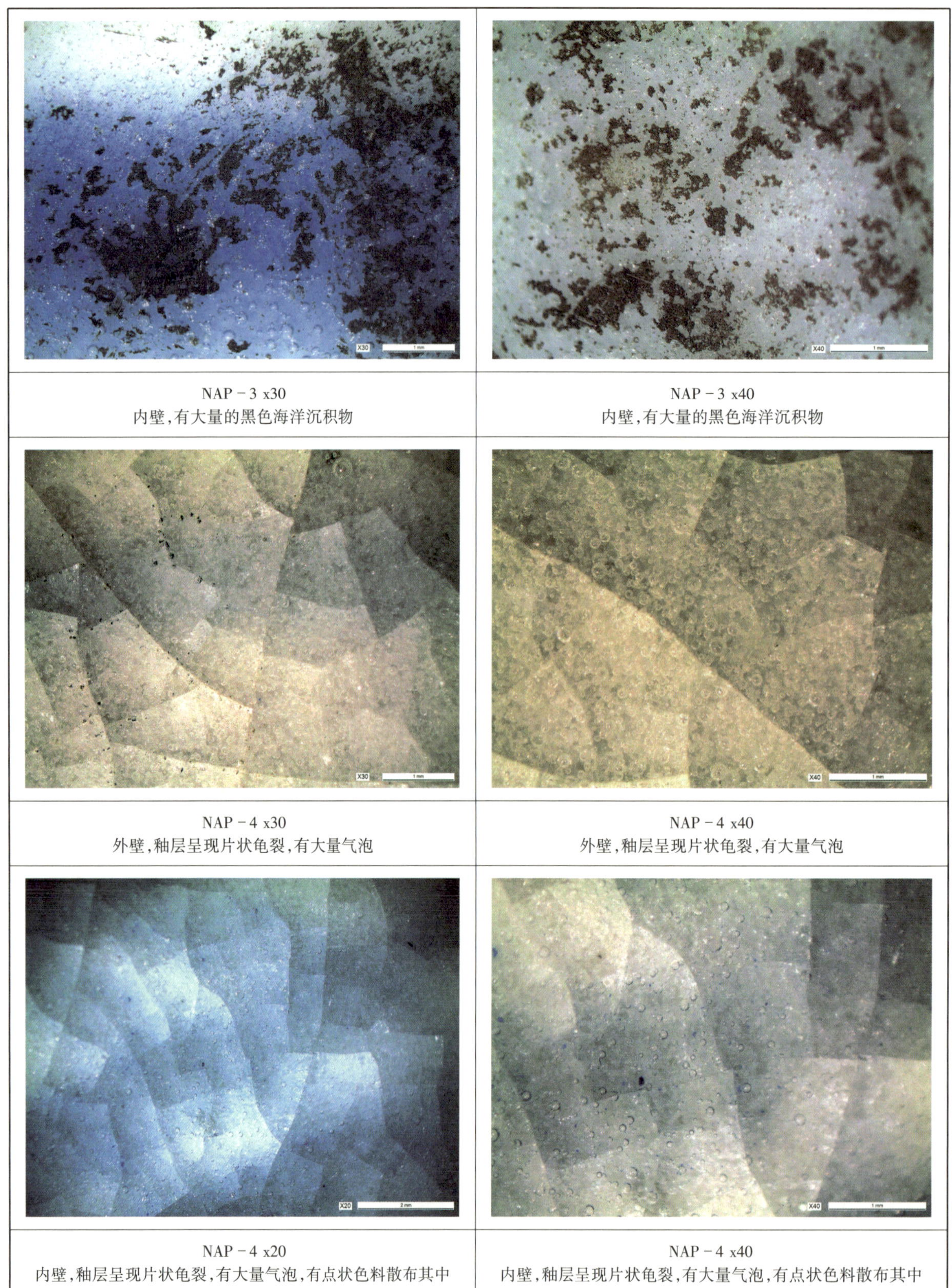

NAP－3 x30
内壁,有大量的黑色海洋沉积物

NAP－3 x40
内壁,有大量的黑色海洋沉积物

NAP－4 x30
外壁,釉层呈现片状龟裂,有大量气泡

NAP－4 x40
外壁,釉层呈现片状龟裂,有大量气泡

NAP－4 x20
内壁,釉层呈现片状龟裂,有大量气泡,有点状色料散布其中

NAP－4 x40
内壁,釉层呈现片状龟裂,有大量气泡,有点状色料散布其中

（续图）

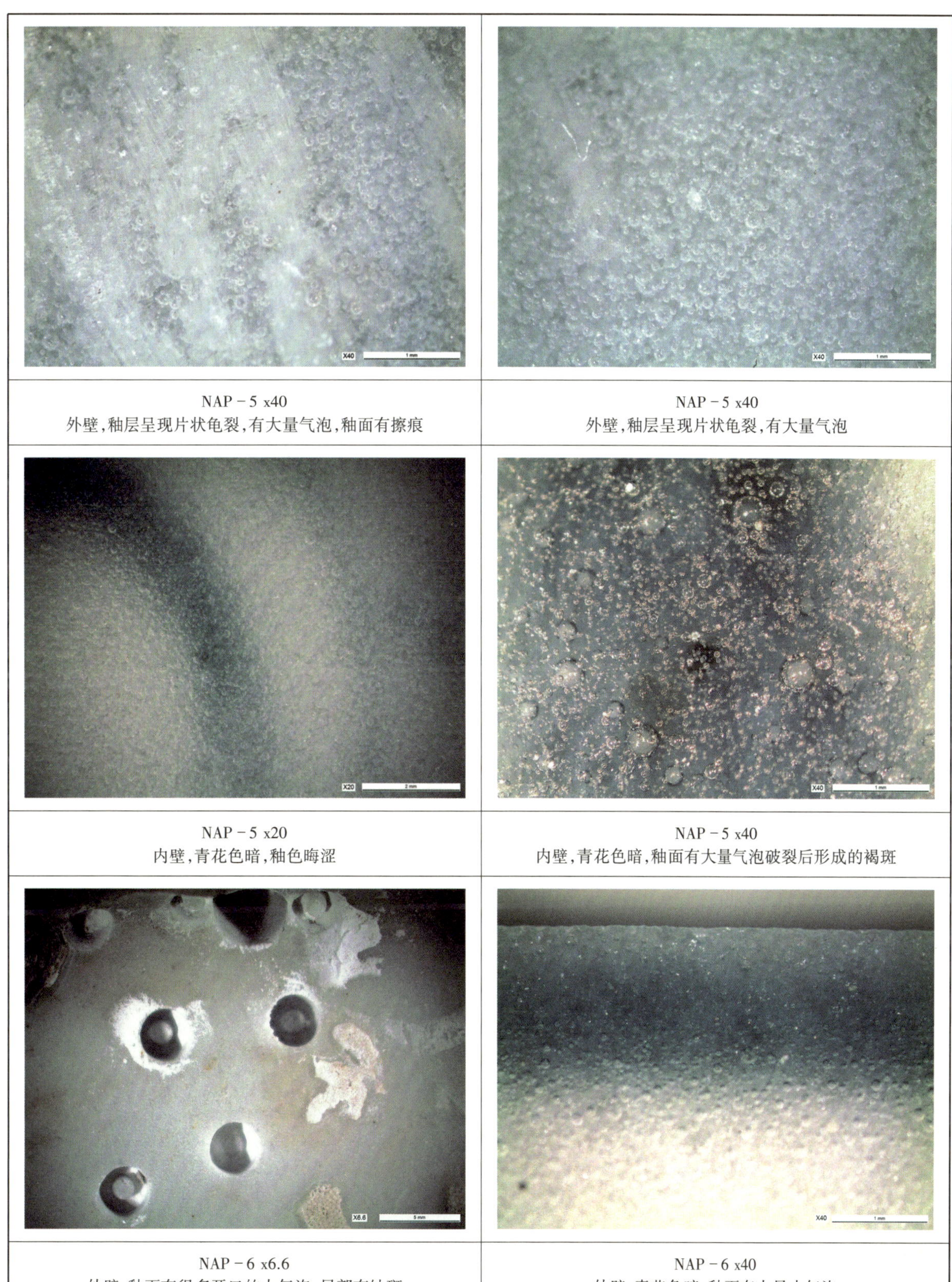

NAP－5 x40
外壁，釉层呈现片状龟裂，有大量气泡，釉面有擦痕

NAP－5 x40
外壁，釉层呈现片状龟裂，有大量气泡

NAP－5 x20
内壁，青花色暗，釉色晦涩

NAP－5 x40
内壁，青花色暗，釉面有大量气泡破裂后形成的褐斑

NAP－6 x6.6
外壁，釉面有很多开口的大气泡，局部有蚀斑

NAP－6 x40
外壁，青花色暗，釉面有大量小气泡

（续图）

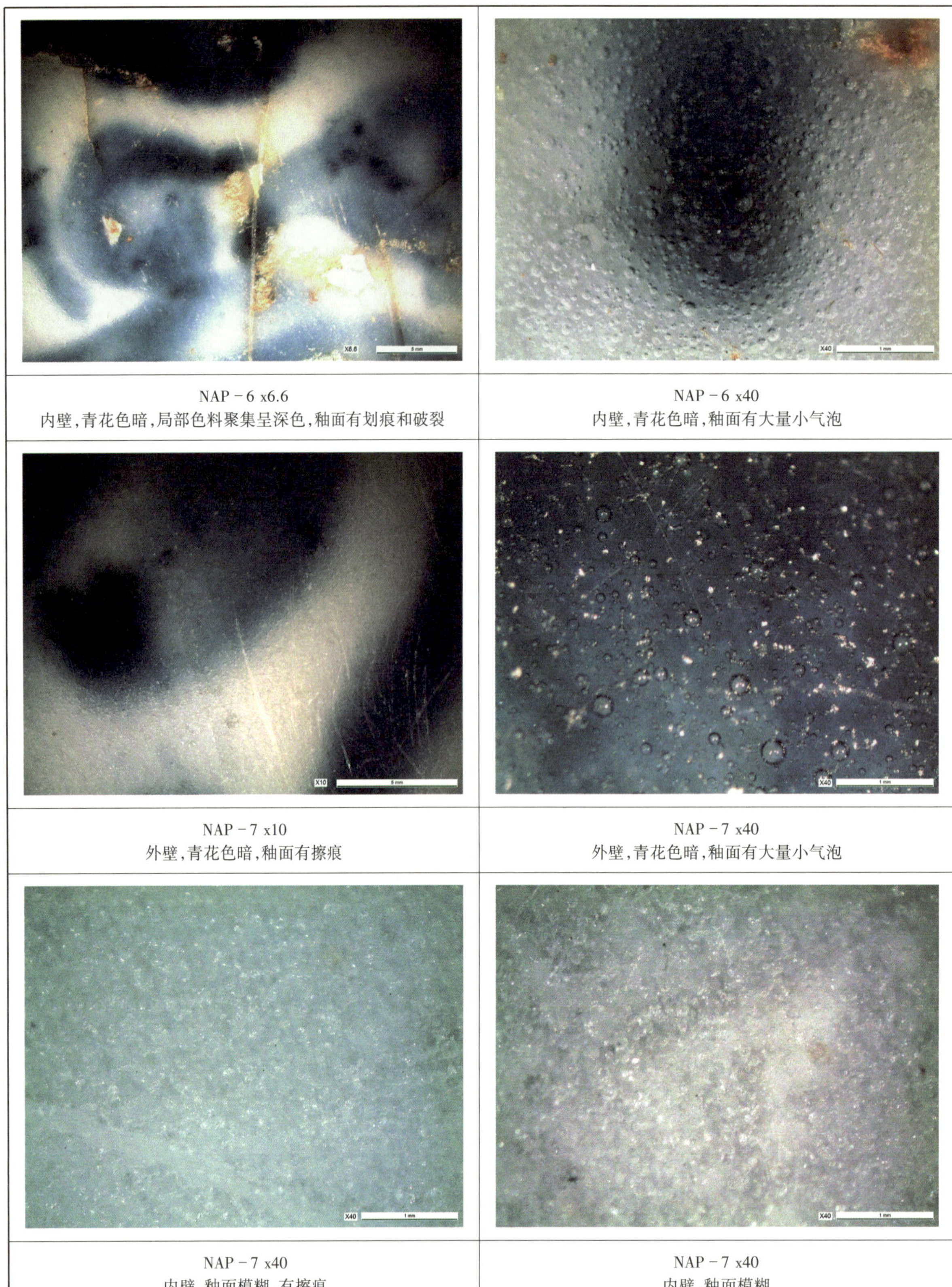

NAP－6 x6.6
内壁，青花色暗，局部色料聚集呈深色，釉面有划痕和破裂

NAP－6 x40
内壁，青花色暗，釉面有大量小气泡

NAP－7 x10
外壁，青花色暗，釉面有擦痕

NAP－7 x40
外壁，青花色暗，釉面有大量小气泡

NAP－7 x40
内壁，釉面模糊，有擦痕

NAP－7 x40
内壁，釉面模糊

（续图）

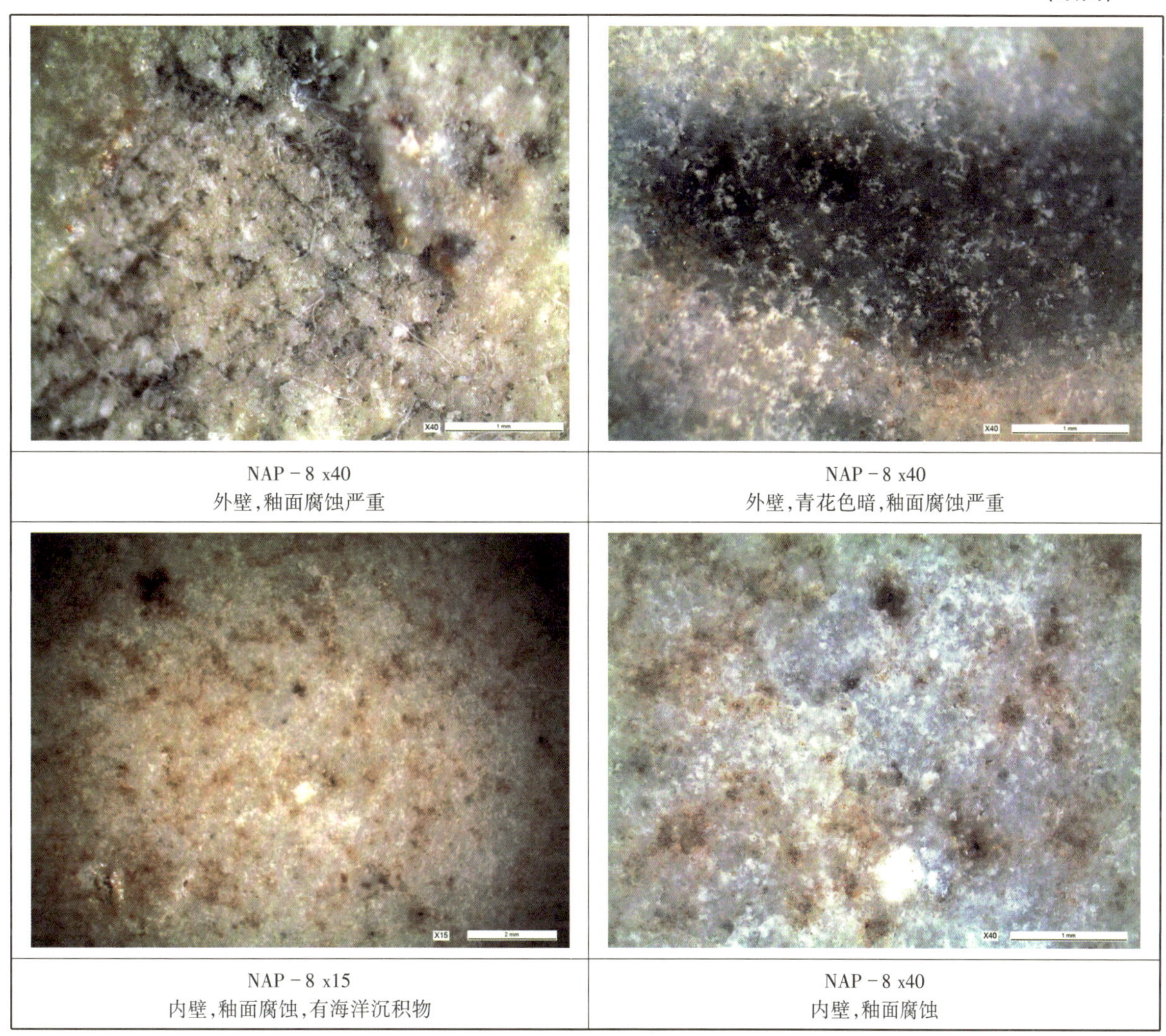

NAP－8 x40 外壁，釉面腐蚀严重

NAP－8 x40 外壁，青花色暗，釉面腐蚀严重

NAP－8 x15 内壁，釉面腐蚀，有海洋沉积物

NAP－8 x40 内壁，釉面腐蚀

图二　青花瓷样品表面的体视显微镜照片

通过对样品表面形貌的观察，发现 NAP－1～NAP－3 瓷釉白净，青花色料蓝中泛紫，比较匀净，青花色料浓聚处偶有气泡破裂后形成的褐斑，NAP－3 虽然表面覆盖有海洋沉积物，但釉层比较白净。NAP－4 内外壁釉层呈现片状龟裂，有大量气泡，有点状色料散布其中，青花色暗；NAP－5 外壁釉层呈现片状龟裂，有大量气泡，釉面有擦痕，内壁青花色暗，釉面有大量气泡破裂后形成的褐斑；NAP－6 外壁釉面有很多开口的大气泡，局部有蚀斑，青花色暗，内壁釉面有大量小气泡，青花色暗，局部色料聚集呈深色，釉面有划痕和破裂；NAP－7 外壁青花色暗，釉面有擦痕，内壁釉面模糊，有擦痕；NAP－8 外壁青花色暗，釉面腐蚀严重，存在大量褐色斑点，内壁釉面腐蚀，有海洋沉积物。总之，NAP－4～NAP－8 瓷釉灰白，青花色暗，部分瓷片受腐蚀严重。

（二）样品断面形貌

利用体视显微镜观察样品断面形貌，结果见图三。

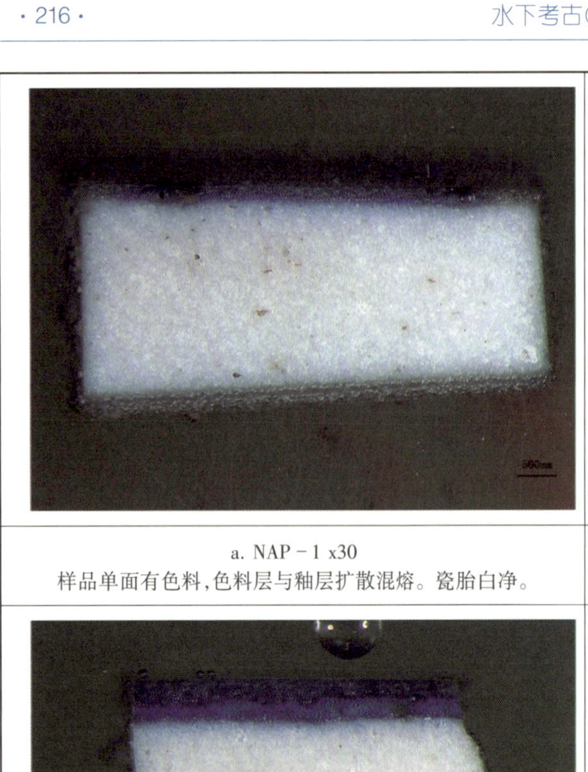

a. NAP－1 x30
样品单面有色料，色料层与釉层扩散混熔。瓷胎白净。

a1. NAP－1 x60

b. NAP－2 x30
样品单面有色料，色料层较厚，色料层与釉层界限明显。
瓷胎白净。

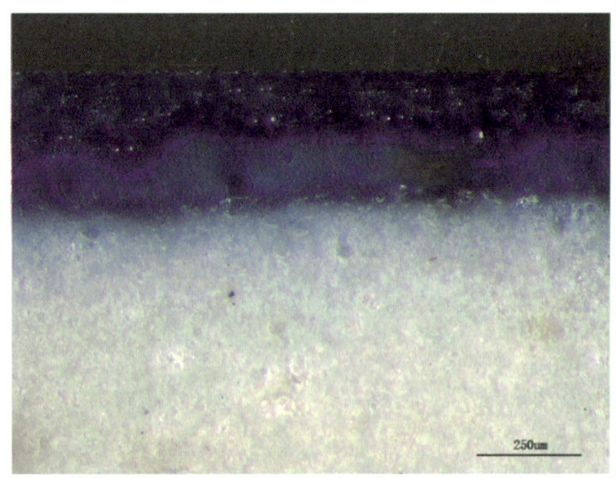

b1. NAP－2 x60

c. NAP－3 x40
样品单面有色料，色料层与釉层扩散混熔。
瓷胎白净，有较大孔洞。

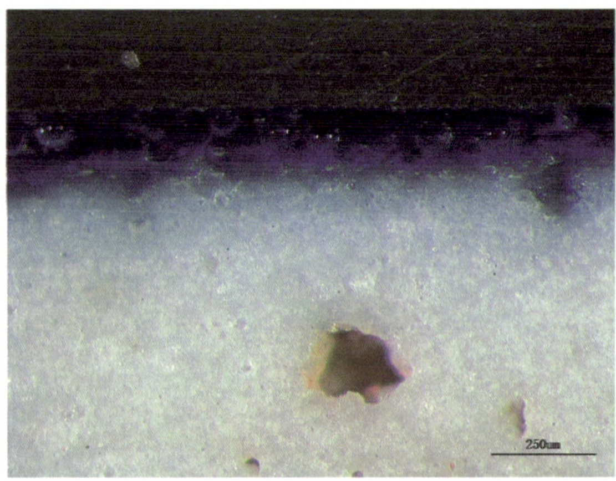

c1. NAP－3 x60

（续图）

d. NAP－4 x40
样品单面有色料，色料层与釉层扩散混熔。瓷胎偏土色，孔洞较多。

d1. NAP－4 x60

e. NAP－5 x20
样品单面有色料，色料层较厚，色料层与釉层界限明显。瓷胎较白。

e1. NAP－5 x60

f. NAP－6 x15
样品单面有色料，色料层与釉层扩散混熔。
瓷胎较白，夹杂有深色颗粒。

f1. NAP－6 x60

（续图）

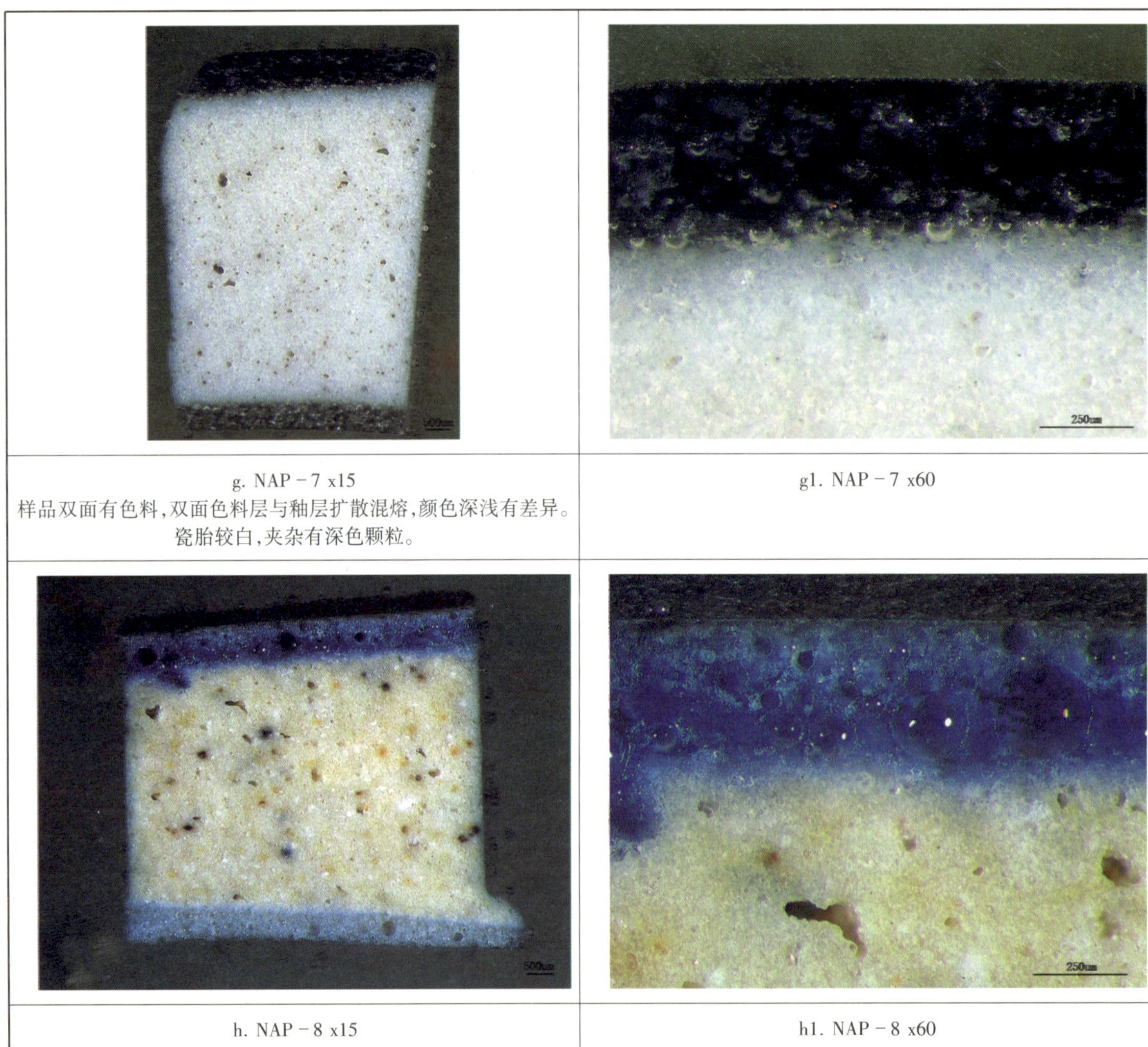

g. NAP－7 x15
样品双面有色料,双面色料层与釉层扩散混熔,颜色深浅有差异。瓷胎较白,夹杂有深色颗粒。

g1. NAP－7 x60

h. NAP－8 x15
样品双面有色料,双面色料层与釉层扩散混熔,颜色深浅有差异。瓷胎偏土色,夹杂有较多深色颗粒。

h1. NAP－8 x60

图三　青花瓷样品断面的体视显微镜照片

（三）SEM－EDX 分析结果

根据青花瓷样品断面的体视显微镜观察结果,利用 SEM－EDX 分析所有样品的釉层、色料层和胎体成分,并对 NAP－1 和 NAP－2 重点分析。

1. NAP－1 SEM－EDX 分析

利用 SEM－EDX 逐层分析青花瓷片样品 NAP－1,结果见图四和表二。图四,a 中釉层(aEDX1)的 SiO_2 和 Al_2O_3 含量较高,分别为 69.2% 和 14.8%,CaO 和 K_2O 的含量分别为 4.8% 和 3.4%,应为石灰—碱釉;色料层(aEDX2)中有一定量的 MnO、Fe_2O_3 和 CoO,含量分别为 4.8%、1.9% 和 1.3%,推测该色料层使用的原料为钴土矿,且 CaO 的含量增加至 9%,应使用了石灰作为助熔剂。瓷胎(aEDX3)中 SiO_2元素与 Al_2O_3含量较高,分别为 70.8%和 22.5%,K_2O 与 Na_2O 含量分别为 3.6%和 1.4%。K_2O 可使瓷的音韵洪亮、铿锵有声,而 Na_2O 过多,则瓷的声音喑哑[1]。

图四,b 为样品 NAP-1 色料层放大图。其中 EDX1 和 EDX2 区域 Al_2O_3的含量非常高,分别为 45%和 48.8%,MnO、Fe_2O_3、CoO 的含量也比较高,分别为 5.6%、3.9%、6.9%和 7.2%、4.9%、8.3%,根据各元素的摩尔数比值,推测此处应为显色物质钴蓝($CoO \cdot Al_2O_3$)。图四,c 中 EDX3 和 EDX4 点处为深灰色针状物,Al_2O_3的含量为 31.2%和 33.0%,SiO_2的含量为 50.6%和 49.2%,CaO 的含量比较高,分别为 13.5%和 14.5%,根据各元素的摩尔数比值,推测应为钙长石($CaAl_2Si_2O_8$)晶体;EDX5 和 EDX6 处为深灰色针状物之间的灰白色区域,Al_2O_3的含量为 10.8%和 12.7%,SiO_2的含量为 61.9%和 61.0%,MnO 和 Fe_2O_3的含量比较高,分别为 12.8%、3.9%和 11.5%、3.7%,CoO 的含量分别为 2.1%和 1.8%,推断此处仍有少量的钴蓝。

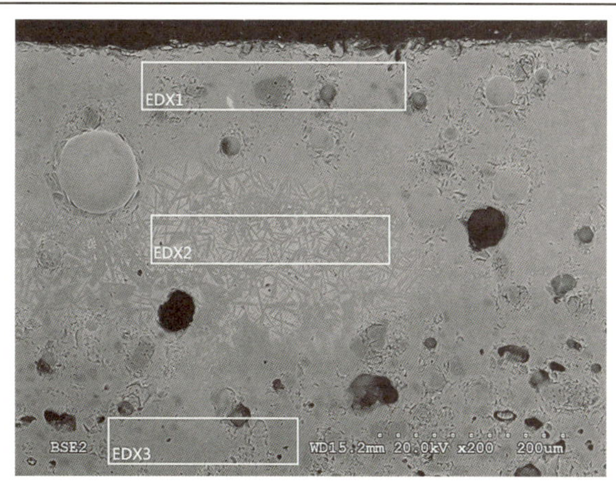

a. 釉层、色料层和胎体断面

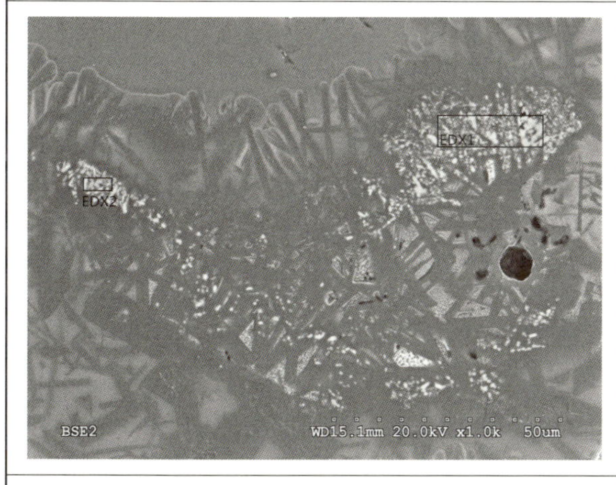

b. 色料层放大图

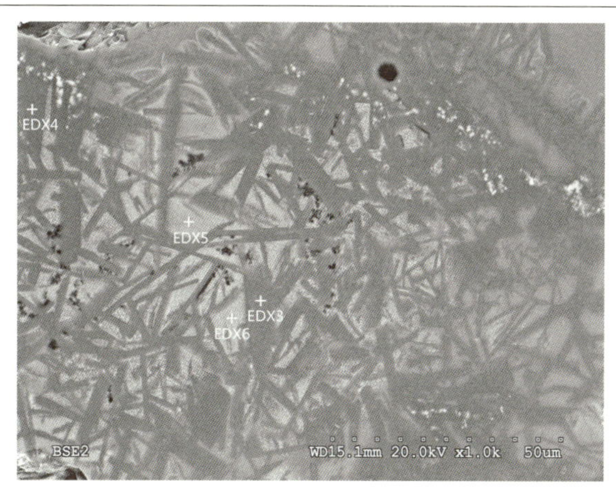

c. 色料层放大图

图四　青花瓷片样品 NAP-1 的 SEM-EDX 分析

[1] 马铁成:《陶瓷工艺学》,中国轻工业出版社,2013 年,第 84 页。

表二　青花瓷片样品 NAP－1 扫描电镜与能谱分析结果（Wt%）

	Na_2O	MgO	Al_2O_3	SiO_2	K_2O	CaO	MnO	Fe_2O_3	CoO
aEDX1	1.7	0.2	14.8	69.2	3.7	4.8	3.4	1.7	0.5
EDX2	1.8	0.3	23.3	56.2	1.4	9.0	4.8	1.9	1.3
EDX3	1.4	0.2	22.5	70.8	3.6	0.6	—	1.1	—
bEDX1	0.8	0.5	45.0	27.8	0.1	9.4	5.6	3.9	6.9
EDX2	0.7	0.8	48.8	22.2	0.1	6.9	7.2	4.9	8.3
cEDX3	2.1	—	31.2	50.6	0.6	13.5	1.5	0.5	0.1
EDX4	2.0	—	33.0	49.2	0.3	14.5	0.6	0.4	—
EDX5	1.0	0.8	10.8	61.9	2.4	4.4	12.8	3.9	2.1
EDX6	1.9	0.7	12.7	61.0	2.1	4.7	11.5	3.7	1.8

2. NAP－2 SEM－EDX 分析

为了对比，同样利用 SEM－EDX 逐层分析青花瓷片样品 NAP－2，结果见图五和表三。图五，a 中，釉层（aEDX1）的 SiO_2 和 Al_2O_3 含量较高，分别为 68.6% 和 14%，并有一定量 CaO 和 K_2O，含量分别为 4.8% 和 3.7%，同样应为石灰—碱釉；色料层（aEDX2）中含有一定量的 MnO、Fe_2O_3、CoO，含量分别为 5.2%、1.7% 和 1.4%，该色料层使用的原料也为钴蓝，且 CaO 含量增加至 11.4%；瓷胎（aEDX3）中 SiO_2 元素与 Al_2O_3 含量较高，含量分别为 71.2% 和 22.5%，K_2O 与 Na_2O 的含量分别为 3.7% 和 0.6%。K_2O 与 Na_2O 一般同时引入，其最佳摩尔比为 2～4[1]。

图五，b 为样品 NAP－2 色料层放大图。其中在 EDX1 和 EDX2 点处 Al_2O_3 的含量非常高，分别为 54.2% 和 55.4%，MnO、Fe_2O_3、CoO 的含量也比较高，分别为 8.9%、4.3%、15.9% 和 9.1%、

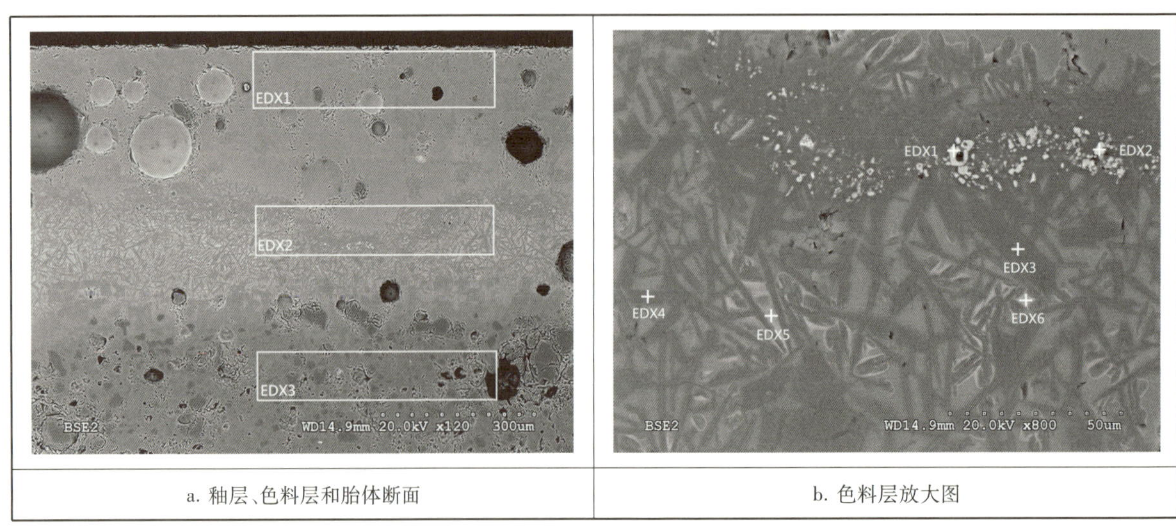

a. 釉层、色料层和胎体断面　　b. 色料层放大图

图五　青花瓷片样品 NAP－2 的 SEM－EDX 分析

[1] 马铁成：《陶瓷工艺学》，中国轻工业出版社，2013 年，第 162 页。

4.7%、17.0%，推断此处应为显色物质钴蓝；EDX3 和 EDX4 点处为深灰色针状物，Al_2O_3的含量为 31.6%和 34.5%，SiO_2的含量为 50.8%和 46.8%，CaO 的含量比较高，分别为 13.9%和 16.0%，应为钙长石晶体[1]。EDX5 和 EDX6 处为深灰色针状物之间的灰白色区域，Al_2O_3的含量为 14.8%和 14.6%，SiO_2的含量为 64.3%和 66.0%，MnO 和 Fe_2O_3的含量比较高，分别为 8.4%、2.4%和 7.8%、2.2%；CoO 的含量分别为 1.7%和 1.0%，推断此处仍有少量的钴蓝。

表三　青花瓷片样品 NAP－2 扫描电镜与能谱分析结果（Wt%）

	Na_2O	MgO	Al_2O_3	SiO_2	K_2O	CaO	MnO	Fe_2O_3	CoO
aEDX1	1.0	0.2	14.0	68.6	3.7	8.8	2.2	1.2	0.4
EDX2	0.9	0.2	21.2	56.0	2.0	11.4	5.2	1.7	1.4
EDX3	0.6	0.1	22.5	71.2	3.7	0.5	—	1.5	—
bEDX1	0.4	1.3	54.2	10.7	0.1	4.1	8.9	4.3	15.9
EDX2	0.3	1.7	55.4	8.8	0.1	3.0	9.1	4.7	17.0
EDX3	1.4	—	31.6	50.8	0.7	13.9	1.1	0.3	0.2
EDX4	1.3	—	34.5	46.8	0.2	16.0	0.8	0.2	0.3
EDX5	1.2	0.4	14.8	64.3	2.3	4.5	8.4	2.4	1.7
EDX6	1.0	0.3	14.6	66.0	3.2	3.9	7.8	2.2	1.0

3. 青花瓷片样品 NAP－1～NAP－8 的 SEM－EDX 分析

同理，利用 SEM－EDX 分析所有样品的釉层、色料层和瓷胎胎体成分，结果见表四。

表四　青花瓷片样品 NAP－1～NAP－8 扫描电镜与能谱分析结果（Wt%）

样　号	部位	Na_2O	MgO	Al_2O_3	SiO_2	K_2O	CaO	MnO	Fe_2O_3	CoO
NAP－1	釉层	1.7	0.2	14.8	69.2	3.7	4.8	3.4	1.7	0.5
	色料层	1.8	0.3	23.3	56.2	1.4	9.0	4.8	1.9	1.3
	瓷胎	1.4	0.2	22.5	70.8	3.6	0.6	—	1.1	—
NAP－2	釉层	1.0	0.2	14.0	68.6	3.7	8.8	2.2	1.2	0.4
	色料层	0.9	0.2	21.2	56.0	2.0	11.4	5.2	1.7	1.4
	瓷胎	0.6	0.1	22.5	71.2	3.7	0.5	—	1.5	—
NAP－3	釉层	1.0	0.1	12.7	68.8	4.0	8.2	3.1	1.6	0.4
	色料层	0.9	0.3	24.2	53.7	1.7	13.6	2.7	1.7	1.1
	瓷胎	0.8	0.1	24.7	68.8	3.9	0.6	—	1.2	—
NAP－4	釉层	0.4	1.5	13.6	65.1	4.2	11.7	2.4	0.8	0.4
	色料层	0.6	0.9	15.1	67.2	5.5	8.8	0.8	1.1	0.2
	瓷胎	0.2	0.2	23.0	70.6	4.7	0.1	—	1.2	—

[1] 马铁成：《陶瓷工艺学》，中国轻工业出版社，2013 年，第 162 页。

(续表)

样　号	部位	Na_2O	MgO	Al_2O_3	SiO_2	K_2O	CaO	MnO	Fe_2O_3	CoO
NAP－5	釉层	0.3	0.7	14.8	70.9	4.9	6.1	1.1	1.0	0.2
	色料层	0.6	0.4	17.5	68.0	5.5	4.4	2.2	1.2	0.2
	瓷胎	0.4	0.0	22.9	70.6	4.7	0.3	—	1.1	—
NAP－6	釉层	0.2	0.9	15.3	69.9	5.2	5.3	1.5	1.3	0.4
	色料层	0.1	0.4	16.7	69.5	5.7	4.2	1.5	1.3	0.7
	瓷胎	0.1	0.2	21.5	72.2	4.5	0.5	—	1.1	—
NAP－7	釉层	0.4	0.5	15.9	69.2	4.8	5.4	2.7	0.8	0.3
	色料层	0.5	0.4	16.6	70.6	5.4	4.1	1.3	1.0	0.1
	瓷胎	0.4	0.1	21.0	72.8	4.3	0.3	—	1.1	—
NAP－8	釉层	0.1	0.8	15.7	72.1	2.4	6.4	1.2	1.1	0.2
	色料层	0.2	0.8	17.9	66.6	2.3	5.9	4.0	1.7	0.7
	瓷胎	0.2	0.1	18.1	77.2	2.6	0.3	—	1.5	—

由 SEM－EDX 结果可知，NAP－1 至 NAP－8 样品中釉层的成分主要为 SiO_2、Al_2O_3、K_2O 和 CaO，其中 SiO_2含量 65.1%～72.1%，Al_2O_3含量 12.7%～15.9%，K_2O 含量 2.4%～5.2%，CaO 含量 4.8%～11.7%。色料层主要显色元素有 Mn、Fe 和 Co，其中 MnO 含量 0.8%～5.2%，Fe_2O_3含量 1.0%～1.9%，CoO 含量 0.2%～1.4%。瓷胎的主要成分为 SiO_2和 Al_2O_3，其中 SiO_2含量 68.8%～77.2%，Al_2O_3含量 18.1%～24.7%。

4. 青花瓷片样品无色料釉层的 SEM－EDX 分析

利用 SEM－EDX 分析青花瓷片样品 NAP－2 和 NAP－3 的无色料釉层，结果见图六和表五。图六，a 为 NAP－2 无色料釉层的 SEM－EDX 数据，其中无色料釉层(aEDX1)的 SiO_2和 Al_2O_3含量

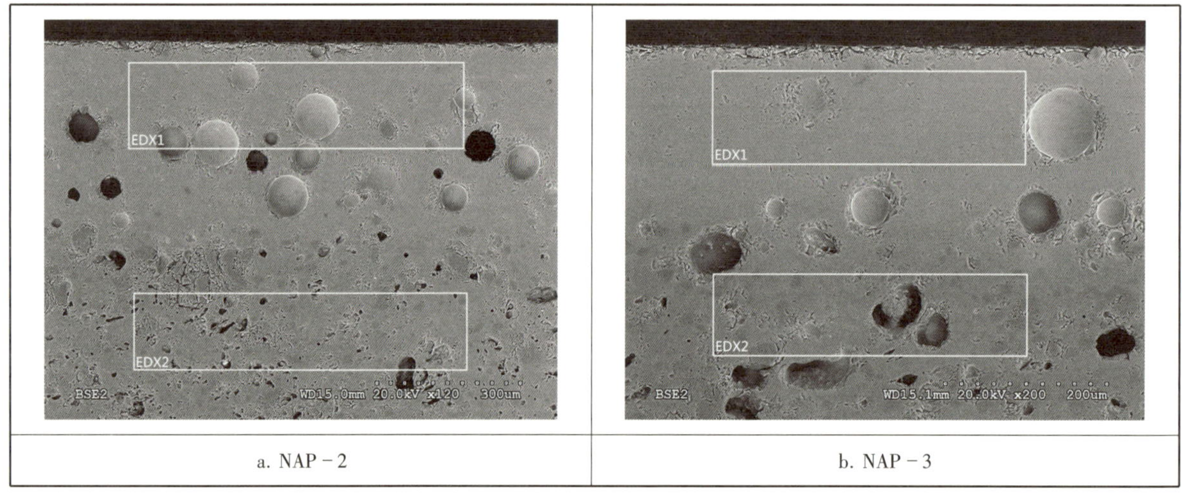

a. NAP－2　　b. NAP－3

图六　青花瓷片样品 NAP－2 和 NAP－3 无色料釉层的 SEM－EDX 分析

表五　青花瓷片样品 NAP－2 和 NAP－3 无色料釉层扫描电镜与能谱分析结果(Wt%)

	Na_2O	MgO	Al_2O_3	SiO_2	K_2O	CaO	MnO	Fe_2O_3	CoO
aEDX1	1.2	0.2	15.3	71.0	3.3	8.3	—	0.7	—
EDX2	0.7	0.1	23.7	71.6	2.8	0.3	—	0.9	—
bEDX1	1.3	0.2	14.4	70.3	3.4	9.3	—	1.1	—
EDX2	1.1	0.1	20.7	72.9	3.5	1.0	—	0.9	—

分别为 71.0%和 15.3%，并有一定量 CaO 和 K_2O，含量分别为 8.3%和 3.3%；瓷胎(aEDX2)中 SiO_2 与 Al_2O_3的含量分别为 71.6%和 23.7%，K_2O 与 Na_2O 的含量分别为 2.8%和 0.7%。

图六，b 为 NAP－3 无色料釉层的 SEM－EDX 数据，其中无色料釉层(bEDX1)的 SiO_2和 Al_2O_3含量分别为 70.3%和 14.4%，并有一定量 CaO 和 K_2O，含量分别为 9.3%和 3.4%；瓷胎(bEDX2)中 SiO_2与 Al_2O_3的含量分别为 72.9%和 20.7%，K_2O 与 Na_2O 的含量分别为 3.5%和 1.1%。

与表二至表四数据比较可知，青花瓷片样品 NAP－2 和 NAP－3 的无色料釉层与有色料釉层成分相同，瓷胎成分也均匀一致，应该为涂绘色料后器物内外蘸挂相同的釉料。

5. NAP－1 样品色料层元素分布面扫描分析

为了判断青花瓷碎片色料层中各元素的分布情况，对样品 NAP－1 进行了元素分布面扫描分析(图七)。可以看出，Si 为该区域主要元素，背散射图(BSE)中亮白色颗粒为 Co 元素，深灰色针状物的组成元素为 Si、Al 元素和 Ca 元素，而深灰色针状物周围的灰白色区域则主要为 Mn 和 Fe 元素，面扫描结果均与 SEM－EDX 数据相吻合。

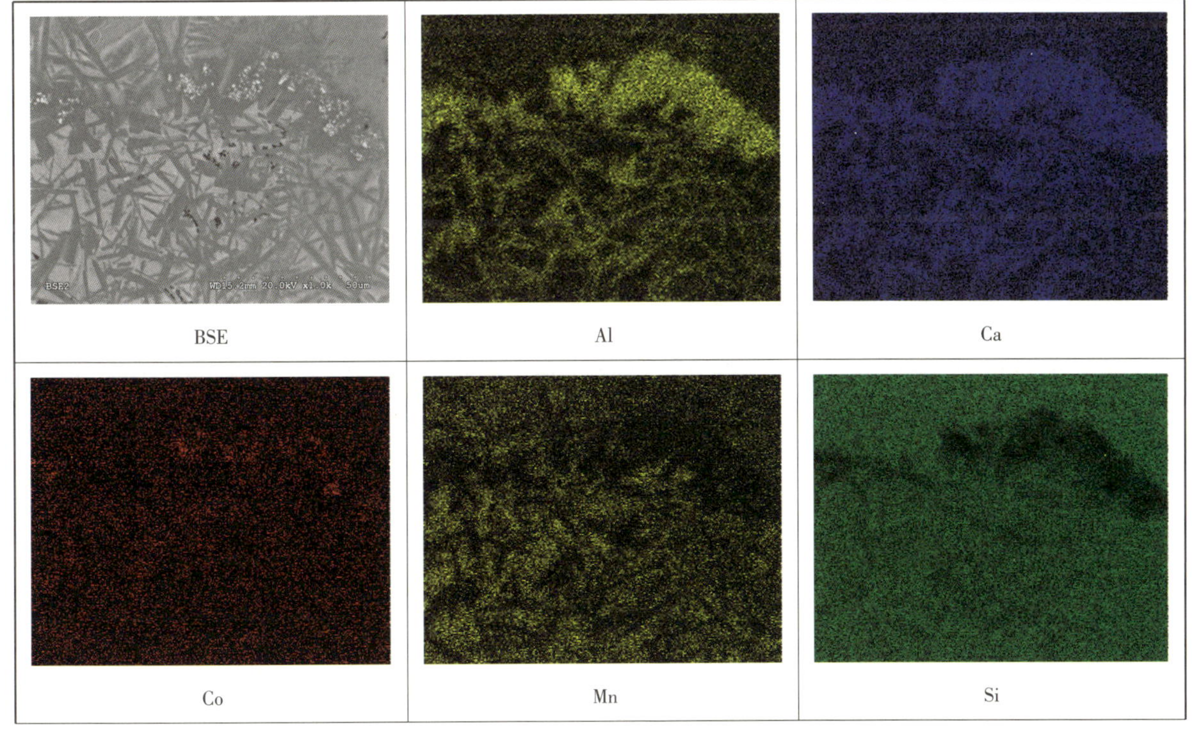

(续图)

K
Fe
Na

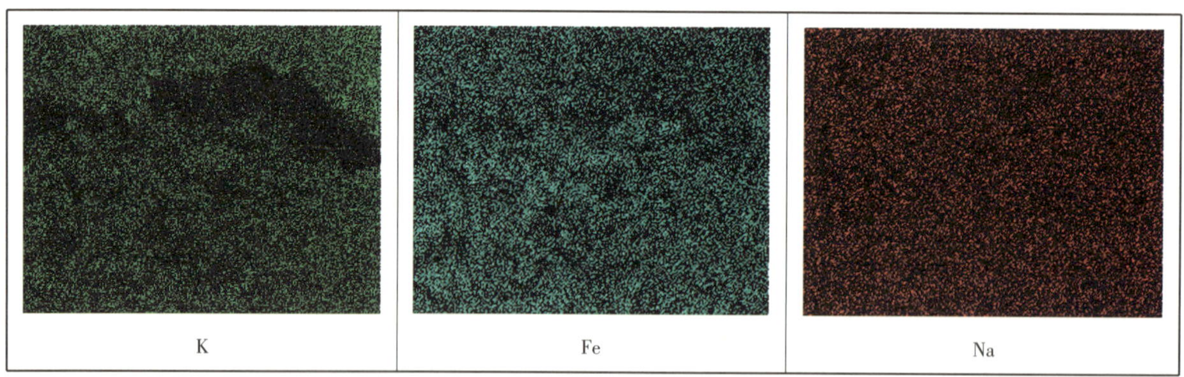

图七　青花瓷片样品 NAP－1 元素分布面扫描图

6. NAP－2 样品色料层元素分布面扫描分析

同理,对样品 NAP－2 进行了元素分布面扫描分析,结果见图八。可以看出,Si 元素为该区域

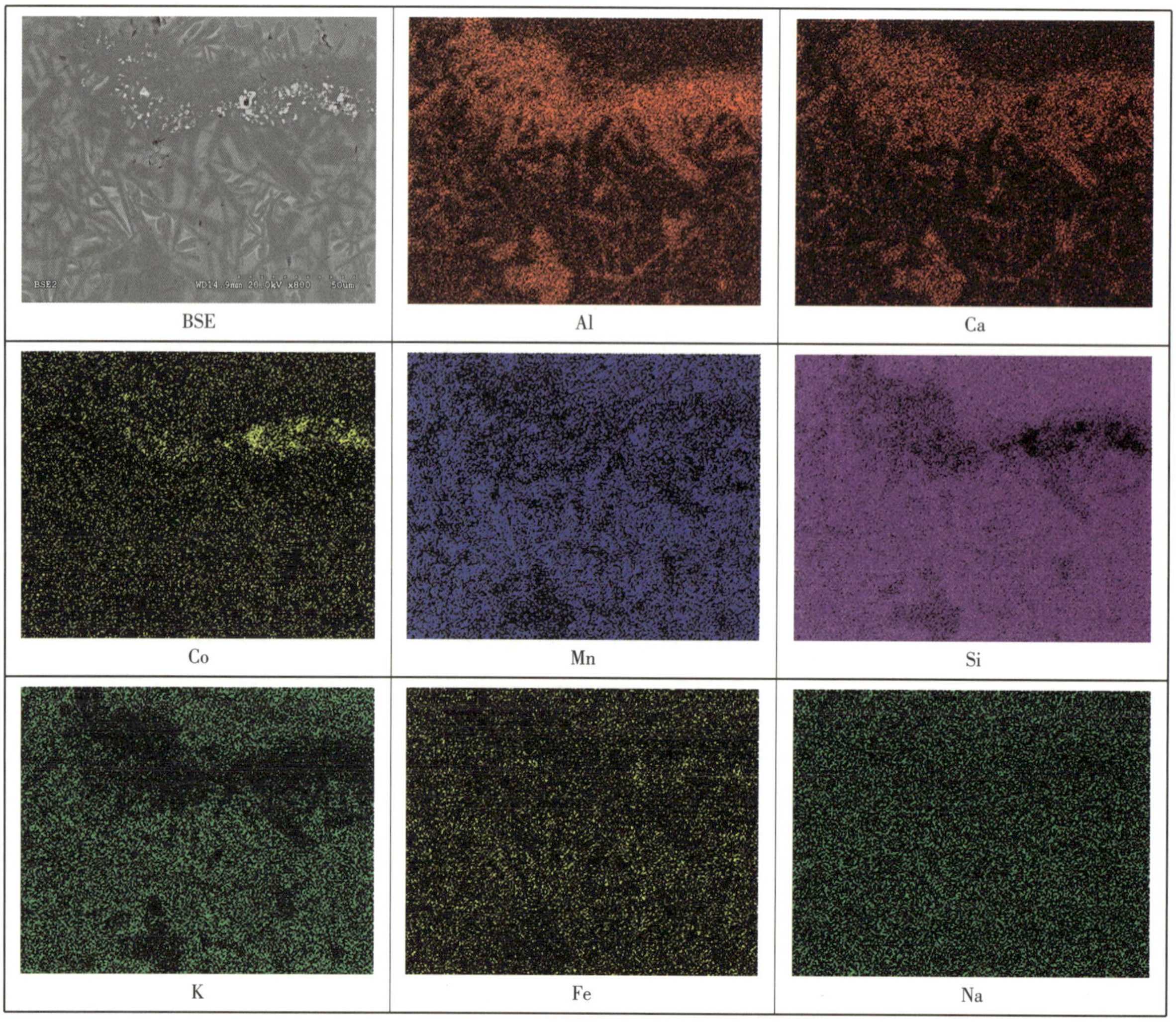

BSE
Al
Ca
Co
Mn
Si
K
Fe
Na

图八　青花瓷片样品 NAP－2 元素分布面扫描图

主要元素，背散射图（BSE）中亮白色颗粒为 Co 元素，深灰色针状物的组成元素为 Si、Al 元素和 Ca 元素，而深灰色针状物周围的灰白色区域则主要为 Mn 和 Fe 元素，这些结果与 SEM - EDX 数据相吻合。NAP - 2 元素分布面扫描分析结果与 NAP - 1 元素分布面扫描分析结果几乎相同。

（四）釉层、色料层和瓷胎成分比较分析

为了更直观比较样品 NAP - 1～NAP - 8 的釉层、色料层和瓷胎元素成分差异，利用柱状图分别比较。

1. 釉层元素对比柱状图分析

图九为青花瓷片样品 NAP - 1～NAP - 8 釉层元素对比柱状图，可以看出，SiO_2含量占 65.1%～72.1%，Al_2O_3含量均为 15%左右，除 NAP - 4 之外，其他样品的 K_2O 和 CaO 含量均在 10%以下，其中 K_2O 含量整体比 CaO 含量低，介于 2.4%～5.2%，CaO 含量介于 4.8%～11.7%，而 NAP - 4 的 CaO 含量比其他样品高出许多，达到 11.7%。

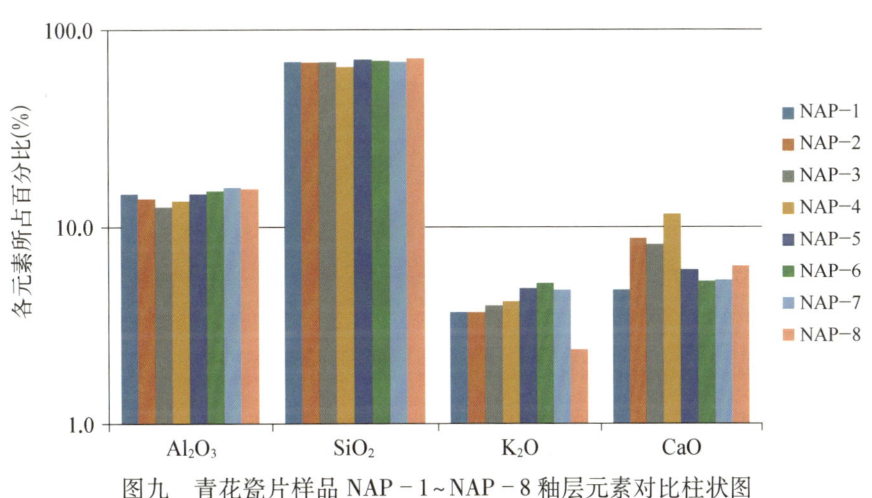

图九　青花瓷片样品 NAP - 1～NAP - 8 釉层元素对比柱状图

2. 色料层元素对比柱状图分析

图一〇为青花瓷片样品 NAP - 1～NAP - 8 色料层元素对比柱状图，可以看出，MnO、Fe_2O_3和 CoO 在各个样品中的含量差异较大，整体来说 MnO 在所有样品中的含量较其他两种物质多，其中 NAP - 2 的 MnO 含量高达 5.2%，高出其他样品 MnO 含量，NAP - 4 和 NAP - 6 的 MnO 含量最低，分别为 0.8%和 1.3%。所有样品中 Fe_2O_3含量介于 1.0%～1.9%，其中 NAP - 1 的 Fe_2O_3含量最高，达到 1.9%。NAP - 7 中 CoO 含量最低，最高的是 NAP - 2，分别是 0.1%和 1.4%。

通过对比分析，8 件青花瓷片样品中，NAP - 1～NAP - 3 MnO、Fe_2O_3和 CoO 含量相近；漳州窑样品中除 NAP - 8 显色元素含量较高外，其余样品含量相近。

3. 瓷胎中 Fe 元素对比柱状图

图一一为青花瓷片样品 NAP - 1～NAP - 8 瓷胎中 Fe_2O_3元素对比柱状图，可以看出，所有样品 Fe_2O_3含量相近，均在 1%左右，其中 NAP - 2 和 NAP - 8 样品中 Fe_2O_3元素含量比其他样品高一些，同为 1.5%。

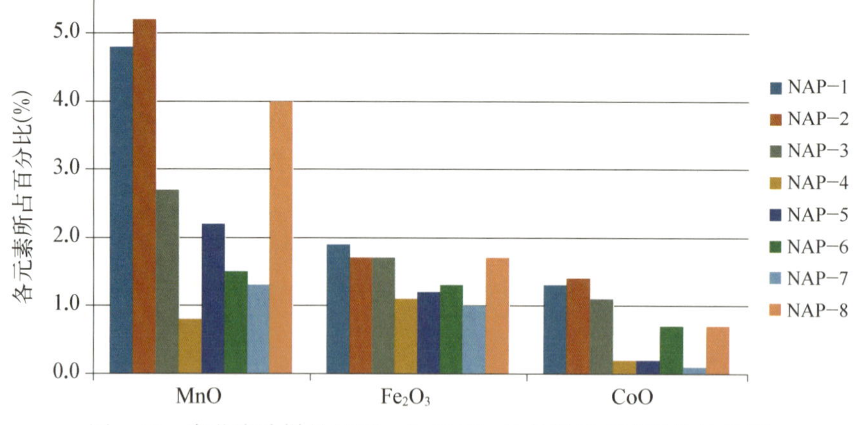

图一〇　青花瓷片样品 NAP-1~NAP-8 色料层元素对比柱状图

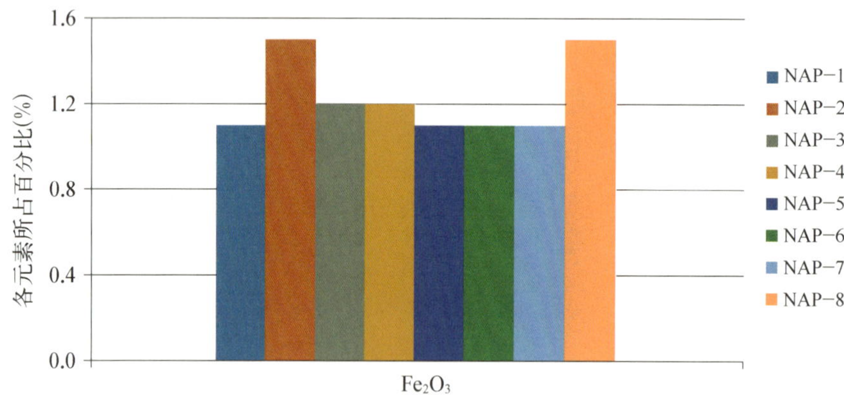

图一一　青花瓷片样品 NAP-1~NAP-8 瓷胎中 Fe 元素对比柱状图

通过对比发现,8 件青花瓷片样品色料层皆以钴土矿为主,由于色料层不均匀,因此所测定数据的差异性和选测定区域密切相关。NAP-1~NAP-3 出自同一窑址,因而色料层中 MnO、Fe_2O_3、CoO 含量相近。样品 NAP-1~NAP-3 和 NAP-8 有明显的色料层存在,因此其中的显色物质含量较高,而其他样品色料层已经和釉层熔为一体,因此色料层中显色物质含量较低,青花晕染扩散严重。

另外,8 件青花瓷片样品釉层、瓷胎成分的 SEM-EDX 数据差别不大,釉层皆为石灰—碱釉。釉中 K_2O 含量高于 CaO,有利于釉面的莹润光泽度,所以在外观上瓷釉对青花料显色效果起到一定的浸润作用[1]。瓷胎皆为高硅低铝瓷胎,并以 K_2O 与 Na_2O 作为助熔剂。这表明当时景德镇和漳州窑已有被大多数窑家认可的选土、色料选择和施釉规范。

(五) 釉层和色料层中的 Mn、Fe、Co 元素

从表 2~表 4 中 Co 元素的数据可以看出,Co 元素在釉层和靠近釉层的胎体中也有少量存在,

[1] 孙伟嫣、张志刚、吴伟等:《广西清代青花瓷器研究》,《古陶瓷科学技术国际讨论会论文集》,上海科学技术文献出版社,2009 年,第 385 页。

这是因为青花色料在高温反应时釉中形成一定的过度扩散层,色料中的元素甚至可扩散到透明釉的表面或深入至胎体表面的反应层中[1]。有研究认为过度扩散层的存在是表面无损分析方法能检测分析到青花色料成分的一个原因[2]。

一般来说,釉料和青花色料中如助熔成分较多、烧成温度较高、保温时间较长,则烧成的瓷器晕散相对严重。晕散的程度大,则深蓝浅蓝部分的锰铁比值、锰钴比值接近,反之,则锰铁比值相差较大[3]。

青花是利用含钴的矿物原料作为着色颜料绘画在白瓷坯上,上釉后在高温一次烧成,呈现蓝色彩饰的釉下彩。历代所生产青花瓷的颜料的着色色调和特征是各不相同的,因为他们并非使用纯氧化钴作为着色剂,而是使用天然钴矿作为颜料。不同的时代、不同的地区所使用的钴矿色料也不同,因此在瓷器外观上显色有很大差异[4]。随着古陶瓷真伪鉴别的需要,越来越多的学者采用无损测试方法来研究青花瓷器,并得到一些有意义的结论[5]。有学者用无损方法检测青花瓷器,特别是检测同一块瓷片深蓝、浅蓝青花部位时,发现锰、铁、钴等元素之间的比值存在一定差异[6]。任炜等[7]认为深蓝、浅蓝的铁锰比存在一定的差异与釉层薄厚有关,但未做具体的讨论分析。程琳[8]认为明代青花中 Mn、Co 元素的含量与青花颜色的深浅存在一致性,Mn、Co 元素含量或比值对青花产地和真伪辨别有重要意义。青花瓷器中青花色料成分检测是一个难点,特别是样品的处理,因此过去通过计算来比较 MnO/CoO 值和 Fe_2O_3/CoO 值,考察其差异性[9]。

为了便于比较研究青花瓷碎片样品,我们仍计算 MnO/CoO 值和 Fe_2O_3/CoO 值,结果列于表六。从表中可见,MnO/CoO 值最高为 13.0,最低为 2.1,Fe_2O_3/CoO 值最高为 10.0,最低为 1.2。一

[1] 李合、赵兰、李媛等:《EDXRF 对古代青花瓷器色料元素分布的无损研究》,《古陶瓷科学技术国际讨论会论文集》,上海科学技术文献出版社,2009 年,第 361~366 页。

[2] 李合、赵兰、李媛等:《EDXRF 对古代青花瓷器色料元素分布的无损研究》,《古陶瓷科学技术国际讨论会论文集》,上海科学技术文献出版社,2009 年,第 361~366 页;吴隽、李家治、邓泽群等:《中国景德镇历代官窑青花瓷的断代研究》,《中国科学 E 辑》2004 年第 5 期。

[3] 李合、赵兰、李媛等:《EDXRF 对古代青花瓷器色料元素分布的无损研究》,《古陶瓷科学技术国际讨论会论文集》,上海科学技术文献出版社,2009 年,第 361~366 页。

[4] 李家治:《中国科学技术史·陶瓷卷》,科学出版社,2007 年,第 364 页。

[5] 李合、赵兰、李媛等:《EDXRF 对古代青花瓷器色料元素分布的无损研究》,《古陶瓷科学技术国际讨论会论文集》,上海科学技术文献出版社,2009 年,第 361~366 页;吴隽、李家治、邓泽群等:《中国景德镇历代官窑青花瓷的断代研究》,《中国科学 E 辑》2004 年第 5 期。

[6] 李德金、蒋忠义、沙因等:《元大都出土青花瓷器的无损分析》,《考古》1999 年第 11 期;WEN Rui, WANG Chang-sui, MAO Zheng-wei, *et al*. The chemical composition of blue pigment on Chinese blue and white porcelain of the Yuan and Ming dynasty (AD1271 - 1644). *Archaeometry*, 2007, 49 (1), pp.101 - 115.

[7] WEN Rui, WANG Chang-sui, MAO Zheng-wei, *et al*. The chemical composition of blue pigment on Chinese blue and white porcelain of the Yuan and Ming dynasty (AD1271 - 1644). *Archaeometry*, 2007, 49 (1), pp.101 - 115.

[8] 程琳、丁训良、刘志国等:《一种新型的微束 X 射线荧光谱仪及其在考古学中的应用》,《物理学报》2007 年第 12 期。

[9] 陈尧成、张志刚、郭演仪:《历代青花瓷和青花色料的研究》,《硅酸盐学报》1978 年第 4 期。

般来说,MnO 和 Fe_2O_3 含量较低,说明该钴土矿经过提炼,有益于青花蓝色发色;而未经提炼的原矿,其 MnO 和 Fe_2O_3 含量较高,CoO 含量就比较低,影响青花发色[1]。

表六　青花瓷碎片样品色料层 MnO/CoO 与 Fe_2O_3/CoO(Wt%)

样品号	MnO	Fe_2O_3	CoO	MnO/CoO	Fe_2O_3/CoO
NAP-1	4.8	1.9	1.3	3.7	1.5
NAP-2	5.2	1.7	1.4	3.7	1.2
NAP-3	2.7	1.7	1.1	2.5	1.5
NAP-4	0.8	1.1	0.2	4.0	5.5
NAP-5	2.2	1.2	0.2	11.0	6.0
NAP-6	1.5	1.3	0.7	2.1	1.9
NAP-7	1.3	1.0	0.1	13.0	10.0
NAP-8	4.0	1.7	0.7	5.7	2.4

总体来看,NAP-1~NAP-3 景德镇样品 MnO/CoO 值与 Fe_2O_3/CoO 值相对于漳州窑样品总体较低,因而青花釉色清亮干净,透明感较好,色料蓝中泛紫,光亮艳丽。NAP-4~NAP-8 漳州窑样品 MnO/CoO 值与 Fe_2O_3/CoO 值总体相对较高,因而器表颜色透明感较差,青花色暗。这也是漳州窑和景德镇窑瓷器的差别。

(六)色料层中富 Co 化合物与针状结晶物拉曼光谱分析

青花瓷是利用含钴的矿物原料作为着色颜料绘画在白瓷坯上,上釉后在高温一次烧成,呈现蓝色彩饰的釉下彩。历代所生产的青花瓷着色色调和特征不尽相同,因为并非使用纯氧化钴,而是使用天然钴矿作为着色剂[2]。

根据青花瓷样品 NAP-1 和 NAP-2 釉层、色料层的 SEM-EDX 分析结果,结合各元素的摩尔数比值,可以推断色料层含有显色物质钴蓝($CoO \cdot Al_2O_3$)或 Co_2O_3、MnO_2、Mn_2O_3、Fe_2O_3、Fe_3O_4 等物质。

为此对这些可能存在的晶体或点进行了拉曼微区光谱分析,以确定具体物相。

国内外学者们在青花瓷色料的 Raman 光谱分析方面已开展了部分工作。其中 L. D. Kock[3] 发现明代青花瓷中钴蓝($CoO \cdot Al_2O_3$或 $CoAl_2O_4$)峰值为: 195 vw, 280 vw , 461 sh, 506 s, 794 vw cm^{-1};未知来源青花样品 C 的峰值为: 180 w, 283 vw, 460 w, 485 sh, 510 s, 560 vw,

[1] 孙伟嬿、张志刚、吴伟等:《广西清代青花瓷器研究》,《古陶瓷科学技术国际讨论会论文集》,上海科学技术文献出版社,2009 年,第 390 页。

[2] 李家治:《中国科学技术史·陶瓷卷》,科学出版社,2007 年,第 364 页。

[3] L. D. Kock, D. De Waal, Raman studies of the underglaze blue pigment on ceramic artefacts of the Ming dynasty and of unknown origins. *J Raman Spectrosc*, 2007, 38, pp.1480-1487.

1 013 w cm^{-1}。他采用现代合成技术单独制备的钴蓝拉曼光谱峰为 202 vs,404 vw,508 mw,625 vw,756 w cm^{-1}。

Bunjerd Jongsomjit 等[1]发现尖晶石类型钴蓝有以下峰：198 s,412 vw,486 sh,509 vs,556 w,619 s,690 vs,753 w cm^{-1}。尖晶石类型 Co_3O_4有以下峰：198 s,486 m,509 w,619 vw,690 s cm^{-1}。

结合所分析区域晶体各元素的 EDX 结果,可以断定 Co、Al 含量高的亮白色点应该富集了钴蓝(图一二,a)。至于其为原料中带入或在高温反应中形成,暂且不能确定。

最近,根据姜晓晨阳等利用高精度微区拉曼光谱结合扫描电子显微镜能谱分析,确定青花瓷钴蓝的拉曼光谱峰应为 202 vs,404 vw,508 mw,625 vw,756 w cm^{-1}[2]。

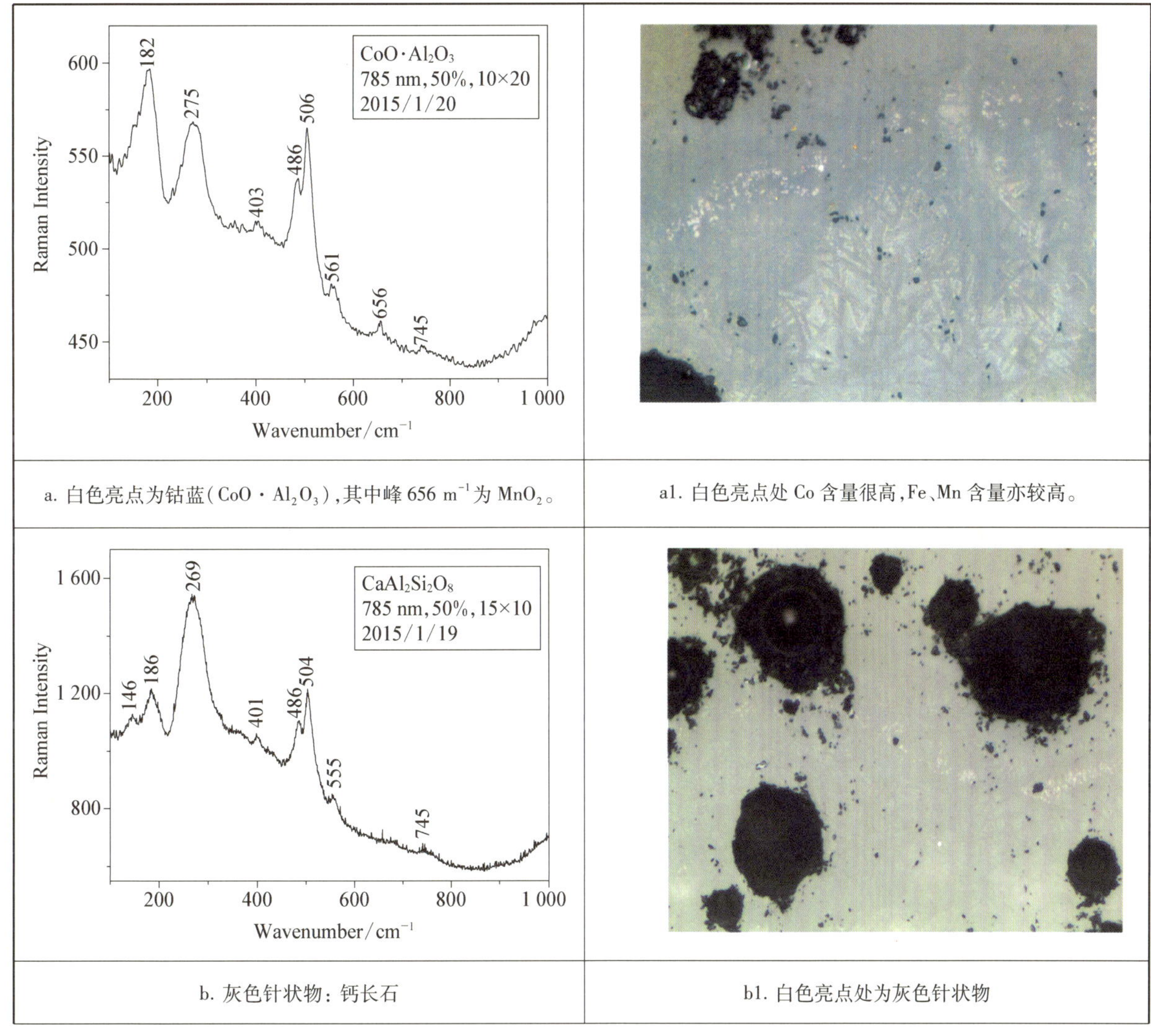

a. 白色亮点为钴蓝($CoO·Al_2O_3$),其中峰 656 m^{-1}为 MnO_2。

a1. 白色亮点处 Co 含量很高,Fe、Mn 含量亦较高。

b. 灰色针状物：钙长石

b1. 白色亮点处为灰色针状物

[1] Bunjerd Jongsomjit, Joongjai Panpranot, James G. Goodwin, Jr.Co-Support Compound Formation in Alumina-Supported Cobalt Catalysts.*Journal of Catalysis*, 2001, 204,pp.98 - 109.

[2] Xiaochenyang Jiang, Yanying Ma, et al. Raman analysis of cobalt blue pigment in blue and white porcelain: a reassessment. Spectrochimica Acta Part A: Molecular and Biomolecular Spectroscopy,2018,190,pp.61 - 67.

（续图）

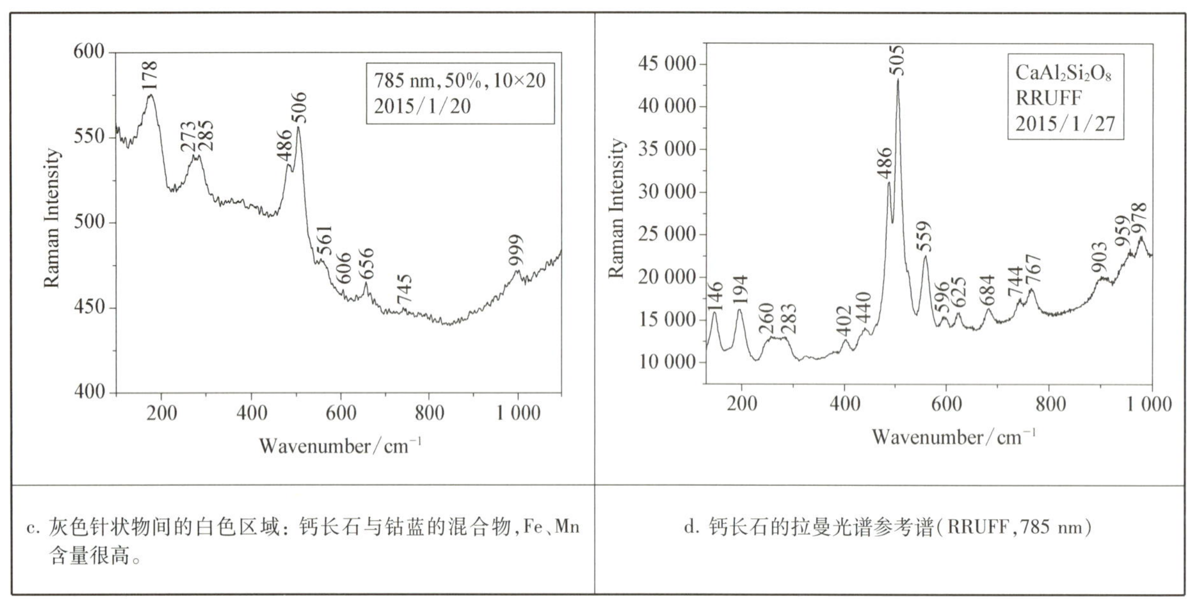

c. 灰色针状物间的白色区域：钙长石与钴蓝的混合物，Fe、Mn含量很高。

d. 钙长石的拉曼光谱参考谱(RRUFF，785 nm)

图一二　青花瓷碎片样品 NAP－2 色料层的拉曼光谱图

由于色料层青花显色元素为 Fe、Mn 和 Co 元素，除去 Co 的化合物外，尚有一定量的 Fe、Mn 化合物。经仔细查询 RRUFF 谱图，发现有 MnO_2(Pyrolusite，其峰值为 655 cm^{-1})。

有研究者利用拉曼光谱发现青花彩中黄色斑点含有 Fe_2O_3和 Fe_3O_4，其峰值为：224 s，291 vs，407 w 和 662 vw cm^{-1}[1]。

灰色针状物间的白色区域，应为钙长石与钴蓝等的混合物(图一二，c)，此区域 Fe、Mn 含量很高，同样含有 MnO_2和 Fe_2O_3等化合物。

比较色料层中深灰色针状物的 Raman 光谱(图一二，b)与 RRUFF 中的矿物谱图(图一二，d)，可确定其为钙长石晶体。

由于样品中钙长石的 Raman 光谱与钴蓝的 Raman 光谱非常相近，在判断时必须与 SEM 图、Raman 显微镜图和 EDX 数据互相参校，才能确定所判断的晶体的物相。这也是青花色料研究工作仍需继续的方面之一。

结　　论

(　) 景德镇窑样品

通过一系列分析测试，发现广东南澳 I 号明代沉船青花瓷器碎片样品中景德镇窑样品青花釉色清亮干净，透明感较好，青花色料蓝中泛紫，比较匀净，存在明显的色料层。瓷胎中 SiO_2 含量

[1] 左健、杜广芬、吴若等：《明永乐青花瓷片的显微拉曼光谱分析》，《光散射学报》2007 年第 4 期。

68.8%~71.2%，Al_2O_3含量22.5%~24.7%，属高硅低铝瓷胎。釉层中CaO和K_2O在4.8%~8.8%与3.7%~4.0%变化，色料层局部的CaO含量高至16.0%，釉层应为石灰—碱釉。样品NAP-2和NAP-3的无色料釉层与有色料釉层成分相同，瓷胎成分也均匀一致，应该为涂绘色料后器物内外蘸挂相同的釉料。青花色料显色元素为Fe、Mn和Co元素，MnO/CoO值和Fe_2O_3/CoO值在2.5~3.7与1.2~1.5，相对于漳州窑样品总体较低。景德镇窑样品色料层明显成层，其中在钴元素富集区域形成了钴蓝（CoO·Al_2O_3），还有Mn_xO_y和Fe_xO_y等化合物。部分瓷片样品色料层在釉层中扩散很好。同时形成了发育完整的针状结晶钙长石（$CaAl_2Si_2O_8$）。

（二）漳州窑样品

漳州窑样品釉色较淡且透明感较差，大多数样品色料和釉层已融为一体，器表颜色透明感较差，青花色暗，有很强的晕染感，部分瓷片受腐蚀严重。瓷胎中SiO_2含量70.6%~77.2%，Al_2O_3含量18.1%~23%，属高硅低铝瓷胎。釉层中CaO和K_2O在5.3%~11.7%与2.4%~5.2%变化，釉层应为石灰—碱釉。青花色料显色元素为Fe、Mn和Co元素，MnO/CoO值和Fe_2O_3/CoO值在2.1~13.0与1.9~10.0，相对于景德镇样品总体较高。

本工作得到国家文物局水下文化遗产保护中心张治国副研究员的帮助。中山大学社会学与人类学院朱铁权副教授、故宫博物院文保科技部苗建民研究员、中国科学院大学博士研究生姜晓晨阳在青花钴料成分判别和文章修改方面给予的帮助，在此一并表示感谢！

Blue-and-White Porcelain and Cobalt-blue Pigment on Ming Dynasty Recovered from Nan'ao I Shipwreck

by

Ma Yanying　Sun Jian　Hu Dongbo

Abstract: Nan'ao I shipwreck site is located in the sea area between Nan'ao Island and Banchaojiao in Nan'ao County, Shantou, Guangdong. The shipwreck found in 2007 and salvaged in 2009 was a merchant ship in the Wanli Period of Ming Dynasty (1573 – 1620 A.D.). The majority of relics found at the shipwreck so far are porcelains, especially those produced in Zhangzhou kilns. Porcelains of the best quality came from Jingdezhen kilns. In this work, the Stereo Microscopy, Raman Microscopy and SEM – EDX (Scanning electron microscopy-energy dispersive X-ray) were applied on eight blue-and-white shards from Nan'ao I shipwreck produced in Jingdezhen kilns and Zhangzhou kilns. The SEM – EDX results show that the chromogenic elements are Fe、Mn and Co. The value of MnO/CoO and Fe_2O_3/CoO are 2.1 ~ 13.0 and 1.2 ~ 10.0. The percentage of CaO and K_2O in the presumably lime-alkali glaze are 4.8% ~ 11.7% and 2.4% ~ 5.2%. The proportion of CaO in the pigment rises up to 16.0%. The body featured with high silicon and low alumina contains SiO_2 of 68.8% ~ 77.2% and Al_2O_3 of 18.1% ~ 24.7%. The pigment of shards from Jingdezhen kilns can be seen clearly and the well crystallized needle-like crystal within is identified by Raman as Anorthite ($CaAl_2Si_2O_8$). In high Co-content areas, cobalt-blue (cobalt aluminium oxide CoO · Al_2O_3) and Mn_xOy have been discovered.

Keywords: Blue-and-White Porcelain, Ming Dynasty, Nan'ao I Shipwreck, Cobalt-Blue, Anorthite, Raman, SEM – EDX

宁波小白礁 I 号古船与中国古船保护技术

袁晓春*

摘　要：中国已发现100余艘古代沉船，位居世界前列。古船是中国海洋文化遗产的重要组成部分。因南北方自然条件迥异，保护经费、技术力量的差异，我国形成了古船保护技术的不同方式。宁波小白礁 I 号古船为近年来中国古代沉船的一次重要发现，其古船保护技术尤为关键。本文从中国最早的古船——跨湖桥独木舟开始，再介绍泉州宋朝古船、南海 I 号宋朝古船、西沙群岛华光礁 I 号沉船以及国外瑞典瓦萨号古船、韩国新安古船、英国玛丽罗斯号古船等木质古船的保护技术。尤其详细介绍了历经20多年古船保护进程的蓬莱4艘中外古船保护技术，提出中外古船保护技术中存在的不足与问题，目的在于为宁波小白礁 I 号古船等中国古船与今后的古船发现提供保护经验与借鉴。

关键词：小白礁 I 号古船　古船　蓬莱古船　保护

宁波小白礁 I 号古船为近年来中国古代沉船的一次重要发现，其出水填补了中国古代海外造船并从事国际海洋贸易的空白。小白礁 I 号古船船材为东南亚红木，材质优良，沉船长20.35米，残宽7.85米，出水瓷器、铜器、锡器、印章、银币、铜钱、紫砂壶、石材等文物606件。目前，小白礁 I 号古船船材在宁波中国港口博物馆内宁波文物考古研究所水下考古基地保护池中进行古船船材保护。他山之石，可以攻玉，故将中外古船保护技术进行梳理，为小白礁 I 号古船的保护工作提供借鉴。近年来，先后发现西安灞桥汉朝古船、浙江慈溪元朝古船、江苏太仓明朝古船、广州清朝古船等，众多古船的发现，亟需开展古船保护技术的交流。

中国是世界古船的发现大国，迄今发现古船100余艘，位居世界前列。历经40多年发现的中国古船，为中华优秀海洋文化遗产。中国海事类博物馆中至少有十几家博物馆展示了20余艘古船。2002年，在浙江省杭州市萧山区跨湖桥遗址发现距今8 000年前新石器时代的独木舟，为我国迄今发现100多艘古船家族中年代最早的古船，是世界东方最早的独木舟发现。跨湖桥独木舟作为文物实证，再次推翻原来西方学者关于中国没有独木舟，古船是从木筏演变而来的错误观点。近年来，中国古船保护技术悄然走在世界前列，泉州宋朝古船、蓬莱4艘中外古船、宁波宋朝古船、梁山明朝古船、菏泽元朝古船等进馆展示，宁波小白礁 I 号清朝古船、阳江南海 I 号宋朝古船、海南华光礁 I

*　袁晓春，蓬莱阁景区管理处。

号宋朝古船、洛阳洛河古船等正在保护中，南澳Ⅰ号明朝沉船尚有待于打捞保护。中国丰富的海洋文化遗产——古船及船载文物，引起国际博物馆界的高度关注。从跨湖桥独木舟到小白礁Ⅰ号古船，一个又一个现代化海事类博物馆的建成开放，标志着中国正在向世界海事类博物馆大国迈进。然而，自 1974 年 8 月福建省泉州湾发现宋朝远洋贸易船、山东省蓬莱市登州港（蓬莱水城）出土 4 艘中外古船以来，各地的古船保护技术，因南北方自然条件迥异，保护经费、技术力量的差异，不同年代保护技术的改进，形成中国海洋文化遗产——古船保护技术的不同方式，现试做探析，目的在于为中国海洋文化遗产展示中的中国古船与今后发现的古船保护提供借鉴。

一、中外海洋文化遗产——古船保护技术

自 1974 年泉州宋朝古船发现后，先后有阳江南海Ⅰ号宋朝古船、海南华光礁Ⅰ号宋朝古船、宁波小白礁Ⅰ号清朝古船、南澳Ⅰ号明朝古船等沉船发现和正在保护中，已建馆保护的各著名古船均取得不同的保护效果，毋庸置疑保护技术是成功的。现提出各著名古船保护技术存在的不足及问题，以便于相互学习借鉴。

泉州古船是南宋时期建造的远洋货船，1974 年发现后即进行考古发掘，沉船船壳由二层和三层木板叠成，残长 24.2 米。泉州沉船采取了“埋沙脱水”自然阴干法脱水，后采用松香石腊热渗法保护；将溶化的松香石腊混合物用刷子涂在已加热的船板上，边涂边烘烤，直到船材吸收不进去为止。同时还采取了聚乙烯醇、聚乙二醇渗透加固保护等保护技术。此外，喷封过氟化钠、5%五氯酚酒精溶液作防虫、防腐处理。泉州宋朝古船在 1974 年发掘时，限于当时的技术条件，对船材采取“埋沙脱水”措施，船材未干即拼装复原，钉入船体起连接加固作用的 10 000 多根铁钉已生锈腐蚀。而后，用竹钉更换腐蚀严重的铁钉。

跨湖桥独木舟，采用聚乙二醇加尿素加二甲基脲复合浸泡溶液进行脱水保护。经过十年的前期保护，取得阶段性成果，目前已正式对外展出。但是跨湖桥独木舟放置在遗址土层上，对木质舟体保护不利。继跨湖桥独木舟后，在浙江省杭州市余杭区茅山遗址出土良渚文化独木舟，茅山独木舟长 7.35 米，宽 0.45 米，舟体平均厚 2 厘米，是迄今国内发现最长、最完整的史前独木舟。目前，浙江省博物院的文物保护工作者正在对茅山独木舟进行清理、测绘及相关保护。由此可以推断，浙江省为我国史前新石器遗址独木舟发现的富集区，是中华民族舟船文化与海洋文化的发祥地。浙江独木舟在中国古代独木舟中占有重要地位，期待浙江省各类独木舟新的发现。

广东阳江南海Ⅰ号宋朝古船，是将从海底打捞的船体沉箱移进广东海上丝绸之路博物馆“水晶宫”展厅，以期在沉箱中进行清理、发掘和保护。但世人瞩目的南海Ⅰ号宋朝古船整体捞起运送到广东海上丝绸之路博物馆“水晶宫”后，迟迟没有打开沉箱的主要原因，就是面临宋朝沉船木质船材保护技术问题。南海Ⅰ号宋朝古船从 20 多米深、2 个大气压的海底搬入“水晶宫”内，海水压力、海水温度等海洋环境发生根本变化，支撑南海Ⅰ号船材的船底也发生变化，船底支撑和船材结构应该如何适应新的环境？最需要引起重视的是，防止海洋生物侵入古船船材而造成不可挽回的损毁。南海Ⅰ号宋朝古船处于全水状态，如船蛆蛆卵进入船材后将终生寄生其内，给古船

船材留下大量蛆孔，导致船材完全报废。目前，广东海上丝绸之路博物馆的文保人员对“水晶宫”展厅内南海Ⅰ号宋朝古船的海水，采用臭氧灭菌等海水处理技术，杀灭海水中的海蛆等海洋生物，对古船船材进行保护。2011年，南海Ⅰ号宋朝古船进行了试掘。考古人员将沉箱中的海水放至发掘工作面以下，南海Ⅰ号宋朝古船成为露天发掘，因阳江高温的气候条件，古船暴露面发生“臭箱”现象，展厅内弥漫着腐朽气味。在今后的正式发掘中，“臭箱”现象应引起相关方面的重视。南海Ⅰ号宋朝古船为国际首例“水晶宫”全水状态下展示保存，计划采用亚克力硬质材料支撑船体，其保存和展示技术前所未有，已成为我国文保界新的课题。

广东南澳南澳Ⅰ号沉船出水明朝瓷器10 000多件，至2012年水下发掘工作已经结束。据悉广东南澳方面限于经费、技术等各方面因素，南澳Ⅰ号沉船将继续埋藏于20多米深的海底，尚未有沉船船体打捞和船材保护的计划。

西沙群岛华光礁Ⅰ号宋朝古船出水瓷器9 000余件，中国国家博物馆和海南省博物馆水下考古人员合作将船体打捞出水，拆分船材500多件，运至海南省博物馆古船保护池中，正在进行古船船材的脱盐、脱水保护。

目前，国外发现的著名沉船主要有瑞典瓦萨号沉船、韩国新安沉船、英国玛丽罗斯号沉船等，其保护技术各有所长。

瑞典瓦萨号沉船，1628年建成，船上有四层甲板，全长69米，其在第一次出航时葬身海底。1961年在斯德哥尔摩港被打捞出水，瑞典瓦萨号沉船采用聚乙二醇树脂浸透法进行保护。其原理为沉船的饱水木件在不断递增浓度的聚乙二醇水溶液浸泡过程中，木材内部所含的水逐渐被聚合物置换出来，最后达到脱水、定形保护的目的。从1962年开始采用45%~60%聚乙二醇对船体进行喷雾，经过试验分子量为4 000的聚乙二醇溶液，效果不好渗透能力差。后来改用分子量为600的聚乙二醇水溶液进行喷雾，取得了较好的效果。经过20多年漫长时间的处理保护，沉船完整地保存下来了。

韩国新安沉船，是14世纪中国建造的商船，残长28.4米，沉没于韩国新安郡海域。1976~1984年被打捞出水，由木浦海底文物保护处理所开展保护。该船的保护也是采取聚乙二醇浸泡法，船材由加热系统的贮存箱进行浸泡，分子量400的聚乙二醇修复退化较轻的部位，分子量4 000的聚乙二醇修复退化较重的部位。新安沉船的保护工作完成后，在韩国木浦市国立海洋遗物展示馆新安沉船展厅对公众展出。新安沉船的发掘开启了韩国水下考古事业之门，现已发展为韩国水下文化遗产研究所，取得了一批海洋文化遗产成果。

英国玛丽罗斯号沉船，为海外著名的沉船发现，1982年被打捞出水。沉船船材被放置于特制的保护室中，采用聚乙二醇对沉船船材进行全天候喷淋。方法是喷淋一段时间后，间隔一定时间，再次进行喷淋。聚乙二醇喷淋液洒落后，设有专门的地面回收装置，聚乙二醇喷淋液经回收采集后重新利用。

以上古船都是在船材脱水阶段用聚乙二醇开始进行保护，在古船慢慢稳定下来后得以保存。但处理后的古船颜色深黑，失去木材色泽，观感较差。此外，据悉世界上最早采用聚乙二醇处理后的瓦萨号沉船，前几年沉船船材出现块状脱落，估计与聚乙二醇老化及船材劣化有关，保护效果仍不理想。

综合中外古船保护技术,绝大部分古船采用聚乙二醇保护沉船船材,聚乙二醇热渗透时保护效果较好。但要注意船材炭黑现象、船材表面封护等问题。泉州沉船除颜色发黑外,因船材脱水未干燥,沉船的船钉受到腐蚀,后锈蚀日益加重,为今后的保护带来新的问题。而蓬莱元朝古船是将脱水、复原、保护各个阶段分开,在船材脱水定形成功后,才进行整体复原,避免了铁钉受到腐蚀。保护阶段采取舱料修复,聚醋酸乙烯酯丙酮溶液加固,桐油封护,这些技术都具有独创性,既起到加固保护船材的作用,又不使之失去木材质感。

二、中国海洋文化遗产保护案例——蓬莱 4 艘中外古船保护技术

1984 年和 2005 年,在山东省蓬莱市登州港(蓬莱水城)先后发现元朝古船、明朝古船及 2 艘韩国高丽(朝鲜)古船,采用的保护技术分述如下。

(一) 蓬莱元朝古船保护技术

1984 年,登州港(蓬莱水城)清淤过程发掘出土了蓬莱元朝古船。蓬莱元朝古船保护工程针对古船出现的问题,着重解决加强船材强度和船体保护两个重点,通过喷涂 5% 聚醋酸乙烯酯丙酮溶液和生桐油,以达到加固保护船材的目的。古船加固工程分三个步骤进行:

1. 清除船体表面结层

蓬莱元朝古船脱水、复原阶段,出于对古船保护的需要,未将船体木材表面的泥沙清除。发掘后至保护处理前的九年中,船体表面已经形成一个坚硬的结层。要喷涂化学保护材料,就必须将船材表面结层全部清除掉。文保人员使用 7.5 千克的空气压缩机,以喷出的高压气体辅以钢丝刷进行喷刷,全部清除了附着在船体表面的泥沙。

2. 修复船体

蓬莱元朝古船的船体修复分两方面进行。首先对部分船材的开裂处用小铁钉进行加固。其次,对列板间 1.1~1.7 厘米的缝隙以及船体表面的钉眼、腐朽的孔洞,用我国造船工艺中传统的“舱料”进行修补。在蓬莱元朝古船的复原工程中,船板间采用铲钉、穿心螺钉连接加固。然而,如果这些铁钉暴露在空气中保护不好的话,空气中的水蒸汽冷凝成水以及水中的杂质将会使铁钉生锈。铁锈是含结晶水的三氧化二铁,氧化相当迅速。如果铁钉锈蚀严重,连接加固作用就会逐渐丧失,致使船体发生解体。因此,文保人员使用我国造船工艺中传统的“舱料”对船体上所有的缝隙、孔洞进行了填补,对某些暴露在空气中的钉眼做了封盖,这样既保护了船材,又将船体上可能暴露在空气中的钉眼,用舱料全部进行了隔绝封护。

使用的“舱料”由麻丝、熟石灰粉、生桐油经机器碾压和人工反复舂捣而成,舱料从使用功能上分为两种:一种是麻丝占 50%,石灰占 50%,再用桐油调制而成的“麻板”,用于填补船板间 1.1~1.7 厘米的缝隙和船体上大一些的洞隙;另一种是不用麻丝,而由石灰、桐油调制而成的“腻

子”，用于修补钉眼和较小的孔洞。舱料是我国古代船匠独创的一种密封填料，从蓬莱元朝古船上的舱料看，在水下历经七百多年，其舱料对船钉仍然起着严密的保护作用。

3. 喷涂化学加固材料

木材由植物细胞构成，细胞腔内的原生质在细胞形成后一定时期内消失，剩下细胞壁构成木材的主体。木材的主要成分是纤维素（占45%～50%）、半纤维素（占20%～35%）、木质素（占15%～35%）。蓬莱元朝古船船体由5种木材组成：为杉木（外板）、锥属木（舱壁板）、松木（龙骨）、楠木（桅座、舵承座）、樟木（首柱、尾龙骨）。其中楠木、樟木受腐蚀较轻，这与木材材质较好有关。位于舱内的锥属木、松木受腐蚀比楠木、樟木重一些。而由杉木制成的外板，因与海水接触，船体外侧的杉木受腐蚀最为严重，最严重处原外板厚度15厘米，受腐蚀后外板厚度9厘米。蓬莱元朝古船共有船板102块，其中外板59块，舱壁板31块，其他12块。古船内侧、外侧和舱壁面积为259.4平方米。在微生物作用下，木材中的纤维素、半纤维素、木质素缓慢地进行氧化分解，逐渐变为一些复杂的化合物，最后生成二氧化碳和水。木材细胞壁因坍陷、崩溃、分裂，而使材质机械强度下降。国际上对出水沉船木材的保护方法有：聚乙二醇渗透喷淋法、松香石腊热渗法、蔗糖渗透法等。经比较筛选，蓬莱元朝古船选取了喷涂5%聚醋酸乙烯酯丙酮溶液和喷涂生桐油的保护方法。保护工程分两个阶段进行。

第一阶段：喷涂5%聚醋酸乙烯酯丙酮溶液。聚醋酸乙烯酯是一种经聚合而成的高分子化合物，粘着力很强，耐酸碱，用聚醋酸乙烯酯保护古代沉船船材，无论是从实验效果，还是从古代船材的应用效果看，保护效果都极为明显。保护过程采用5%聚醋酸乙烯酯丙酮溶液，加压将溶液压缩成雾状，直接喷射到船材上，以高压气体帮助溶液向船体内部渗透。渗透进去的聚醋酸乙烯酯将支撑起木材凹陷的细胞壁。文保人员使用5%聚醋酸乙烯酯丙酮溶液保护处理一般船材，7%聚醋酸乙烯酯丙酮溶液保护处理个别腐朽较重的船材，船材色泽没有变化。

第二阶段：喷涂生桐油。喷涂生桐油保护木船船体是我国造船的传统技术。蓬莱元朝古船保护工程采用优质的生桐油喷涂在船体上，油膜干燥后，形成了一个稳定的保护层，起到隔绝空气、防潮、防晒、防大气腐蚀等保护功能。喷涂生桐油的施工方法与喷涂聚醋酸乙烯酯丙酮溶液的施工方法相同，只是喷涂了第一遍生桐油使其干燥后，又喷涂第二遍生桐油。喷涂两遍的生桐油能够在船体上形成一个均匀严密的保护层。但应注意喷涂第一遍生桐油的数量要少而均匀，喷涂第二遍生桐油不要过厚。经过严格控制喷涂生桐油用量的蓬莱元朝古船，在生桐油干燥后，船材色泽略有加深，但尚未改变木材质感，也没有出现炫光（反射光），成功保持了蓬莱元朝古船的原有观感。

（二）蓬莱3艘中外古船保护技术

2005年，在登州港（蓬莱水城）第二次清淤工程中，发现了明朝古船及韩国高丽（朝鲜）古船等3艘中外古船。其保护过程为：

1. 清淤现场的室外保护技术

（1）搭建遮护棚，防止阳光曝晒

蓬莱3艘中外古船自2005年7月发现后，从开始古船脱水、防腐、加固保护工程，前后历时7

年，其具体的保护技术有：

发掘蓬莱3艘中外古船时，正值七月，阳光曝晒势必造成饱水船材快速脱水，从而引起船材开裂、翘起、起层等病害出现。考古队在古船发掘现场，搭建起钢架遮护棚，有效防止了日光曝晒船体，在遮护棚南、西、北三面进行半封闭围挡，以缓解古船发掘工地的水分蒸发。遮护棚顶上遮阳，四周较封闭，营造出适宜的发掘和保护环境。

（2）采取船材保湿措施

在搭建遮护棚的同时，考古队对不同船体采取多种保湿措施保护船材。对已完全暴露出来的蓬莱2号古船，起初采用喷水保湿，后在船材上铺架稻草，稻草与船体隔开，通过往稻草喷水，稻草上覆盖塑料布保湿，营造出船材的湿润环境。蓬莱3号古船船材受腐和海蛆侵蚀严重，埋藏层位深，则采取了淤泥覆盖、喷水保湿等措施，具体做法是在船体表面覆盖一层含湿淤泥，淤泥上覆盖稻草，朝稻草上喷水，以起到保湿作用。

（3）对船材进行化学保护

在发掘工地，蓬莱3艘中外古船船材表面露出后，下部仍埋于淤泥中。文保人员往船材表面喷淋75%的医用酒精，以抑止船材表面的细菌生长。此后开始喷淋丙二醇溶液进行船材保护，不久改喷淋5%～10%分子量2 000的聚乙二醇，加强船材强度。其后改喷淋12.5%分子量4 000的聚乙二醇和0.4%硼砂混合水溶液，进行脱水和加固保护，以防止水分过速挥发及船材长霉。

2. 室内保护技术

2005年冬季来临时，如在古船发掘工地进行室外保护显然已不可能。经国家文物局有关专家现场考察，同意将船材拆开，搬入室内并进行合理的科学性保护。

（1）转入室内前的保护技术

文保人员聘请从事元朝古船修复的造船厂老造船工匠，担当蓬莱3艘中外古船的分体拆运工作。先将古船隔舱拆开，再把船材外板缝隙间的舱料剔除，连接船板间的铁钉挑断，按照先拆隔舱板，再拆外板，后拆龙骨的拆船程序，将船体拆分。在每块拆开的船材上，分别用钉标牌、书油漆、墨书三种方式进行标记，为将来的古船复原做好翔实、完备的记录工作。

（2）转入室内后的前期保护技术

文保人员根据以往蓬莱元朝古船脱水保护的经验，将蓬莱3艘中外古船船材离地垫起摆放，使古船船材四周通透，便于饱水船材中水分子的溢出，以及聚乙二醇材料的渗透。此外，离地架起船材，能有效地避免船材腐朽现象的发生。

在古船保护室内，文保人员采取锅炉供暖，一般室内温度保持在15～20℃，室内湿度保持在65%左右。室内配备灭火器，工作人员、保安人员24小时昼夜值班，确保古船船材安全。

文保人员对蓬莱3艘中外古船船材表面进行清理，从古船发掘现场搬入室内的船材表面形成泥沙结层，使用竹签、毛刷、湿布对泥沙结层进行清除，使船材木色全部显露出来，也便于喷淋化学保护材料的渗透。

文保人员对蓬莱3艘中外古船采用的化学保护试剂为：初期为分子量4 000聚乙二醇，稀释浓度12.5%，与浓度0.4%硼砂及浓度为0.3%平平加溶液混合，早、晚各喷淋一次，分子量4 000聚乙二醇用于渗透和脱水加固古船船材，0.4%硼砂溶液用来船材防腐，0.3%平平加溶液用于保护试剂的渗透。文保人员通过对喷淋化学保护试剂多次试验，发现以聚乙二醇为主的化学保护试剂，具有多次和低温下喷淋易出现白色结膜，化学保护试剂渗透不好等现象。需对白色结膜及时进行清除，以确保化学保护试剂的充分渗透，避免因化学保护试剂渗透不下而造成的浪费。

3. 室内保护技术调整

（1）调整化学保护试剂喷淋次数

文保人员经反复试验，从2008年夏季开始，加大化学保护试剂的喷淋次数，利用夏季气温高，古船船材喷淋化学保护试剂较易渗透的特点，从每天早、晚2次喷淋化学保护试剂，变更为早、中、晚3次喷淋化学保护试剂，以加快化学保护试剂渗透船材的速度，推进蓬莱3艘中外古船保护进程。

（2）保护室内搭建塑料保护棚控制湿度

春季春风骤起，保护室内湿度下降很快，为35%~40%，部分船材表面产生聚乙二醇白色结膜，极个别船材表面出现皲裂。为防止皲裂病患的蔓延，文保人员及时在保护室内搭建起塑料保护大棚，用塑料保护棚罩住古船船材，很快塑料保护棚内湿度恢复到65%~70%，达到较理想湿度要求，皲裂病患随之消除。

（3）夏季控制塑料保护棚内湿度防止霉变

夏季雨水较多，在8月份高温高湿的保护室内，个别船材表面出现白色霉变，文保人员及时将塑料保护棚掀起透风，使保护室内塑料保护棚的湿度由90%以上降至70%左右，有效遏制了白色霉变的发生。

（4）调整保护材料

2010年后，蓬莱3艘中外古船进入后期保护工程，2010年12月停喷原化学保护材料，改用新的保护材料，进行后期古船保护。新材料为1%木质素、2%黄酸钙（喷淋3个月）、4%黄酸钙溶液每天喷淋一次，增加古船船材的木质素，以增加船材强度，便于3艘中外古船船体复原和展示。

4. 蓬莱3艘中外古船搬入新馆复原技术

2012年3月，蓬莱3艘中外古船的船材运进新落成的蓬莱古船博物馆，在古船发现原址进行复原组装。蓬莱3艘中外古船采用我国古代“船壳法”造船工艺，即搭起龙骨墩、边墩，在墩台上安放龙骨，再连接左右底板、外板，后加舱壁板、肋骨的顺序，完成了复原工程。关于中国古代“船壳法”造船工艺，近年来英国剑桥大学霍夫森学院程思丽（Sally Church）博士，也提出明朝《龙江船厂志》中“壳先”的造船观点，至清朝中国古代造船工艺改为使用西方的“结构法”。2014年5月，宁波小白礁Ⅰ号沉船打捞出水，采用“结构法”的小白礁Ⅰ号沉船，提供了新的文物实证。

蓬莱古船博物馆因展馆建在地下6米处，又紧临登州港（蓬莱水城）的港池海水，展室的潮湿环境无疑会对古船船材产生不利影响，展室内的古船后续保护工作有待于进一步开展。

三、中国海洋文化遗产古船保护的不足

中国海事类博物馆古船专题展较著名的有：泉州海外交通史博物馆，展示宋朝远洋货船；蓬

莱古船博物馆,展示2艘中国元明古船,2艘韩国古船;广东海上丝绸之路博物馆,展示南海Ⅰ号宋朝古船;跨湖桥遗址博物馆,展示8 000年前的独木舟;淮北市博物馆,展示8艘隋唐大运河古船;扬州市博物馆,展示唐朝内河船;山东省博物馆,展示明朝古船;菏泽市博物馆,展示元朝古船;聊城中国运河博物馆,展示元朝古船;宁波中国港口博物馆,展示小白礁Ⅰ号清朝古船等。海事类博物馆展示的古船绝大部分保护良好,同时古船保护尚有待于进一步开展。

1. 泉州宋朝古船生锈铁钉有待处理

1974年,泉州宋朝古船发掘出土,限于当时古船保护的技术条件,采用"埋沙脱水法"处理古船脱水,船材未干燥,即开始拼装复原,随后连接古船的铁钉开始生锈腐蚀,连接作用下降。文保人员采取竹钉替换铁钉的做法,取得古船保护成效。但是仍有大量生锈铁钉保存在泉州古船船体内,有待进一步的古船保护。

2. 蓬莱3艘中外古船铁钉腐蚀,船体封护有待开展

2012年3月,为了赶在蓬莱古船博物馆"5.1"开业,尚未完全干燥的3艘中外古船船材,为赶工期开始拼装复原,施工未来得及选择不锈钢钉,还是采取铁钉连接船体。但是不干燥的3艘中外古船船材,势必造成连接船体的铁钉腐蚀生锈,为古船保护带来安全隐患。此外,3艘中外古船船体表面未穿上"保护外衣",未进行桐油等传统保护材料封护,加之3艘中外古船长期处于临海和地下潮湿的展示环境,蓬莱3艘中外古船的连接铁钉迟早要生锈腐蚀,重蹈以往泉州古船铁钉锈蚀严重的覆辙。3艘中外古船船材表面也会出现问题,亟需开展古船保护工程,来有效遏止3艘中外古船保护状况的恶化。

3. 阳江南海Ⅰ号古船有待支撑船体拆除沉箱

南海Ⅰ号古船的整体打捞、"水晶宫"里展示均为前所未有的国际创举,体现出中国海事类博物馆古船打捞与展示的国际前沿水平。然而几年来南海Ⅰ号古船一直罩裹于沉箱中,难以露出真容,与原"水晶宫"可视发掘与展示的设计初衷不符,应考虑采用亚克力等透明硬质材料支撑古船船体,尽快拆除沉箱,露出南海Ⅰ号古船船体,同时应关注"水晶宫"3万多立方米海水水质变化,解决海蛆蛆卵杀灭等保护问题。南海Ⅰ号古船的国际第一例饱水展示方式,需要探索并掌握新的古船保护技术。

4. 跨湖桥独木舟应采取单独保护措施

跨湖桥独木舟在中国造船史上具有跨时代的意义,历史价值十分重要。目前跨湖桥独木舟与遗址土层连为一体,对独木舟舟体的保护来说较为不利。应考虑采取与原有遗址土质分离,对独木舟舟体进行单独保护。跨湖桥独木舟已经取得阶段性保护成果,建议给独木舟穿上保护外衣,喷涂保护材料,将独木舟舟体与空气进行隔绝,延缓独木舟的氧化进程,进一步延长独木舟的展出寿命。

跨湖桥独木舟终究为7 000~8 000年前的木质文物,出于其生命周期的考虑,建议采选浙江本地与独木舟木质相同的优质木材,采用"刳木为舟、剡木为楫"的独木舟古老制作工艺,复制跨湖桥独木舟。一来可将复制品用于对外巡展,二来多年后复制品也将成为独木舟仿制文物。

四、中国海洋文化遗产古船保护对策

目前，大部分中国海事类博物馆未设立古船保护机构，很少或者没有配备古船保护专业技术人员。全国普遍存在某地发现古代沉船，而当地文物考古工作者是首次发掘，没有古船发掘、脱水、保护、复原、展示、研究等方面经验，需要摸索前行的现象。以往外地走过的古船保护的弯路常常又在当地重复上演。因而建议：

1. 成立中国海事类博物馆古船保护学术组织

需要考虑在中国博物馆协会航海博物馆专业委员会，或者中国文物保护技术协会等学术组织内增设海事类博物馆古船保护专业组织，定期进行古船保护的学术研讨和交流，进一步提高全国各地海事类博物馆古船保护的技术水平。

2. 召开全国性海事类博物馆古船保护学术会议

迄今为止，40 多年来中国海事类博物馆有十余个博物馆的二十余艘古船对公众展示开放，遗憾的是尚未有全国性(包含各地古船保护技术)古船保护学术会议召开，与中国海事类博物馆发展水平不符。众所周知古船保护为不间断的动态进程，当务之急需召开全国性海事类博物馆古船保护专题学术会议进行研讨，其后出版全国性古船保护学术会议论文集，便于各地及时交流经验，吸取别处教训，避免发生不必要的失误。

3. 培训中国海事博物馆古船保护人员

承担全国水下考古职责的国家文物局水下文化遗产保护中心，应针对全国 40 家海事类博物馆文保人员有的尚未接触古船保护与保护水平参差不齐的现状，定向举办古船保护人员培训班，重点解决古船结构与造船技术，古船测绘与拆分，古船脱水、加固、封护保护，古船复原与展示等保护技术难题，从而建立起适应中国海事类博物馆发展需要的古船保护专业技术队伍。

4. 尽快出版全国性古船保护书刊

建议有能力和有条件的单位，如国家文物局水下文化遗产保护中心，中国文化遗产研究院可在《中国文物科学研究》杂志，或者(上海)中国航海博物馆可在《国家航海》辑刊等各专业书刊，牵头组织编辑出版全国古船保护专题论文集，集全国之力，吸纳各地古船保护经验与智慧，将数十年各海事类博物馆古船保护技术进行系统总结，充分展示中国海事类博物馆古船保护现状与趋势，填补中国海事类博物馆全国范围古船保护的空白。

结　　语

中国古船与航海对世界的文明进程产生过重要影响，中国古船保护技术确实值得学术界的高度重视。中国在走向世界海洋强国的进程中，中华海洋文化遗产需要进一步弘扬，中国古船保护技术需要认真的研究与传承。

小白礁Ⅰ号古船目前正在进行“船材脱盐”等一期保护工程，船材脱水、加固等保护工程尚有待后续开展,因此广泛吸取中外古船保护技术的经验尤其重要。

1974 年,泉州宋朝古船发掘开启了中国古船保护技术之滥觞,泉州古船保护采用松香石蜡热渗法,其后还采用聚乙二醇加以保护。南海Ⅰ号古船目前浸泡在水晶宫沉箱海水之中,其保护采用臭氧灭菌等海水处理技术,杀灭海水中海蛆等海洋生物,对古船船材进行保护。蓬莱元朝古船采用喷涂聚醋酸乙烯酯、生桐油保护船体等技术,取得了较好的保护效果;而蓬莱 3 艘中外古船采用喷淋聚乙二醇的方法保护船材,其保护效果有待时间的检验。但是蓬莱 3 艘中外古船船体外表未喷淋桐油或高分子保护材料,未穿“外衣”的蓬莱 3 艘中外古船处在地下潮湿的展室内,其后相关的保护工程亟需展开。

On Marine Heritage Protection of China Maritime Museums-Focus on the Ancient Vessel Protection

by

Yuan Xiaochun

Abstract: There are more than 100 ancient vessels found in China. The ancient vessels are important parts of marine heritage of China Maritime Museums. Due to different natural conditions from north and south, and differences in protect funding and technology, there are different models and technical characters of ancient vessel protection. This paper introduces the situation of wooden ship protection technology used on China's wrecks from earliest ancient Chinese ship—Kuahuqiao canoe, to the Quanzhou ship of Song Dynasty, South China Sea Ⅰ of Song dynasty, Xisha Islands huaguangjiao Ⅰ as well as foreign wrecks like Sweden Vasa ship, South Korea Shinan ship, Britain Mary Rose ship. This paper also discusses in details of ancient ship protection technology used on Penglai ancient ships during recent 20 years, and points out the deficiency and problems of ancient wooden ship protection technology, in order to provide the experience of protection of Kuahuqiao canoe and other recently found Chinese wrecks for reference.

Keywords: Kuahuqiao Canoe, Ancient Ships, Penglai Ships, Protection

磁法技术探测古代木质沉船的实验和应用效果分析

路维民　马爱梅　祁明松　王传雷*

摘　要：有多种地球物理勘察方法可以应用于水下沉船的调查，其中使用高精度磁法探测技术对水下或者被掩埋的金属沉船进行调查在国内已经得到应用并且取得完美效果，只是使用该技术探测古代木质沉船，目前仅仅是尝试。本文首先简要介绍了应用地球物理勘察的原理和方法，然后通过木船的实物模型的磁场测试，沉船发掘现场的调查等工作，从机理和地球物理前提条件上证实了磁法探测木质沉船的可行性；最后通过实际探测应用实践证明了磁法探测木质沉船的有效性和应用条件。本文可供文物考古工作者参考使用。

关键词：古代沉船　磁法探测　模型实验　应用效果

使用高精度磁法测量技术在水域对水下的金属沉船进行探测，中国地质大学(武汉)地球物理与空间信息学院在长江的马当、荆州、宜宾、九江、安庆等地[1]；在浙江的一江山岛和鄱阳湖老爷庙水域[2]都开展过工作，探测的金属沉船和相关目标物体都被打捞出水或者得到验证，探测成果到了业主的认可。这一探测技术获得了国家的专利[3]，在我国开创了使用地面磁力仪在水域成功探测水下物体的技术方法。

但是，承载着考古意义、文物价值的主要是古代的木船而不是近代的钢铁金属沉船，因此，如何使用高精度磁法测量技术在水域或者陆地对掩埋的木质沉船而不是金属沉船进行探测，是田

* 路维民、马爱梅，山东省菏泽市鄄城县文物管理所；祁明松、王传雷，中国地质大学地球物理与空间信息学院。

[1] 王传雷、祁明松、彭松柏：《高精度磁测在长江马当要塞沉船探测中的应用》，《地质科技情报》2000年第3期；王传雷、沈博、祁明松：《水下被淹没沉船的地球物理调查》，《江汉考古》2002年第1期；Chuanlei Wang, Zan Qu, Mingsong Qi, Bo Shen, The Magnetic Detection of Sunken Ships in the Madang Section of the Yangtze River, *Journal of Environmental & Engineering Geophysics (USA)*, June 2006 Volume 11 Issue 2, pp.123－131；王传雷、余忠鸿、杨威：《被掩埋磁性物体的磁法探测实验及实例》，《国家安全工程地球物理研究》，2006年，白山出版社，第91~96页；王传雷、余忠鸿、曲赞、黄潘：《水域施工遗失物体的磁法快速探测定位》，《工程地球物理学报》2009年增刊。

[2] 王传雷、祁明松、曲赞：《鄱阳湖老爷庙水域磁法考古调查》，《中国地质大学建校60周年地球物理与空间信息学院论文集》，中国地质大学出版社，2012年。

[3] 王传雷、沈博、祁明松、曲赞：《用于内陆和近海水域磁法勘察的数据采集系统》，国家知识产权局，2009年实用新型专利，专利号：ZL 2009 2 0230273.X。

野考古工作者所关注的新的探测技术。

金属具有较强的磁性,因此能够在沉船周围引起较强的被磁力仪观测到的磁场变化,从而发现金属沉船。使用高精度磁法测量技术探测掩埋的木质沉船,首先需要弄清楚木船能否引起足够强的能够被磁力仪观测到的磁场变化;其次是要弄清楚木船磁异常的场源是什么,使用高精度磁法测量技术探测被掩埋木质沉船的最大深度是多少。这就是本文所要探讨的主题。

一、古沉船的磁法探测原理

(一) 应用地球物理探测技术简介

应用地球物理学(或称勘探地球物理学,简称物探)是以探测目标与其周围介质间的物理性质的差异作为基本的和必要的前提条件,利用物理学原理,通过仪器观测场的变化以研究地球物理场的空间与时间分布规律,借以实现地质调查、勘查找矿、考古调查及相关任务的一门应用科学。

地下赋存的岩(矿)体或地质构造或其他目标物体基于它们所具有的物理性质、规模大小及所处的位置,都有相应的物理现象反映到地表或地表附近。地球物理勘探的工作是利用相适应的仪器测量、接收工作区域的各种物理现象的信息,应用有效的处理方法从中提取需要的信息,并根据探测对象与周边介质的物性差异,结合相关资料进行分析,做出地质解释,推断探测对象在地下赋存的位置、大小范围和产状,以及反映相应物性特征的物理量等,做出相应的解释推断的图件。因此,地理物理勘探是地质调查和地质学研究不可缺少的一种手段和方法,亦可用于满足其投入工作前提条件的其他领域。

应用地球物理学中有不同的技术方法,按物性参数分类,主要有以探测对象与周边介质的密度差异为基础的重力勘探;以探测对象与周边介质的磁性差异为基础的磁法勘探;以探测对象与周边介质的电性差异为基础的电法勘探;以探测对象与周边介质的弹性差异为基础的地震勘探;以探测对象与周边介质的放射性差异为基础的放射性勘探;以探测对象与周边介质的热扩散率差异为基础的地热勘探;等等。

如果按照按探测对象分类,可分为用于寻找金属与非金属矿产的金属物探;用于寻找石油与天然气的石油物探;用于寻找煤田矿床的煤田物探;用于解决水文、环境、工程地质问题及工程质量检测的水、工、环工程物探;用于被掩埋的古遗址、古墓葬的探测,提供最有希望的发掘地点的考古物探;用于防御和探测敌方军事装备的军事物探;等等。

地球物理勘察可以为多个行业服务,其前提条件是必须具备探测目标与周边介质的物性差异、满足工作要求的仪器装备、合理的工作设计和符合质量要求的数据采集。当然,获得最接近实际情况的解释推断是业主和地球物理工作者的期望。

磁法勘探是地球物理勘察中可以用于地下、地面、水域、高空和太空进行磁场观测的方法,目标体引起的磁场变化是存在于自然状态下的,不会因目标体被覆盖而消失,磁法探测可以远离目标体使用专门仪器获取目标体引起的磁场变化,然后进行分析处理并给出解释结果。所以磁法亦是一种无损探测技术。

对于沉船调查而言，可以投入的物探方法比较多，只是声呐和地质雷达技术在探测水下被掩埋的目标时深度受限；浅地层剖面、电磁法、地震勘探这一人工场源技术对测线下的目标体反应明显，但对位于测线旁侧的目标体反应弱。此外，上述探测方法的投入比较大。相对而言在水域选择磁法技术进行考古调查具有高效快速、投入成本低的优势，而且对探测目标场源引起的物理场的感知灵敏高，对测线旁侧目标场源引起的磁场变化亦有探测能力。

鄱阳湖老爷庙水域磁法考古调查工作在 2011 年 7 月完成了 13.92 平方千米测区范围（图一），发现了 9 个值得进一步研究的磁异常。10 月对上述 9 个磁异常进行了详查，对引发磁异常场源（目标体）的性质进行了识别和解释，提供了场源的平面赋存位置和埋藏深度等验证信息。图二是其中 9 号磁异常的平面等值线图。在详查后确认是由 3 个场源组成，对资料的解释推断认为无论是场源的性质、规模、磁异常的分布形态还是磁场强度，都具备了沉船磁异常的特征。2013 年 3 月 18 日国家水下文化遗产保护中心探摸验证了这是一条近代铁船。

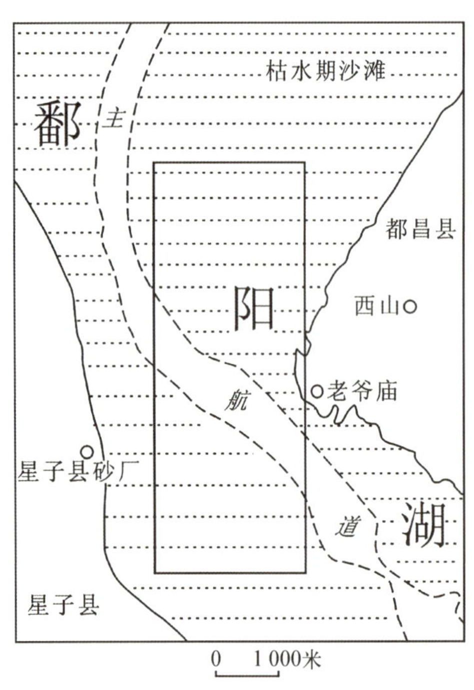

图一　老爷庙水域磁法考古调查工作范围（方框内）示意图

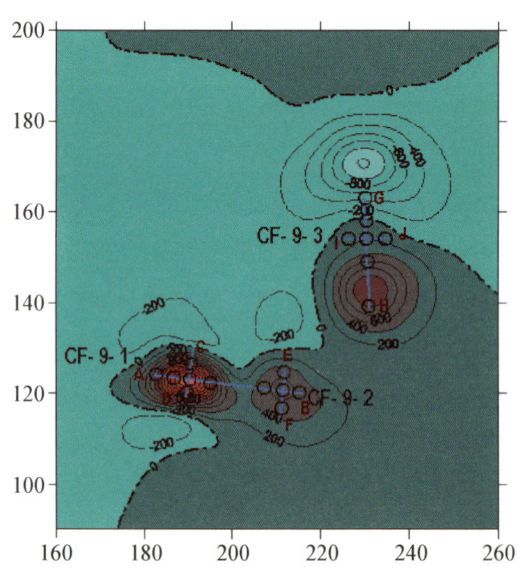

图二　编号 CF－9 磁异常的平面等值线图

（直线为建议验证勘探线，字母为线号，小圆为建议验证孔位；磁场单位：nT，坐标数值单位：米，下同）

（二）磁法探测木质沉船的机理和研究思路

使用磁法技术探测金属沉船或者水下磁性物体是有效的，已经有一套成熟的技术，那么是否能够使用磁法技术探测木质沉船？这是文物考古工作者所关心的，亦是地球物理勘察人员新的应用领域。要涉及这一领域，首先应该解决的是地球物理前提条件是否满足，即木船是否能够在其周边引起异常的磁场变化；木船磁异常的场源是什么。理清楚了场源物质，即明确了磁法探测木质沉船的机理,就可以通过物理模型和数值模拟进行探讨。

二、磁法探测木质沉船的实验及效果分析

(一)磁法探测木质沉船的实物模型实验及结果分析

能否使用磁法技术探测木质沉船,最直接的方式就是模型实验,使用高精度磁法在木船周围进行测量,以了解木质船体周边是否存在磁场的异常变化(磁异常)。2012 年在北戴河海边选择了一条认为接近古代沉船的废弃木质渔船进行磁异常测量实验(图三)。

图三　利用废弃木质渔船进行磁场测量的实验现场

选择实物模型的原则是木船没有建成以后再附加的铁质物体。实验用渔船船长 11 米,最大宽度 4 米,实验时使用的是 GEM－19T 质子磁力仪,其分辨率为±0.01 nT(nT: 实用磁场强度单位),磁力仪传感器离船甲板 0.5 米高度。经过对实验数据的整理,绘制的木船磁异常平面等值线图表示在这一观测高度平面上存在明显的磁场变化,磁异常的正负极值为 186 nT 和－37 nT,幅值变化约 223 nT。磁异常形态规则,长轴方向明显,而且与木船有很好的对应关系(图四)。证实了木船能够在其周边引起足够强的异常的磁场变化,为磁法探测木质沉船奠定了基础。实验效果令人满意。

为了了解木船在其周边引起的磁场变化情况,通过专门磁测数据转换处理的程序,将观测平面分别向上抬高 2、4、6 米,以了解相当于离船甲板 2.5、4.5、6.5 米高度上的磁异常分布。在物探专业的资料转换处理方法中,这一方法称为位场的空间解析延拓,其目的是了解某个场源在不同观测高度上的磁异常变化情况,简称上延。在绘制的不同观测高度的木船磁异常平面等值线图

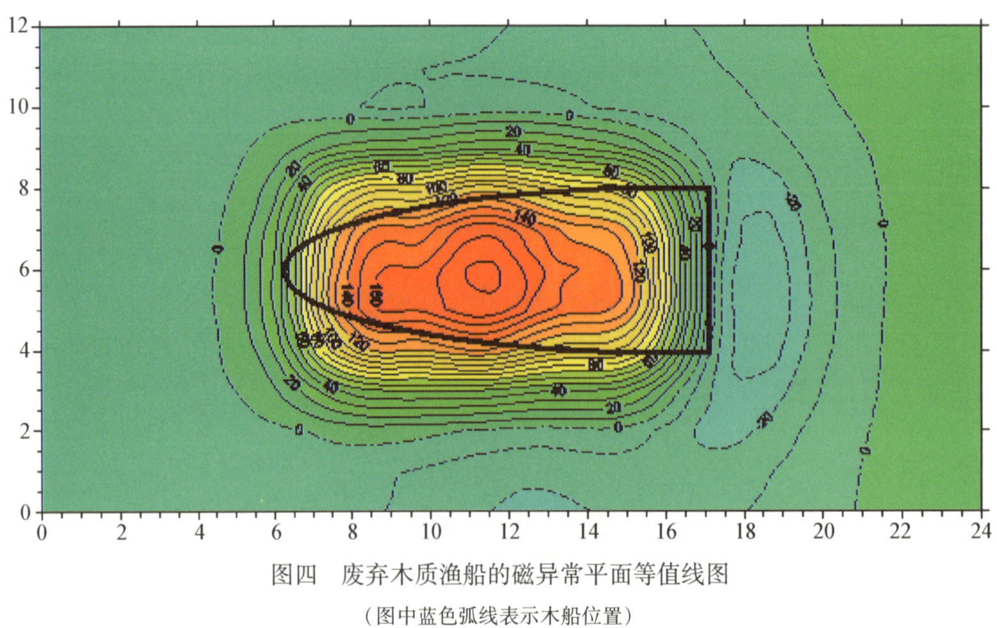

图四　废弃木质渔船的磁异常平面等值线图

（图中蓝色弧线表示木船位置）

上可见（图五），随着高度的增大，磁异常的强度从 186 nT 依次衰减为 78 nT、35 nT、21 nT，磁异常的强度逐步减小而磁异常的范围亦逐步外展；磁异常的形态逐步接近同心圆。这些变化特征符合磁场理论。

按照这一磁异常场值的衰减速率，如果使用磁测为 2 nT 的精度进行调查，以 5 倍的磁测精度确认磁异常的可靠性，那么，可以推断认定磁法能够探测到埋深 7～8 米左右的规模为 11 米（船长）×4 米（船宽）的木质沉船。如果船体规模更大，则磁法探测的深度亦能够加大。

（二）木质沉船的磁性场源调查

木材是没有磁性的，通过对木质渔船的观察，亦清楚了木船磁异常场源，即木船磁异常的场源来自建造时的铁质抓钉等连接构件，见图六。

为了了解古代沉船的结构和建造时的铁质抓钉等连接构件的情况，在菏泽市博物馆对修复中的元代古沉船（图七）和凤凰乡古代沉船发掘现场做了调查。凤凰乡古代沉船上的铁质抓钉分布比较密，大约间距 13～15 厘米一根，每个抓钉大约长 22、厚 0.8 厘米（图八）。铁质抓钉的磁性比较强，在现代钢铁磁性强度的常见值范围内。由于该船只残留一部分，因此无法通过船的整体规模估算铁质抓钉的总量。菏泽市博物馆中的元代古沉船船长 21、宽 3.4、高 1.8 米，虽然比凤凰乡古代沉船规模大，但是铁质抓钉分布与大小相当，据估算这条古船大约有 4 000～4 100 个铁质抓钉。测量显示，该船铁质抓钉的磁性亦与现代钢铁磁性强度相当，见图九。

综上所述，古代的木质沉船之所以能够在其周围引起磁场变化，其场源来自木船中的铁质抓钉，而且铁质抓钉的磁性强、数量多。机理清楚了，这就为磁法探测古代的木质沉船奠定了地球物理的前提条件。使用高精度磁法寻找探测古代木船，就是探测发现由这些有较强磁性的、有规律排列的、有一定数量的铁钉引起的磁场变化（磁异常），是间接找船，也是直接找船。

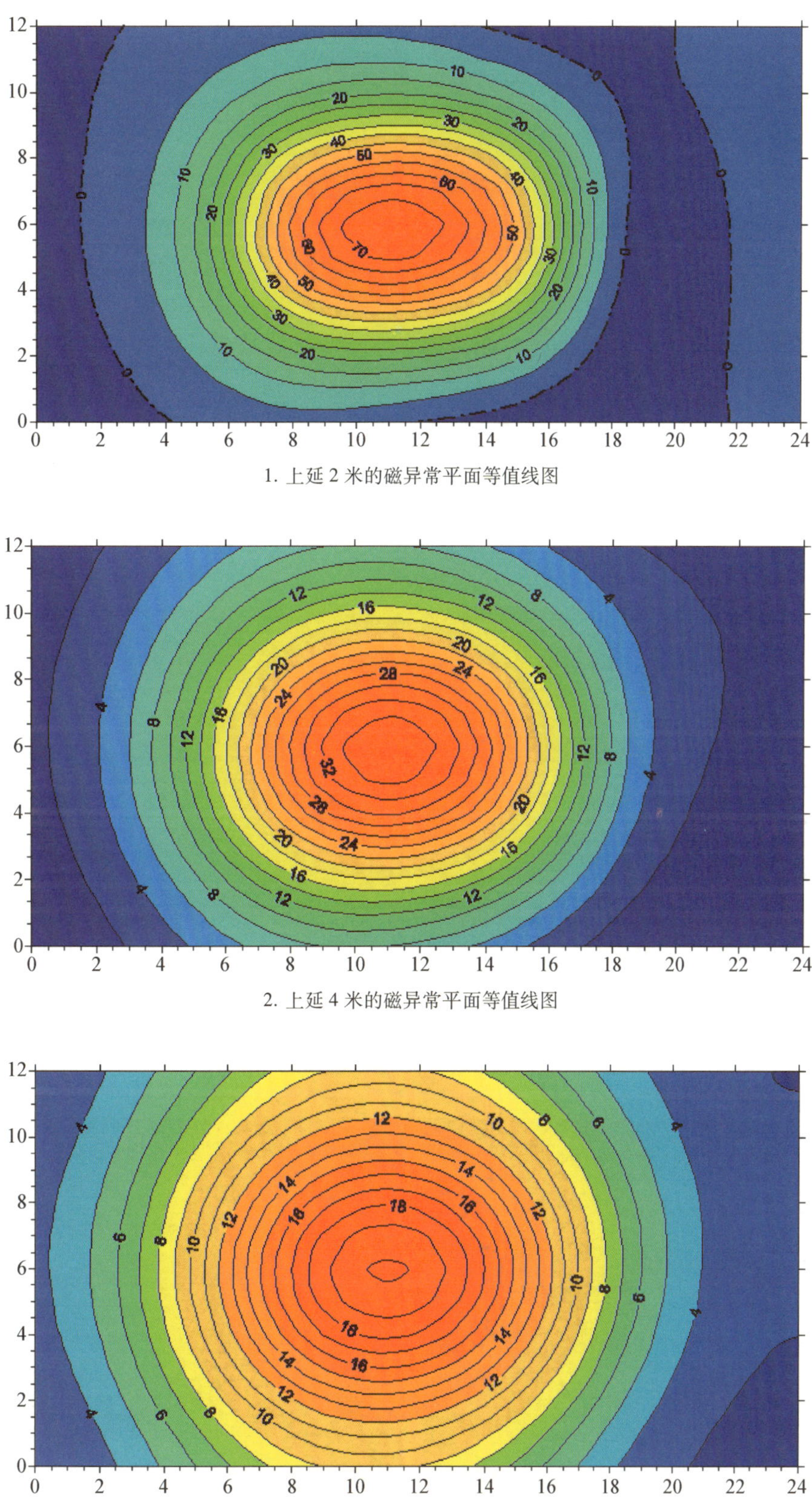

1. 上延 2 米的磁异常平面等值线图

2. 上延 4 米的磁异常平面等值线图

3. 上延 6 米的磁异常平面等值线图

图五　不同高度上废弃木质渔船的磁异常平面等值线图

图六　实验木船上的铁质连接构件

图七　对元代古沉船铁质抓钉进行磁性强度测试
（木船上白点为铁质抓钉端点位置）

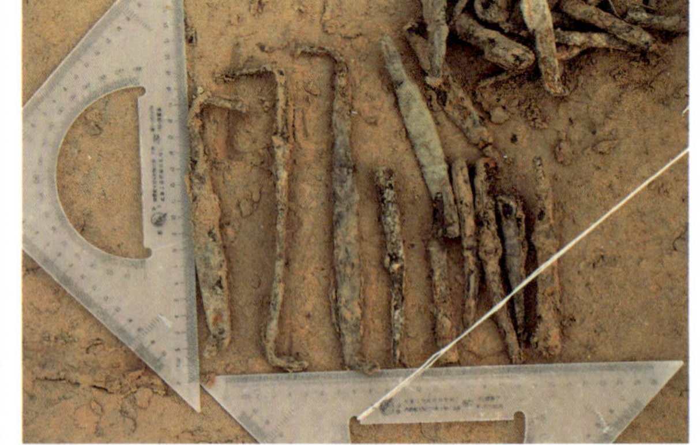

图八　凤凰乡古代沉船上的铁质抓钉分布及规格调查图像

图九　凤凰乡古代沉船上的铁质抓钉(左)和元代古沉船锚链(右)的磁性强度测试
(表中数值表示磁化率强度,单位：10^{-3}SI)

三、磁法探测木质沉船的应用实例

2014年3月，根据对当地民众的调查，在菏泽市鄄城县的红船镇于庄村、凤凰乡张海屯村、箕山镇西彭庙村进行了古沉船的高精度磁法考古调查工作。

红船镇于庄村磁测工区位于该村的东北角农田中，20世纪50年代有人在挖地窖时挖到船板和块状黑色货物，由于地下水和流沙阻扰，无法挖掘。经过半个多世纪的变化，由于村庄外扩、记忆流失，当地村民只记得大致位置。

磁法考古调查测区中轴线是根据现场多数老人认定的沉船位置和长轴方向确定的，选择2米的线距，1米的点距和0.5米的磁力仪探头（传感器）高度进行磁场测量（图一〇），测区面积约2 400平方米。测区靠近村庄，受民房建筑和变压器的影响，因而测区不规则。

图一〇　鄄城县的红船镇于庄村古沉船的高精度磁法考古调查

整理后的该区磁异常平面等值线图见图一一。仔细判读本区的磁场变化及特征，整体而言，测区磁场变化不大，比较平稳。在测区的南端有密集分布的负值等值线，在测区中部的48线—64线的10~20号测点范围内，存在一个北西走向的近似长椭圆的磁异常分布，磁异常长轴约15米，短轴约4米，磁异常极大值大于12 nT，形态规整。在测区的北边发现有多个视等轴圆的等值线闭合，其中在25线42号点的磁异常幅值比较大。根据沉船磁异常特征及现场情况分析，认为在测区的南端有密集分布的负值等值线与旁边的变压器有关，是变压器的干扰所致；在测区北边的多个视等轴圆的等值线闭合不具备沉船磁异常的特征；只有在测区的中部的近似长椭圆的磁异常具备沉船磁异常的特征，应该是我们关注的对象。同时该磁异常分布的位置与当地村民反映的情况大致相同，只是走向有所差异。可以确认这就是曾经被村民发现的掩埋在地下的古代沉船引起的磁异常。通过对磁异常的进一步分析解释，给出该沉船的长度为14、宽度为4、埋深为3.2米的定量解释结论。因此提出铲探验证的建议，并给出了铲探勘察线和孔位的意见，见图一二。

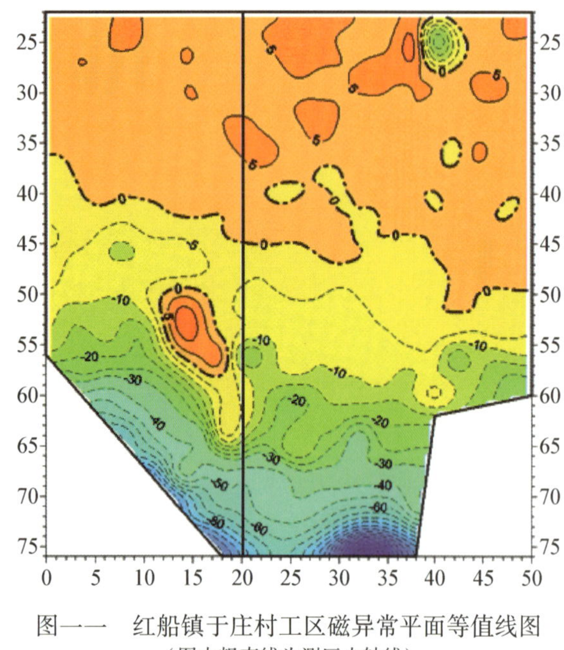

图一一　红船镇于庄村工区磁异常平面等值线图
(图中粗直线为测区中轴线)

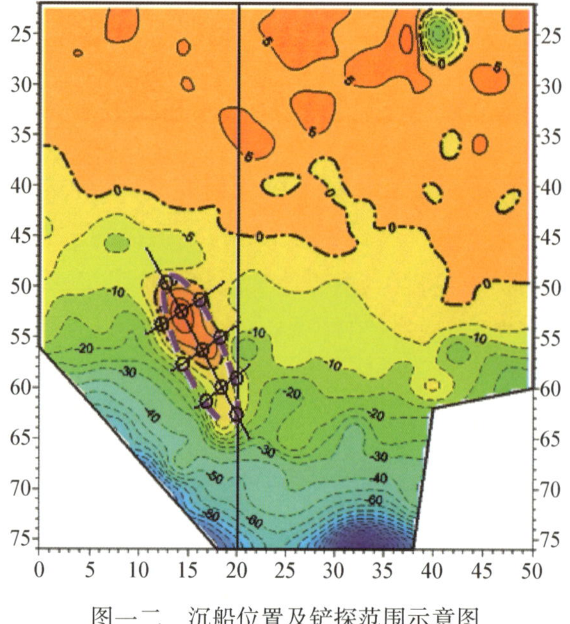

图一二　沉船位置及铲探范围示意图
(图中直线和圆为勘探线和铲探孔位)

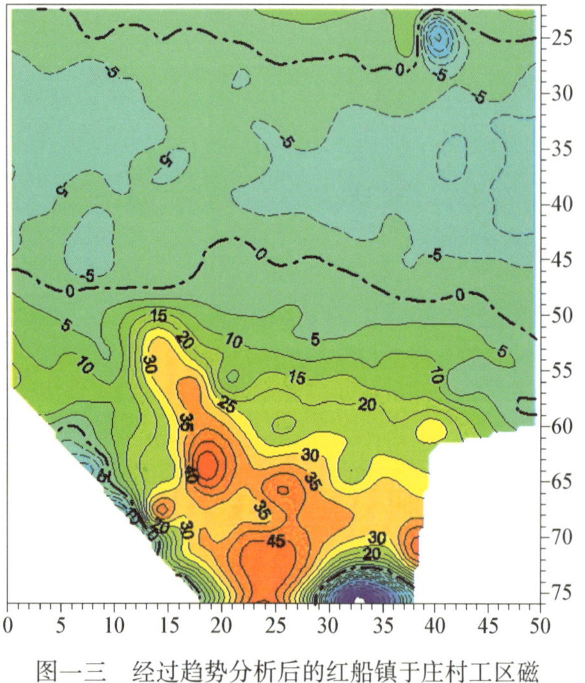

图一三　经过趋势分析后的红船镇于庄村工区磁异常平面等值线图

通过对磁测资料的进一步转换处理,获得了不同条件下的测区磁异常的图件,其中经过趋势分析处理后的测区磁异常平面等值线图最有价值(图一三)。从图的中部起直到北边,有一个近东西走向的负磁异常条带,根据菏泽地处黄河流域河道多变区域的历史,我们认为这个近东西走向的负磁异常带反映的是一条古河道。由于后期淤填的物质与周边原始沉积的物质存在磁性上的差异,因此引起了条带状的磁异常。同时亦解释了为什么在现代平整的农田中会存在古代沉船。那是因为历史上这里曾经有河流,有河流才能走船。

2014 年 4 月,山东省菏泽市鄄城县文物管理所组织人员在磁法工作建议的地点进行铲探验证,铲探证实地下有一条木船,沉船上顶距地表最浅的地方在沉船的南部,约 2.8 米,最深的地方在北部,深 4.1 米,平均埋深 3.6 米,沉船长 15、宽 3.1 米。无论是沉船的位置还是沉船的规模和埋深都与磁测推断解释后提供的结果基本一致。图一四是铲探工作的现场照片。

图一四　红船镇李庄村磁法探测沉船的铲探验证工作现场照片
（布带是根据铲探验证结果标明的沉船范围）

同期在凤凰乡张海屯村西和箕山镇西彭庙村的箕山河边还完成了三个测区的16 800平方米高精度磁法测量工作，没有发现可信的、有意义的类似古代沉船的磁异常反映。主要原因可能为目标测区没有选择好，尽管当地老人都说有沉船，但是他们对大致位置的回忆大相径庭，无法核实；另一个原因可能是沉船仍然掩埋在箕山河中，必须采用水域磁法探测才能发现。

结　　语

本文的完成是在木船的模型实验、对古代沉船的实地实物调查后，从机理和地球物理前提条件上证实了磁法探测木质沉船的可行性，最后通过实际探测，实践证明了磁法探测木质沉船的有效性和应用条件，为地球物理勘察技术服务于文物考古调查增加了一种新的技术方法，同时亦为地球物理勘察的应用开辟了一个新的领域。

应用高精度磁法技术探测木质沉船,首先应该在有远景区的地点进行,其次在陆地使用磁法探测木船,应该注意有效探测深度;在水域探测木船,应该注意淤埋的厚度,只要淤埋的厚度合适,磁力仪传感器(探头)是可以置于水中进行探测的。这样就为在水域进行磁法考古调查提供了有利条件。

参加本次工作的人员为路维民、马爱梅、王传雷、祁明松、解学民、沈煜、王韶鹏、王洪松等,文章执笔人为王传雷、路维民。

Test and Application of Magnetic Survey in Detecting Ancient Wooden Sunken Boats

by

Lu Weimin　Ma Aimei　Qi Mingsong　Wang Chuanlei

Abstract: There are a variety of geophysical prospecting methods that can be applied to the investigation of underwater shipwrecks, in which investigations into underwater or buried metal shipwrecks using high-precision magnetic prospecting techniques have been applied and achieved perfect results, just using the technology to detect ancient wooden wrecks is just an attempt at the moment. This paper first briefly introduces the principle and method of geophysical prospecting, then through the magnetic field test of the physical model of the wooden vessel, the investigation of the sunken ship excavation site, the feasibility of the magnetic method to detect the wooden sunken ship is proved from the mechanism and the prerequisite of geophysics. At last, the validity and application conditions of the magnetic method to detect the wooden sunken ship are proved by practical detection. This paper can be used for reference by archaeological workers.

Keywords: Ancient Sunken Ships　Magnetic Prospecting　Model Experiment　Application Effect

《保护水下文化遗产公约》在我国研究的回顾与展望

马明飞*

摘　要：随着人类探索海洋技术的不断发展，水下文化遗产保护面临巨大的威胁和挑战，为此，联合国教科文组织制定和通过了《保护水下文化遗产公约》。我国目前不是《保护水下文化遗产公约》的缔约国，但已有很多研究《保护水下文化遗产公约》的成果。通过对《保护水下文化遗产公约公约》产生背景、主要内容的阐述和评价，回顾我国对《保护水下文化遗产公约》的研究历史，提出我国对《保护水下文化遗产公约》未来研究的展望。

关键词：水下文化遗产　保护水下文化遗产　海洋法

由于对水下文化遗产日益频繁的商业开发和对水下文化遗产日益严重的破坏，联合国教科文组织认为有必要根据国际法和国际惯例，编纂有关保护和保存水下文化遗产的法典和逐步制订这方面的规章制度。来自包括中国在内90多个国家的350多名专家经过历时4年的起草，联合国教科文组织于2001年11月2日在第31届大会上正式通过了《保护水下文化遗产公约》(以下简称《公约》)(Convention on the Protection of Underwater Cultural Heritage)，明确规定不得对水下文化遗产进行商业开发。这是世界范围内通过的第一个关于保护水下文化遗产的国际性公约。我国目前虽然不是《公约》的缔约国，但国内学术界和实务界对《公约》关注已久，已经形成了较多的研究成果。本文在回顾我国目前对《公约》研究成果的基础上，对《公约》未来的研究内容和方向作出展望。

一、《保护水下文化遗产公约》产生的背景

随着人类探索海洋技术的不断发展，一方面水下文化遗产巨大的经济价值使得商业打捞行为接踵而至，另一方面海洋油气田开发、海底管道铺设、海洋环境污染等使水下文化遗产面临巨大的威胁和挑战。水下文化遗产保护已被认为是"海洋法迫切需要解决的全球性问题"[1]。正

---

*　马明飞，大连海事大学法学院。

[1] A. Couper, The Principal Issue in Underwater Cultural Heritage, *Marine Policy*, Vol. 20, 1996, p.285.

是在这一背景下，国际社会开始制订国际立法对水下文化遗产加以保护。

第一个有关水下文化遗产保护的国际性文件来源于1956年的《关于适用于考古发掘的国际原则的建议》(Recommendation on international principles applicable to archaeological excavations)。尽管这只是一个建议性的国际文件，但其在保护水下文化遗产方面起到的作用仍不可忽视。该文件指出水下文化遗产应当适用于地上文化遗产一样的法律规则[1]。

同样是在1956年，国际法委员会起草了《大陆架公约》的草案，该草案指出，"大陆架权利并不包括沉落在海床之上或被海底底土覆盖的沉船和沉船上的货物"[2]。

1977年，欧洲委员会开始考虑水下文化遗产保护问题。在教育和文化委员会提交了研究报告[3]后，欧洲议会希望欧洲理事会起草一个水下文化遗产保护的主题公约[4]。随后，教育和文化委员会指定了专家，于1985年完成了公约的草案并提交给欧理会通过。该草案提出，水下文遗产的界定应与陆地遗产保护立法保持一致以保障保护制度的内在整合，包括所有超过100年的物品；国家对水下文化遗产的管辖权应延伸到200海里；现行的海难救助法不应适用于水下文化遗产。该草案反映了地中海国家海难救助法与文化遗产法的分立，引入水下文化遗产非商业性打捞等原则[5]。遗憾的是，由于土耳其的反对，公约最后并未获得通过[6]。

随后，欧理会将目标放在1992年《关于保护考古遗产公约》的修订[7]。该公约规定考古遗产是指人类继承下来的固有物品和古迹，无论其位于成员国管辖的任何范围之内。这一范围包括领海、毗连区、大陆架、专属经济区或文化保护区。部分成员国对其管辖权进行了限制，只管辖领海范围内的沉船。部分成员国则将管辖权扩展到了大陆架[8]。

1988年，国际法协会建立了文化遗产法委员会，是国际法协会20个委员会之一。1994年，在阿根廷布里诺斯艾利斯举办的第66届大会上通过了保护水下文化遗产公约草案并提交联合国教科文组织考虑[9]。该草案实质上反映了欧理会水下文化遗产公约草案的精神：其一，所保护的水下文化遗产仅指所有人已经放弃所有权的，以避免因私财产权产生的问题；其二，保护制度以沿海国管辖权为基础，通过文化遗产区的自由设立将国家管辖权扩展到了领海基线起200海

[1] O' Keefe, P.J. & Prott, L.V. *Cultural Heritage Conventions and Other Instruments: A Compendium with Commentaries*, Builth Wells, 2011, p.209.

[2] *Yearbook of the International Law Commission*, Vol. II, 1956, p.298.

[3] *Council of Europe The Underwater Cultural Heritage: Report of the Committee on Cultural and Education*, Parliamentary Assembly: Council of Europe, 1978.

[4] Recommendation 848,1978.

[5] J. Blake, *The Protection of the Underwater Cultural Heirtage*, *International and Comparative Law Quarterly*, Vol.45, 1996, pp.819 - 843.

[6] Strati, A. *The Protection of the Underwater Cultural Heritage: An Emerging Objective of the Contemporary Law of the Sea*, Martinus Nijhoff, 1995, p.87.

[7] European Treaty Series No.143.

[8] *Council of Europe European Convention on the Protection of the Archaeological Heritage (Revised) Explanatory Report*, MPC(91)8,3.

[9] P. O' Keefe.

里;其三,排除了传统海难救助法对国际水域水下文化遗产的适用[1]。1996 年,国际古迹遗址理事会制定了《保护和管理水下文化遗产的国际宪章》,其中规定了水下考古的标准,这一宪章并作为国际法协会水下文化遗产保护公约草案的附件[2]。

1993 年,联合国教科文组织进行可行性研究,考虑起草新水下文化遗产国际公约。在可行性研究的过程中意识到,尽管国际法委员会草案是有作用的,但明显不够充分且缺乏实质性条款。在 1996 年的专家会议上,新公约得到了一致同意。然而,直到 1997 年第 29 届联合国教科文组织大会,才决定通过国际公约的方式保护水下文化遗产[3]。从 1998 年到 2001 年,先后经历了四次讨论会议,直到 2001 年 11 月第 31 届全体大会公约才正式通过。新公约的通过了有 87 票赞成、4 票反对[4]和 15 票弃权[5]。截止 2017 年 9 月,共有 53 个国家批准了《公约》,有 5 个国家接受了《公约》[6]。根据《公约》第 27 条的规定,"在收到本公约第 26 条言及之第二十份文书三个月之后,本公约生效",最后《公约》于 2009 年 1 月 2 日正式生效。《公约》共有正文 35 条,附件规章 36 条。为了有效执行《公约》,在缔约国第 4 次和第 5 次大会上,通过了《保护水下文化遗产公约操作指南》(以下简称《操作指南》)[7]。《操作指南》共分为 8 章,包括导言、国家保护、执行合作、筹资、合作伙伴、对非政府组织的认可、《公约》的徽标等部分,附件中包括国际水域中国家合作的表格(通知,声明)、非政府组织认可申请的表格、财政援助申请、登记表范本等部分。

二、《保护水下文化遗产公约》的主要内容及评价

(一)《公约》的目的和宗旨

《公约》在序言和第 2 条当中明确指出了其目的和宗旨:"本公约的目的是确保和加强对水下文化遗产的保护。"这一规定明确了《公约》在水下文化遗产保护方面的专业性和权威性[8]。

(二)《公约》的一般原则

《公约》第 2 条规定了水下文化遗产保护的诸项原则,具体包括:国际合作原则、就地保护原

[1] 张湘兰、朱强:《〈保护水下文化遗产公约〉评析》,《中国海洋法评论》2006 年 1 卷第 1 期。

[2] Lowell B. Bautista, *Gaps, Issues, and Prospects: International Law and the Protection of Underwater Cultural Heritage*, *Dalhouse Journal of Legal Studies*, 2014, p.66.

[3] CLT-96/CONF.605/6 Paris, 22-24 May, 1996.

[4] 俄罗斯、挪威、土耳其和委内瑞拉。

[5] 巴西、哥伦比亚、捷克、法国、德国、希腊、冰岛、以色列、几内亚-比绍、荷兰、巴拉圭、瑞典、瑞士、英国和乌拉圭。

[6] 黎巴嫩、罗马尼亚、巴巴多斯、加蓬、南非;See http://www.unesco.org/eri/la/convention.asp? KO=13520&language=E&order=alpha。

[7] http://www.unesco.org/new/en/culture/themes/underwater-cultural-heritage/2001-convention/operational-guidelines/.

[8] Jean Allain, *Maritime Wrecks: Where the Lex Ferenda of Underwater Cultural Heritage Collides with the Lex Lata of the Law of the Sea Convention*, 38 Va. J. Int'l L., 1998, p.747.

则、禁止商业性开发原则和为全人类利益保护水下文化遗产原则。其中国际合作原则和为全人类利益保护原则是《公约》在《联合国海洋法公约》第 149 条和第 303 条基础上的深化和发展。《公约》规定的就地保护原则和禁止商业性开发原则是区别于《联合国海洋法公约》所特有的两个原则,这两大原则也在很大程度上反映了《公约》制定者的初衷和态度。

(三)《公约》确立的所有权和管辖权制度

由于种种原因,不论是作为国际海洋法基本公约的《联合国海洋法公约》,还是专注于水下文化遗产保护的《公约》都没有对于水下文化遗产的权属问题做出一个明确的规定,由此为水下文化遗产的归属争端埋下隐患。但是在两大公约中,都没有对于水下文化遗产所有权归属作出明确的规定。这种缺乏法律依据的情况,加之近期以来对于水下文物开发的热潮,造成了由水下文化遗产归属引发的纠纷不断增加且难以解决。

《公约》比较详尽而科学的规定了对于水下文化遗产的管辖权,但却避开了其所有权归属。即使存在一项所有权规则,水下文化遗产的所有权确定仍然是在完成基本考古工作、并在考古证据的支持下才能成为可能,实质上不存在仅仅因为所有权规则的建立而破坏考古工作和文物保护的情况。况且,即使水下文化遗产所有权制度能够得到规范与明确,水下文化遗产的归属也无外乎临海国、船旗国及其他与该遗产确有联系的国家,这也是公约中对于船舶管辖中规定的几类国家。由这些可能的所有国对水下文化遗产进行开发保护,在这一点上,公约与所有权规则也是不矛盾的。因此,虽然对于公约来说,所有权制度的规定其中也许并不适宜,但是并不能因此否认在国际法上明确水下文化遗产所有权归属的合理性和必要性。

《公约》在《联合国海洋法公约》对海域划分的基础上,对各缔约国海域管辖权进行了划分,具体分为属地管辖、属人管辖和港口国管辖三类。属人管辖包括国籍管辖和旗国管辖,是主权国家对拥有本国国籍的人以及航空器、船舶和太空发射物以及其所载人员的管辖。《公约》第 16 条规定了属人管辖,即缔约国应采取一切可行的措施,以确保其国民和悬挂其国旗的船舶不进行违反本公约的开发水下文化遗产活动。《公约》第 16 条规定了港口国管辖权利,即缔约国应当采取必要措施,禁止本国和他国国家、机构、组织和个人使用其港口和完全处于其管辖或控制下的人工岛屿、设施和机构,进行违背本公约规定开发水下文化遗产的活动。港口国管辖是对沿海国水下文化遗产管辖权扩张的限制条款。水下文化遗产的属地管辖权指在《联合国海洋法公约》基础上,分别对内水、群岛水域、领海、毗连区、专属经济区、大陆架上的水下文化遗产实施不同的管理措施。总之,距离海岸线越远的海域,沿海国对海域内的水下文化遗产的管辖权位阶越低,管辖权的内容也越少;相反,距离沿海国海岸线越远的海域,其他缔约国特别是船旗国的管辖权位阶越高,管辖权的内容也越丰富。

三、《保护水下文化遗产公约》在我国研究的历史回顾

自 2001 年《公约》颁布以来,我国学者开始从不同层面对《公约》进行研究,已经初步形成了

较好的前期研究成果和基础。

(一) 现有成果的主要形式

我国对《公约》的现有研究成果主要包括专著、论文等。根据笔者收集的信息,目前我国关于《公约》研究的主要专著有《水下文化遗产的国际法保护——2001 年联合国教科文组织〈保护水下文化遗产公约〉解析》(傅崐成、宋玉祥著,法律出版社,2006 年)、《联合国教科文组织〈保护水下文化遗产公约〉研究》(赵亚娟著,厦门大学出版社,2007 年)、《中国水下文化遗产的法律保护》(刘丽娜著,知识产权出版社,2015 年)等。主要论文有《〈水下文化遗产行动手册〉笔谈》(姜波、吴春明,《中国文物报》2014 年 1 月 25 日)、《联合国教科文组织 2001 年〈保护水下文化遗产公约〉评析》(傅崐成,《厦门大学法律评论》2003 年第 2 期)、《国际水下文化遗产若干法律问题研究》(郭玉军、徐锦堂,《中国法学》2004 年第 3 期)、《我国有关水下文化遗产保护的立法完善》(赵亚娟,《华南师范大学学报》2007 年第 2 期)、《英美有关水下文化遗产保护的政策及立法介评》(余诚,《武大国际法评论》2010 年第 51 期)、《南海 U 形线外源自我国的水下文化遗产保护：机制、困境与出路》(刘长霞,《法学杂志》2013 年第 2 期),《水下文化遗产打捞合同争议解决路径研究——以国际投资条约为视角》(马明飞,《政治与法律》2015 年第 4 期)、《国际水下文化遗产的管辖和保护与我国法之完善》(张忠野,《政治与法律》2015 年第 10 期)、《水下文化遗产归属的困境与法律对策》(马明飞,《甘肃社会科学》2016 年第 1 期)等。值得欣喜地是,许多硕士研究生也将水下文化遗产作为毕业论文的选题,通过中国知网搜索,目前已有 20 余篇这一主题的论文,在此不一一赘述。

(二) 现有成果的主要研究内容

1. 对《公约》内容的研究

部分研究成果从宏观上对《公约》的制定过程、制定内容和未来影响进行了整体研究。学者们认为《公约》的出台在以下方面取得了长足的进步：(1) 确立了禁止商业打捞原则。《公约》已经就水下文化遗产保护的国际法发展,建立了清楚的方向,那就是防止将水下文化遗产商业化[1]。(2) 突出沿海国的重要作用。“沿海国作为与水下文化遗产具有地理上最密切联系的国家,在水下文化遗产的保护中承担着不可推卸的重大责任,发挥着不容低估的重要作用。……《公约》再次重申了这一原则,根据不同海域的性质和法律地位分别规定了沿海国在这些海域内水下文化遗产保护中的重要作用”[2]。(3) 较为完整地规定了水下文化遗产保护的各项制度。《公约》规定了水下文化遗产保护管辖权制度、打捞法与打捞物法的限制适用制度、争端解决制度等[3]。

---

[1] 傅崐成:《联合国教科文组织 2001 年〈保护水下文化遗产公约〉评析》,《厦门大学法律评论》2003 年第 2 期。

[2] 高田甜:《〈保护水下文化遗产〉评析》,《黑龙江政法干部管理学院学报》2009 年第 2 期。

[3] 郑志军:《联合国教科文组织〈保护水下文化遗产公约〉评析》,《福建教育学院学报》2011 年第 3 期。

2. 对《公约》具体法律制度的研究

还有许多学者从《公约》的具体制度入手,从微观角度进行了研究。(1)《公约》关于水下文化遗产的界定。《公约》对“水下文化遗产”的定义显然十分宽泛,力图将绝大部分水下遗存纳入保护范围。定义坚持了100年这个硬性标准,虽然使用100年这个一刀切的数字似乎没有什么科学根据,纯粹是出于管理目的而排除某些起源较近的物品,但很多国家有关文化遗产的法律使用了这一时间限制标准。作为一种妥协,定义中规定了“文化、历史或考古价值”一语,但并没有对其进行解释[1]。(2)《公约》的保护与管理制度。公约规定在允许和实施任何针对水下文化遗产的活动之前,遗产的原址保存应为首选。对于已经打捞出水的水下文化遗产则应以能确保其长期保存的方式存放、维护和管理。公约禁止缔约国利用其辖区支持任何违反公约的针对水下文化遗产的活动,同时要求缔约国保证其国民或船舶不以违反公约的方式实施任何针对水下文化遗产的活动[2]。(3)《公约》的归属与管辖制度。“《公约》比较详尽而科学地规定了对水下文化遗产的管辖权,但却避开了其所有权归属。这是由公约本身侧重于水下文化遗产保护的属性决定的,为考古工作和文物保护工作考虑,将水下文化遗产的开发与保护和遗产的所有权相分离,防止因单纯的政治争议而影响文物保护,这显然是合情合理的,毕竟,海洋的国际性注定了水下文化遗产保护离不开各国间的协力合作,而且在刚刚发现文物而缺乏进一步的考古工作时,的确难以确定其归属”[3]。

3. 对我国《条例》完善的研究

在对《公约》加以研究的同时,我国学者也注重两者的比较研究,并对《中华人民共和国水下文物保护管理条例》(以下简称《条例》)的完善提出了对策性建议。(1)两者保护对象的比较。《条例》存在的一个问题是其仅仅保护一些与重大历史事件和著名人物有关的水下遗址,而与之无关的水下遗址即使沉没满100年也不能得到保护,有其片面性[4]。(2)保护范围的比较。《条例》应该增加就地保护原则和禁止商业性开发原则。某些合法活动,比如渔捞、港口建设等——也对水下文化遗产形成了严重破坏或威胁,也应当加以限制[5]。(3)对《公约》通知义务的研究。《公约》规定的通知报告义务及协调国制度,有利于我国在较短时间内知悉南海周边其他国家在其专属经济区及大陆架上对源自我国的水下文化遗产的发现及有意开发活动,并能参与相关水下文化遗产保护活动[6]。

4. 对我国应否加入《公约》问题的研究

我国学者在评价《公约》的同时,对应否加入《公约》也表明了自己的态度。目前主要有两种态度:一种态度认为我国应该积极加入《公约》,理由是如果中国批准《公约》则可以享受其中的

[1] 赵亚娟:《国际法视角下“水下文化遗产”的界定》,《河北法学》2008年第1期。
[2] 郭玉军、徐锦堂:《国际水下文化遗产若干法律问题研究》,《中国法学》2004年第3期。
[3] 马明飞:《水下文化遗产归属的困境与法律对策研究》,《甘肃社会科学》2016年第1期。
[4] 杜益娇:《〈保护水下文化遗产公约〉与中国国内法的比较》,《法制博览》2012年第6期。
[5] 赵亚娟:《我国有关水下文化遗产保护的立法完善》,《华南师范大学学报》2007年第2期。
[6] 刘长霞等:《南海U形线外源自我国的水下文化遗产保护:机制、困境与出路》,《法学杂志》2013年第2期。

各项权利,中国对有关水下文化遗产的主张将具有充分的国际法依据;中国可以根据《公约》扩大对水下文化遗产的保护权;如果批准《公约》,中国就可以和其他缔约国合作保护和管理水下文化遗产等[1]。另一种态度对我国是否应该加入《公约》持有审慎态度,理由是一方面如果加入该公约,对在我国专属经济区及大陆架上的水下文化遗产发现及有意开发活动,我国也应承担通知和报告义务,并受制于其《公约》所规定的协调国制度;另一方面,《公约》主张对水下文化遗产的禁止商业开发及就地保护原则,而南海周边许多国家均采取允许商业打捞的政策[2]。

5.《公约》的不足

除了分析《公约》的可取之处外,学者们也对《公约》的不足之处进行了研究。(1) 关于"文化、历史或考古特征"的界定。学者们认为该标准的措辞实际上并没有对公约的适用范围有所限制,很多国家认为超过百年的所有物品都具有"文化、历史或考古特征"。事实上,具备这一特征也不一定意味着具有任何文化或考古价值[3]。(2) 关于争端解决机制。公约采用了较保守的保护方法,没有给予私营打捞者足够的空间,也导致了公约难以得到全球范围内的广泛接受[4]。(3) 关于所有权与管辖权。公约的谈判者却以"该公约是一个公法性国际公约,所有最好不处理敏感的财产问题"或"该公约不是一个处理所有权问题的公约"等为借口,回避了水下文化遗产的所有权问题使公约出现了真空地带[5]。

(三) 现有成果的评价

从 2001 年《公约》颁布以来,我国对于《公约》的研究呈现出由少到多、由点到面的态势。首先,研究内容较为全面。无论是对《公约》的整体研究,还是对《公约》具体制度的研究,再到《公约》与《条例》的比较研究,均有所涉及;其次,研究方法多样。学界在研究《公约》时采用了比较研究方法,如将《公约》与《联合国海洋法公约》相比较的研究方法。同时采用了案例研究方法,如分析了美国"奥德赛"案等;再次,注重从国际法和国内法多重视角进行研究。有的学者从国际法的视野下对《公约》具体法律制度进行研究[6],有的学者则从国内法的角度对我国水下文化遗产的现状和完善提出了建议。

但与国外研究相比,我国目前对《公约》的研究仍有一些不足。首先,缺少国别立法研究。目前世界上水下文化遗产保护大国如西班牙等都有较为完备的国内立法,但由于资料获得较难,掌握西班牙语的学者较少,所以目前国内对其他国家水下文化遗产保护立法的评介成果极为有限。更为重要的是,南海周边国家商业打捞行为愈演愈烈,一方面对这些国家国内立法的获得途径较

---

[1] 张亮等:《论中国应尽快批准〈保护水下文化遗产公约〉》,《武汉大学学报》2011 年第 4 期。欣文:《我国争取尽早成为"水下文化遗产保护公约"缔约国》,《中国文化报》2003 年 11 月。佚名:《我国应尽早加入〈保护水下文化遗产公约〉》,《中国艺术报》2008 年 3 月。

[2] 刘长霞等:《南海 U 形线外源自我国的水下文化遗产保护:机制、困境与出路》,《法学杂志》2013 年第 2 期。

[3] 张湘兰等:《〈保护水下文化遗产公约〉评析》,《中国海洋法学评论》2006 年第 1 期。

[4] 马明飞:《水下文化遗产打捞合同争议解决路径研究》,《政治与法律》2015 年第 4 期。

[5] 杨梅:《〈保护水下文化遗产公约〉之憾》,《知识经济》2010 年第 19 期。

[6] 张忠野:《国际水下文化遗产的管辖和保护与我国法之完善》,《政治与法律》2015 年第 10 期。

为有限，另一方面大多数东南亚国家的官方语言并非英语，所以对这些国家国内立法的研究成果也十分少见；其次，案例研究成果较少。目前，我国虽有一些学者对水下文化遗产保护案例进行了研究，但数量非常少。而实践中关于水下文化遗产打捞发生争议而诉至法庭的案件则较多。这些案件部分涉及《公约》的适用，部分涉及各国有关的国内法，对我国具有重要的借鉴意义；再次，研究的学者较少。虽然我国目前已经有一定数量的学者从事《公约》和水下文化遗产保护的研究，但相比于其他学科还是相当小众的。一方面由于目前的科研评价体系，相对专业或冷门的学科难以获得课题立项和论文发表，另一方面由于该领域专业性较强，需要水下考古知识的积累和学习。值得注意的是，我国许多从事水下文化遗产研究的学者往往受到导师的研究领域所产生的影响，例如我国从事水下文化遗产的学者主要为厦门大学的傅崐成教授和武汉大学的郭玉军教授，而目前正在从事该领域研究的青年学者也多为二位教授的学生；最后，英文研究成果较少。我国目前对于《公约》的研究成果多为中文，我国需要更多的英文研究成果，让国际社会了解中国保护水下文化遗产的立场和法律政策。

四、《保护水下文化遗产公约》在我国研究的展望

我国作为具有五千多年历史的文明古国，拥有数量庞大的水下文化遗产，这些遗产同样面临各种威胁。近年来，印尼等国家的商业盗捞行为使我国南海水域水下文化遗产屡屡告急。我国也开始越来越重视水下文化遗产的保护工作，2011 年 12 月国家文物局与国家海洋局联合制定了《国家文物局国家海洋局水下文化遗产联合执法工作职责》，2014 年正式成立了“国家文物局水下文化遗产保护中心”，并相继开始了南海 I 号、丹东 I 号等水下文物的考古工作。我国最新提出了建设 21 世纪“一带一路”倡议，“一带一路”不仅是一条经济之路，更是一条文化之路，水下文化遗产保护是“一带一路”的重要内容。我国一直以来都在积极支持《公约》的制定，对《公约》的许多主张如反对商业打捞等也赞同并执行。我国相关部门也曾启动加入《公约》的准备程序，结合目前的新形势，我国对于《公约》的研究也应有所回应。

（一）加强《公约》视域下区域合作保护研究

“一带一路”倡议和“海洋强国”战略是我国未来兴海战略的主要部署。水下文化遗产保护是海上丝绸之路建设和维护我国海洋权益的重要内容。面对纷扰的海洋权益纠纷，我国一直倡导和平解决争端。《公约》在管辖权方面的先天不足导致了其在解决争端方面的先天弱势，因此我们必须倡导以协商解决的方式解决水下文化遗产保护争端。目前，东南亚国家的商业打捞行为已经严重侵犯了我国的海洋权益，我国应当在“一带一路”倡议的指引下积极构建区域合作保护水下文化遗产的新模式，发挥我国的主导作用，维护我国的海洋权益。

（二）开展加入《公约》的利弊分析

尽管目前我国已经有学者对加入《公约》的利弊问题进行了分析，但有许多问题仍没有明晰。

例如《公约》加入后的适用范围,是否适用港澳特别行政区等;《公约》加入后是否适用目前我国已经开展的水下文化遗产考古工作;如何利用《公约》应对没有加入的东南亚国家的商业打捞行为;是否应当对《公约》的部分条款予以保留的问题等。

(三) 深入对其他国家国别立法的研究

我国目前亟需对其他国家的国别立法进行研究,既包括《公约》的成员国,也包括《公约》的非成员国。研究《公约》成员国的国内立法如何与《公约》相契合,借鉴先进的法律制度;对于非成员国,特别是东南亚邻国的研究更为重要,分析这些国家的法律和政策,为我国水下文化遗产保护法律和政策的制定提供依据。

(四) 加强对《条例》完善的研究

如果我国未来加入《公约》,首先要履行条约信守义务,即我国的国内法不能与《公约》相冲突。我国目前的《条例》距今已有 29 年之久,未来的研究应落脚在加入《公约》后,如何完善我国《条例》的问题。

(五) 加大对《公约》的宣传

目前我国研究《公约》的人数还比较少,未来的研究成果除了专业性的学术研究以外,还应当注重科普类的研究。例如撰写一些水下文化遗产历史或考古过程等具有史实或情节的书籍,让社会大众能够更直观地了解水下文化遗产,唤起大众的保护意识,让更多的人参与到水下文化遗产保护的事业中。

Review and Expectation of Research on *Convention on the Protection of Underwater Cultural Heritage* in China

by

Ma Mingfei

Abstract: With the continuous development of marine exploration, the underwater cultural heritage is facing serious threats and challenges, so, the UNESCO formulated and adopted the Convention on the Protection of Underwater Cultural Heritage. By now, China is not the member state of the Convention, but there are lots of research achievements about the Convention. By analyzing the background, main contents of the Convention and reviewing the research history of the Convention in China, the paper points out the further research factors about the Convention in China.

Keywords: Underwater Cultural Heritage, Protection of Underwater Cultural Heritage, The Law of the Sea

征稿启事

《水下考古》系列辑刊由国家文物局水下文化遗产保护中心负责出版。拟自2017年起，每年编辑一辑，定期出版。本辑刊主要刊登水下考古及中外交通、陶瓷贸易、水下文物的科技保护与政策法规等相关领域论文，尤其欢迎沉船、窑址、港口、濒海聚落等考古新发现，欢迎海内外学人赐稿。

为方便作者来稿，并使稿件规范化，特将来稿的基本要求告知如下：

1. 来稿不拘中英文，中文稿件以7 000至15 000字为宜，英文稿件以不超过30页为原则，中英文稿件均须附中英文篇名及关键词（3~5个）、中英文摘要（200字左右）。

2. 来稿正文使用WORD或WPS格式处理，图片以JPG或TIFF格式存档。图片须标明在正文中的位置，并提供单独图片文件（单色线图不低于600 dpi；黑白和彩色图片不低于300 dpi）。

3. 来稿时，请提供作者姓名、单位、职称、通讯地址、邮编、联系方式、电子邮箱以及来稿字数、图数等信息，以方便联系。

4. 本编辑部对来稿有文字性修改权，如不同意，请来稿时注明；如需重大修改，会征得作者同意。

5. 本编辑部将择优录用来稿；稿件应遵守学术规范，严禁剽窃、抄袭等行为；本刊发表论文原则上须为首发，严禁一稿多投，凡发现此类行为者，后果由作者自行承担。

6. 来稿请直接通过电子邮件投寄，编辑部将在三个月内发出稿件处理通知。请自留底稿，未予采用之稿件，本刊不负责退还。

7. 来稿一经刊登，赠送作者本刊2册，论文抽印本20份，酌付薄酬。

本刊编辑部联系方式：

国家文物局水下文化遗产保护中心

北京市海淀区宝盛南路1号院4号楼　邮政编码100192

邮箱：sxkgjk2017@163.com

电话：+86－50972166

传真：+86－010－50972157

书稿文字规范

1. 文稿次序：每篇文章按文章标题、作者信息、摘要、关键词、正文、英文标题、作者名、英文摘要、英文关键词顺序编排；如标题文章需注明信息（如列明资助或项目名称），采用 * 注，注于页下。

2. 版式格式：中文稿件采用简体横排；文章标题用三号、黑体，单独成段引文用小四、楷体，正文与其他信息用小四、宋体；设置 1.5 倍行距。

3. 标点格式：本刊除英文摘要和纯英文注释使用西式标点符号外，统一使用中文标点符号；阿拉伯数字之间的起讫号一律用波浪线“~”，中文之间的起讫好一律用“—”；英文提要和英文注释中的出现的出版物（图书名或期刊名）名称采用斜体。

4. 注释格式：注释采用页下注，每页单独编号；注码格式为[1]……[100]……，注码置于标点符号的右上角；同页内再次征引，可用“同上，×页”或“同注[×]，×页”，不采用合并注码的形式。

5. 图表格式：图名位于图片下部居中，图号形式为图一……图一〇……图一〇〇……；表名位于表格上部居中，表号形式为表一……表一〇……表一〇〇……。

6. 特殊格式：首次提及帝王年号时，须注明对应的公元纪年；首次提及外国人名，须附外文原名；中国年号、古籍号、叶数采用文中数字，如洪武元年，《明史》卷一，《西域水道记》叶三正。其他公历、杂志卷、期、号、页等均采用阿拉伯数字。

7. 注释内征引文献参考格式：

1）古籍类，司马迁：《史记》，中华书局，1963 年，第 1234 页；《莱州府志》，清康熙五十一年刻本第 100 页。

2）专著类，王冠倬：《中国古船图谱》，三联书店，2000 年，第 1 页。

3）文集类，郭泮溪：《胶东半岛早期航海活动初探》，《国家航海》第 7 辑，上海古籍出版社，2014 年，第 20 页。

4）期刊类，林悟殊：《元代泉州摩尼教偶像崇拜探源》，《海交史研究》2003 年第 1 期。

5）外文著作类，Kwang-chih Chang, *Shang Civilization*, Yale University Press, 1980, p.4.

6）外文期刊类，Virginia Kane，“Aspects of Western Chou Appointment Inscriptions: The Charge, the Gifts, and the Response”, *Early China*, 1982(8), pp.14 - 28.